Willy Hochkeppel:
Endspiele
Zur Philosophie des 20. Jahrhunderts

Deutscher
Taschenbuch
Verlag

Originalausgabe
August 1993
© Deutscher Taschenbuch Verlag GmbH & Co. KG,
München
Umschlagtypographie: Celestino Piatti
Umschlagbild: Carlo Maria Mariani ›Il Mano Ubbidisce
all'Intellètto‹ (VG Bild-Kunst, Bonn 1993)
Gesamtherstellung: C. H. Beck'sche Buchdruckerei,
Nördlingen
Printed in Germany · ISBN 3-423-04594-9

Das Buch

Unsere Zeit hungert nach Philosophie, aber sie ist arm an Philosophen. Neue Einsichten und Antworten erwarten wir deshalb eher von Wissenschaftlern aus wegweisenden Disziplinen und von den Dichtern; andererseits drängen sich wichtigtuerische Untergangsdeuter und prophetische Künder eines »neuen Denkens« vor, die alles Bisherige verwerfen und sich lautstark Gehör und Gefolge verschaffen – Szenerie einer Endzeit, der letzten Jahre vor der Jahrtausendwende. Willy Hochkeppel führt in diesem Band einige Gedanken seines damals vielbeachteten Buches ›Mythos Philosophie‹ fort. Er hat die wichtigen Strömungen philosophischen Denkens im letzten halben Jahrhundert und die Philosophen selbst beobachtet und die Philosophie samt ihren Begleiterscheinungen als einer der wenigen Fachkritiker außerhalb der akademischen Zunft mit Einspruch und Zuspruch begleitet – in Essays und Berichten, in Referaten und Rezensionen und auch in ausführlichen Gesprächen, etwa mit Karl Jaspers und Rudolf Carnap. Eine Auswahl dieser Texte, verbunden mit neuerlichen Reflexionen des Autors zu früheren Themen aus dem Abstand der Jahre, ergibt einen unkonventionellen, kritischen Einstieg in die Entwicklung der Philosophie seit der Nachkriegszeit.

Der Autor

Dr. Willy Hochkeppel, geb. 1927 in Düsseldorf, war Kulturredakteur im Bayerischen Rundfunk und Mitarbeiter verschiedener großer Zeitungen und Zeitschriften. Neben Fernsehdokumentationen und zahlreichen Rundfunksendungen veröffentlichte er u.a.: ›Die Antworten der Philosophie heute‹ (Hrsg., 1970); ›Denken als Spiel‹ (1970); ›Modelle des gegenwärtigen Zeitalters‹ (1973); ›Mythos Philosophie‹ (1976); ›War Epikur ein Epikureer?‹ (1984); ›Jour fixe der Vernunft. Der Wiener Kreis und die Folgen‹ (Mit-Hrsg., 1991); Rudolf Carnap, ›Mein Weg in die Philosophie‹ (Hrsg. u. übers.).

Inhalt

Vorbemerkung

Als Beobachter auf Kreuz- und Quergängen durch die Geschichte der Philosophie der letzten fünfzig Jahre dieses Jahrtausends hat der Autor in Essays, Portraits, Kritiken, Berichten, Vorträgen und einigen Interviews mit Philosophen seine Eindrücke und Einwände fixiert und von heutiger Warte aus fortlaufend kommentiert: als sich selbst beobachtender Beobachter eines irrlichternden Zeitgeistes. Zum Stichwort Beobachter später mehr; eines sei vorausgeschickt: Aus den Höhen akademischer Himmel – Niklas Luhmann meint sogar: »der Flug muß über den Wolken stattfinden« – hat man den weiteren Blick, aber von der Horizontkante aus nimmt man die Erhebungen, die Berge und Hügel, deutlicher wahr. Was so zu sehen ist, sind allerdings Außenansichten.

Die eingefügten Beiträge blieben – abgesehen von formalen Angleichungen und wenigen Kürzungen – unverändert. Unter dem jetzigen Blickwinkel zeigen sich die damaligen Beobachtungen oft um viele Grade verschoben. Widersprüche verweisen deutlich auf Standortveränderungen des Beobachters im Laufe mehrerer Jahrzehnte; Überlappungen waren nicht zu vermeiden.

Zu Anfang etwas vom Ende
der Kunst, der Philosophie, der Geschichte

Die jeweils jüngste Generation liebt es, sich in einer Spät-
phase zu fühlen. Zahlenspiele mit der Zeitrechnung begün-
stigen solch wehmütige Endzeit-Empfindung. Das vielberufene Fin de siècle, das auslaufende 19. Jahrhundert, machte
offenbar die literarischen, künstlerischen und intellektuellen
Zeitgenossen so hinreichend melancholisch, daß wir ihre
Hervorbringungen als Abschied von einer Epoche, einer
Belle Epoque, nachzufühlen vermögen.

Diesmal findet in wenigen Jahren nicht nur das wohl revo-
lutionärste, ereignis- und erfindungsreichste und erschrek-
kendste Jahrhundert unserer Zeitrechnung seinen Abschluß,
mit ihm geht auch ein ganzes Jahrtausend zu Ende. Unser
Abschied gilt demnach einem *fin de millénaire*. Sehr viel
Menschengedenken liegt damit hinter uns. Seit längerem
schon geben wir uns dem schwindelerregenden Gefühl hin,
viel vermeintlich Unvergängliches sei nun ein für allemal
versunken, wir lebten bereits hinter der Zeit: nach der Moderne jedenfalls, die sich ja schon als Äußerstes und Späte-
stes dachte. Was die Philosophie betrifft, deren Adepten das
Paradoxon lieben, wird seit einiger Zeit postphilosophisch
philosophiert, die *after philosophy*-Philosophen, die *end of
philosophy*-Denker geben sich genüßlich schaudernd der Fu-
rie des Verschwindens der Philosophie anheim.

Was als Postmoderne proklamiert wird, und was man
auch die Neoromantik der zynischen Vernunft nennen
könnte – nicht zu reden von den Wichtelmännchen des New
Age –, wirkt halbherzig, inkonsequent angesichts der über-
zeugenderen, masochistischen Eingeständnisse vom Ende –
einem Ende von nahezu allem: der Geschichte, der Utopie,
des Christentums, der Philosophie, der Kunst, vom »Ende
des Menschen«, der bloß eine Erfindung des 19. Jahrhunderts gewesen sein soll. Mit dem Blick auf die letzten Kunstprodukte läßt sich das Gran Wahrheit solch hartnäckiger
Endzeit-Verkündungen noch am sinnfälligsten zeigen, denn
in der Kunst, der sogenannten bildenden Kunst zumal,
scheint sich das Endstadium mit der zwingendsten Logik

herbeigeführt zu haben. Die bloße Frage, wie es etwa nach Duchamp, nach Beuys, nach Warhol und ihren Epigonen weitergehen soll, macht schlagartig klar, wo wir angekommen sind.

Das Ende der Geschichte, das der junge Francis Fukuyama vorlaut proklamierte und Arnold Gehlen lange zuvor kommen sah, bedeutete auch die Allgegenwart alles Dagewesenen, den Aufbruch gewissermaßen ins aperspektivische, überperspektivische, gleich-zeitige Zeitalter, wie es der Selbstdenker Jean Gebser in den fünfziger Jahren verkündet hatte. Nichts geht ab jetzt mehr verloren. Dank ungeahnter wirtschaftlicher Kapazitäten in den westlichen Industrienationen, schier unerschöpflicher und unabsehbarer technischer Reproduktion und Multiplikation und nicht zuletzt durch den unstillbaren Bedarf sich multiplizierender audiovisueller Kanäle wird alles publiziert, was irgendwie Öffentlichkeit verspricht, alles präsent gehalten und konserviert, was nicht gänzlich verrottbar ist, und alles wieder hervorgeholt und aktualisiert, was versunken und obsolet schien. Diese Omnipräsenz und Synchronizität aller noch historisch greifbaren Kulturprodukte ist etwas absolut Neues, so als gelte für die Emanationen menschlicher Hirne Vergänglichkeit nicht mehr. (In Klammern sei nur vermerkt, daß in nicht allzuferner Zeit die Darstellungen längst verstorbener Filmakteure, in jeder ihrer Gesten und Mimiken, ihrem Lächeln und ihren Handbewegungen, nuanciert gespeichert, zu gänzlich neuen Darstellungen synthetisiert werden können, so daß etwa Marilyn Monroe postum in neuen Filmen in nie zuvor gesehenen Rollen auftreten und dem Publikum gleichsam als Wiederauferstandene präsentiert werden kann.)
In der Philosophie, um endlich darauf zu kommen, werden Gesamtausgaben auch mittelmäßiger Denker, die uns kaum mehr etwas zu sagen haben, von emsigen und sonst beschäftigungslosen Hochschulangestellten aus ihrem wohlverdienten Schlummer gerissen. Ihre Werke verstellen schon jetzt die ohnehin schwer zu bewahrende Übersicht sowie den Stauraum der Bibliotheken. Epigonales, Langweiliges, Nachgeburten und Totgeborenes, das wir gottlob los zu sein wähnten, wird dem arglosen Leser als Wiederentdeckung, als geborgener Schatz untergeschoben. Durchaus werden

dabei auch einmal bislang vergriffene, apokryphe oder sich gegenwärtig anders als einst behauptende Schriften wieder zugänglich gemacht und Lücken, die bisher in Zusammenhängen klafften, geschlossen. Schließlich wollen wir die Geschichte so komplett wie ein restauriertes Mosaik überblicken, und selbstverständlich haben sich mit der zeitläufigen Verschiebung der Perspektiven bislang übersehene Falten an »den Dingen« aufgetan. Aber welches Hirn, welcher Blick vermag in den meist regellos aufgeworfenen Steinchen das große Bild auszumachen? Auch Denkern ist unzuträglich, wenn nichts mehr gnädiger Vergessenheit anheimfällt und in der Versenkung der Zeit verschwindet, auch im Reich der Ideen gibt es eine Ökologie, die die Vernunft bei Gesundheit hält. Wenn jetzt auch dem Mist das Recht aufs Vermodern genommen und er als unverderbliche Ware ausgewiesen wird, weil die Märkte allem offenstehen, dann droht die Gefahr der Vergiftung, zumal Historismus und Relativismus unsere Wertmaßstäbe pluralistisch biegsam gemacht und ästhetisch dem Eklektizismus ausgeliefert haben.

Das ins Kraut schießende Gedankenwachstum war jedenfalls nicht vorherzusehen, als man sich, etwa in den fünfziger Jahren, noch mehr Abwechslung wünschte. Jetzt, wo sich die intellektuellen Verdauungsorgane gegen die postmoderne Völlerei zu wehren beginnen, wo die Speicher verstopfen und das Bewußtsein mit dem Verdrängen nicht mehr nachkommt, ist einzusehen, daß die rapide Steigerung der Wissensquantitäten die Denkqualitäten eher vermindert. Schon Mitte der siebziger Jahre hat Willard Van Orman Quine zu den Paradoxien des Überflusses die Produktivitätsschädigung durch Überproduktivität aufgezählt. Die Flut der Fachzeitschriften, schreibt er etwa, sei unverdaulich und lohne das Verdauen nicht einmal. Zum »neuen Überfluß« gehören nach Quine auch die »Scharen unbegabter Studenten« dank verschiedener Förderungen, denen schon bald das »College ebenso langweilig« wurde »wie vorher die Schule. In ihrer Verwirrung und Unruhe fielen sie leicht auf Demagogen herein, die in Kürze einen bescheidenen, aber lebensfähigen Terror zustande brachten«.

Was vor einigen Jahren noch als »neue Unübersichtlichkeit« festgestellt wurde, ist – in der Philosophie – kurze Zeit danach ins beinahe Chaotische ausgeufert (das wohl kaum mehr jemand als »Reichtum« schönfärben möchte). Die offenbar zum Grundsatz erhobene Unwiderlegbarkeit einmal in die Welt gesetzter philosophischer »Lehren«; die nicht abzusehende assoziative Verknüpfung des Konträren und nahezu Unvereinbaren; die nicht endenwollenden hermeneutischen Manipulationen, durch die angeblich ein Text, und sei er von Platon, allererst »erstellt« wird; das philosophische Recycling; das Eindringen fragwürdiger Ideen oder Einfälle aus den sogenannten Grenzgebieten in den mürben, nicht mehr sehr widerstandsfähigen Corpus der akademischen Philosophie; jüngst schließlich der Zusammenbruch einer höchst realen Philosophiediktatur – das alles hat die Philosophie noch ein wenig suspekter gemacht, als sie es zuvor bei vielen schon war. Nicht ohne Respekt vermerkte vor Descartes – und vor Feyerabends meist mißverstandenem »Anything goes« – bereits Cicero, es sei nichts so verrückt, als daß es ein Philosoph sich nicht ausdenken würde. Ist es aber nicht ein schöner Zug der Philosophie und, näher betrachtet, ihr Auftrag, alles, was nur irgend denkbar ist, zu denken und alles denkbar zu machen, was es noch nicht ist – ohne Furcht vor dem Chaos? Gewiß, doch wenn dieser edle Radikalismus alles beim alten läßt, wenn Chaos als kreativ gepriesen wird, wenn es, zu allem Überfluß, kein Sieb mehr gibt, durch das etwas hindurchfallen oder als Abhub aufgefangen werden kann, und zu guter Letzt eine neue Philosophengeneration die Philosophie selbst zum Teufel schickt – dann fragt sich der Beobachter, ob das der Erkenntnis, der Aufklärung dient, und wie es zu diesem Ende gekommen ist.

Vom Zeitgeist und seinen Beobachtern

Zweifellos zeugen Beobachtungsprotokolle zur Philosophie der Zeit – in diesem Fall fast der gesamten zweiten Hälfte des letzten Jahrhunderts im zu Ende gehenden Jahrtausend – vom Geist der Zeit, von seinem »Klima«, seiner »Atmosphäre« und natürlich von seinen Ideen und Ideologien, Urteilen und Vorurteilen, seinen Torheiten und Tollheiten, geistigen Moden und Bewußtseinsverfassungen und seinem hohen Selbstdiagnose-Fieber. Es scheint demnach, als enthielten solche Protokolle, was die Philosophie von Zeit zu Zeit für sich selbst beansprucht: die gedankliche »Erfassung« des Zeitgeistes. Aber die deskriptiven Protokolle einer vorgeblich den Zeitgeist erfassenden Philosophie sind nicht selbst Philosophie. Deshalb darf der protokollierende Beobachter die im Grunde ganz unphilosophische Frage stellen, ob graue philosophische Gedanken viel über die intellektuelle Verfassung, also das bereits reflektierte Lebensgefühl einer Epoche mitteilen können. Oder, im Blick auf die oben angedeutete, leicht chaotische Gegenwart: Kann Philosophie die Verwirrungen, die sie mitangestiftet hat, zugleich in klaren Gedanken »erfassen«?

Damit sind wir auf der Höhe Hegels und seiner Bestimmung von Philosophie als das, was ihre Zeit in Gedanken erfaßt – einer Bestimmung, die jüngst wieder den Beifall einiger bekannter Philosophen gefunden hat.

Unterstellt man einmal, Hegel habe mit seiner Philosophiedefinition auch einen spezifischen Typ von Philosophen kreiert – den Zeitgeistdiagnostiker –, dann sieht man sofort, daß Hegel selbst nicht unter diesen Typ fällt, sondern, als Systematiker des absoluten Geistes, einer ganz anderen Kategorie angehört, die später beschrieben wird.

Der Versuch, etwas so Ätherisches, alles Durchdringendes, Ungreifbares wie »eine Zeit« auf einen gedankengrauen philosophischen Nenner zu bringen, ist schon verwegen genug, vom Sinn einer solchen Bemühung vorerst gar nicht zu reden. Denn so etwas wie ein mehr oder weniger reflektiertes Lebensgefühl – und darum geht es – läßt sich ja nicht einmal in poetischer Sprache aus seiner Selbstverständlichkeit unbeschädigt herauslocken. Malerei, Musik, Literatur, Theater und Film sowie die Trivialitäten der Haute Couture, des Designs und nicht zuletzt die alltäglichen Gewohnheiten und Lebenspraktiken, dazu die Gedanken, die man sich darüber macht, sagen indirekt mehr über »ihre Zeit« und in welchem Licht sie den Zeitgenossen erschien als abstrakte Extrakte. Doch Philosophie fühlt sich als Reflexionskunst, als das prinzipiell fortgeschrittenste Bewußtsein, offen oder heimlich anderen Darstellungs- und Diagnosemedien überlegen. Auch das ist natürlich Erbe Hegels, und da es, wie gesagt, wieder »an der Zeit« ist, vom Zeitgeist zu reden, muß der sich beobachtende Beobachter eingangs den Abstecher über Hegel zur Gegenwart machen.

Wie Hegel die Zeit-Geisterseher ermutigt

In der Vorrede zu den ›Grundlinien der Philosophie des Rechts‹ erläutert Hegel, daß eine philosophische Schrift wie die seine nicht »einen Staat, wie er sein soll«, zu konstruieren habe, sondern das begreiflich zu machen versuche, »was ist«, nämlich die Vernunft. Das sei die Aufgabe der Philosophie. Im Falle des Individuums, so exemplifiziert Hegel ziemlich unvermittelt und unbeholfen, sei ohnehin »jeder ein Sohn seiner Zeit«; und dann fällt der so vielfach und in so unterschiedlichen Kontexten zitierte Satz: »So ist auch die Philosophie ihre Zeit in Gedanken erfaßt.« Die Philosophie wie das Individuum, so bringt es der Nachsatz an den Tag, vermögen ihre Zeit nicht zu überspringen. Hegel warnt davor, Philosophie als etwas zu verstehen, das einer Zeit, einer Welt, zu sagen habe, wie sie sein solle. Philosophie als praktische Philosophie mit prognostischen, normativen Ambitionen von Entscheidungscharakter wird zumindest in diesen Passagen der Boden entzogen. Und offenbar legt an dieser Stelle Hegel den Akzent nicht darauf, daß Philosophie ihre Zeit *in Gedanken erfaßt* sei, sondern daß sie lediglich *ihre Zeit* gedanklich zu erfassen vermöge, nicht eine andere (ob auch nicht eine vergangene, historische, sagt er hier nicht), nichts »über ihre gegenwärtige Welt hinaus«. Alle Philosophien, so geht es dem Anschein nach wohlgemuter weiter, sind in den verschiedensten Epochen »zur rechten Zeit erschienen«. Jede Epoche hat demnach die Philosophie, die sie verdient, zugeteilt bekommen. Was der Fall ist, gilt Hegel als vernünftig und ethisch vertretbar. »Keine (Philosophie) hat ihre Zeit übersprungen, sondern sie alle haben den Geist ihrer Zeit denkend erfaßt.« In seiner ›Geschichte der Philosophie‹ macht Hegel noch deutlicher, daß jede Philosophie, da sie, wie er zuvor auseinandergelegt hat, »die Darstellung einer besonderen Entwicklungsstufe ist«, ganz ihrer Zeit angehört und »in ihrer Beschränktheit befangen« ist. So gekennzeichnet ist die Philosophie ganz »Sohn«, Produkt, ja Büttel des Zeitgeistes. Wie, um alles in der Welt, soll sie da zugleich Herrscher, Diagnostiker ihrer Zeit sein, wie es doch zu ihrer »Erfassung« (nicht: »Fassung«, wie man häufig liest) denknotwendig ist!

Hegels Satz von der Philosophie als gedanklich erfaßter Zeit findet sich variiert und schillernder wieder in den ›Vorlesungen über die Geschichte der Philosophie‹, in einem Abschnitt mit der Überschrift ›Die Philosophie als der Gedanke ihrer Zeit‹. Da wird zunächst die Philosophie als »höchste Blüte«, als »Geist der Zeit«, in dem sich das »vielgestaltige Ganze« wie in einem Brennpunkt fange, als »sich wissender Begriff desselben« gepriesen. Gleichwohl, so geht es danach weiter, sei die Philosophie »ganz identisch mit ihrer Zeit« und stehe daher keineswegs über ihr. Und erneut bemüht er die schon vertrauten Bebilderungen vom »Sohn seiner Zeit«, spricht davon, daß keiner »aus seiner Haut« heraus kann und so auch nicht »über seine Zeit hinaus«. Mit einemmal wird dann aber doch die Philosophie aus ihrer Zeit herausgestellt, durch eine Nuance: Der »Form nach«, sagt Hegel jetzt, stehe die Philosophie über ihrer Zeit, indem sie »als das Denken dessen, was der substantielle Geist« der Zeit ist, diesen »sich zum Gegenstande macht«. Mit diesem verbalen Salto mortale möchte Hegel die Philosophie doch noch vom Patienten zum Doktor befördern: Der Zeitgeist, an dem sie teilhat, ist demnach zugleich ihr bestimmter, »weltlicher Inhalt«, über den sie »als Wissen« schlechthin hinaus ist; als Wissen, so ließe sich präzisieren, dieser eigenwilligen Subjekt-Objekt-Dialektik, oder als sich wissendes Wissen von der »formellen« Kontraposition innerhalb der Beziehung desjenigen, der sich vom Zeitgeist bestimmt weiß, und der eben dies weiß. Dieses Wissen, so fährt Hegel fort, sei allerdings die Wirklichkeit des Geistes; seine Natur, kann man hinzufügen. Der Widerspruch, oder der Gegensatz, ganz »Sohn« nämlich und ineins damit ganz Vater zu sein, scheint im Geist aufgehoben. Ein Einfall, der sich anscheinend vom christlichen Trinitätsschema hat inspirieren lassen, wie es ja bei Hegel mehrfach geschah.

Dann sucht Hegel seine problematische Wesens- und Funktionsbestimmung der Philosophie abzustützen mit der Erklärung, formell sei die Philosophie, als das Wissen, immer schon über ihren, seinen Gegenstand hinaus. Damit das nicht bloße Behauptung, etwas in den Kopf Gesetztes bleibt, wird »das Wissen«, das die Philosophie ist, zur Wirklichkeit »des Geistes« überhaupt geschlagen. Im Bäumchen-wechsel-dich-Spiel von Begriffen wie »Philosophie« und »Wissen«, »Geist« und »Zeitgeist«, »Form« und »Wirklichkeit« zeigt sich die Philosophie mal als Mitläuferin, mal als Zuschauerin oder auch als Beobachterin ihrer selbst; nirgends eigentlich als Kritikerin.

Selbst im Titel des Abschnitts, in dem wir immer noch stehen, treibt Hegel, vielleicht ohne sich dessen ganz bewußt zu sein, ein Spiel mit der Sprache. »Die Philosophie als der Gedanke ihrer Zeit«, wie es heißt, kann den *genitivus subjectivus* oder *objectivus* meinen, damit eben die Philosophie als zeitabhängige oder als zeitenthobene ins Licht setzen. Immerhin überlegt sich Hegel in diesem Abschnitt das ebenfalls in Frage stehende Verhältnis von Ursache und Wirkung zwischen Philosophie und Zeitgeist. Er kommt zu der Ansicht, daß der »Geist der Zeit« als das verursachende Dritte sowohl für die Lebens- und Kulturäußerungen einer Zeit, als auch für die diese Emanationen auf einen Nenner bringen wollende Philosophie figuriert: »Das Verhältnis der politischen Geschichte, Staatsverfassungen, Kunst, Religion zur Philosophie ist ... nicht dieses, daß sie Ursachen der Philosophie wären oder umgekehrt diese der Grund von jenen; sondern sie haben vielmehr alle zusammen eine und dieselbe gemeinschaftliche Wurzel – den Geist der Zeit.« Derart im Kreis herumgewirbelt eröffnet uns Hegel, wohl noch etwas benommen, daß der Geist der

Zeit als »ein bestimmtes Wesen«, als »ein Zustand«, der alles nach »seinem Prinzipe« prägt, zu gelten hat. Wie es aussieht, also ein Phänomen der Dritten Art. Oder die Geschichte vom geheimnisvollen Dritten.

An ganz anderer Stelle, nämlich in seiner ›Differenzschrift‹, in welcher »der Weltweisheit Doktor« die Notwendigkeit der Philosophie in seiner und für seine Zeit zu klären sucht, werden bestimmte Formen des Philosophierens, nämlich die falsche, bloß verstandesmäßige Anwendung der Reflexion, allen Ernstes für die »Entzweiungen« oder die Zerrissenheit seines Zeitalters verantwortlich gemacht. Die Entzweiungen, die mit der Bildung und Entwicklung der »Äußerungen des Lebens« mehr und mehr einreißen, gelten also als Folgen falscher Philosophie und sind auf diese Weise auch wieder »Quell des Bedürfnisses der Philosophie«, die »Vereinigung« und »Totalität« wieder – auf neuer Ebene, versteht sich – herzustellen. Wie es zu den »modernen« Entzweiungen, den zerrissenen Lebensumständen durch schlechtes Philosophieren gekommen sein soll, läßt Hegel im dunkeln. Andernorts geschieht bei ihm solche Diversifikation allerdings gleichsam naturnotwendig und als zwangsläufiger Fortschritt im Bewußtsein. Gesetzt also, die Philosophie ihrer Zeit sei dermaßen effektiv gewesen, um solche Zerrissenheiten zu bewirken, dann dürfte es ihr auch nicht schwerfallen, diese ihre »Gestaltungen« »in Gedanken zu erfassen«. Jedenfalls in den Höhenlagen der Spekulation läßt Hegel denn auch die philosophische Vernunft eines je besonderen Zeitalters sich selbst begegnen: »Das wahre Eigentümliche einer Philosophie ist die interessante Individualität, in welcher die Vernunft aus dem Bauzeug eines besonderen Zeitalters sich eine Gestalt organisiert hat, die besondere spekulative Vernunft findet darin Geist von ihrem Geist, Fleisch von ihrem Fleisch, sie schaut sich in ihm als ein und dasselbe und als ein anderes lebendiges Wesen an.« Die Einsichten der Vernunft erscheinen – läßt man die besondere Dialektik von Individuum und Zeitgeist beiseite – als ziemliche Tautologien, und in der geradezu narzißtischen Selbstbespiegelung unfähig, Neues und ganz Anderes, das nicht Fleisch von ihrem Fleisch ist, wahrzunehmen und zu erkennen. (Heute spricht man da euphemistisch von selbstreferentiellen Systemen.)

Doch selbst wenn man Hegel die Fähigkeit der Philosophie seiner Zeit – und natürlich seiner Philosophie – konzediert, eine Harmonisierung der zeitgenössischen Entzweiungen herbeiführen zu können: Für unser Zeitalter der wissenschaftlichen Zivilisation und der postmodernen Bewußtseinserschlaffungen, in der Beschleunigungen potenziert die Zeiten hinwegreißen, scheint die Philosophie als Diagnostikerin sich verknappender Gegenwarten oder Gegenwärtigkeiten außerstande und als vielberufene Orientierungshilfe ziemlich hilflos dazustehen. Hegels Diktum erweist sich dann darin als zutreffend: Die Philosophie ist ganz Kind, so darf man auch sagen, ihrer Zeit. Doch zugleich wird man dabei der unerhörten Trivialität dieses Diktums gewahr: Was anders sollte die Philosophie einer Zeit sein als die Philosophie ihrer Zeit? Und was das »in Gedanken erfaßt« betrifft, das nach mehr als einer Tautologie in Hegels Diktum klingt: Man stelle sich einmal vor, von der Politik, Malerei, Literatur, Musik und Alltagspraxis einer Epoche wüßte man kaum etwas – würde einem dann die Philosophie dieser Epoche, die akademische Philosophie namentlich, den geistig-kulturellen Inhalt dieser Epoche begreifbar machen?

Über solchem Begriffsschwindel ist die ganz andere Frage nahezu außer Sicht geraten, ob Philosophie sich denn überhaupt in die prismatische Rolle einüben sollte, ihre Zeit gedanklich zu erfassen. Sollte sie nicht vielmehr, vorerst ganz pauschal ausgedrückt, Probleme lösen oder lösen helfen, ganz alte und brandneue; und auch Probleme stellen?

Neuerdings hat Richard Rorty sich Hegels Bestimmung von Philosophie zueigen gemacht und sie interpretiert als »eine Beschreibung finden all der für die eigene Zeit charakteristischen Dinge, die man am höchsten schätzt …, eine Beschreibung, die sich als Beschreibung des Zwecks eignet, zu dessen Erreichung die historischen Entwicklungen, die zur eigenen Zeit führten, Mittel waren«. Beschreibungen finden für die Dinge, die man am höchsten schätzt – damit ist Hegels Text nun gänzlich neuinszeniert und zum Privattheater sonderbarer Neigungen bestellt worden. Hegels eindrucksvolle philosophische Metapher der Eule der Minerva, die ihren Flug erst bei hereinbrechender Dämmerung beginnt, nutzt Rorty weniger zur Illustration der Hegelschen Philosophie-Definition, als zur Bestätigung der Abmagerungskur, die er der Philosophie heute verordnet. »Wenn die Philosophie ihr Grau in Grau malt, dann ist eine Gestalt des Lebens alt geworden«, heißt es bei Hegel. Die Philosophie, oder die Reflexion, kommen bekanntlich immer erst hernach, eine alte Sache, die vom Alten Testament – Verlust der Unschuld am Baum der Erkenntnis – über Shakespeare – Aushöhlung der Tat durch »der Gedanken Blässe« – bis zu Kleist – Verlust der lebensweltlichen Spontaneität und des »Natürlichen« – und in der Moderne bis etwa Canetti – Gelehrsamkeit als »Kopf ohne Welt« – reicht. Gesetzt also, die Philosophie erfasse tatsächlich *ihre* Zeit in Gedanken, dann ist, sobald sie das geleistet hat, nach Hegels ergänzendem Bild von der Eule der Minerva, diese erfaßte Zeit immer schon passé. Für die je eigene Zeit braucht man folglich auf eine Diagnose durch die Philosophie »zu Lebzeiten« nicht zu rechnen! (Für die Zukunft, wie wir sahen, ist sie erst recht nicht zuständig.) Aus dieser prinzipiellen Verspätung der Philosophie, wie Hegel sie, ohne sich vielleicht ganz der Konsequenzen daraus bewußt zu sein, feststellt, möchte Rorty ebenfalls einigen Nutzen für sein ernüchtertes Verständnis von Philosophie ziehen, wie später gezeigt werden soll. Hier ist aber noch anzumerken, daß schon aus historischen Gründen das, was Hegel recht war, Rorty nicht billig sein kann. Hegels Zeit, die Zeit der deutschen Klassik und Romantik, war im Vergleich zu der unseren eine altväterlich geruhsame, mählich dahinfließende Epoche mit überschaubaren Ideen und Ereignissen, ungeachtet der Französischen Revolution, die in Deutschland jedenfalls mehr die Gemüter erhitzte, als die Bürger auf die Barrikaden trieb. Diese Epoche ließ sich notfalls noch auf einen, oder auf ein paar Nenner bringen, in Gedanken erfassen. Wer wollte das vom ausgehenden 20. Jahrhundert behaupten?

Hinter Hegels Phrase von der Philosophie als gedanklicher Erfassung des Zeitgeistes scheint, wie ein Incubus, der nicht herauskann, die Spiegelmetaphorik zu rumoren. Damit wäre Hegel jedenfalls weitergekommen. Im Spiegel – oder, wie Narziß, im spiegelnden Wasser – sieht der Mensch, das Ich, das Subjekt, was er sonst in der Welt da draußen niemals sieht: sich selbst. Die Zeit, als Subjekt, sieht sich im Spiegel der Philosophie erstmals selbst (und es dauert meist eine Weile, bis sie merkt, daß das Gespiegelte sie selbst ist). Diese Konfiguration wäre ergiebiger, wenn auch nicht sonderlich originell gewesen. Hegel läßt diese Metaphorik vielleicht darum nicht aufkommen, weil ihm die Philosophie in dieser deutlich kritischen und gewissermaßen stillschweigend normativen Funktion nicht geheuer war. Doch darüber hinaus – ist die Philosophie das Wasser, ist sie der Wasser-Spiegel, für den sie sich hält?

Obwohl das Programm der Zeitgeisterfassung selbst in der schwankenden Bestimmung Hegels objektivierende Züge trägt, ist es der abgestandenen Version von Philosophie als gedanklicher Ausdruck des Lebensgefühls einer Zeit verwandt. Und von da ist es bis zur Weltanschauungsphilosophie – die früh schon Heidegger verwarf, aber letztlich neu wieder erschuf – nicht mehr weit. So ist der anfängliche analytische Impetus des Marxschen Materialismus, das Aufdecken der determinierenden Gewalt des Ökonomischen, in totaler, entpolitisierender Politisierung untergegangen und seine Prophezeiung kommender Zeitgeister der Lächerlichkeit anheim gefallen. Luhmann sah immerhin schon 1984 auf die »erloschenen Vulkane des Marxismus«.

Was das Selbstverständnis einer Epoche, einer Zeit, betrifft, mag Hegels triste Parabel von der Philosophie als Eule der Minerva nicht schlecht gewählt sein, aber sie hat ihrerseits das Selbstverständnis der Philosophen von der Philosophie insgesamt bis heute auf fragwürdige Weise geprägt. Ist es denn so abwegig, Philosophie auch unter einem anderen ornithologischen Bild zu sehen, etwa dem eines vorauseilenden Zugvogels? Oder warum, darauf läuft es hinaus, soll das Denken immer erst nach dem Handeln, sozusagen hinter dem Leben, einsetzen? Kann die Philosophie neben den alten Grundpraktiken der Klärung (Analyse), der holistischen Deutung (Hermeneutik), der Rekonstruktion und der Rechtfertigung nicht doch auch eine prospektive, extrapolierende, entwerfende Aufgabe haben, derart, daß sie Möglichkeitsräume abtastet und womöglich konstruiert? Schon vor zwanzig Jahren hat Hans Lenk eine zukunftsorientierte Philosophie angemahnt, im Gegenzug zum »Rechtfertigungsrationalismus« der Wissenschaftstheorie, die sich als eine »bloß reaktive Disziplin« installiert habe. Ein tentatives Denken, eine prognostische Reflexion ist tatsächlich an der Zeit, das sogar der rasenden Akzeleration der immer mehr Zukunft in sich einsaugenden Gegenwart gewachsen und sogar voraus ist. Die Philosophie war ja nicht zu allen Zeiten so konservativ, so »reaktionär«, so rückwärtsgewandt wie von Hegel bis heute. Ein neuer Typ von Philosoph wäre wünschenswert, der aus der bisherigen Typologie ausbricht.

Hilfreich zum Verständnis der wetterwendischen Gedankensysteme der auslaufenden Epoche ist ein Panoptikum der *Typen,* die diese Systeme – oder diese Gedankenhaufen – entwarfen. Eine Grobeinteilung zeigt als Typ *eins* den literarischen Denker; Typ *zwei* versteht sich als wissenschaftlicher Philosoph; Typ *drei* nennen wir den Zeitgeist-Diagnostiker. Er ist, wie wir sahen, kein Novum, taucht aber erst gegen Ende dieses Jahrhunderts, im Verein mit Soziologen und Journalisten, massenhaft auf. Man kann heute vom Zeitgeist-Diagnostiker als Beruf sprechen, von Auslegern intellektuellen Vogelflugs und Deutern aus dem Kaffeesatz der Gegenwart. Ihnen wird die geringste Modelaune zum Symbol untergründigen Rumorens der Zeitgeister. Sie verkörpern das fortgeschrittenste, sich ständig selbst überholende Bewußtsein. Für die anbrechende Moderne war Nietzsche natürlich der Prototyp dieses Antennenmenschen und Zeitgeistschnüfflers. Heute will bereits jeder zweite Assistent am philosophischen Seminar die Chiffren der Gegenwart lesen. Seinerzeit »rochen«, nachdem Kierkegaard wiederentdeckt war, die Denker zusammen mit den Dichtern, daß beispielsweise die Nachkriegszeit immer noch das Zeitalter der Angst sei. (Hegel, des leibhaftigen Napoleon ansichtig, erkannte ihn sofort als Weltgeist zu Pferde.) Man muß auch ein gehöriger Ästhet sein und ein bißchen Hell-Seher, um seinem Jahrhundert aus der Hand lesen zu können; oder um als kognitiver Mantiker den Hauch der Zeit spüren zu machen, das geistige Gras wachsen zu hören. Günther Anders besaß in seiner ersten Klage über »die Antiquiertheit des Menschen« auch die literarischen Fähigkeiten, um den Zug der

Zeit festzuhalten. Heute ist dieser Typ, von Jean Baudrillard und Pierre Bourdieu bis zu Paul Virilio, Dietmar Kamper und Villem Flusser, längst ein Fabrikateur selbsterdachter epochaler Phänomene (wobei der »Dromologe« Virilio mit dem Gegenwartsphänomen der Geschwindigkeit und Beschleunigung durchaus etwas gesehen hat). Hingegen kann man Hermann Lübbe, Odo Marquard und Jürgen Habermas zu den ernstzunehmenden Zeitgeist-Analytikern zählen – sofern, wie gesagt, Zeitgeist-Analysen überhaupt mehr als einige Jährchen Bestand haben.

Zum *zweiten* Typ, dem wissenschaftlichen Philosophen, paßt der Zuname Problemlöser. (Bei Wittgenstein, wo Philosophie Puzzlefragen sind – obwohl es bei ihm »das Rätsel« nicht gibt –, scheinen Probleme kaum zu zählen.) Objektivität ist dem ordentlichen Typ zwei wenn nicht Ziel, so doch regulatives Prinzip. Naturwissenschaften und Mathematik gelten untergründig immer noch als Maßstäbe, Rationalität versteht sich als in der Logik verankert. Die besten dieses Typs wissen, wann es rational ist, Rationalität sein zu lassen, wann Gefühle zu herrschen oder Mehrheitsbeschlüsse zu entscheiden haben. Im übrigen schätzt dieser Typ das Systematische, ohne noch an ein philosophisches System zu glauben. Auch ist er, nach Jahrzehnten harter Lehrjahre, so weit über sich selbst aufgeklärt, daß er das Begehren nach sicherem Wissen und Gewißheit und den Glauben an letzte Begründungen als Reste eines unschuldigen Bewußtseins durchschaut. Dem ersten und dem dritten Typ ist dieser Typ zwei ziemlich suspekt. Schon »Worte wie Problem und Lösung klingen in der Philosophie verlogen«, heißt es bei Adorno, der bereits eine Philosophie, die sich referieren ließ, für degoutant hielt. Überdies gilt der Typ, so sehr er bereits selbst seine eigene Geschichte schreibt, vielfach noch als »geschichtsblind«.

Der *erste* Typ, unter den auch Adorno fällt, ist der musische, der literarische Denker. Die Dichter, die Poesie sind inhaltlich wie formal das philosophisch nicht zu erreichende Ideal. Heideggers späteres Denken des Seins hat nur mehr große Dichtung als unerreichbaren Leitstern vor Augen. Dieter Henrich sieht neuestens in Hölderlin den Deutschen Idealismus im Zenit. Der Form, dem Ausdruck, der »Schreibe« zuliebe wirft dieser Typ zuweilen alle Begrifflichkeit ab und wird wie Notker der Stammler zum Sprachrohr des Unsagbaren. Der Typ, überwiegend in Deutschland und Frankreich zu Hause, legt Wert auf eine eigene Sprache, auf Persönlichkeit im Werk. Er ist oft Aphoristiker und schätzt, wie der hermetische Poet, seine Singularität mehr als intersubjektive Verständlichkeit. Er liebt über alles die Paradoxien und fatalen Selbstbezüge, das Aporetische, über das er sich wortreich ausläßt, und wenn es hart auf hart kommt, schlägt er sich eher auf die Seite des Irrationalen. Ist Typ zwei auf klassizistische Strenge bedacht, so kann man Typ eins in der Romantik unterbringen. Die vieldeutigen Wörter, die der Klassiker Herder den Philosophen verbot, schätzte Hegel, ein Gegner der Romantik, aufs höchste. Typ eins leidet oft an der »historischen Krankheit« (Nietzsche), verliert sich im Historismus, zieht sich auf Hermeneutik als Lesen von Denkgeschichten zurück. Es ist hinlänglich bekannt, wie Philosophen vom zweiten Typ über diesen ersten denken.

Bei aller gegenseitigen Abstoßung zeigen die drei Typen mitunter gemeinsame Züge. Im Laufe ihres Lebens wechseln sie sogar nicht selten ihren Typ. Alternde Denker der beiden ersten Typen wandeln sich häufig zum dritten Typ und halten die Hand am Puls der Zeit. Hans Jonas wäre vielleicht hier zu nennen.

Da gibt es aber doch noch einen *vierten* Typ, nämlich den des Sozialtheoretikers oder Politphilosophen, des Pragmatisten und Aktivisten insoweit, als er, wenn auch nur denkerisch, der *vita activa* vor der *vita contemplativa*, die den übrigen drei Typen Lebenselixier ist, den Vorzug gibt. Er verfällt öfter in die Rolle von Typ drei, deutet den Zeitgeist, rät der Gesellschaft und kann das Prognostizieren, Hegels Gebot mißachtend, nicht unterdrücken. Mit einem Bein steht er aber auch auf der Seite des zweiten Typs, will wissenschaftlich arbeiten und rational sich verhalten. Neigt der erste Typ ganz entschieden zum Individualistischen, der zweite zögerlicher, so scheint beim vierten Typ das Kollektivistische, bis zum Anti-Individualistischen, Präferenz zu genießen.

Karl-Otto Apel hat Ende der sechziger Jahre in einem Fernsehfilm mit dem Beobachter (›Im Dickicht der Ideen‹, Bayerischer Rundfunk) drei heute »wirklich funktionierende« Typen des Philosophierens beschrieben: den Existentialismus, der sich um Sein und Dasein und das Individuum kümmert; den Positivismus, der als Szientismus, auch ein wenig als Pragmatismus, instrumentell mit der objektiven Welt fertig wird; und den Marxismus, der zeigt, wie man Kollektive verwaltet und das Gesellschaftliche regelt. (Wenn Philosophen naiv sind, sind sie unübertroffen. Daß es auch ein wenig darauf ankommt, *wie* eine Gesellschaftstheorie die Gesellschaft traktiert, spielte offenbar keine Rolle; Hauptsache der Marxismus »funktionierte«, das heißt, er war eben Tatsache.)

Der *Beobachter* des philosophischen Spektakulums der letzten Jahrhunderthälfte – und dem letzten Zwanzigstel eines Jahrtausends –, der Autor, schreibt sich diesmal die Doppelrolle des sich selbst beobachtenden, sich selbst kommentierenden Beobachters zu. Daß in den letzten Jahren von geschickten Konstrukteuren des Trivialen an den Randzonen der Philosophie solche »selbstreferentiellen« Verhältnisse als Beobachtungen »zweiter Ordnung« zu wirklichkeitsfernen »Operationen« aufgebauscht wurden, deren Erklärungswert sich Null nähert, macht ihn sicherer, daß seine kommentierten Beobachtungen, und gelegentlich Kritiken, ein Stück Realität zum Gegenstand haben, die er mit anderen teilt, auch wenn sein Blickwinkel eben nur der seine sein kann. Das steht ihm, naiverweise, außer Frage.
    Der Beobachter will sich selbst zunächst so sehen:

1. Philosophischer Journalismus

Die Fragen, die mit den Stichworten »Philosophietransfer« und »Präsenzdefizite« aufgeworfen und an uns Publizisten gerichtet sind, möchte man am liebsten – nach altem philosophischen und rabulistischen Brauch – wieder an die Fachphilosophen zurückfragen: ob die Philosophie Publizistik und Publizität überhaupt braucht; ob ihr die, in den raren Fällen, in denen sie sie hatte, eher abträglich war; und wenn Philosophie Publizistik und Publizität braucht, ob sie herzustellen sind; und wenn Philosophie Publizistik und Publizität braucht und wenn die herstellbar sind, ob Philosophie sie auch will (vielleicht die geringste Sorge); und wenn Publizistik, Publizität und Präsenz verlangt werden, herstellbar und gewollt sind, was damit erreicht wäre – eine Frage mehr des Lern-Transfers im Sinne kognitiver Psychologie: Fragen über Fragen also, die wir sicher hernach alle »hinterfragen« werden (Nietzsches Wort übrigens). Angemerkt sei, daß wir über die Präsenz oder Abwesenheit von Philosophie in der Öffentlichkeit nur spekulieren können, mangels zuverlässiger statistischer Erhebungen. Und mangels eines konsensfähigen Philosophiebegriffs.

Die erste Frage, wie Publizisten die öffentliche Geltung der Philosophie einschätzen, hängt wahrscheinlich eng mit der zweiten Frage zusammen, was Philosophiepublizisten eigentlich tun, und was sie für die öffentliche Präsenz der Philosophie tun – zwei schlau kontaminierte Aspekte einer Frage, wie mir scheint.

Was Philosophiepublizisten tun (oder tun sollten) für die Publizität der Philosophie und überhaupt, erschöpft sich meiner Meinung nach in drei Ressorts, drei Spielarten. Erstens, der popularisierende oder der dilettierende Buchautor oder Essayist; zweitens, der Redakteur, Editor oder Veranstalter kleiner philosophischer Spektakel (Diskussionsrunden, Vortragsfolgen, Radio-Essays); drittens, der Rezensent und Kritiker. Dies ist vielleicht die verbreitetste, dem journalistischen Selbstverständnis am meisten entsprechende, öffentlichkeitsnächste und heutzutage: prekärste und problematischste Spielart.

Über die positiven Effekte der ersten Art – popularisierender oder autochtoner Buchautor – sind sich die Profi-Philosophen nicht einig. Schon ihr nicht unwohlwollendes, amüsiertes Lächeln ist dem dann erleichterten Buchautor Gewähr, daß er nicht allzuviel Schaden angerichtet hat. Die neueste Unübersichtlichkeit übersichtlich(er) zu machen, der Gedanken bunte Fülle zu katalogisieren, einheitsstiftend auf die zentrifugalen Theoriewelten einzuwirken – auf diese Hamlet-Rolle kann sich ein Publizist straflos nicht mehr einlassen.

Die Aktivität der zweiten Art – Veranstalter, Editor, Redaktor – läuft viel zu oft leer infolge gesuchter Esoterik, kalkulierter Distanzierung oder eingeübter Lebensferne auf seiten unserer Volldenker.

Die seltsame Betätigung der dritten Art schließlich – Rezensent und Kritiker – ist, angesichts philosophischer Buchfluten, ebenso brotnötig wie fast kaum mehr möglich, ebenso aufwendig wie wirkungslos. Philosophie ist Kritik per se. Philosophie-Kritik müßte demnach Metakritisches leisten. Wie das? »Gegen Philosophie und die Nymphe Echo behält niemand das letzte Wort«, das steht, mit Jean Paul, fest. So bliebe, als die angemessene publizistische Betätigungsform, die möglichst getreue Inhaltsvermittlung, die ergebene »Gedanken-Übertragung«, der reibungslose Transfer. Die Hofberichterstattung. Das ist heute, zwangsläufig, die Erscheinungsweise naturwissenschaftlich-mathematischer Publizistik (Kritik an Naturwissenschaft und Technik zielt auf anderes, kommt sozusagen von außerhalb).

Helmut F. Spinner, selbst ein Denker, und ein Selbst-Denker, hat vor drei Jahren das philosophische Rezensionswesen samt der Kritik (der von Kollegen einbegriffen) erbarmungslos verdammt und als bestenfalls noch hygienische Maßnahme zur Aggressionsabfuhr zugelassen. Inkompetenz, Niveaulosigkeit, totale Irrelevanz – darauf läuft Spinners Verdikt hinaus. Wer sich nicht mindestens ein Jahrzehnt mit seinem Objekt, Sujet oder Opfer intensiv befaßt habe, solle nicht als Kritiker auftreten dürfen. Wie wahr ist das alles, und mit welchem Lustgewinn zieht der philosophisch-masochistische Publizist den Dolch solcher Kritik (oder was ist das?) in sich hinein. Aber wie unrealistisch und das Kind der Kritik mit dem Bade des Rezensions-(Un)wesens ausschüttend ist es doch auch! Übrigens ist hier darauf hinzuweisen, daß es eine der Theater-, Musik- oder Literatur-Kritik entsprechende Institution in der Philosophie-Publizistik eigentlich gar nicht gibt. Was einer Philosophie-Kritik publizistischer Provenienz heute noch übrig bleiben kann, im Dienste der Philosophie, ist etwa: ihr folgende perenne und moderne und postmoderne Grundübel bei jeder Gelegenheit ins Bewußtsein zu rufen; als da sind:

1. Ideologisierung, auch Moralisierung und Politisierung in Texten und »Diskursen«. Sie verderben das Argumentationsniveau und das kommunikative Klima (wenn ich einmal so schwülstig reden darf), namentlich dann, wenn sie sich als Argumente tarnen. (Damit ist nicht politischer Abstinenz des philosophierenden Staatsbürgers das Wort geredet.)

2. Fashionablisierung. Modische Draperien, Showeffekte, Blendereien – das neueste Philosophüm aus ... – sind allmählich so fad und öd geworden wie die Mode selbst (und der jeweilige »Zeitgeist« oder das frech proklamierte »New Age«). »Aber ich hatte schon früher«, schreibt Descartes, »von der Scholastik gelernt, daß es unmöglich ist, sich etwas so Absurdes auszudenken, daß es nicht von diesem oder jenem Philosophen behauptet worden wäre.« Gleichwohl, nichts gegen Absurditäten. Aber doch nicht im Ernst!

3. Scholastifizierung, Hermetik und Esoterik sowie terminologische Verwirrspiele. Schrecklich sind die *terribles simplificateurs!* Schrecklich sind aber auch die *terribles complicateurs!* (Wenn mir dieser Neologismus erlaubt ist). Das hängt meist mit der Affinität gewisser Philosophen zur Literatur zusammen. Und mit dem *quid pro quo* oder der Verwechslung von Sprachgebaren (Jargon, *façon de parler,* Fach-Chinesisch, Pseudo-Lyrik) und Intelligenz, von Bildung (oder Gelehrsamkeit) und Denkvermögen.

4. Personifizierung und Personenkult. Damit meine ich die Berufung auf und die besinnungs-lose Quotation von Autoren und Autoritäten als Begründungs- und Rechtfertigungs-Ersatz. Personen anstelle von Problemen. (Hegel sagt ..., Husserl schreibt ...). Und: Verengung des philosophischen Blickwinkels auf Autoren, die »in« sind und als Trendsetter gelten.

Das, scheint mir, sind heutzutage die Schleusen, die philosophiepublizistisch zum besseren Transfer zwischen Philosophie und Öffentlichkeit zu bedienen sind. Der publizistische Schleusenwächter kommt dabei am wenigsten in die Gefahr, sich selbst angesichts der ungeheuren Differenzierung und Diversifizierung gegenwärtiger Philosophie – ihrer Vielfalt – zum Scharlatan zu machen.
(1987)

In der hier so fraglos vorgetragenen Phrase, daß Philosophie Selbstkritik per se sei, ist natürlich das Ideal dem Normalfall untergeschoben worden. Solches Selbstverständnis vieler Philosophen ist sozusagen als selbstverständlich unterstellt worden. So heil ist aber, selbstverständlich, die Welt der

Philosophie nicht. Kritik am anderen und an anderen geht auch in diesem Orbit vor Selbstkritik. Zur Kritik an allem anderen, auch am profan Alltäglichen, an unserer Fernseh-Lebenswelt, fühlen sich Philosophen neuestens mehr denn je berufen. Ihren Abscheu vor den Niederungen überwinden sie durch die Gewißheit, allem und jedem, wenn schon, dann auf den Grund gehen zu können. Das leuchtet auch dem skeptischen Laien schnell ein, wenn der Philosoph den Ta-schenspielertrick »Philosophie der ...« vorführt. Als Varia-ble kann man da einsetzen, was man will – »... der Politik«, »... der Kunst«, »... der Dichtung«, »... des Films«, »... des Sex« –, mit dem vorgespannten »Philosophie« wird alles unerhört fundamental und der Philosoph vor allem unerhört kompetent, so wie es der Nichtphilosoph, mag er auch noch so tief in Politik, Kunst, Dichtung oder Film stecken, nie-mals sein kann.

Aber überall da, wo es um Erfahrungswelten, Erfahrungs-einsichten, Erfahrungsurteile geht, wo Tatsachenfeststellun-gen das täglich Brot und Wertentscheidungen unentwegt und unausweichlich fällig sind, ist der philosophische Prin-zipienreiter nicht einmal *princeps inter pares*. Was Philo-sophie gemeinhin dem Gedicht von Mörike, dem Bild van Goghs, dem Satz Strawinskys, dem Film von Howard Hawks antut, ist nicht wiedergutzumachen. Und die Vor-schriften, die Philosophen hier und da Politikern machen, waren, von Plato über Rousseau, Fichte und Marx bis Mar-cuse, nachgerade verheerend. Philosophie dieses Typs steht nicht über, sondern neben dem Common sense – der übri-gens kaum etwas mit unserem anrüchigen »gesunden Men-schenverstand« gemein hat – und verfällt somit dessen Ver-dikten. Philosophen, die sich polemisch in erfahrungsweltli-che Kompetenzen einmischen, und sich dann vor den Pfeilen der Gegenkritik indigniert hinter ihre akademischen Mauern flüchten, sollte man den Rückzug abschneiden. Wenn es da-zu kommt, darf man ihnen die Waffen vorschreiben.

Prognosen oder Präskriptionen der Philosophen wären, nicht anders als die Prognosen der empirischen Wissenschaf-ten, nach ihrem Erfolg beziehungsweise ihrem Eintreffen zu bemessen. In welchem Ausmaß etwa die Soziologie und die Politischen Wissenschaften bis zuletzt sich durch völlig fal-sche, absurde Interpretationen und Prognosen noch während des Untergangs der Sowjetunion und des Kommunismus blamiert haben, hat Theodore Draper 1992 in der ›New York Review of Books‹ bloßgestellt. Die Prophetien der Philosophen sind freilich, man weiß es, durch Abstraktion gegen solche Reinfälle in der Regel immun zu machen.

Seit etwa dreißig Jahren, mit dem Anwachsen der Prosperität im Westen, dem Ausbau aller Verkehrsnetze, dem Massentourismus, dem Veranstaltungswahnsinn und der Festspielraserei ist auch für die bis dahin eher immobilen, auf die Studierstube fixierten Berufsdenker das Unterwegssein zur neuen Lebensform geworden. Sie, die sich früher fast nur aus ihren Schriften kannten, sehen sich nun reihum das Jahr über an allen möglichen, vor allem luxuriösen Plätzen des Globus wieder und wieder. Das bedeutet, daß konsequente interne Kritik unter »Kollegen« national und bald auch international nurmehr gebremst ausgeübt wird und jedenfalls ihre Schärfe einbüßt. Diskussionen werden zu langatmigen Als-ob-Diskussionen. Die Fronten, die es vielleicht mehr denn je in aller Härte gibt, werden mit Weihrauch eingenebelt. Man findet, bei allem Konkurrenzneid, lieber Konvergenzen als Differenzen. Wo jeder jeden kennt, alle, auch in Gruppen, aufeinander angewiesen sind (bei Symposien, Gutachten, Berufungen, Verlagen, Veröffentlichungen), man eben zum Verein gehört, wären schneidende Kritiken lebensbedrohend. Nur wer es sich leisten kann, wer als Star kaum mehr Rücksichten zu nehmen braucht, wie beispielsweise Habermas, scheut keine Konfrontation. Aber das sind die großen Ausnahmen geworden. Im 18. und 19. Jahrhundert etwa schlugen die Philosophen gegeneinander andere Töne an.

Wo er seine Kompetenzen nicht überschreitet und keine freiwilligen Restriktionen durchbricht, wird der Beobachter die Dissonanzen hinter der flauen Harmonie hörbar machen.

Die Kritikenthaltsamkeit des Beobachters muß da ein Ende haben, wo philosophistisch privilegierte Erkenntnisansprüche erhoben werden. Im politischen Tagesgeschehen zum Exempel ist der Philosoph Bürger unter Bürgern, seine Urteile wiegen nicht schwerer als die anderer Nichtprofis *in politicis*. Und so überall: Wo der Philosoph sich, als Philosoph, in Belange anderer – und in unser aller – einmischt,

setzt er sich der vollen Kritik des philosophischen Laien –
und des Beobachters aus, und man darf ihn, wie Flauberts
biedermännische Kopisten enzyklopädischen Wissens Bou-
vard und Pécuchet, wenn's sein muß, lächerlich machen.

Zu guter Letzt in diesem Jahrhundert haben wir noch den unvorhergesehenen Zusammenbruch eines philosophisch-ideologischen Systems erlebt, wie die Welt – und namentlich die Philosophiegeschichte – bis dahin keinen gesehen hat. Der Geist, mit Hegel, diesmal der liberal-demokratische, hat in der Tat »einen Ruck getan«. Der Marxismus, von dem die Rede ist, schien vor allem nach dem Zweiten Weltkrieg in der Sowjetunion als Staatsphilosophie und weltliche Glaubensmacht derart fest etabliert zu sein, wie vordem in der Weltgeschichte bestenfalls noch theologisch die Verbindung von Aristotelismus, Thomismus und Christenlehre, mit dem entscheidenden Unterschied, daß der Marxismus zur militärischen Supermacht avanciert war. Um einen der vielen Chiasmen von Marx aufzulösen: Die Kritik der Waffen war zur blanken Waffe gegen Kritik geworden. Der ideologische Gehalt der Marxschen säkularen Heilslehre hatte in der Praxis – unter dem als harmloser verordneten Etikett »Sozialismus« statt, wie einst, Kommunismus – zu Stagnation, Terror und Unmenschlichkeit und schließlich zum ökonomischen und intellektuellen Ruin geführt: im Prinzip die gewöhnliche Katastrophe nach Verordnung einer allwissenden, alles zermalmenden »Philosophie« für den »neuen Menschen«.

Die dreiste Dominanz der Marxschen Polit-Theorie (auch auf westlichen philosophischen Veranstaltungen und schließlich im Bewußtsein sowohl linker westlicher Intellektueller wie ihrer konservativen oder neokonservativen Angstgegner) überlebte intern, wie jetzt jedem klar ist, dank dem dichten Spitzelnetz und nach außen der bis an die Zähne bewaffneten brutalen Staatsmacht. Natürlich könnte man liberalistische, »bürgerliche« Philosophien im Dienste der US-amerikanischen Weltmacht stehen sehen, wie es ja zum Glaubensbekenntnis östlicher Systemdenker gehörte und seitens marxistischer »Denker« immer wieder suggeriert wurde – Ernst Bloch sah in Jaspers einen Handlanger des Kapitalismus –, aber die moderne amerikanische Philosophie ist beim besten Willen nichts, was man dem Volk, auch in

vulgarisierterer Form, verschreiben und was sich eine Staatsmacht als Schubkraft zulegen könnte.

Wovon die Philosophie mit dem Verschwinden des Staats-
Marxismus befreit ist, war ja nicht nur so etwas wie ein
störendes Geräusch, sondern für viele, auch im Westen,
Angst und Gratisangst. Politische Inquisition hinter allen
philosophischen Fragen, das sture Pochen auf die bloße Existenz in der sozialistischen, der »wahren« Gesellschaft als
Apriori jeden Gesprächs mit dem »Anderen«, der wohlfeile,
übelriechende Moralismus des Rächers der Enterbten – jeder, der an internationalen Kongressen mit östlichen und
ihnen ergebenen westlichen Marxisten zu tun hatte, weiß um
diese stickige Atmosphäre, von der die Philosophie jetzt erlöst ist. Und es täte ihr gut, nein, es ist ihre Pflicht, die
Entflechtung von Politik und Philosophie nach dieser herben Lektion künftig einzuhalten. Vielleicht kann man sich
etwas von einer wie auch immer überflüssigen »Philosophie
der Politik« versprechen, aber eine »politische Philosophie«
– das ist so wenig eine Philosophie wie die »Philosophie der
Bundesbahn« oder die »Philosophie« von Yves Saint-Lau-
rent. Noch abwegiger ist es, wie geschehen, von der »Politik
deutscher Philosophen« zu reden. Sie wäre, gäbe es sie, nicht
viel bemerkenswerter als etwa »die Politik« der Ingenieure
oder der Schauspieler.

Die »Wahrheit« sollte gut marxistisch eine werdende sein,
sollte sich im Laufe der Geschichte »herstellen«, weniger
hergestellt werden. Deshalb war das spezifisch marxistische
Theodizeeproblem die Frage der notwendigen, zwangsläufigen Heilsgeschichte hin zum staatsfreien kommunistischen
Paradies, aber dann die doch eigentlich überflüssigen Versuche der Herbeiführung dieses Paradieses durch den Menschen. Der werdende Gott und die werdende Wahrheit –
zwei Weisen der Vertröstung auf den Sankt-Nimmerleins-
Tag, auf die die Menschen vielleicht nicht mehr so leicht
hereinfallen.

Der Marxismus bedeutete, wie die meisten Ismen, weit
übers Theoretische hinaus tiefe seelische Bindung, totales
inneres Engagement seiner Anhänger an den messianischen
Gehalt der Lehre. Ihre Aura entstammt nicht allein etwa
ihrer Manifestation als UdSSR, sondern auch dem Ineinander von Kognitivem und Emotionalem sowie dem absoluten

moralischen Anspruch, der jedem Marxisten auf der Stirn geschrieben stand. Als säkularisierte, mentalisierte, pseudoreligiöse Heilslehre und letztgültige Gesellschaftsform hat der Marxismus die Lebenswelt und Lebensform seiner Gläubigen bis zur Selbstaufgabe geprägt und jeden als laizistischen Priester zur täglichen Erfüllung berufen. Aus einer solchen fleischgewordenen Lehre verabschiedet man sich nicht halbwegs so ungerührt, wie etwa ein Wissenschaftler sich von einer lang gepflegten Theorie trennt; die war mit seinem Leben keine solche Symbiose eingegangen wie der Marxist mit der marxistischen Ideologie. Folglich bedeutet der Zusammenbruch des Marxismus für die meisten Marxisten den Zusammenbruch ihrer Welt. Und die Verzweifelten versuchen das Versagen der Lehre auf Teufel komm raus zu rationalisieren, indem sie den anderen, den Kapitalisten, nun auch noch die Schuld an diesem Fiasko zuschieben. Für diese Projektion muß man Verständnis aufbringen, und es ist durchaus zu überlegen, welche Art von Psychotherapie zu entwickeln wäre, um die Betroffenen vor seelischen Schäden zu bewahren, welche die sich auftuende, nein, sich offenbarende intellektuelle Leere anrichtet. Im Laufe solcher »Therapie« könnte auch der antifaschistische Komplex aufgelöst werden, der bei Marxisten und linken Intellektuellen darin bestand, daß sie den Antifaschismus glaubten gepachtet zu haben. Zu Recht kann man den Alleinanspruch darauf »die kardinale Lebenslüge der DDR« nennen[1]. Der Antifaschismus der Marxisten war allerdings radikal, aber nicht entschiedener als der vieler Liberaler oder auch Konservativer, wenn auch zweifellos militanter. Aber Antifaschist zu sein bedeutet ja noch nicht automatisch auf Seiten der Vernunft und der Humanität zu stehen; der marxistische Kommunismus war nahezu so inhuman wie der Faschismus, er bekämpfte in den Nazis nichts anderes als die Konkurrenz. Die Mehrheit der Marxisten war sich dieser wenig lauteren Motive nicht bewußt oder verdrängte sie. Dazu bildeten die kopflosen Attacken der siebziger Jahre gegen Objektivität und Werturteilsfreiheit den theoretischen Hintergrund. Vorge-

[1] W. Becker, Der Bankrott des Marxismus. In: Politisches Denken. Jahrbuch 1992. Stuttgart, Weimar.

setzt wurde eine Melange aus Tatsachen- und Werturteilen, Ethik und Epistemik, Politik und Moral, so daß Hermann Lübbe vom »Triumph der Gesinnung über die Urteilskraft« sprechen konnte. Eine heuchlerische moralische Empfindsamkeit richtete eine stille Diktatur ein, die den, der Argumente zunächst ohne – verordnete – Wertungen vorbringen wollte, moralisch diskreditierte, aus der ehrenwerten Gesellschaft selbsternannter Wertemacher ausschloß.

Der Marxismus oder Marxismus-Leninismus stellt kraft seiner politisch-etatistischen Realisation eine Philosophie dar, wenn auch eine Unphilosophie, der zum ersten Mal in der Weltgeschichte in der bittersten Bedeutung des Wortes die Schuldfrage zu stellen ist. (Philosophien haben am Elend der Weltgeschichte mehr Anteil, als die, die sie betreiben, sich eingestehen wollen.) In der ehemaligen Sowjetunion haben vor einiger Zeit nichtmarxistische oder exmarxistische Philosophen den Marxismus offen angeklagt. »Der kommunistische Totalitarismus und der Marxismus sind untrennbare ›Zwillinge‹, und als Anleitung zur Aktion ist letzterer nicht weniger schuldig am Tod von Millionen Menschen als die physischen Täter selbst ... Die Schuldfrage ist unmittelbar mit der demoralisierenden Wirkung des Marxismus verbunden.« So drastisch wie einige Mitarbeiter und die beiden philosophischen Herausgeber des Sammelbandes russischer Autoren ›Abschied vom Marxismus. Sowjetische Philosophie im Umbruch‹, Alexander Litschev und Dietrich Kegler, es hier formulieren, ist das bisher wohl noch nie gesagt worden, obwohl diese Tatsache ja schon immer, vielleicht nicht in ihrer ganzen Ungeheuerlichkeit, Philosophen und Nichtphilosophen vor Augen stand. Das ist ein anderer »Verrat der Intellektuellen« (Julien Benda).

Gegen eine Idee – eine Theorie *in statu nascendi* –, die sich gut anhört, mit Hinweis auf die Praxis zu Felde zu ziehen, ist schwierig. Je allgemeiner, simpler und moralischer die Idee klingt, um so aussichtsloser wird Kritik an ihr. Scheiternde Prophetien, man weiß es, lösen die Gemeinde des Propheten nicht auf, im Gegenteil, sie kitten sie fester zusammen. Ähnliches gilt für scheiternde Ideologien. Die bis dahin überbewertete »Praxis« wird dann sogleich als »bloß empirisch«, als »schlechte Realität«, als bloßer Schein gegen das Wesen abgewertet.

Zum Verhältnis von Theorie und Praxis in der Position, in der Theorie vor und gegen Praxis immer recht hat, läßt sich am Leitfaden Kants einiges sagen, wenn man den Titel seines berühmten Aufsatzes »auf den Kopf stellt«:

2. Über den Gemeinspruch: Das mag in der Praxis nichts taugen, ist aber als Idee gut
Marginalien zum marxistischen Sozialismus

Ob das immer erneute – und in seinen Formen anscheinend immer unmenschlichere – Aufbrechen von Gewalt, Lüge und Ungerechtigkeit unsere Ohnmacht, gute Ideen zu verwirklichen, anzeigt; oder ob diese entmutigenden Erscheinungen offene oder verdeckte Konsequenzen dieser guten Ideen selbst sind, das gilt, hinsichtlich der leitenden Ideen unserer Tage, bereits als eine ketzerische Frage. Denn die Ideen – die großen, die der Menschheit voranleuchtenden – sind über die Niederungen der *facta bruta* als tadellos erhoben. Deshalb geben wir unsere Ideen nicht so leicht preis, wir schieben vielmehr die Schuld an ihrem Versagen – an ihren negativen Folgen – der blöden Wirklichkeit zu. Um so schlimmer für die Wirklichkeit, für die Tatsachen – so erwehrt sich auch der Nicht-Hegelianer, wenn es hart auf hart kommt, des Abbaus seiner liebgewonnenen Ideen. Wenn mit den großen Ideen kein Staat zu machen ist, so wissen wir das als Christen unserer Erbsündhaftigkeit anzulasten, als Marxisten unserem falschen Bewußtsein und als aufgeklärte kritische Theoretiker dem Verblendungszusammenhang, in dem wir noch stehen. Die Ideen selbst sollen durch die Erfahrungen der Praxis nicht besudelt werden, nachdem sie mit so viel platonischem Scharfsinn und per definitionem oberhalb der Realität verankert wurden. (So ließe sich beispielsweise eine Verfassung tabuisieren, wenn man nur entschieden genug zwischen der – makellosen – Verfassungsidee und der – trüben – Verfassungswirklichkeit unterscheide und dieser alle unliebsamen Erscheinungen als Verzerrungen der Idee ankreidete. Linke Kritiker unserer parlamentarischen Demokratie haben erstmals in der jungen Geschichte der BRD radikal, an der Wurzel der

Idee, die bundesdeutsche Verfassung in Frage gestellt; eine derart fundamentale Infragestellung der Grundsätze des Sozialismus wurde von den nämlichen Kritikern mit Hohngelächter und moralischer Disqualifizierung ihrer Widersacher beantwortet.) Sind die Ideen auch Menschenwerk, so erscheinen sie doch vielfach als eingeborene Prinzipien, die nicht »wegzudenken« und unserem menschlichen Zugriff entrückt sind. Wer sich, mit Nietzsche, einmal jenseits von Gut und Böse zu stellen versucht, oder neuerdings mit B. F. Skinner jenseits von Freiheit und Würde oder, mit Walter Kaufmann, von Schuld und Gerechtigkeit, oder wer, wie Ernst Topitsch, den Leerformel-Charakter und Wortfetischismus vieler unserer Grundwerte bloßlegt, der hat sich, nach unserem westlichen Normenkanon für »zulässiges« Räsonieren, kaum weniger versündigt, als wenn er im Osten die Idee eines marxistischen Sozialismus für problematisch erklärt.

Ich verstehe hier unter »Idee« den Kern einer Theorie, die wertbetonten Zielvorstellungen oder auch die leitenden, regulativen Prinzipien, zu deren Begründung und Stützung die Theorie aufgebaut wurde. Auch das modischere Wort Paradigma – als Theorienkern – mag hier passen. Je mehr man sich dem Kern – der Idee – einer Theorie nähert, desto umfangreicher, vager und inhaltsleerer werden die um diesen Kern sich kristallisierenden Begriffe, die vielfach auf nur einen Zentralbegriff reduziert sind. So kann man als Kern einer ethischen Theorie den Begriff des Guten bezeichnen. Für die Idee des Christentums ist vielleicht die Idee – der Begriff – der Liebe zentral. Als fundamentale Zielvorstellungen eines jeglichen Sozialismus kann die Begriffstrias Freiheit, Gleichheit, Brüderlichkeit angesehen werden. Das zwangsläufige utopische Moment in dergleichen Ideen kann stärker oder schwächer hervortreten. (Schwächer bei Marx etwa: Jeder nach seinen Fähigkeiten, jedem nach seinen Bedürfnissen. Stärker bei Leo Trotzki: »Der Mensch wird« – in der künftigen kommunistischen Gesellschaft – »unvergleichlich viel stärker, klüger und feiner, sein Körper wird harmonischer, seine Bewegungen werden rhythmischer und seine Stimme wird musikalischer werden. Der durchschnittliche Menschentyp wird sich bis zum Niveau des Aristoteles, Goethe und Marx erheben.

Und über dieser Gebirgskette werden neue Gipfel aufragen.«[1])

Um einen solchen Ideenkern lagern sich weitere, wenn man will, sekundäre Ideen an, die teilweise aus den primären – axiomatisch – deduziert werden, zugleich aber häufig instrumentell der methodischen Heraufführung und Verwirklichung der in den primären Ideen anvisierten »Zustände« dienen. Zum marxistisch-sozialistischen Ideen-Konglomerat lassen sich beispielsweise in abgestufter Reihenfolge aufführen: die Idee einer historischen, dialektischen Gesetzmäßigkeit, deren materielle (ökonomische) Basis als Ansatzpunkt aller Veränderung gilt; dazu die Umgestaltung der Einkommens- und Eigentumsverfassung, die Revolutionierung der Arbeitsverfassung, die Abschaffung sozialer Klassen und so fort.

Eine solche Kennzeichnung – die keineswegs den Anspruch auf eine Definition erhebt – mag für den Zweck dieser marginalen Betrachtung der Idee des Sozialismus und ihrer Bewährung in der Praxis genügen. Denn die Frage, von der hier ausgegangen werden soll, lautet: Warum hat die – auf Anhieb so bestechende – Idee des Sozialismus überall da, wo sie durchgesetzt wurde, zu grauer, freudloser Wirklichkeit geführt? Gemeint ist von jetzt ab natürlich der »wissenschaftliche«, marxistische Sozialismus, wie er als »notwendige« Vorstufe zum Kommunismus auf einem großen Teil der Erde sich breitgemacht hat. Überall da also, läßt sich behaupten, wo diese Idee des Sozialismus sich installiert hat, in den sogenannten sozialistischen Ländern, ist der Lebensstandard, gemessen am heute Möglichen, denkbar niedrig. Persönliche Freiheit ist auf ein Minimum herabgedrückt, Gleichheit existiert für die »Massen« nur als Gleichheit der Unfreiheit und Bewegungslosigkeit; sie werden von neuen Klassen und Kasten ausgebeutet. Eine diktatorische Oligarchie bestimmt die vagen Ziele und Glücksvorstellungen. Meinungs- und Pressefreiheit ist abgeschafft. Und im Zeichen dieser Idee wurden zahllose Menschen erniedrigt, gefoltert, im Archipel GULAG geopfert. Das verkündete Arbeiter- und Bauern-Paradies ist auf den Sankt Nimmerleinstag verschoben, seine permanente

[1] Leo Trotzki, Literatur und Revolution. München 1972, S. 213.

Erwartung soll die Nöte der jeweils existierenden Generationen vergessen machen und rechtfertigen. Im Mutterland dieses Sozialismus geschieht das seit nunmehr sechs Jahrzehnten.

So in Frage gestellt, springen dem marxistischen Sozialismus seine Apologeten auf höchst unterschiedliche Weise bei. Orthodoxe Theoretiker, etwa DDR- oder Sowjet-Philosophen (von den Politikern und Funktionären nicht zu reden), streiten einfach alles ab und machen dialektisch aus schwarz weiß. Was dem Zweifler so düster sich aufdrängt, wird verschwiegen oder gar zur »Errungenschaft« umgemünzt. Theorie und Praxis werden als harmonischer Einklang vorgeführt. Werden einmal Zugeständnisse gemacht, so weist man darauf hin, daß der »ganze« Sozialismus noch ausstehe, daß er aufgrund der kapitalistischen Reste in dieser Welt es schwer habe, sich gänzlich zu entfalten. Woraus sich im übrigen folgern ließe, daß ein »halber« oder ein bißchen Sozialismus schlimmer ist als gar keiner.

Andere, namentlich gewisse Dissidenten in der Sowjetunion und seit neuestem auch in der DDR, geben »Schwächen« des Sozialismus zu, wollen sie aber letztlich als Entwicklungsstörungen und Kinderkrankheiten verstehen, oder, wenn sie es bis zum Äußersten treiben, als Auswüchse eines starren Bürokratismus, welcher der guten Sache Sozialismus einiges zu schaffen mache: Sozialismus gleichsam in den falschen Händen. Robert Havemann zählt zu diesen »reformistischen« Abweichlern, auch der unlängst aufmüpfig gewordene SED-Funktionär Rudolf Bahro, gewiß auch einige Ausgewiesene wie Wolf Biermann.

Eine weitere Farbe in dieses Spektrum marxistisch-sozialistischer Apologie bringen jene, die eigentlich alle installierten Sozialismen verwerfen, die Idee des Sozialismus »als solche« aber höher denn je halten. Es sind dies vorwiegend jene kritischen oder Neo-Marxisten, die im Westen der Neuen Linken (inklusive der amerikanischen New Left) den Boden bereiteten. Herbert Marcuse kann als einer ihrer markantesten Protagonisten gelten. (Vielleicht verstehen sich auch einige Euro-Kommunisten als kritische Marxisten in diesem Sinne.) Hier ist es der »wahre« Sozialismus, der allen seinen schäbigen Erscheinungen – ob in der UdSSR, der DDR, Polen, Jugoslawien, letztlich auch Ungarn oder China – entgegengeschleudert wird, und der nun wieder einmal und erstmals und endlich und endgültig von eben jenen, die im Besitz dieses wahren Sozialismus sind, auf Erden aufgerichtet werden soll. In den Augen der Orthodoxen sind es natürlich gerade diese westlichen »Voluntaristen« und »Reformisten«, die eine schädliche Irrlehre vom Sozialismus verkünden. Jeweils die eigene Version gilt ja bei Heilslehrern als die wahre, alle übrigen müssen als Ketzerei verschrieen werden. Indem nun von den kritischen Marxisten ein solch wahrer Sozialismus postuliert wird, können alle seine bisherigen noch so tristen Verwirklichungen nicht gegen ihn zeugen: Sie sind ebenso kümmerliche Abbilder seiner Wahrheit, wie es ein tatsächlicher Kreis gegenüber der platonischen Idee des Kreises ist. Das heißt, die sozialistische Praxis mag Auswüchse annehmen, welche sie will, die Idee des Sozialismus kann dadurch nicht desavouiert werden. Kritische Vernunft findet allemal zu den Quellen zurück, zu dem »wahren« Marx, und ein Stück weit auch zum »wahren« Hegel.

Die Auseinandersetzung mit diesem Ideal-Sozialismus oder Sozial-Idealismus muß unter dem Titel geführt werden, der für diese Marginalien als Abwandlung des berühmten Aufsatzes von Kant gewählt wurde: ›Über den Gemeinspruch: Das mag in der Praxis nicht taugen, ist aber als Idee gut.‹ Das läßt sich auch in die plausiblere Frage kleiden: Soll man an einer Idee festhalten, auch wenn sie über lange Zeit überall da, wo sie in Praxis umgesetzt wurde, verheerende Wirkungen zeitigte? Drastischer noch: Was macht man mit einem Medikament, dessen schädliche Nebenwirkungen seine sämtlichen Heilerfolge überwiegen?

Die Idee des marxistischen, »wissenschaftlichen« Sozialismus selbst wird genau in dieser radikalen Form seit neuestem von einer Gruppe von Abtrünnigen verworfen, die die Spielregeln der Marxismus-Diskussion um eine ganz neue Variante bereichert haben. Zu ihnen zählen natürlich Solschenizyn, vor allem aber gehören die jungen Ex-Marxisten der französischen Bewegung »Nouvelle philosophie« dazu, und nicht zuletzt der polnische Philosoph Leszek Kolakowski, der unlängst die »marxistischen Wurzeln des Stalinis-

mus« bloßzulegen versucht hat[2]. Dieser Versuch zeigt an,
worauf die Sozialismus-Kritik der neuen Apostaten insgesamt zielt: Die schlimme Wirklichkeit des Sozialismus, die
nicht mehr länger zu beschönigen ist, wird jetzt als bittere
Konsequenz einer faulen Idee interpretiert, deren Väter,
Onkel und Paten, von Hegel über Marx und Engels bis zu
Lenin und Stalin – in erster Linie aber Vater Marx – als die
eigentlichen Übeltäter angeprangert werden. Im Euro-
Kommunismus, so ließe sich sagen, hat der orthodoxe mar-
xistisch-leninistische Sozialismus vielleicht seine bislang
gefährlichste politische Herausforderung gefunden; in der
»Neuen Philosophie« der Abtrünnigen – oder Bekehrten –
ist hingegen das ideelle Fundament des Sozialismus selbst,
sein ideologischer Kern, durch theoretische Zersetzung auf
das schwerste bedroht. Mit einem Mal glauben nun im Marxismus Großgezogene, daß dessen Konzept die Inhumanität involviert und die Stagnation schon in sich birgt.

Aber warum stehen in deren Augen die marxistischen
Gründungsväter des Sozialismus nun mit schmutzigen Händen da, die doch, wie man ihnen immer noch unterstellen
könnte, »das Gute« gewollt haben? Oder war das Gutge-
meinte nur eine Rationalisierung persönlicher Machtgelü-
ste, die etwa Marx zweifellos in starkem Maße hegte?
Oder wollten sie des Guten zuviel, gemäß Karl Poppers
Diktum, daß stets die Hölle produziert wird, wenn man den
Himmel auf Erden einzurichten versucht?[3] Das Gute, das
möglicherweise beabsichtigt war, war gewissermaßen
schon im Keime angekränkelt, indem es auf eine partikulare Idee bezogen wurde, die dem Marxschen Sozialismus
wesentlich ist und von ihm zum Dogma erhoben wurde: die
Idee nämlich einer gesetzmäßigen historischen Bewegung
in Richtung auf das vom Marxismus dekretierte Gute. Die
Vorstellung historischer Gesetze ist eine unbewiesene und
wahrscheinlich auch unbeweisbare Annahme, die durch die
bisherige Geschichte selbst eher widerlegt als bestätigt
wird. Der hier aus Hegels geschichtsphilosophischer Dia-

---

[2] Vgl. Leszek Kolakowski, Die marxistischen Wurzeln des Stalinismus. In: Leben
trotz Geschichte. Hrsg. v. Leonhard Reinisch. München 1977.
[3] Vgl. Karl Popper, Die offene Gesellschaft und ihre Feinde. Bd. 2: Falsche
Propheten. Bern 1958, S. 292.

lektik derivierte Gesetzesbegriff ist im übrigen seinerseits naives Denkprodukt einer als teleologisch »gesetzten« geschichtlichen »Bewegung«. Schon indem diese vage Annahme oder wilde Hypothese als Grundpfeiler einem jeden »wissenschaftlichen« Sozialismus, der als solcher will auftreten können, eingerammt wird, gerät der Marxsche Sozialismus in die gefährliche Nähe einer Glaubenslehre, die sich dogmatisch einigeln muß und Abweichungen vom Glaubensgut mit schweren Strafen zu ahnden pflegt. Denn diese historischen Gesetze, kraft derer ihre Deuter sich zu Vollstreckern der Geschichte aufschwingen können, müssen unbedingt gegen diejenigen, die sie leugnen – und das heißt: aufhalten – wollen, durchgesetzt werden. Speziellere Gesetze der Marxschen Sozialtheorie sind offensichtlich mit diesem generellen historischen Gesetz strukturgleich: etwa die notwendige Selbstaufhebung des Kapitalismus infolge seiner sich im Laufe der Geschichte mehr und mehr verschärfenden Selbstwidersprüche. Es ist erlaubt, dem Fallenden mit einem »hilfreichen« Stoß beizuspringen. Im Namen des Humanismus darf auch Inhumanität als Mittel den Zweck heiligen. Die fundamentale Idee der Gleichheit hat der »wissenschaftliche« Sozialismus von älteren Sozialismen übernommen und insbesondere im Ideal einer klassenlosen Gesellschaft (von Gleichen) praktisch effektiv machen wollen. Diese Idee der Gleichheit wird in der Regel – wie schon zu Zeiten der Französischen Revolution – als ein oberster Wert an sich der Idee der Freiheit zur Seite gestellt. Aber Gleichheit kann keinesfalls, wie sich das für den Freiheitsbegriff zeigen ließe, einen absoluten Wert darstellen. Nur jeweils unter bestimmten Bedingungen und Voraussetzungen sowie in gewissen Kontexten läßt sich Gleichheit als wünschenswerter Zustand von Menschen oder Objekten festsetzen. Die Gleichheit von Bürgern vor dem Gesetz ist zum Beispiel unter den Bedingungen der meisten gesellschaftlichen Gegebenheiten wünschenswert oder sogar unabweisbar. Im marxistischen Sozialismus hingegen wird die Idee (das Prinzip) der Gleichheit mittelbar oder unmittelbar auch auf biologisch-anthropologische Komponenten ausgedehnt. Denn wenn auch die Menschen im Zustand bürgerlicher, vor-sozialistischer Gesellschaftsverfassungen in den meisten Hinsichten noch nicht gleich sind, so können sie doch, eben durch sozialistische Gesellschaftsveränderungen, gleich gemacht werden. Und daß sie es bis dahin nicht waren, so wird argumentiert, ist die Folge bürgerlicher Klassenstrukturen und der dort angelernten individualistischen Denkmuster. Profit- und Besitzstreben sind beispielsweise unter solchen Aspekten Resultate bürgerlicher Erziehung, nicht angeborene, allgemeinmenschliche Verhaltensweisen. In einer sozialistischen Umwelt sowie durch sozialistische Lernprozesse können diese Ungleichheit bewirkenden Züge zum Verschwinden gebracht werden. Eine sozialistisch korrigierte Vererbungslehre im Dienste der Ideologie der Gleichheit dekretierte ungeachtet der verheerendsten Fehlschläge jahrzehntelang die Vererbbarkeit erworbener Eigenschaften, um dadurch die Züchtbarkeit des Sowjetmenschen unter Beweis zu stellen. Im Zeichen der Idee der Gleichheit muß im Sozialismus die Auffassung gegen Kritik abgeschirmt werden, derzufolge die Veränderung (Gleichschaltung) menschlicher Eigenschaften und Fähigkeiten fast ausschließlich durch Umweltfaktoren zu bewirken ist. (In welchem Maße diese Auffassung zu einem sozialistischen, »linken« Credo geworden ist, haben die handgreiflichen Attacken auf amerikanische und englische Psychologen deutlich gemacht, die der Heritabilität menschlicher Intelligenz-Faktoren wieder eine dominante Rolle glauben zuweisen zu müssen). Der von allen Radikalen und Weltverbesserern immer wieder proklamierte »neue Mensch« (siehe die sozialutopistischen Visionen Trotzkis), der kollektivistisch gemäß zentraler Gleichschaltung denkt und handelt, hätte schon lange begraben werden müssen, wenn er nicht durch eine derartige, der Wirklichkeit trotzenden Ideologie und den hinter ihr stehenden Machtapparat künstlich am Leben erhalten würde. Und natürlich erscheint im Lichte einer solchen, bereits praktizierten Ideologie ein Spruch wie »Jeder nach seinen Fähigkeiten, jedem nach seinen Bedürfnissen« als unglaubwürdige, ja genaugenommen als widersinnige Beteuerung.

Wie problematisch, wie gefährlich die Hypostasierung der Gleichheit als Eckpfeiler gesellschaftlicher Verfassungen tatsächlich ist, hat unlängst noch einmal Robert Nozick in einer scharfsinnigen Analyse – bis hin zur vermeintlich gerechten Umverteilung wirtschaftlicher Güter – aufgedeckt[4]. Mit der Idee der Gerechtigkeit, so kann man Nozicks Untersuchung resümieren, ist die Idee der Gleichheit kaum verträglich. Daß im übrigen auch das auf den ersten Blick so selbstverständliche Postulat der Chancengleichheit in der Praxis selbstwidersprüchliche Differenzierungen nötig macht und neue Ungleichheiten und Ungerechtigkeiten hervorruft und verewigen würde, haben mehrere Untersuchungen aus jüngerer Zeit deutlich gemacht[5].

In der Idee der Gleichheit, wie sie dem Sozialismus aufs Panier geschrieben steht, liegt also eine Tendenz der zwangvollen Nivellierung (und der weiteren Folge gefährlicher Zentralisierung), deren Intentionen man mit einem variierten Diktum Galileis auf die Formel bringen könnte: Alles gleich halten, was vergleichbar ist, und alles gleich machen, was es noch nicht ist. Abgehobelt wird dann, was der »Linie« nicht entspricht, wobei die Menschen wie Späne fliegen. Und es scheint sich bewahrheitet zu haben, was ein Konservativer, Goethe nämlich, meinte: »Freiheit und Gleichheit können nur im Taumel des Wahnsinns genossen werden«[6], und »Gesetzgeber oder Revolutionäre, die Gleichsinn und Freiheit zugleich versprechen«, seien »Phantasten oder Charlatans«[7]. Und in unserer Zeit, bei dem Liberalen Karl Popper etwa, liest sich dieses Verdikt so: »Ich brauchte einige Zeit, bevor ich erkannte, ... daß Freiheit wichtiger ist als Gleichheit; daß der Versuch, Gleichheit zu verwirklichen, die Freiheit gefährdet; und daß, wenn die Freiheit verloren ist, nicht einmal mehr Gleichheit unter den Unfreien bestehen wird.«[8]

Nun kann man in solchen Sätzen unschwer Reflexe privater Idiosynkrasien gegenüber allem Revolutionären – beim konservativen Goethe – und aller die individuelle Freiheit unterdrückenden Praktiken gleichmacherischen Tyrannis der stalinistischen und nazistischen Praxis – beim liberalen

[4] Vgl. Robert Nozick, Anarchie, Staat, Utopia. München 1976, S. 214 ff.

[5] Vgl. ebd.; H. J. Eysenck, Die Ungleichheit der Menschen. München 1975, S. 39 ff. R. Herrnstein, Chancengleichheit – eine Utopie? Die IQ-bestimmte Klassengesellschaft. Stuttgart 1973.

[6] J. W. Goethe, Werke. Zürich, Stuttgart (Artemis-Ausgabe), Bd. 11, S. 566.

[7] Ebd., Bd. 19, S. 392.

[8] Karl Popper, Unended Quest. An Intellectual Autobiography. Glasgow 1976, S. 36 (übersetzt vom Beobachter).

Popper – entdecken. Insofern widerlegen solche Äußerungen noch nicht die politische Idee der Gleichheit. Zu Goethes Zeiten wurde beispielsweise die Gleichheit der Bürgerrechte gerade durchgesetzt, eine Gleichheit, die dem Dichterfürsten noch suspekt erschien; heute verstehen wir diese Gleichheit des staatsbürgerlichen Status als selbstverständliche Bedingung auch der Freiheit, der möglichen Freiheit. Wenn aber, wie Ralf Dahrendorf einmal bemerkt, »die Rechte und Pflichten der Staatsbürger-Rolle über die Basis der sozialen Existenz hinausgreifen und auch die Weise der menschlichen Selbstentfaltung noch zu regulieren versuchen, werden sie von der notwendigen Bedingung der Freiheit zu deren Zerstörer«[9]. Die Wirklichkeit, so heißt es dann bei Dahrendorf, reproduziert in vielen Fällen nicht die »Reinheit des Gedankens«, nämlich desjenigen der Vereinbarkeit der Gleichheit des staatsbürgerlichen Status mit der Möglichkeit der Freiheit. In der »Wirklichkeit« scheint es so vor sich zu gehen, als gefährdeten die Freiheiten, die sich eben auf der Basis der staatsbürgerlichen Gleichheiten ermöglichen lassen, diese freiheitsermöglichende Gleichheit. Zur Abweisung dieser Gefährdung wird anscheinend eine Potenzierung oder Ausweitung der Gleichheit nötig, die allmählich die ursprünglich durch die Idee der Gleichheit ermöglichte Freiheit restringiert, bis es zur »Tyrannis der Gesellschaft«, zur »Volksherrschaft« kommt, die Differenzierungen und Pluralismen nicht mehr duldet. Daß diese Volksherrschaft schließlich nur noch ein Etikett für die zentral gleichschaltenden Wenigen ist, die ohnehin nicht unter das »Gesetz« der Gleichheit aller fallen, hat die »Wirklichkeit« immer wieder erwiesen. Dieser Kontrast zwischen Idee und Wirklichkeit spielt offenbar allen Überlegungen über die Vereinbarkeit von Freiheit und Gleichheit einen bösen Streich. Dahrendorf versucht es in seiner Untersuchung mit der »neuen Idee«, in einer Art Hegelschen Synthese, Liberalismus und Sozialismus – als Exponenten beider Ideen – »aufzuheben«; aber, so resigniert auch er schließlich: »Wahrscheinlich wird es auch dieser Idee in der politischen Praxis nicht anders ergehen als ihren Vorgän-

[9] Ralf Dahrendorf, Konflikt und Freiheit. Auf dem Wege zur Dienstklassengesellschaft. München 1972, S. 270.

gern. Die Figur der Hegelschen Synthese ist schön; aber solch schönes Gleichgewicht der Gegensätze ist der Wirklichkeit fremd.«[10] So werden wir auch hier wieder auf das fatale Schisma von Idee und Praxis gestoßen, bei dessen Überwindungsversuch offenbar die Idee preisgegeben werden muß. Ideen, so könnte man resignierend sagen, sind oft schön, solange sie Ideen bleiben. In Verbindung mit der Kategorie Wirklichkeit nehmen sie gemeinhin eine häßliche Farbe an. Das kann nur bedeuten, daß man Ideen daran messen und bewerten muß, welche Gestalten sie in der Wirklichkeit annehmen, oder wie sie sich in der Praxis bewähren. Damit aber sind wir noch einmal zurück verwiesen auf das Theorie-Praxis-Verhältnis, wie es Kant in seinem Essay über den »Gemeinspruch« analysiert hat.

Zuvor sollen aber noch zwei mögliche, einander entgegengesetzte Einwände gegen die bis hierher angestellten Überlegungen wenigstens flüchtig berücksichtigt werden. Der eine könnte darauf zielen, daß unsere provisorische Definition des Sozialismus zu weit sei, und daß deshalb die Kritik, die hier daran vorgebracht wurde, nichts Besonderes, Konkretes am heutigen, marxistisch geprägten Sozialismus treffe. Beispielsweise sei die Idee der Gleichheit für den modernen Sozialismus zwar konstitutiv, aber nicht signifikant. Signifikant seien vielmehr die Marxschen Kapital-Analysen und die Folgerungen, die sich aus ihnen ziehen lassen. Signifikant seien ferner die in den gegenwärtig existierenden sozialistischen Ländern durchgeführten ökonomischen »Revolutionen« (Planwirtschaft, zentrale Steuerung, Abschaffung des Privateigentums etc.). Es ist indes, so wäre hier zu entgegnen, die allen Sozialismen inhärente Idee der Gleichheit durchaus als signifikant zu betrachten, und die weiteren, konkreteren Charakteristika ökonomisch-politischer Art können als Derivate, als notwendige Produkte dieser fundamentalen Idee markiert werden. Im einzelnen wäre dann zu zeigen – wie vorhin schon angedeutet –, in welcher Weise Gleichheit (als Postulat) mit zentraler Planung, Gleichheit und »Diktatur des Proletariats«, Gleichheit und klassenlose Gesellschaft, Gleichheit und Gemeinei-

[10] Ebd., S. 292.

gentum, Gleichheit und sozialistischer Realismus (in der Kunst) und so weiter in einem hierarchischen Zusammenhang stehen. Im übrigen würden im Falle einer solchen, an den bestehenden konkreten Realisierungen des Sozialismus anknüpfenden Untersuchung seine Unzulänglichkeiten und Inhumanitäten (dagegen eben der Versuch, einen »Sozialismus mit menschlichem Antlitz« zu etablieren) in ein noch grelleres Licht rücken, mit den entsprechenden neuerlichen Repliken, es sei eben noch alles *in statu nascendi,* Verzerrungen der Idee seien unvermeidlich, und so fort, wie eingangs angeführt.

Der andere mögliche Einspruch gegen unsere Ausführungen könnte im Gegenteil dahingehend lauten, daß unsere zugrunde gelegte provisorische Idee des Sozialismus viel zu sehr durch Amalgamierung mit der Wirklichkeit eingeengt sei, daß die Idee Sozialismus allgemeiner, reiner gehalten werden müßte. Doch wie sollte das geschehen? Indem man etwa vom lateinischen Stammbegriff sozial ausginge, in dem doch das Moment der Gleichheit schon steckt? Oder indem man Sozialismus als den Versuch kennzeichnet, mehr Gerechtigkeit herzustellen? So abstrakt gefaßt bliebe nicht viel mehr über ihn zu sagen, als daß sich in ihm der Wille zu einem schöneren Leben (was immer das sein mag), zum neuen Menschen (wie immer der aussehen mag), zu größerem Glück (wie immer Glück zu bestimmen sei) ausdrückt. Wodurch unterschiede sich dann noch Sozialismus von anderen Gesellschaftsentwürfen, von anderen Heilslehren, von anderen Leerformeln? Und wenn es um eine Theorie der Gerechtigkeit gehen sollte, so gibt es gerade in jüngster Zeit einige Theorien (etwa die von John Rawls), die sicher nicht mit dem, was heute unter Sozialismus verstanden werden soll, deckungsgleich sind. Am Ende steht in diesem Falle ein vager, nichtssagender Utopismus, wie er in der Tat von einigen Neomarxisten in unseren Tagen gepflegt wird, und wie er sich letzten Endes schon bei Marx selbst zwangsläufig ankündigt, der uns kaum ein Wort darüber hinterlassen hat, wie das Leben in einem vollendeten Sozialismus (sprich Kommunismus) aussähe.

In der erwähnten Abhandlung Kants ›Über den Gemeinspruch‹ hat der Philosoph bekanntlich einen gefährlichen

Widerspruch zwischen Theorie und Praxis zugunsten der Theorie aufgelöst. In dem Falle nämlich, in dem es um das geht, was sein *soll,* also um Pflichten, um moralische Normen, gelte, so sagt er, kein Einspruchsrecht der Praxis. Denn man kann nicht die Regeln des tatsächlichen moralisch-praktischen Handelns zur Begründung von Gesetzen anführen, die dem Handeln allererst als Richtschnur dienen sollen. Kant setzt eine Theorie, die auf den Pflichtbegriff gegründet ist, deutlich von einer solchen ab, die Gegenstände der Anschauung nur durch Begriffe vorstellt, also etwa mathematische oder philosophische Objekte, »welche letzteren«, so sagt er, »vielleicht ganz wohl und ohne Tadel (von seiten der Vernunft) *gedacht,* aber vielleicht gar nicht *gegeben* werden können, sondern wohl bloß leere Ideen sein mögen, von denen in der Praxis entweder gar kein, oder sogar ein ihr nachteiliger Gebrauch gemacht werden würde«[11]. Um nun den marxistischen – »wissenschaftlichen« – Sozialismus vor dem Makel solch leerer Ideenhaftigkeit zu bewahren, scheint es ein Leichtes zu sein, ihn gewissermaßen unter die kantischen Postulate der praktischen Vernunft, unter die Moralbegriffe, zu subsumieren. Denn handelt nicht der Sozialismus von dem, was sein *soll* zum Wohle der Menschheit, also von Problemen der Ethik? Und wird nicht auch bei Kant seine Idee der Gleichheit des Menschen mit jedem anderen »als Untertan« auf Prinzipien *a priori* gegründet? Was diesen letzten Punkt betrifft, den Kant ausdrücklich als Gleichheit des Bürgers vor dem Recht (das Teil der Ethik, des Pflichtbegriffes ist) präzisiert, so bedarf es, nach den vorherigen Bemerkungen, keiner Diskussion mehr: Diese Form der Gleichheit ist als Voraussetzung der Möglichkeit der Freiheit akzeptiert. Sie kann im übrigen nicht als spezifisch »sozialistische« Idee in Anspruch genommen werden, wenn sie auch im Verlauf der Französischen Revolution erst voll durchgesetzt wurde; aber als Idee wird sie schon von den großen Philosophen der Antike in Betracht gezogen. Die Erweiterungen dieses Prinzips Gleichheit über den rechtlichen Zustand hinaus auf soziale und ökonomische Verhältnisse, wie sie für

[11] Immanuel Kant, Über den Gemeinspruch: Das mag in der Theorie richtig sein, taugt aber nicht für die Praxis. Frankfurt a. Main 1968, S. 25.

den marxistischen Sozialismus bezeichnend ist, und schließlich auf die »Natur« des Menschen, lassen von nun an das
Prinzip der sozialistischen Gleichheit aus dem Rahmen des
Kantischen Theorie-Praxis-Verständnisses herausfallen.
Was diese »Natur« des Menschen betrifft, so macht Kant
dazu einige Anmerkungen, freilich in einem Kontext, der
auf den ersten Blick einer sozialistischen Hoffnungsideolo-
gie Vorschub leistet: »Ich meinerseits vertraue dagegen
doch auf eine Theorie, die von dem Rechtsprinzip ausgeht,
wie das Verhältnis unter Menschen und Staaten *sein soll*,
und die den Erdengöttern die Maxime anpreiset, in ihren
Streitigkeiten jederzeit so zu verfahren, daß ein solcher allgemeiner Völkerstaat dadurch eingeleitet werde, und ihn
also als möglich (in praxi), und daß er *sein kann,* anzunehmen; zugleich aber auch auf die Natur der Dinge, welche
dahin zwingt, wohin man nicht gerne will. Bei dieser letzteren wird dann auch die menschliche Natur mit in Anschlag
gebracht: welche, da in ihr immer noch Achtung für Recht
und Pflicht lebendig ist, ich nicht für so versunken im Bösen
halten kann oder will, daß nicht die moralisch-praktische
Vernunft nach vielen mißlungenen Versuchen endlich über
dasselbe siegen und sie auch als liebenswürdig darstellen
sollte.«[12] Und, nach solchen Hoffnungen, nach solchen
Wünschen, schließt dann Kant energisch: »Was aus Vernunftgründen für die Theorie gilt, das gilt auch für die Praxis.«[13] Die »Natur der Dinge«, die gelegentlich dahin
zwingt, »wohin man nicht gerne will«, das können nach
unserem heutigen Sprachgebrauch die sogenannten »Sachzwänge« sein, aber auch physikalisch-biologische Gesetzmäßigkeiten – etwa in der modernen Evolutionstheorie –,
die durch sozialistische, unter dem Diktat planer Gleichheit
stehenden »Milieutheorien« weginterpretiert werden. Ob im
übrigen auch heute, nach nazistischem Völkermord, stalini-
stischem Terror, nach dem Zweiten Weltkrieg und nach zu-
nehmender Brutalisierung und Eskalation der Gewalt in unseren Tagen Kant die Hoffnung hochhalten würde, daß moralisch-praktische Vernunft die menschliche Natur doch als
»liebenswürdig« darstellen könnte, möchte man bezweifeln.

---

[12] Ebd., S. 67.
[13] Ebd., S. 68.

Denn was diese menschliche »Natur« betrifft, so hat uns die heutige Wissenschaft entschieden die Augen darüber geöffnet, wie sehr sie im Animalischen verhaftet ist und hartnäckig allen Versuchen widersteht, sie durch Maßnahmen der praktischen Vernunft auf Dauer zu veredeln oder auch nur zu bändigen. Ja, so unabweisbar »in der Theorie« die Kantischen moralischen Postulate zu sein scheinen, so unübersehbar überfordern sie doch allem Anschein nach die Möglichkeiten des Menschen. Im Lichte heutiger philosophischer Anthropologie und Verhaltenslehre erweist sich die Kantische Pflicht-Ethik geradezu als un- oder über-menschlich. Und dies Vertrauen auf eine durch Vernunft humanisierte Menschheit – ist es für viele nicht gerade durch die Realität der bestehenden Sozialismen erschüttert worden?

Kants Abhandlung beschränkt sich auf das Verhältnis der Theorie zur Praxis in der Moral, dem Staats- und dem Völkerrecht. Insofern der Rechtsbegriff unter das allgemeine sittliche Wohl des Menschen fällt, die Praxis also in allen drei Fällen Imperativen der praktischen Vernunft zu gehorchen hat, kann in diesen Fällen, nach Kant, das, was *ist*, nicht dem, was sein *soll*, als Regel vorangestellt werden. Aber der marxistische Sozialismus kann in seinem von Hegel inspirierten Theorie-Praxis-Verhältnis sich nicht auf diesen besonderen Fall einer über die Erfahrung hinausgehenden Erkenntnis dessen, was sein soll, also Kantisch den Pflichtbegriff, berufen. Schon der die Gleichheit vor dem Recht weit überdehnende Gleichheitsbegriff fällt sozusagen unter die Kategorie metaphysischer Tatsachenbehauptungen, gegen welche die Erfahrung allemal ein Einspruchsrecht hat. Und der Freiheitsbegriff, der hier durch den der Gleichheit gefährdet ist, ist natürlich keine originäre sozialistische Idee. Das *Soll*, wie es im sozialistischen Credo dessen, was sein soll, vorkommt, ist gar kein ethisches Postulat, sondern Ausdruck der utopistischen Forderung nach einer so und so imaginierten Welt (es ist ähnlich dem Soll in einem Satz wie: »Morgen soll schönes Wetter sein!«). Die spezielleren Ideen des marxistischen Sozialismus sind erst recht solange die Erfahrung übersteigende metaphysische Setzungen, wie sie nicht empirisch überprüfbar sind; der Ablauf der Geschichte nach erkennbaren objektiven Gesetzmäßigkeiten (der »Sinn der Geschichte«), die »Aufhebung« des Kapitalismus infolge seiner inneren Widersprüche (wobei alle möglichen Polaritäten, Gegensätze oder bloßen Schwierigkeiten zu logischen Antinomien hochstilisiert werden), die Machbarkeit des Menschen nach Maßgabe eines Typus ohne Rücksicht auf biologisch-anthropologische Konstanten, die Diktatur des »Proletariats«, die Überwindung der arbeitsteiligen Gesellschaft, die Abschaffung des Privateigentums, die Befriedigung der Bedürfnisse aller (wobei zwischen echten und unechten Bedürfnissen unterschieden wird und eine Gruppe über die »echten« befindet) und so weiter. Diese Ideen können natürlich keinesfalls im Sinne moralischer Imperative interpretiert werden, vielmehr kann man sie selbst unter bestimmten moralischen Gesichtspunkten oder Codices als »unmoralisch« verurteilen; abgesehen davon, daß Kants Ethik und sein Pflichtbegriff, ja die gesamte Theorie seiner praktischen Vernunft nach wie vor zur Diskussion stehen; und sein beeindruckender Satz: »Was aus Vernunftgründen für die Theorie gilt, das gilt auch für die Praxis« ist eingestandenermaßen eine bloße Behauptung des großen Denkers, welche die Anerkennung sogenannter ethischer Postulate selbst zur Voraussetzung hat. Gleichheit im generellen Sinne zumal gilt nicht aus solchen Vernunftgründen, schon weil sie zum Vernunftgrund der Freiheit des einzelnen in ein tatsächlich antinomisches Verhältnis geraten kann.

Doch indem sich der marxistische Sozialismus als wissenschaftlicher deklariert, unterstellt er sich selbst nicht praktischen, sondern theoretischen Vernunftgründen, nämlich dem Wahrheitsbegriff. Insofern er sich aber Kriterien eines theoretischen Wahrheitsbegriffes unterwirft und von dem spricht, was ist – oder was sein wird –, was also möglicher Gegenstand der Erfahrung ist, muß sich seine Theorie, seine Ideologie, deren Kriterien beugen und ihren Einspruch gelten lassen. Dabei muß ein solcher Sozialismus auch die Unvorhersehbarkeit der Folgen seiner globalen Ideen berücksichtigen und die Verantwortung dafür auf sich nehmen. Diese Ideen entsprechen zweifellos den totalsten aller Totalentwürfe, über die sinnvolle Prognosen kaum zu machen sind. Überdies haben globale Ideen allemal die fatale Eigenschaft, sich durch entsprechend globale Maßnahmen, nämlich revolutionäre Gewalt, inaugurieren zu wollen. Da sie ganz undefinierbare Glücksvorstellungen enthalten, die sich in einem bloßen »besser« gegenüber allem Bestehenden erschöpfen, verschaffen sie ihren Schöpfern ein absolut gutes Gewissen, das ihnen meist im Gesicht geschrieben steht; woraus sie sich wieder ein Recht auf Gewalt glauben ableiten zu dürfen. Gewaltsam erzwungenes Glück ist indes noch viel problematischer, als den ewigen Frieden mit Gewalt durchsetzen zu wollen. Und es wäre insofern ein unmoralisches Unterfangen – von der Blaßheit des Glücksbegriffs gar nicht zu reden –, als moralische Gebote, die als solche gelten wollen, die Einsicht in ihren sittlichen Postulatscharakter beim geistig gesunden Menschen – beim »mündigen Bürger« – zur Voraussetzung haben. Die »Prinz-von-Homburg-Situation« ist hier eine unerläßliche Bedingung. So bleibt es dabei, daß der »wissenschaftliche« Sozialismus weder mit der praktischen noch mit der theoretischen Vernunft zu vereinbaren ist, und daß sich diese Unvereinbarkeit auch beinahe tagtäglich in der Wirklichkeit, der Praxis, »widerspiegelt«.

Wir stehen offenbar am Beginn einer neuen Phase der Auseinandersetzung mit dem Sozialismus, die durch die Kritik an seinem Fundament, an seinem Ideen-Konglomerat, gekennzeichnet ist. Abtrünnige Marxisten haben dieser fundamentalen Kritik, die von Nicht- oder Anti-Marxisten schon seit langem geübt wird, jetzt erstmals »weltweit« Gehör verschafft; das ist nun leider einmal so, nach dem biblischen Vorbild vom verlorenen Sohn, der heutzutage vielleicht weniger mit mehr Freude, als mit der größten Publicity rechnen kann. Doch können jene Apostaten vielfach »anschaulicher« nachweisen, wie ein aus dem Spannungsverhältnis zur Freiheit entlassenes Gleichheitsprinzip zu menschenfeindlichem Kollektivismus verleitet, wie der dem »System« immanente Dogmatismus gewalttätige Bürokratisierung im Gefolge hat, und wie eine menschheitsbeglückende Idee zu ihrer Realisierung imperialistische und diktatorische Maßnahmen nicht scheut und schließlich nicht gleichzuschaltende Individuen als ketzerische »Subjekte« in Lagern und Irrenhäusern zur Raison zu bringen versuchen muß. Die perfide Strategie, sich von den bösen Realisierungen einer Idee zu distanzieren, um die Idee unter allen Um-

ständen makellos zu halten, ist nun nicht mehr länger prak-
tizierbar, seit die Ideen selbst in ihrem Kern der Kritik geöffnet wurden. (Auf einem Kongreß in Recklinghausen im Oktober 1977, veranstaltet von der Zeitschrift ›L 76‹, fragten
sich »Linke«, was heute noch als links gelten könne, und
stellten dabei nahezu alle Ideen – »Grundwerte« – des Sozialismus – freiwillig oder unfreiwillig – in Frage.) Alle Diskussionen um den »wissenschaftlichen« Sozialismus, und
zwar in seinen verschiedensten Varianten, hatten sich bislang an dieser Immunisierungsstrategie totgelaufen. Mit
deren Überwindung ist auch die grobschlächtige Alternative: Kapitalismus oder Sozialismus hinfällig geworden. Offenbar ist nun mancher Linker jener unverdrossenen Exorzi-
sten überdrüssig geworden, die ungetrübten Gewissens
den Teufel Kapitalismus mit dem Beelzebub Sozialismus
austreiben wollen[14].

In dieser neugeschaffenen Situation an den ideologischen Fronten könnte man sich dazu versteigen, auf einen
neuen Marx zu warten – nicht als Kritiker des Kapitals, son-

---

[14] Schon im »ersten sozialistischen Staat«, wie man ihn wenig später nannte,
nämlich in J. G. Fichtes Entwurf eines »geschlossenen Handelsstaates« von 1800,
sollten (früh)kapitalistische Wirtschaftspraktiken – internationaler Freihandel mit
freiem Wettbewerb, dessen damalige ruinöse Auswüchse Fichte klar sah – durch
drastische (früh)sozialistische Maßnahmen überwunden werden: der »Vernunftstaat« sollte sich nicht nur juridisch, sondern auch wirtschaftlich gegen jegliches
Ausland abschließen. Das Recht auf ausschließende Tätigkeit, modern: das Recht
auf Arbeit, durch welches bei Fichte Privateigentum allein definiert und legitimiert
wird, führt zu einem Ständestaat, der zentral geplant, perfekt verwaltet und bis ins
einzelne kontrolliert schließlich in eine absolut totale Gesellschaft mündet, in der
alle Vorzüge, Recht und vermeintliche Freiheiten sich in Lasten und Unfreiheiten
verwandeln. Dieser Vernunftstaat, den Zeitgenossen schon bald »das große Zucht-
haus« nannten, scheiterte – außer an seiner simplen Arbeits- und Güter-Vertei-
lungsgerechtigkeit, die sich auf eine erstaunlich plumpe Vorstellung von Gleichheit
stützte – an dem starren (transzendentalphilosophischen) Deduktionismus, der bei
Fichtes schrankenlosem Freiheitsprinzip ansetzte, das als untangierbar durch die
Empirie galt.
    Fichtes Vernunftstaat sozialistischer Art scheiterte, gottlob, bereits auf der Ebe-
ne der Theorie, also schon auf dem Papier. Doch sozialistischen – wie faschisti-
schen – Staatsmachern vermochte er bis heute fatale Impulse zu geben. Ungeachtet seiner ökonomischen Antiquiertheit ist dieser Entwurf Fichtes deshalb immer
noch ein beachtenswertes Lehrstück, in dem gezeigt wird, wie in der Politik –
ähnlich wie in der Kunst – das allzu Wohlgemeinte allemal von Übel ist.

dern des Marxismus diesmal. Doch von solch überlebensgroßen Denker-Propheten sollten wir eigentlich alle genug
haben.
(1991)

Die makellosen platonischen Ideen, so muß das Postscrip-
tum lauten, erleiden bei ihrem Eintauchen in die Lufthülle
der Realität notwendig Verformungen und Verzerrungen,
die sie, je »idealer« sie sind, meist unkenntlich und häßlich
machen. Wie sollten auch Idealität und Realität, nachdem
man sie im Kopf so einander entgegen»gesetzt« hat, miteinander unvermittelt, oder auch nur vermittelt, verträglich
sein? Bei Kant sind die platonischen Ideen zu bloß regulativen Prinzipien, zu Leitbildern depotenziert, die uns die Vernunft, trotz besseren Erfahrungswissens, in nur wenigen
Fällen aufdrängt. Die Frage heute ist, inwieweit sie selbst als
bloß regulative Idee noch in die Irre führt, geschweige denn
sich über sich selbst aufzuklären vermag, oder ob von vernünftiger Vernunftkritik sinnvoll geredet werden kann. Diese Fragen nach dem Wert, der Verbindlichkeit, ja dem Nutzen allgemeinster Vernunftideen haben viel mit der Diskussion um das womögliche Ende der Utopien zu tun, denn die
Utopien sind gleichsam konkretisierte, mit einiger Farbe
versehene, wenn auch immer noch bleiche Ideen meist gesellschaftlicher, staatspolitischer Fasson. Als Ou-Topos, als
Ortlos, sind sie, wie die Ideen, der Schwerkraft der Erfahrung gewollt entzogen; anders aber als die platonischen oder
die Kantischen Ideen sind die Utopien Konstrukte empirischer Subjekte, während jene Ideen objektiv, transzendental
gegeben sind. Deshalb ist die Frage, ob die Menschheit ohne
Utopien auskommen kann, die berechtigtere, denn in diesem
Fall allein können wir uns entscheiden, bei den sich uns
aufdrängenden Ideen gibt es keine solche Entscheidung.

Unter anderen möglichen Aufklebern könnte man der Philosophie nach dem Zweiten Weltkrieg auf dem europäischen Kontinent den Zettel »Subjektivismus« anheften. Vieles, was derzeit unter dieser Bezeichnung oder in Begriffen wie »Subjektivität«, »Subjekt«, »Subjektphilosophie« abgehandelt und zum Tode verurteilt wird oder als überwunden gilt, findet sich schon in den fünfziger Jahren von der Spürnase Arnold Gehlen beschnüffelt, zum Beispiel in seiner These vom »Subjektivismus als der Selbstverarbeitung und Raffinierung der vereinsamten Seele«. Daß Gehlens Schüler Niklas Luhmann sich später von Humberto R. Maturana den biologischen Terminus der Autopoiesis für seine Soziologie ausgeliehen hat, könnte wiederum durch Gehlens Ausdruck der Subjektivität als »Selbstverarbeitung« stimuliert worden sein.

Um den Einzelnen, um das »je meinige« Ich, um die eigene Persönlichkeit und »Existenz« ging es geradezu verbissen Karl Jaspers und dem französischen Existentialismus. Die Gesellschaft als Kollektiv kam im Existentialismus nur als die Anderen vor, als isolierte, in sich zurückfallende Iche mit ihren singulären »Sorgen«, die darum noch aufeinander bezogen waren, weil sie alle im selben Boot saßen oder auch die Hölle füreinander waren. Aber natürlich war der französische Existenzialismus nur greifbar gewordener philosophischer Zeitgeist, Lebensgefühl gewordene Philosophie oder philosophisch gewordenes Lebensgefühl, und natürlich auch Mode. Darunter gab es andere, viel weniger ins alltägliche Bewußtsein dringende Philosopheme, Theorien, die nachhaltiger das zeitgenössische Denken bestimmen sollten. Ein Blick über die anderthalb Jahrzehnte nach dem Krieg soll, so gut es geht, noch einmal die damalige Stimmung und die damalige Theorielust und Existenzgier heraufbeschwören:

3. Vom Existentialismus zur Analytischen Philosophie
Philosophie im Nachkriegsdeutschland

I.

Daß Philosophie, nach Hegel, ihre Zeit, in Gedanken erfaßt sei, ist, wenn überhaupt, nur die halbe Wahrheit. Die ganze lautet, daß die Philosophie selbst in hohem Maße Produkt ihrer Zeit ist. Das, was man verkürzt als Existentialismus bezeichnen kann, war das philosophische Produkt des Zeitgeistes der ersten fünfzehn Jahre nach dem Zweiten Weltkrieg; zugleich erfaßte der Existentialismus auch manches vom Geist dieser Zeit, die er dominierte. In jedem Fall ist der Existentialismus das Markenzeichen der eineinhalb Dekaden nach 1945. Und dieses Datum markiert obendrein das Ende einer langen Tradition und den Beginn einer neuen Ära, die damals schon Arnold Gehlen als nachgeschichtliche, als *posthistoire* kennzeichnete.

Die Katastrophen des Zweiten Weltkriegs hatten den Blick noch einmal zurückgelenkt auf das Ich, auf das Selbst, auf den Menschen als das größte Problem für den Menschen. Als der Designator seiner selbst und seiner Geschichte fühlte er sich gleichwohl »geworfen« in eine »absurde« Welt, in der einen die »Angst« überfiel und in der man am Ende »scheiterte« in seinem »Sein zum Tode«. Die Verzweiflung, die Sören Kierkegaard als »Krankheit zum Tode« diagnostiziert hatte, konnte jederzeit virulent werden. Derart jedenfalls waren die Schlüsselworte, unter denen die philosophischen Diagnostiker ihr Zeitalter begreiflich machen wollten. Das »Unbehagen in der Kultur«, das Freud 1929 festgestellt hatte, schlug nach dem großen Kriegsdesaster in die düsteren Gefühle der Verlorenheit und des »Ekels« vor dem Dasein um, metaphysische Zustände, die man indes auch genoß und die, namentlich in Frankreich und der Bundesrepublik, die Restauration, das Wirtschaftswunder und den kerzengeraden Weg in die europäischen Wohlstandsgesellschaften kontrapunktierten.

Statt von der deutschen Philosophie jener fünfzehn Jahre empfiehlt es sich, von der zeitgenössischen Philosophie in Deutschland, in den einstmaligen westlichen Besatzungszonen und dann der Bundesrepublik, zu sprechen. Denn mit der nun einsetzenden internationalen, interkontinentalen

Kommunikation und der Verwirklichung einer weltumspannenden technischen Zivilisation wird auch die Geistesgeschichte einer Nation, eines Landes, durchmischt und pluralistisch entmonopolisiert. Gleichwohl erlebt auf dem europäischen Kontinent – später auch in Japan – eine ganz und gar deutsche Philosophie ein unerhörtes Comeback und eine kaum dagewesene Klimax. Und dieser fast genau fünfzehn Jahre während Höhenflug deutschen Denkens ist ganz überwiegend an den Namen eines Philosophen gebunden: Martin Heidegger.

In Parenthese, um die philosophische Situation in der damaligen Ostzone und nachmaligen DDR nicht zu übergehen, ist zu bemerken, daß auch dort Philosophen vom deutschesten Schlag den Ton angaben, nämlich diejenigen der Linkshegelianer und der rechtgläubigen Marxisten. Und auch hier stand »der Mensch« im Zentrum aller Planungen, allerdings der nahezu entindividualisierte, der vergesellschaftete, der Mensch im Kollektiv. Die marxistische Philosophie und materialistisch-leninistische Ideologie galten aber hier als prinzipiell abgeschlossene, mit dem Staat identisch gewordene Orthodoxie. Für andere, neue philosophische Gedanken außerhalb dieser erstarrten, zur »wissenschaftlichen Ideologie« proklamierten Dialektik bestand kein »Bedürfnis«, gab es keinen Freiraum. So ist denn das philosophische »Leben« im anderen Deutschland jener Jahre am ehesten mit dem Rascheln tibetanischer Gebetsmühlen zu versinnbildlichen, als das endlose, mechanische Repetieren eherner Lehr- und Glaubenssätze.

In der Sowjetunion jener Zeit war die Freiheit des philosophischen Denkens noch rigoroser eingeschränkt. Was die Alleinherrschaft des »Diamat«, des Dialektischen Materialismus, zu gefährden drohte, wurde verboten und konnte gar nicht erst an die Öffentlichkeit treten. So wurden zum Beispiel die Psychoanalyse, hernach die Relativitätstheorien Einsteins, dann die moderne Evolutionstheorie, darauf die mathematische Logik und schließlich die Kybernetik indiziert. Der unhaltbare Lamarckismus des Biologen Lyssenko hingegen fand, ungeachtet seiner verheerenden agrarischen Folgen, die Protektion Stalins, einzig, weil diese krude Lehre mit dem Credo der staatlichen »philosophischen« Doktrin übereinzustimmen schien, daß nämlich die kommu-

nistische Erziehung auf die kommenden Generationen ver-
erbbar sei und somit hochkarätige Sowjetmenschen ge-
züchtet werden könnten.

In Westdeutschland und im westlichen Europa war der
Mensch als Individuum, als der »je einzelne«, der fast aus-
schließliche Gesprächsstoff der Philosophen. Das war er
natürlich auch in der Psychoanalyse und in der Tiefenpsy-
chologie, die für die Deutschen der jüngeren und der mittleren Jahrgänge faszinierendes Neuland darstellten. Von
deutschen Seinsdenkern und Existenzphilosophen wurden
allerdings die psychologischen und vereinzelten sozialpsychologischen Vorstellungen vom Menschen als bloß »empirisch«, lediglich am vordergründig Tatsächlichen orientiert,
vernachlässigt. Die christlich-konservativen unter den zeitgenössischen Philosophen warfen der Psychoanalyse überdies vor, sie wolle mit ihrer Betonung des Sexualtriebs den
Menschen partout »von unten« betrachten, wolle das
Menschliche dem Animalischen unterordnen. Da waren die
Theologen, die ansonsten von Heidegger lernen und mit
Sartre ins Gespräch kommen wollten (mochten auch einige
seiner Publikationen auf dem Index stehen), geschickter im
Umgang mit ihrer Konkurrenz. Sie suchten allenthalben den
»Dialog« mit den Psychologen und versuchten, durch eine
Kontamination von Seelsorge und Psychotherapie die Psy-
choanalyse christlich einzufärben.

Als Lehre vom Menschen, als ausgesprochen philosophische Anthropologie, entwickelte Arnold Gehlen seine
schon vor dem Krieg ausgearbeiteten Theorien weiter. Er
erachtete die philosophische Anthropologie, wie sie von
Max Scheler und Helmuth Plessner ausgegangen war, als
die einzige legitime Erbin der ansonsten absterbenden Philosophie. Gehlen beschrieb den Menschen als das instinkt-
lose, aber antriebsüberschüssige Wesen, dessen Natur Kultur sei und das durch die großen Institutionen, allen voran
durch den Staat, stabilisiert werde und sich von diesen Institutionen, wie er es einmal ausdrückte, »verheizen« lassen
müsse. (Seine Institutionenlehre, vorgetragen in dem Buch
›Urmensch und Spätkultur‹, veranlaßte Gehlen auch zu der
Bemerkung, die Sowjetunion sei heute die letzte funktionierende Ordnungsmacht.) In der Nachkriegszeit galt Gehlen
als einer der profiliertesten Autoren im Grenzbereich der

Philosophie, wo sich Kulturanthropologie, Soziologie, Kunsttheorie und Ästhetik überschnitten. Erklärtermaßen im konservativen Lager stehend, geradezu ein Rechter und übrigens seinerzeit den braunen Machthabern weit mehr und andauernder ergeben, als es Heidegger je war, wurde er selbst von Linken – ähnlich wie der allzeit bewunderte faschistische Staatsrechtler Carl Schmitt – als feinsinniger Analytiker und brillanter Stilist hochgeschätzt.

Man sollte nicht den, wenn auch geringen, Einfluß unterschlagen, den zeitweise die sogenannte Neue Ontologie von Nicolai Hartmann zumindest im akademischen Bereich ausübte. Der prominente ungarische Marxist Georg Lukács immerhin pries den Realismus der »natürlichen Weltansicht« Hartmanns, der sich noch einmal umstandslos einer objektiven Außenwelt zuwenden wollte und in dieser diverse Kategorien oder Schichten oder Seinsweisen, von der physischen über die organische und seelische bis zur geistigen Schicht, glaubte ausfindig machen zu können. Deren Eigenarten sowie ihr Aufeinanderbezogensein gelte es zu analysieren. Hartmanns geradliniges und »sauberes« Denken wirkte auf die Zeitgenossen zu bieder und scholastisch und auf die Fachgenossen zu epigonal oder naiv. Weil darin kein »Zeitgeist« erfaßt war, ließ der Geist der Zeit solche Gedanken fallen.

II.

Die eigentlichen Großdenker der Nachkriegszeit und vornehmlich der berühmt-berüchtigten fünfziger Jahre, auf die wir jetzt den Blick frei gemacht haben, waren, wie schon angedeutet, die Existenzphilosophen, in allererster Linie das so unterschiedliche Dreiergestirn Jaspers, Sartre und Heidegger. Sie brachten es fertig, daß Philosophie ein ganz unvergleichliches Echo im Leben der Rest-Nation fand, daß sie geradezu gierige Bedürfnisse weckte, die nicht einmal die nun ins Land strömende ausländische und Emigrationsliteratur stillte. Thomas Mann allerdings, der damals überragende deutsche Dichterfürst, befriedigte literarisch den neudeutschen Bildungshunger. Der unglaubliche Boom in Tiefsinn, in Philosophie, im vielfach larmoyanten Reden über die Existenz des Menschen war anfangs nur zu begreifen aus dem Gefühl der Verlorenheit, der Wertlosigkeit, der

Zukunftslosigkeit, das die Menschen in den Trümmerfeldern, im »waste land«, nach Eliot, beherrschte. Das Verlangen nach Orientierung war ebenso stark wie der Versuch, der Sühne zu entgehen oder, in den wenigsten Fällen, mit der Schuld menschenwürdig zu leben.

Mit der Währungsreform 1948 und dem damit sich einstellenden Wirtschaftswunder und der dann sich beschleunigenden Restauration verstärkte sich die Resonanz der Existenzphilosophen noch erheblich. Sie avancierten zu den Vordenkern der Ära der Nierentische, der Freßwelle, der Heimatfilme, der Ringelsöckchen und der ersten Brisen des Kalten Krieges. Der zum mitteleuropäischen Lebensstil erhobene *existentialisme* Sartres wurde nun ausgelegt als grenzenloser »Egotrip«, in heutiger Sprechweise als hemmungsloses Sichausleben. Zum beginnenden »süßen Leben« verordnete man sich jetzt gleichsam als dunklen Orgelton Parolen wie die des Schriftstellers Hans Egon Holthusen vom »unbehausten Menschen« oder, globaler, W. H. Audens Vision vom »Zeitalter der Angst«. Das Spiel mit dem Feuer der Sartreschen Hölle sowie die »Lust am Untergang«, die Friedrich Sieburg schon wieder feststellte, das Dasein unter der soeben wiederaufgelegten (und aufgegangenen) »Sonne Satans« von Georges Bernanos oder Günther Anders' Entdeckung der »Antiquiertheit des Menschen« – Menetekel allesamt für das Selbstverständnis und das Lebensgefühl der Intellektuellen der fünfziger Jahre – begleiteten die unaufhaltsame Restauration während der Adenauer-Ära.

Restauration ist zunächst keineswegs eine negative Bezeichnung. Das hieß ja auch, daß man an die durch die Nazibarbarei und den Krieg nahezu zerstörten Traditionen wieder anknüpfen wollte, Versäumtes aufarbeiten und an ein internationales Niveau zumindest wieder versuchte heranzureichen. Bei solcher restitutionhistorischer Kontinuität wurde freilich, wie es später immer auffälliger sich zeigte, die damals sogenannte jüngste Vergangenheit, das »Dritte Reich« also, mit seinen Untaten aus der Geschichtsschreibung eifrig ausgeblendet. Und so hieß Restauration denn auch das Wiedererwachen eines provinzlerisch-nationalistischen Hochmuts, die erneute Denunziation des Intellekts gegenüber dem »Leben« oder der »Seele«, wie sie der Psychologe Philipp Lersch, im Anschluß an Ludwig Klages, mit der Bevorzugung eines »Lebensgrunds« betrieb. Nietzsches Usurpation durch die Nazis war Anlaß für heftige Diskussionen, insbesondere seit Karl Schlechta den ›Willen zur Macht‹ als Kompilat von Nietzsches Schwester dekuvriert hatte. Auch die Entnazifizierung von Nietzsches »Übermenschen« und seiner »blonden Bestie« machte begreiflicherweise deutschen Denkern der unterschiedlichsten Parteiungen Kopfzerbrechen.

Die reaktionären, jedenfalls antiaufklärerischen Tendenzen in der deutschen Philosophie der Nachkriegszeit wurden größtenteils von all dem Unbekannten überdeckt, das auf die Bürger der neugeschaffenen Bundesrepublik eindrang. Undurchschaut blieb, daß ein gut Teil des vermeintlich Neuen aus jenem Kapital stammte, das die Großväter und Väter philosophisch deponiert hatten. Die großen Denker, die jetzt neu entdeckt die geistesgeschichtliche Szene bespielten, hatten ihre maßgeblichen Gedanken Jahrzehnte vorher gedacht, ihre entscheidenden Werke lange zuvor, in einem anderen Zeitalter wahrhaftig, geschrieben. Heideggers ›Sein und Zeit‹ war 1927 erschienen, die dreibändige ›Philosophie‹ von Jaspers 1932, Nicolai Hartmanns ›Grundzüge einer Metaphysik der Erkenntnis‹ bereits 1921. Max Scheler, der 1928 starb, schrieb sein einflußreiches Werk ›Der Formalismus in der Ethik und die materiale Wertethik‹ schon vor dem Ersten Weltkrieg. Da erschienen auch Russells und Whiteheads ›Principia mathematica‹. 1921 brachte Wittgenstein den ›Tractatus logico-philosophicus‹ heraus. Rudolf Carnap schrieb sein Buch ›Der logische Aufbau der Welt‹, das viel später andere gegen seine eigene Kritik in Schutz nahmen, in den zwanziger Jahren. ›Der Geist der Utopie‹, ein bis heute stimulierendes Werk Ernst Blochs, stammt aus dem Jahr 1918. Und Romano Guardini, dessen öffentliche Münchner Vorlesungen ab 1948 Furore machten, war bereits vor dem Krieg in Berlin ein Magnet für die christlichen Intellektuellen gewesen.

III.

Etwas wirklich Neues in jenen Jahren war zweifellos der Existentialismus Jean-Paul Sartres. Neu war an dessen Philosophie insbesondere, daß sie als eine Art epochebestimmender Religionsersatz diente, daß sie ein Lebensgefühl ausdrückte, bis in alltägliche Gewohnheiten, in Kleidung, ins Sprechgebaren. Und ganz ungewöhnlich war es, daß der Stifterphilosoph Sartre zugleich erregend neuartige, intellektualistische, jedoch unerhört bühnenwirksame Stücke schrieb, auch aufregende Romane; daß er also ein brillanter Schriftsteller war, sogar ein Drehbuchautor und dazu ein Sokrates auf den Boulevards, in den Cafés von Paris; daß er, nicht genug damit, auch noch ein engagierter politischer Schreiber und Redakteur seiner Zeitschrift ›Les Temps Modernes‹ war, ein Intellektueller »im Räderwerk«, wie eines seiner Drehbücher hieß, der tagesaktuellen Zeitgeschichte — für deutsche Vorstellungen ein ausgemachtes Unikum. Alles, was Sartre in dieser Zeit an Literarischem publizierte, verstand er als Illustration seiner Philosophie oder als philosophischen Existentialismus in einem anderen Medium.

Der Existentialismus Sartres in diesen Jahren war, entschiedener als die sonstige Philosophie auf dem europäischen Festland, anthropozentrisch, egoistisch gewissermaßen, mit dem Menschen im Zentrum, und zwar dem individuellen »Ich« und »Du«, wie die in die Zeit passende Theologie Martin Bubers es ausdrückte. In seiner Vereinzelung findet sich der Mensch ausgesetzt vor dem Sein, das in seiner metaphysischen Leere, wie schon bei Hegel, mit dem Nichts zusammenfällt; oder vor dem Absurden des Daseins, dem er trotzt und gegen das er, ein ewiger Sisyphos, unverdrossen, ja glücklich, wie Albert Camus uns weismachen wollte, den Stein wieder hinaufwälzt — ›Der Mensch in der Revolte‹, wie die aufrüttelnde Essaysammlung von Camus hieß; eine weitere Chiffre des hier zitierten Zeitgeistes.

Sartres philosophisches Evangelium wurde von den mittleren und älteren Generationen als zynisch und nihilistisch mit Abscheu vernommen, und Sartre schien anfangs alles zu tun — seine oberflächlichen, desorientierten Jünger auf alle Fälle —, um diesen Eindruck zu bestätigen. (Im Rowohlt-Verlag erscheinen heute noch die Bücher Sartres und Camus' in tiefem Schwarz mit blut- oder höllisch-roter Beschriftung.) Was er philosophisch im großen Wurf von ›Das Sein und das Nichts‹ mitteilte, war allerdings den meisten unverständlich, und die zahllosen jungen Existentialisten, die auf dem Kontinent ihr Wesen trieben und das Sagen hatten, wußten kaum, wovon sie sprachen.

Gegen die sich häufenden moralischen Vorwürfe sah sich Sartre dann aber genötigt, Stellung zu nehmen. Er tat das schon 1945 und 1946 mit dem Aufsatz und Vortrag ›Der Existentialismus ist ein Humanismus‹, wobei er mit großer Klarheit ein Konzentrat seiner Lehre zur Diskussion stellte. Existentialismus heißt seine Philosophie darum zu Recht, weil in ihr die Existenz der Essenz vorangeht. In der philosophischen Tradition ist es gewöhnlich umgekehrt: Zuerst ist da, meist als Idee eines Schöpfergottes, der Werkplan, der Entwurf, das Wesen, eben die Essenz vom Menschen; nach diesem essentiellen Muster wird er realisiert, wird er existent. Für den atheistischen Sartre muß das Gegenteil gelten. (So wie Marx den Hegel stellt er die Philosophiegeschichte »vom Kopf auf die Füße«.) Zunächst ist der Mensch einmal da, allein, ohne Entwurf, wesenlos. Aus seinem nackten Dasein muß er selbst erst sein Sosein machen, aus seiner bloßen Existenz eine Essenz. Der Mensch ist somit auch frei, aber zu dieser Freiheit ist er »verurteilt«. Doch dank dieser Freiheit entwirft er sich selbst zu dem, was oder wer er sein will. »Der Mensch ist nichts anderes, als wozu er sich macht.« Also kann er machen, was er will, nur sich selbst verantwortlich, und nicht einmal das? So jedenfalls (miß)verstanden die lebenshungrigen und lebenslangen »Existentialisten« anfangs in den Bars von Paris und bald in den Bars aller Welt Sartre, und auch gegen sie, nicht nur gegen christliche und marxistische Kritiker, verteidigte Sartre den Existentialismus als einen Humanismus. Denn der Mensch ist, nach seiner Philosophie, keinesfalls nur für sich allein verantwortlich, sondern für alle Menschen. Wenn man sich handelnd verwirklicht, müsse man sich unentwegt fragen: »Was würde geschehen, wenn wirklich alle Welt ebenso handeln würde?« Doch, so muß sich Sartre fragen lassen, ein solches verbindliches Handeln setzt bereits ein moralisches Bewußtsein, ja eine Art Kantschen kategorischen Imperativ voraus; wie sollte ein solches, apriorisches und universelles Prinzip mit der Leere einer Welt der totalen Freiheit verträglich sein? Daß ein Mensch, der sich selbst wählt, »außerdem ein Gesetzgeber« sei, »der gleichzeitig mit sich die ganze Menschheit wählt«, ist eine Versicherung, die mit der Grundthese des Existentialismus wenn nicht kollidiert, so doch ihm angeheftet erscheint.

Widersprüche in der Theorie haben auch den politischen Aktivisten Sartre in der »Praxis« hin und her schwanken lassen zwischen Verdammung und Feiern des real existierenden Marxismus, von Gefolgschaft bis zur Abtrünnigkeit vom Kommunismus. Um das Jahr 1960 wollte Sartre »dem Menschen innerhalb des Marxismus wieder seinen Platz zurückerobern« und empfahl dazu seine Philosophie als eine Anthropologie des Individuums, das im Kollektivismus des Dialektischen Materialismus untergegangen sei. Die linientreuen Marxisten winkten erwartungsgemäß ab.

IV.

Sartre hatte den frühen Existentialismus methodisch an Husserls Phänomenologie als »strenger Wissenschaft« und ihrem Leitsatz »zu den Sachen selbst« festgemacht, an jener die Tatsachen zunächst einklammernden »Wesensschau«, die Husserls Namen zum Markenzeichen einer neuen Philosophie gemacht hatte. Inhaltlich aber orientierte sich Sartre an Heideggers Fundamentalontologie und deren Begriff des In-der-Welt-Seins. Danach ist das menschliche Dasein immer schon ein Sein in der »Welt« und ebenso ein Mitsein mit den anderen als menschliche Grundverfassung. Aber Heidegger, nicht die graue, sondern die leuchtende Eminenz der Zeit, distanzierte sich vom Existentialismus in dem entscheidenden Punkt, daß er die darin akzentuierte Vorrangigkeit der Existenz vor der Essenz für sein Denken belanglos nannte. Sein Verständnis von Existenz bedeute, als »Ek-sistenz«, »das Stehen in der Lichtung des Seins«, in dessen Licht das Seiende als das, was es ist, allererst erscheinen könne. Und an dem Unterschied, an der »ontologischen Differenz« zwischen Sein und Seiendem, hielt Heidegger auch in seiner Nachkriegsphilosophie als dem Grundstein seines Denkens fest, für das ihm das Wort Philosophie jetzt nicht mehr gemäß erschien. Die abendländische Metaphysik, so wird er nicht müde zu wiederholen, sei eine Geschichte der »Seinsvergessenheit«. Denn traditionell metaphysisch werde immer nur nach dem Seienden gefragt, nach Dingen, Tieren, Menschen, die das abendländische rationale Denken als Objekte sich *vorstellt*. Es geht aber, so erklärt Heidegger, um das Sein solchen Seienden, vor allem um das Sein des Daseins des Menschen, der zugleich »Hüter des Seins« sei. Was ist dieses Sein des Seienden, welche Bedeutung, welchen Sinn, welche Wahrheit hat es? Das sind für Heidegger die brennenden Fragen, um die wir uns, als ins Dasein »Geworfene«, zu kümmern haben. (Das Unverständnis für solche Verdoppelungen wie Sein des Seienden pflegte Ernst Bloch mit dem Spruch hessischer Bauern zu illustrieren: Wir haben Wein, Bier und Schnaps – was brauchen wir noch Alkohol!)

Die Verwiesenheit menschlicher Existenz auf das Sein – und die des Seins auf den Menschen – kann, Heidegger zufolge, nicht im Gesichtskreis eines Humanismus offenbar werden, wie ihn noch Sartre reklamiert und wie er uns als spezifisch römische Weltsicht überliefert ist. Der Humanismus ist für Heidegger nicht weniger seinsvergessen als die Metaphysik, in ihm wird ein bloß gegenständliches, verdinglichendes, sich des Seienden bemächtigendes Denken kultiviert, das im »Gestell« der Technik und wissenschaftlichen Zivilisation seine problematische Erfüllung gefunden habe. Denn, so erläutert es Heidegger 1952 in einem Vortrag, »die Wissenschaft denkt nicht«, nach der Weise der Denker nämlich. Dies sei durchaus ein Vorzug, durch den sie sich vollende, jedoch auch die Kluft zwischen Wissenschaft und Denken unüberbrückbar mache. Denken als ein kognitiver, aktiver, zupackender Vorgang wandelt sich beim Seinsdenker Heidegger in ein »Andenken«, ein »Danken«, in einen passiven, gleichsam absichtslosen Zustand des Vernehmens. »Es denkt«, könnte es jetzt heißen; so wie Heidegger jetzt dichterisch sagt: »Die Sprache spricht« – in seiner Nachkriegs»philosophie«, die mehr und mehr, nicht ohne Konsequenz, zu einem einzigartigen Sprachdenken wird, von dem sich namentlich deutsche Grübler und Feuilletonisten angezogen fühlten. Das Denken, das »das Lassen« vollbringt, dem als denkendem Dichten die »Befreiung der Sprache aus der Grammatik« gelingt, feiert nun die Sprache als »das Haus des Seins«, und sie spricht nun »als das Geläut der Stille«.

Natürlich war schon während der Glanzzeit Heideggers ein derartiges, gelegentlich an Hamannsches Stammeln gemahnendes Sprachgebaren Wasser auf die Mühlen der vielen Heidegger-Verächter, die sich mit endlosen Heidegger-Parodien untereinander vergnügten. Heidegger schien offensichtlich die Wortfunde, die ihm sein verbissenes etymologisches Graben in »teutschen« Sprachschichten beschied, als Belege für ein immer tieferes Eindringen auch in die »Sache des Denkens« zu halten, um die es ihm ging, so als könne das Alte, das Uralte und Ursprüngliche stets auch als das Wahrere gelten. Tatsächlich steht für Heidegger fest, daß die Sprache »nicht nur ontisch, sondern von vorneherein ontisch-ontologisch ist«, daß sie also, so darf man übersetzen, etwas mehr ist als das bloß Empirische, im Wechsel der Zeiten Gemachte oder Gewordene, vielmehr etwas dem dauernden Sein selbst Eigenes, die Zeitläufte Überdauerndes und insofern allerdings eine »Sage«, die durch uns und durch das jeweils zeitgenössische Sprechen hindurch etwas Verläßliches, Ewiges mitteilt, an dem jeder Teilnehmer einer »sprachlichen Kommunikationsgemeinschaft«, wie es heutzutage heißt, teilhat. Da indes Heidegger das Altgriechische und das Deutsche als Sprachen ausgezeichnet hat, die dem »wahren«, sowohl uralten wie postphilosophischen Denken näherstehen, zog er sich den Vorwurf des Elitarismus, ja des Rassismus zu. Später sollte die Heideggersche Sprachphilosophie als provinzlerisch-kunstgewerblich oder als »Jargon der Eigentlichkeit« abgetan werden.

Heideggers Kritik an der Technik, die gegenwärtig wieder als hochaktuell gehandelt wird, blieb in dem Maße zwiespältig, indem er selbst das Wesen der Technik als »zweideutig« bestimmte. Das »Wesen« der Technik als das »*Gestell*«, »stelle« (im Sinne von »jemanden stellen«) alles von ihm Entborgene nunmehr als »Bestand« dar, schließlich auch den Menschen. Das sei die »Gefahr« im Wesen der Technik. Zugleich aber liege darin das »Rettende« auch, indem der Mensch sogar als der Gebrauchte zur Wahrung des Wesens der Wahrheit dasein könne. Das scheint auf die eher triviale Feststellung zusammenzuschrumpfen, daß die Technik ihre guten und schlechten Seiten hat, Rettungshubschrauber oder Bomber gleichsam sein kann. Anders aber als bei der üblichen Technikkritik, die den Menschen in der Lage beläßt, das Beste aus ihr zu machen, läßt Heidegger uns nur »im wachsenden Licht des Rettenden verhoffen«, eine Demutshaltung, die damals schon als wenig hilfreich, als quietistisch und schicksalsergeben – Heideggers Rede vom »Geschick« des Seins entsprechend – verworfen wurde.

Gegen Ende der fünfziger Jahre war bereits zu erkennen, daß die Philosophie, was immer man darunter noch verstand, ab der Mitte des 20. Jahrhunderts weltweit Sprachphilosophie geworden war, Philosophie der Sprache. So gab es ja ebenfalls im neuen Positivismus eine neosprachphilosophische Wende, die statt des Geistes oder des transzendentalen Ichs der früheren Subjektphilosophie nun die Sprache als das »Unhintergehbare« philosophischen Fragens auszeichnete. Analogien zwischen sonst extremen Positionen des Philosophierens schienen damit möglich geworden, Konvergenzen ins Blickfeld zu geraten, die man bis dahin für abwegig gehalten hatte. So traute man sich mit einemmal zu, Heidegger und den eben erst im vorläufig ästhetisch-literarischen Diskurs aufgekommenen Ludwig Wittgenstein auf einen sprachphilosophischen Nenner zu bringen. In der Freude an solchen Entdeckungen wurde übersehen, daß Heidegger eben das als »Gerede« des »man«, als Verfallenheit an die Uneigentlichkeit des herrschenden Kulturbetriebs angeprangert hatte, was für Wittgensteins *ordinary language approach* gerade Ansatz und Grenze zugleich des Nachdenkens bildete, nämlich die »gewöhnliche Sprache«. Trennender war wohl noch, daß im Seinsdenken Heideggers die Sprache, zu der wir immer nur »unterwegs« sind, uns gleichsam ans Licht der Wahrheit führt; wohingegen Sprache für Wittgenstein, als Umgangs- wie als philosophische Sprache, unseren Verstand »verhext«, wovon wir uns durch eine logische Analyse, die Sprache zum Objekt macht, befreien müssen.

V.

Auf die englisch-amerikanische Analytische Philosophie und ihre Sprachanalyse, die gegen Ende des hier geschilderten Zeitraums in der Bundesrepublik eine Rolle zu spielen begann, werden wir zum Schluß noch eingehen. Vorerst soll uns noch der andere große Existenzdenker in jener Zeit, Karl Jaspers, beschäftigen.

Auch die Philosophie von Jaspers ist anthropozentrisch in der Hinsicht, als es in ihr ausschließlich um das »je Meinige« meines Menschseins geht. Philosophie ist folglich für Jaspers nichts Theoretisches, nichts, das man als fixes Wissen gebrauchen und nach Hause tragen kann. Sie hat auch nichts mehr mit der Wissenschaft oder den empirischen Wissenschaften zu tun. Philosophieren ist für Jaspers vielmehr etwas wie Leben, etwas, ohne das ich eigentlich nicht wirklich sein kann, durch das ich erst, wenn auch im Scheitern, ganz zu mir selbst finde. Philosophieren ist ein denkendes Tun, ein Leben im immer helleren Gewahrwerden der mich umgreifenden Transzendenz, die ich auch selber bin und die ich deshalb nicht – begrifflich – fassen kann. Philosophieren ist bei Jaspers eben etwas »Existentielles«.

Das »Umgreifende«, das für das Bewußtsein dunkel bleibt und das vielleicht auch das Transzendente ist, oder das, was bei Heidegger Sein heißt, rückt uns näher als Ursprung unseres Selbst durch verschiedene Weisen der »Existenzerhellung«, deren äußerste das Lesen der »Chiffren«-schrift ist, in der jene Metaphysik des Umgreifenden gleichsam geschrieben steht. Diese Chiffren, zu denen auch die Freiheit gehört, sind niemals nur mit dem Verstand, sondern nur durch ein Innewerden meiner Existenz zu entziffern.

Mit dem Wort Existenz ist bei Jaspers auch das geschichtlich Einmalige jedes einzelnen Daseins bezeichnet, die »Je-Meinigkeit« meiner ganz subjektiven Wahrheit, wie Jaspers sie im Namen Kierkegaards – der als Urvater aller Existenzdenker gilt – meinte. Zur Existenzerhellung, um die es uns »im Ernst« gehen muß, spielen Argumente keine Rolle, sondern der »Appell«. Letztlich gelangt der Mensch zum eigentlichen, ursprünglichen Selbstsein nur in den »Grenzsituationen« Krankheit, Schuld, Sterben.

Auch unsere prinzipiell mögliche Freiheit erringen wir erst im Entschluß zum Selbstsein – der »Entschlossenheit« bei Heidegger, der Selbstkonzeption in der Leere der Freiheit bei Sartre; bei diesem durch Handeln, bei Jaspers eher kontemplativ, eben durch Existenzerhellung. Hinter allem steht bei Jaspers als der äußerste Ernst das »Scheitern«, eine Chiffre, in der die Brüchigkeit der »Welt«, wie sie in den Grenzsituationen sich enthüllt, geschrieben steht. Das Scheitern ist unumgänglich. Doch in der Erfahrung des Scheiterns wird zu allererst das Absolute, das Sein, das

Umgreifende vernehmbar und der Mensch demnach »wesentlich«.

Alle Existenzphilosophien – das Wort prägte übrigens der spätere Oxfordphilosoph Fritz Heinemann – fallen durch eine Zeichnung des menschlichen Daseins auf, in der keine Heiterkeit aufkommt, in der die Freude keinen Platz zu haben scheint, auch nicht die Hoffnung und kaum die Liebe. Bei Heidegger taucht sie bestenfalls als »Sorge« auf, also eher in ihrem Negativbild, bei Jaspers ist sie verkümmert zum »liebenden Kampf« im Versuch der »Kommunikation«, bei Sartre, wo der »Blick des anderen« mich ständig zum Objekt, zum Ding zu erniedrigen droht, wirkt die Liebe wie ein Krampf: »Geliebt werden wollen heißt den anderen zwingen wollen, mich fortwährend neu zu erschaffen als Bedingung für seine Freiheit.« Damit, wie auch durch ihre bitteren und letztlich angstmachenden Deutungen des Daseins, stand die Existenzphilosophie in scharfem Kontrast zur neuen Lebensbejahung »nach der Währungsreform«, zum (markt)wirtschaftlichen Aufschwung und zum so vielversprechenden Aufstieg der Wissenschaften (und im Kontrast natürlich auch zum verordneten Sozialoptimismus in den Ostblockländern).

Sorgloser gewissermaßen als Heidegger, bedächtiger als Sartre, dem das kein großes Thema war, schätzte Jaspers – zunächst – die Wissenschaften im technischen Zeitalter ein. Vom Philosophieren wollte er sie gänzlich als ein auf die Welt gerichtetes, gegenständliches, rechnendes Denken ohne Bedauern trennen. Je entschiedener nämlich die Wissenschaften sich verselbständigten und aus dem einstigen Verband mit der Philosophie lösten, desto reiner und ungetrübter stellte sich als Rest das wirkliche Philosophieren heraus. Jaspers kam ja ursprünglich aus der Wissenschaft, der Psychiatrie – sein erstes großes Werk war ein wissenschaftliches, die ›Allgemeine Psychopathologie‹ von 1913. Er hatte sich schon kritisch mit dem »schlechthin Neuen« der modernen empirischen Wissenschaften im berühmten Göschen-Bändchen 1000 mit dem Titel ›Die geistige Situation der Zeit‹ (1931) befaßt und nach dem Krieg gründlicher noch in seinem Buch ›Vom Ursprung und Ziel der Geschichte‹ (1949). Gegenüber einer wissenschaftlichen Philosophie, wie sie bald in der Bundesrepublik als

Reimport an Einfluß gewinnen sollte, verwies Jaspers auf die Leistungen der einzelwissenschaftlichen Forschung, die eine dezidiert wissenschaftliche Philosophie erübrigten.

Politisch galt Jaspers, anders als der belastete Heidegger, in der ersten Nachkriegsdekade allgemein als profillos. Sartre sprach einmal vom »schlaffen und duckmäuserischen Denken« Jaspers'. (Vor dem Krieg, 1937, war neben anderen der Heidegger-Schüler Karl Löwith schon herb mit Jaspers' Nietzsche-Deutung umgesprungen.) Daß er sich 1948 aus der deutschen Trümmerwüste ins behäbige Schweizer Basel »absetzte«, schien ins Bild zu passen. Das durch und durch konservative Moment in der sich revolutionär verstehenden Philosophie von Jaspers kam schon 1953 offen zum Vorschein, als er sich in eine Auseinandersetzung zwischen protestantischen Theologen einmischte. In dem Disput, der unter dem Titel ›Die Frage der Entmythologisierung‹ viel Aufsehen erregte – der Entzauberung nämlich des Neuen Testaments, der Wunder und Dogmen –, waren die Rollen vertauscht: Der Theologe Rudolf Bultmann zeigte sich als forscher Aufklärer, sein philosophischer Kontrahent posierte als Bewahrer alten Glaubens. 1958 aber trat Jaspers erneut als Zeitkritiker auf, diesmal unmißverständlich anklägerisch, nämlich mit dem Buch ›Die Atombombe und die Zukunft des Menschen‹, dem später die polemische Schrift ›Wohin treibt die Bundesrepublik?‹ (1966) folgte. Die neue Phase einer pauschalen Politisierung in der Bundesrepublik kündigte sich an.

Eine hermeneutische Benommenheit, ein weihevolles, sich bei der Textauslegung beruhigendes Denken leistete einer unkritischen, affirmativen Haltung an den deutschen Universitäten der Nachkriegszeit Vorschub. Die neuen Meisterdenker wurden überall wie Orakel zitiert und bis in ihre enigmatischen Sprachen kopiert. Ein schwüles Klima der Beschwörung lastete in den Hörsälen, das besonders Besuchern aus England und Amerika das Atmen schwermachte. Walter Kaufmann, ein Emigrant von sonst sehr deutscher Intellektualität, beschrieb so seine Eindrücke. Wenn »der Größte« öffentlich auftrat, Heidegger, erschien für die andrängenden Massen, wie zu Hegels Zeiten, der Weltgeist selbst auf dem Katheder. Als gerngesehener Gast paßte in diese Atmosphäre der Existentialist christlicher Spielart Gabriel Marcel, der das Sein nichtssagend ein »Mysterium« nannte, in das der Mensch verstrickt sei.

Etwas zur Dämpfung dieser hektisch-inbrünstigen Stimmung einer Generation, die der Soziologe Helmut Schelsky in einem vielbeachteten Buch (1957) voreilig die »skeptische« genannt hatte, trug das Buch ›Heidegger – Denker in dürftiger Zeit‹ bei, das Karl Löwith 1953 veröffentlichte und das 1960 in zweiter Auflage erschien. In fairer, kritischer Würdigung wird darin klargemacht, daß der »religiöse Unterton eines epochalen und eschatologischen Bewußtseins« die Faszination Heideggers ausmachte, ohne daß jemand »wissentlich verstanden« habe, »was das Sein, dieses Geheimnis, ist«.

VI.

Eine kleine Schockwelle, mit der sich der Logische Empirismus ankündigte, ging dann von dem Buch ›Der Aufstieg der wissenschaftlichen Philosophie‹ des Naturwissenschaftlers und einstigen Berliner Philosophen Hans Reichenbach aus, der nun in Kalifornien lebte. Die »neue« Philosophie sollte diesem »Positivisten« zufolge »so präzis, so ausgearbeitet und so zuverlässig« sein wie die Resultate der modernen Wissenschaften; und anders als die »alten«, »spekulativen Philosophien« sei die neue »so unhistorisch eingestellt, wie Plato oder Kant es waren«. Von einer solchen, des Ballasts einer fragwürdigen Tradition ledigen wissenschaftlichen Philosophie war gegen Ende der fünfziger Jahre immer häufiger die Rede. Und wie von einer abgetragenen Mode wandte man sich allmählich vom Raunen des Seinsdenkens und den pathetischen Parolen der Existenzphilosophie und des Existentialismus ab, der übrigens selbst im humanistischen Italien mit Nicola Abbagnano einen beredten Apologeten gefunden hatte. Wittgensteins Stern begann, wenn auch noch blaß, aufzugehen, und seine trockenen Beteuerungen, alles, was sich sagen ließe, ließe sich klar sagen, und wovon man nicht sprechen könne, darüber müsse man schweigen, machten die Runde und nisteten sich nun, vorerst unbefragt, in den Köpfen der Denker und den Spalten der Feuilletons ein.

Ludwig Wittgenstein, der Wiener Milliardärsabkömmling, der sein Vermögen verschenkte, lebte später in England und starb 1951 in Cambridge, wo seine Sprachphilosophie, die er nicht als Lehre, sondern als »Tätigkeit«, als Therapie sprachlich verursachter Denkleiden ansah, sich zur Schulrichtung einer »Philosophie der gewöhnlichen Sprache« ausweitete. In seinen späteren, sämtlich postum veröffentlichten, ganz aphoristischen Schriften, namentlich den ›Philosophischen Untersuchungen‹, distanzierte er sich von gewissen Thesen seines ersten Buches, dem ›Tractatus logico-philosophicus‹, nicht aber von seiner Idee der therapeutischen Funktion der Philosophie bei der »Verhexung« des Verstandes durch die Sprache. In den ›Philosophischen Untersuchungen‹, die 1958 in einer deutsch-englischen Ausgabe erschienen, wird ein universelles Wesen der Sprache verworfen, das Postulat einer logischen Universalsprache zurückgenommen und werden statt dessen nur mehr »Familienähnlichkeiten« zwischen verschiedenen »Sprachspielen« und dazugehörigen »Lebensformen« behauptet. Doch bis zum Ausklang der fünfziger Jahre war es fast ausschließlich Wittgensteins erste Philosophie des ›Tractatus‹, die in Deutschland wenige Gelehrte, Literaten und Ästheten zu fesseln begann. Man glaubte, in Wittgensteins Sätzen eine »Ausweglosigkeit von höherer Ordnung« als die der Existentialisten zu finden, wie Wolfgang Stegmüller es im Blick auf Wittgensteins Spätwerk ausdrückte. Kernsätze aus dem ›Tractatus‹ wie »Wir fühlen, daß selbst, wenn alle möglichen wissenschaftlichen Fragen beantwortet sind, unsere Lebensprobleme noch gar nicht berührt sind. Freilich bleibt dann eben keine Frage mehr; und ebendies ist die Antwort« irritierten auf eine beglückende Weise die zeitgenössischen Intellektuellen. Die Klarheit, um die es Wittgenstein ging und die die Sprache seiner Texte so transparent zu machen schien, war trügerisch; es gab sie nicht. »Das Rätsel« gibt es nicht, schrieb der immer rätselhafter werdende Wittgenstein.

Doch die ergiebige These einer klärenden, therapeutischen Anwendung und Analyse der Umgangssprache trug in England zur Destruktion der tradierten Geist- und Bewußtseinsphilosophie bei; danach nahm sich der Geist wie ein »Gespenst in der Maschine« des Körpers aus, wie der Oxfordphilosoph Gilbert Ryle den »Mythos des Descartes« verspottete. Zur Konstruktion einer Theorie der »Sprechakte«, wonach wir »etwas mit Worten tun«, sprechend also schon handeln, hatten John Langshaw Austin, ebenfalls aus Oxford, Wittgensteins Gedanken inspiriert.

Die extra trockene britische Sprachphilosophie, Reflex der »englischen Vision vom Menschen«, wie sie Walter Kaufmann ironisierte, stieß in der immer noch existentialistisch dominierten Bundesrepublik, soweit sie überhaupt wahrgenommen wurde, überwiegend auf Ablehnung, von rechts wie auch von der noch zagen Linken.

VII.

Nicht anders ging es der aus Amerika einsickernden Analytischen Philosophie, wie sich die aus dem Logischen Positivismus nach vielen Namensänderungen – Grundlagenforschung, Science of science, Wissenschaftstheorie, moderner Empirismus – hervorgegangene wissenschaftliche Philosophie endlich nannte. Ging es in der von Wittgenstein präformierten englischen Denkweise um die Durchleuchtung normaler Sprachen, so strebten die deutsch-amerikanischen und amerikanischen Schulhäupter eine Analyse und Konstruktion formaler Sprachen an. Solche Bemühungen verliefen sich allerdings in vielerlei Ab- und Umwege, denn mit jedem Schritt taten sich immer weitere Problemfelder auf. Semantische Fragen sowie der Aufbau einer induktiven Logik – einer Art Logik der Wahrscheinlichkeit und der praktischen Forschung, als Pendant gewissermaßen zur deduktiven Logik des Aristoteles – beschäftigten beispielsweise Rudolf Carnap. Die alte philosophische Suche nach der Wahrheit und der Wirklichkeit schien über solch »ödem Formelkram«, solcher bloß rechnender »Logistik«, wie die deutschen Philosophen, von den Neuhegelianern bis zu den Existentialisten und Neomarxisten das nannten, vergessen. Tatsächlich aber waren diese Kritiker dem Abstraktionsniveau und den methodologischen, technischen Standards derartigen neuen Philosophierens und dem damit vollzogenen *linguistic turn,* der Zuwendung zur intersubjektiven Sprache als unhintergehbarer Basis, nicht gewachsen. Die älteren philosophisch interessierten Bundesbürger hatten bei dieser aus der Emigration zurückkehrenden Philosophie immer noch deren Keimzelle im Gedächtnis, meinten den Logischen Empirismus oder Neopositivismus des sogenannten Wiener Kreises Mitte der zwanziger Jahre um Moritz Schlick und – den nie dazugehörigen – Wittgenstein als ihren anfangs bewunderten Mentor. Die positivistischen Philosophen hatten die philosophisch Gebildeten vor allem um ihr Lieblingskind, die Metaphysik, bringen wollen. Das war wie der Zusammenprall der »zwei Kulturen« – der literarisch-spekulativen mit der rational-wissenschaftlichen Kultur oder Tradition. Die Positivisten nannten die herkömmliche Metaphysik – worunter sie selbstverständlich die sich selbst als antimetaphysisch verstehende Seinslehre Heideggers subsumierten – eine Ansammlung von sinnlosen Scheinsätzen auf Scheinfragen, denen in der Erfahrung nichts entspräche und die hinter syntaktischer Korrektheit semantischen Nonsens verbärgen, wie etwa Heideggers Formeln »Das Nichts nichtet« oder »Das Seyn ist es selbst«. (Was Heidegger immer entschiedener als Metaphysik kritisierte, nämlich verdinglichendes, objektivierendes Denken, das schließlich zur Wissenschaftlichkeit und technischen Pragmatik führe und darüber das Denken des Seins vergessen habe – solches Denken ist für analytische Philosophen gerade antimetaphysisch; wohingegen die Metaphysik-Kritik Heideggers ihnen alle bisherige metaphysische Begriffsdichterei noch um einiges zu überbieten schien, als Metaphysik also im Extrem auftrat. ›Scheinprobleme in der Philosophie‹ hieß ein aufrüttelndes, vielgehaßtes Buch, mit dem Rudolf Carnap 1928 schon von sich reden machte. Carnap war später einer der ersten, die erkannten, daß man das Kind Metaphysik retten mußte, das man mit dem Bade tatsächlich überflüssiger Seinsheiten ausschüttete – wie sie »Ockhams Rasiermesser« schon vor gut 500 Jahren abzuschneiden empfahl –, wollte man nicht seine eigenen Voraussetzungen ad absurdum führen. Neben dieser frühen, bloß negativen, antimetaphysischen Neubestimmung der Philosophie im Positivismus gab es aber auch eine positive Ideologie, die sich »wissenschaftliche Weltauffassung« nannte und nach Art einer zweiten Aufklärung eine weltweite rationale, demokratische Lebensweise zum Ziel hatte. Carnap und der vielseitige Otto Neurath hatten dazu die Grundsätze verfaßt. Im engeren philosophischen Sinn arbeitete man im Wiener Neopositivismus bis in die Nachkriegsjahre hinein an einer Einheitswissenschaft, die, mit der Sprache der Physik als Regulativ, alle Wissenschaften in einer einzigen Meta-Science integrieren sollte, womit das, was man bislang Philosophie nannte, hinfällig geworden wäre.

Vor welche Probleme die analytischen Philosophen sich damit gestellt sahen, wurde intern intensiv diskutiert. Die damals noch geringfügige Wirkung, die die englische Sprachphilosophie und die in der amerikanischen Emigration sich zu einer weltweiten Strömung entfaltende wissenschaftliche Analytische Philosophie in der Bundesrepublik hatte, führte indes immerhin zu einer viel kritischeren Einstellung gegenüber dem hier üblichen philosophisch-hermeneutischen Denken und Sprechen. Und wie in der Freudschen Psychoanalyse entlarvt wurde, daß der Mensch ganz und gar nicht in dem Maße Herr im eigenen Haus ist, wie er sich das immer gedacht, gewünscht und gedichtet hatte, so war jetzt offensichtlich geworden, daß die Philosophie mit ihrer weltschaffenden Geisteskraft – im Deutschen Idealismus eines Fichte beispielsweise – an ihr Ende gekommen war. Ein österreichischer Philosoph und Soziologe, der vieles mit der neuen wissenschaftlichen Philosophie gemein hatte, nichts aber mit deren Geschichtsverwerfung, Ernst Topitsch, erregte mit seiner dezidiert historischen »Weltanschauungsanalyse« die Gemüter. ›Vom Ursprung und Ende der Metaphysik‹ (1958) war der damals alarmierende Titel des Buches, in dem Topitsch christliche wie marxistische Weltbilder als anthropomorphe Projektionen und Reprojektionen verschiedener Ausprägung demaskierte, die zwar vielfach von poetischem, illusionierendem Wert seien, mit ungefärbter, wertfreier Wirklichkeitserkenntnis aber nichts zu tun hätten.

Dem Positivismus des Wiener Kreises zugerechnet wurde in der Bundesrepublik der Restaurationszeit auch der kritische Rationalismus Karl R. Poppers. Der war indessen in entscheidenden Punkten ein Gegner des Wiener Neopositivismus, ganz gewiß in dem Punkt, daß durch Analyse und Korrektur der Sprache die wirklichen Probleme keineswegs verschwänden. Aber dem von Popper mit seinem Buch ›Logik der Forschung‹ gelegten Fundament eines rationalen Kritizismus, der prinzipiell auf die Falsifikation, die Widerlegung von Hypothesen aus ist, um sie beim Scheitern sol-

cher Widerlegungsversuche um so sicherer vertreten zu
können, wurde erst lange Jahre nach dem zweiten Erscheinen des Buches 1959 (ein Vierteljahrhundert nach der Erst-
publikation) ernsthafte Resonanz zuteil. Wissen wollte man
auch nicht viel in jenen Jahren satter Selbstzufriedenheit
des neureichen Bildungsbürgertums von den politischen
Ansichten Poppers, die er in den beiden historisch-analyti-
schen Bänden ›Die offene Gesellschaft und ihre Feinde‹
ausgiebig und provokativ dargestellt hatte und die in der
deutschen Übersetzung von Paul Feyerabend 1957 zunächst in der Schweiz erschienen waren. Soweit man dieses
Buch las, gab man sich verärgert über Poppers massive
Kritik an Platons ›Staat‹, und einige wenige, vorerst, entrü-
steten sich über die Abwertung Marxens als »falschen Propheten«; doch die dagegengestellte Vision einer offenen,
liberalen, demokratischen Gesellschaftsordnung auf dem
Wege über schrittweise, durchdachte Reformen statt durch
utopische Revolutionen weckte kaum Interesse. Die eineinhalb Dekaden während existentialistische, seinsphiloso-
phische Innenschau hatte gesellschaftspolitisches Denken
stillgestellt; was man an Demokratie in der Bundesrepublik
vorfand, genügte. Marx und seine Nachfahren waren noch
weit.

Erst 1959 lag Ernst Blochs ›Prinzip Hoffnung‹ in Westdeutschland vor, ein Werk, in dem der rhapsodische Marxist sowohl gegen die Existenzphilosophen als reaktionäre
bürgerliche Ideologen wie auch gegen den vermeintlichen
Tatsachenfetischismus der »Positivisten« polemisierte. Der
›Geist der Utopie‹ – so der Titel eines früheren Werkes
Blochs – wehte auch in dieser früh begonnenen Arbeit. Erst
gegen Ende der sechziger Jahre wurde das Wort Utopie
zum fetischierten Terminus der Neuen Linken.

Unter den damals noch wenigen oder jedenfalls ziemlich
resonanzlosen Linken kursierte seit langem als Geheimtip
eine Schrift in Raubdruck-Fotokopien, die 1947 im Querido
Verlag in Amsterdam erschienen, aber nicht mehr neuauf-
gelegt war; zu einer Neuauflage entschlossen sich die beiden Autoren erst 1969. Max Horkheimer und Theodor
W. Adorno, die Schulhäupter der Frankfurter Schule der sogenannten Kritischen Theorie, die sich nach der Rückkehr
der beiden Verfasser aus der amerikanischen Emigration

wieder etabliert hatte, hatten als »philosophische Fragmente« eine Sammlung von Essays geschrieben, denen sie später den Titel ›Dialektik der Aufklärung‹ gaben. Was sie damit meinten, war die Selbstentfremdung der Vernunft oder, philosophisch, die Prognose des »Umschlags von Aufklärung in Positivismus, den Mythos dessen, was der Fall ist, schließlich die Identität von Intelligenz und Geistfeindschaft«. Die vielfach bis zur Raserei polemische Schrift verfocht einen krassen Kulturpessimismus, dessen Affinitäten zu Heideggers Aversion gegen die Moderne erst viel später ans Licht gebracht wurden. (Den rechten Kulturpessimismus »als politische Gefahr« analysierte 1961 Fritz Stern.)

Man darf wohl sagen, daß in der hier skizzierten philosophischen Periode von 1945 bis 1960 – die ein so willkürlicher Ausschnitt, wie man vielleicht eingangs vermeinte, offenbar nicht ist – sich ein Ende der bis dahin bekannten Philosophiegeschichte anbahnte. Denn die Zeit der überlebensgroßen Denkergestalten, der großen Köpfe, die einen Kosmos in sich bargen und der Welt ihre Sicht aufprägten, ging endgültig zu Ende.

Die Heideggers und die Jaspers, die Wittgensteins und die Adornos waren gewiß die Letzten ihrer Art, bei denen die Person und ihr Denken in eins fielen, bei denen jeder Gedanke ihre Individualität widerspiegelte und die das wußten. Danach bricht für die Philosophie, soweit sie ihren Existenznachweis überhaupt noch zu erbringen vermag, die Zeit der fleißigen Arbeiter nach dem Muster der Wissenschaften an. Der »Diskurs« in der Gruppe, die technisch möglich gewordene permanente Reaktions- und Diskussionsbereitschaft über Kontinente hinweg, das zumindest potentielle internationale Teamwork unter Gleichen wird von da an die äußere Situation des Philosophierens festlegen.

Das hat heute, wie man beklagt hat, zu einer »neuen Unübersichtlichkeit« geführt, einem diffusen Bild, in dem keine klaren Positionen, keine eigenen Philosophien, keine unmißverständlichen gegenseitigen Abgrenzungen mehr auszumachen sind. Aber die bis vor kurzem noch zu gewahrende Übersichtlichkeit hatte, von heute aus betrachtet, etwas Künstliches, Erzwungenes, auch Uniformes. Und viele der

Konfrontationen, Animositäten, Frontstellungen erwiesen sich als unnötig, überflüssig, eines Philosophen geradezu unwürdig und natürlich naiv. Die Selbstherrlichkeiten der einstigen Philosophenkönige und der übersichtlichen Ordnungen und Verordnungen, die sie verfügten, nehmen sich, gottlob, in einer mehr und mehr demokratisierten Gesellschaft komisch aus. Das hindert uns nicht, die übermächtigen Gestalten – hier diejenigen der bemerkenswerten fünfziger Jahre – zu bestaunen und ihnen die kritischste Würdigung zuteil werden zu lassen.
(1991)

Am Ende der hier wieder wachgerufenen Epoche der fünfziger Jahre – heute bereits ein fester historischer Begriff, der eine philosophische Hochblüte ebenso bezeichnet wie eine unverwechselbare und als scheußlich-schön empfundene Ästhetik – meldete sich bereits eine Stimmung der *posthistoire* namentlich in der Philosophie an, die damals schon fast an ihr Ende gekommen zu sein schien: Stand man für Heidegger ein, dann war klar, daß Philosophieren als ein dichterisches Andenken endgültig über sich hinaus war, daß vorstellendes, objektivierendes, rationales Denken – Metaphysik in Heideggers Perspektive – etwas war, das man endgültig hinter sich gelassen hatte, ein Relikt aus der Zeit der Wissenschaften. Denn obgleich oder gerade weil die Wissenschaften alles übrige in den Schatten zu stellen schienen und andere als rationale Denkformen ihrerseits als fossil betrachteten – eben deshalb verkündete Heidegger, daß die Wissenschaft nicht denke und auch gar nicht denken könne, nämlich nach der Weise des Seinsdenkers. Empirisch-rationale Wissenschaft war für Heidegger das Endprodukt der alten Metaphysik, die er »unbedenklich« zur Kennzeichnung der »ganzen bisherigen Geschichte der Philosophie« heranziehen will und die, wie ihr Erbe, die Wissenschaft, »seinsvergessen« gewesen sei, bloß »ontisch«, auf Seiendes fixiert. »Überwindung der Metaphysik durch Seinsvernehmen«, so könnte man Heideggers Philosophie in Parallele zu Carnaps »Überwindung der Metaphysik durch logische Analyse der Sprache« setzen. Denn in solchen perversen Parallelen sieht man erst scharf den alle anderen Widersprüche nach sich ziehenden Grundwiderspruch, der die zwei Denker an die äußersten Enden des philosophischen Spektrums rückt: Metaphysik, die Carnap überwinden wollte, war mehr noch als die traditionelle eben das, was Heidegger in den Augen Carnaps trieb, nämlich die Produktion metaphysischer, also sinnloser und sogar unsinniger Scheinsätze und Scheinfragen. Philosophie etwa der Art, wie sie Heidegger in der Technik gleichsam als Metaphysik des Verfalls sah, wollte Carnap allein noch als Philosophie gelten lassen. Für Heidegger mußte Carnaps sprachlogische »Überwindung der Metaphysik« Philosophie an ihrem völlig verflachten Ende sein.

Das Ende der Philosophie im Sinne von Heideggers Spät- und Postphilosophie wurde, in den oben skizzierten Jahren, weniger ernst genommen als das andere Ende der Philosophie, das ihr durch die Wissenschaften bereitet zu werden drohte. Denn in den fünfziger Jahren galt das wissenschaftliche Denken weithin als die Form der Erkenntnis, an der alle anderen Weltbetrachtungen sich messen lassen mußten. Für die Philosophen, die sich an immer denselben ungelösten und vielleicht auch unlösbaren Problemen über zweieinhalb Jahrtausende vergebens abgearbeitet hatten, blieb da anscheinend nicht viel mehr übrig als die Nabelschau ihrer eigenen Geschichte, deren historische Betrachtungsweise selbst schon wieder historisch geworden war.

Die Philosophie vor ihrem Ende – unter dieser frechen Parole fragte der Beobachter 1961 den erschrockenen Karl Jaspers, der überraschender Weise die Bitte, ein Interview für den Rundfunk mit ihm zu machen, und zwar explizit über Philosophie, erfüllte. Das war wohl das erste Mal, daß der große Philosoph in einem öffentlichen Medium sich eingehend zur Philosophie befragen ließ. Die Fragen gefielen ihm, aber er bat, sich die Antworten schriftlich fixieren zu dürfen. Das tat er an einem Tag, den nächsten nahm man das Interview – ein Gespräch, meinte Jaspers, käme wohl nicht in Frage, der Beobachter zählte damals grüne 32, Jaspers, einer der großen Weltweisen, 77 Jahre – in seiner Wohnung in Basel auf.

4. Ist die Philosophie am Ende?
Ein Gespräch mit Karl Jaspers über die Zukunft der Philosophie

HOCHKEPPEL: Ich freue mich, Herr Professor Jaspers, daß ich Ihnen einige Fragen stellen kann über das Thema: »Ist die Philosophie am Ende?« Viele Tatsachen, aber auch Äußerungen der Philosophen selber scheinen ja darauf hinzuweisen. Darf ich Ihnen nun nacheinander und unter verschiedenen Gesichtspunkten zu dieser Hauptfrage je besondere Fragen stellen? Zunächst einmal: Soll man die schwindende Bedeutung der Philosophie an den Hochschulen nur für scheinbar und vorübergehend halten?

JASPERS: Die Tatsache ist zuzugeben. Das geistige Niveau und die menschliche Erscheinung ist in dem letzten halben Jahrhundert, wenigstens in Deutschland, enorm gesunken. Heute scheint es fast so, als ob Leute von geistigem Rang die Laufbahn zum Philosophiedozenten hin gar nicht mehr suchten. Aber man muß immerhin auch anerkennen: Es gibt in der Universitätsphilosophie eine noch heute lebendige historische Forschung, die beträchtliche Verdienste hat und die um so besser ist, je weniger sie als Vorwand für eigene philosophische Tendenzen benutzt wird. Es ist heute andererseits aber ein philosophischer Betrieb mit dem Anspruch, Philosophie zu treiben im ewigen Sinne, als ob Philosophie eine unpersönliche Sache sei, die man betreiben könne wie Wissenschaften, die in einem Fortschritt sich befinden. Hier beobachte ich eigentlich nicht viel mehr als eine gewisse intellektuelle Fingerfertigkeit, die beträchtliche Ausmaße annehmen kann. Daß diese Art Philosophie keinen Widerhall findet, weder an der Universität noch in der Öffentlichkeit, zeigt sich darin, daß die Mehrzahl der Publikationen mit Druckkosten-Zuschüssen erscheinen müssen, weil sie sonst nicht möglich sind.

Demgegenüber ist es wunderlich, wenn heute so manche Dozenten das Bewußtsein haben, in der ungeheuren Zeitwende, die niemand bestreitet, philosophisch etwas Entsprechendes zu tun und zu leisten, als ob – wie Hegel sich ausdrückte – der Weltgeist das Kommando gebe, dem sie in ihrem Philosophieren folgen. Beobachtet man die Realität in Zeitschriften und Kongressen, so sind es großenteils

Monologe und ein konventionelles Verhalten einer Zunft, der gegenüber die Universität im ganzen sich in einer Verlegenheit befindet. Heute würde man philosophische Lehrstühle, wenn sie nicht aus der Vergangenheit da wären, kaum noch errichten. Die Soziologie, die Psychologie, die Mathematik, die Sprachwissenschaft leisten scheinbar alles das, was in der Gegenwart gefordert wird. Aber der Niedergang der akademischen Gestalt der Philosophie bedeutet keineswegs den Niedergang der Philosophie überhaupt. Man kann nicht wissen, wie die Situation eigentlich ist. Es hat schon Zeiten gegeben, immer wieder, in denen die Philosophie nicht an den Universitäten war. Leibniz verleugnete es, Professor zu werden; das wäre ihm viel zu minderwertig gewesen. Spinoza entzog sich der Universität, weil sie nicht frei war. Es könnte sein, daß es heute manchen jungen Leuten wieder so geht. Das bedeutet alles nichts darüber, ob man an der Universität philosophische Lehrstühle haben sollte. Diese würde ich unter allen Umständen bejahen. Denn es müssen diese Lehrstühle da sein, mindestens von Platzhaltern versorgt, die in der Zukunft Menschen, die philosophieren, wieder den Ort geben, wo sie den großen Wirkungskreis haben können. Aber was für Platzhalter, wer ist Platzhalter? Da würde ich meinen, bei den Berufungen auf philosophische Lehrstühle heute sollte man sich nicht binden, wie es bis jetzt noch durchweg geschieht, an die langweilige Karriere: Abitur, philosophischer Doktor, Habilitation und Professor, sondern sich umschauen, wo in den Wissenschaften oder in der Lebenspraxis Menschen erwachsen, die zum Philosophieren kommen und bereit wären, auf einem akademischen Lehrstuhl, nun im Zusammenhang mit der großen Überlieferung, das, was sie denken und erfahren, mitzuteilen. Ich sage das nicht in dem Sinne, daß man es allgemein so machen, sondern unter Umständen es versuchen sollte. Zunächst wird immer noch die normale Laufbahn vom Doktor an die Voraussetzung der Lehrstühle sein.

HOCHKEPPEL: Ist nun aber nicht ebenfalls in der gesamten Öffentlichkeit das allgemeine Interesse an der Philosophie am Schwinden?

JASPERS: Offenbar in bezug auf die Universitätsphilosophie, mit ganz wenigen Ausnahmen. Aber das Schwinden dieses Interesses an der Universitätsphilosophie bedeutet keineswegs das Schwinden der Philosophie. Denn die Philosophie gehört zum Menschen als Menschen. Aber wo ist sie lebendig, wo ist sie von der Art, daß Menschen ergriffen sind und sie als Lebensnotwendigkeit verwirklichen? Unter Anthroposophen etwa, die Steiner folgen, finden sich erstaunlich viele menschlich hervorragende Figuren, obgleich, von uns her gesehen, der Inhalt der Anthroposophie eine Unmöglichkeit ist. Da gibt es ferner die Menschen, die in der moralischen Aufrüstung Frank Buchman folgen, ein Symptom der Begierde nach Philosophie, nach Lebenspraxis aus philosophischem Grunde. Und dann sieht man die modernen Propheten wie Billy Graham und andere, die einen Massenzulauf von Zehntausenden haben. Warum kommen sie? Weil sie etwas suchen, was der Philosophie analog ist oder Philosophie selber ist, und was immer mit religiösen Motiven zusammenhängt. Diese Tatsachen bezeugen meines Erachtens die bleibende Bedeutung der Philosophie, die bleibende Neigung, ja die Unmöglichkeit für den Menschen, ohne Philosophie zu leben.

HOCHKEPPEL: Darf man die Auffächerung der Philosophie in Spezialdisziplinen und die Loslösung immer weiterer Themenkomplexe aus dem Gesamtverband der Philosophie, zuletzt also beispielsweise die Psychologie und die Logik bzw. Logistik, darf man diese Loslösung als Auflösungserscheinung deuten?

JASPERS: Ich glaube nicht. Es ist eine alte Auffassung, daß ursprünglich das gesamte Wissen Philosophie war und daß sich aus der Philosophie die einzelnen Wissenschaften herausgelöst haben. So schon in Alexandria nach der aristotelischen Zeit, so in der modernen Welt. Diese Auffassung ist nicht völlig unrichtig und trotzdem im entscheidenden Punkte falsch. Nicht eine Zersplitterung der Philosophie in Fachwissenschaften, wie das 19. Jahrhundert meinte, hat der Philosophie einen Rest übriggelassen. Der Vorgang ist völlig anders. Die modernen Wissenschaften haben sich als Wissenschaften gereinigt. Unter Wissenschaft ist hier zu verstehen das Erkennen, das methodisch bewußt, zwingend allgemeingültig wird, sich immer auf partikulare Dinge erstreckt und äußerlich dadurch gekennzeichnet ist, daß diese Erkenntnisse sich über den Erdball bei allen Menschen identisch verbreiten. Die modernen Wissenschaften in ihrer Universalität sind erst in diesen letzten Jahrhunderten, aber heute noch nicht endgültig, zur Klarheit über sich selbst gekommen. Gleichzeitig damit hat die Philosophie das Bewußtsein ihres gänzlich anderen Ursprungs bekommen und kann nunmehr, wo die Wissenschaften rein und sauber, reine Wissenschaften werden, um so entschiedener aus ihrem anderen Ursprung denken und eigentlich Philosophie sein. Dann gibt es keinen Rest, der der Philosophie zur Verfügung stünde; alles, was wissenschaftlich zugänglich ist, ist restlos den Wissenschaften zu überliefern. Was den Wissenschaften nicht zugänglich ist, das philosophische Denken, das kann nunmehr mit gleicher Sauberkeit als ein Denken, das nicht den allgemeingültigen wissenschaftlichen Anspruch macht, vollzogen werden. Dieses eigentlich philosophische Denken, das von sich selber weiß, es ist nicht in dem Sinn allgemeingültig, daß jeder Verstand es auch verstehen muß und daß es sich um die ganze Welt identisch verbreitet; dieses eigentliche Philosophieren, das in bestimmten geschichtlichen Erscheinungen auftritt und eine Welt bildet des Verkehrs zwischen diesen geschichtlichen Erscheinungen, deren keine die endgültige Wahrheit ist; dieses echte Philosophieren, das ist jetzt erst mit voller Klarheit möglich geworden. Wenn Sie davon sprechen, daß etwa die Psychologie solch ein Gebiet sei, das zuletzt sich losgelöst habe, so bin ich nicht ganz einverstanden. Psychologie ist als Ganzes keine übersehbare, deutliche Wissenschaft, sondern eine Mischung höchst heterogener Dinge, angefangen bei physiologischen Problemen der Sinneswahrnehmung, bei fast physiologischen Untersuchungen über Gedächtnis, Ermüdung und dergleichen bis zur Deutung von Handschrift oder von Mythen. Diese Psychologie, die gar nicht definiert und nicht begrenzt ist, ist heute in der Tat nicht eine Wissenschaft. In ihr kommen wissenschaftliche Möglichkeiten und Wirklichkeiten vor. Diese Psychologie ist der typisch moderne, sich selbst täuschende Ersatz für Philosophie. Der große philosophische »Erfolg« modernen Denkens liegt etwa bei der Psychoanalyse, nicht bei dem, was wir Philosophie nennen. Psychoanalyse aber ist dieses unsaubere Gebilde, das in den Formen moderner Wissenschaftlichkeit auftritt, wissenschaftliche Ansprüche erhebt, ohne in dem Sinn moderner Wissenschaft wirklich Wissenschaft zu sein. Sie wird in der Tat so betrieben, daß, wer mit der Psychoanalyse geht, sich verhält wie Sektenangehörige. Es handelt sich also nirgends um einen Rest, der der Philosophie übrig bliebe, sondern um den eigenen philosophischen Ursprung, der jetzt in Reinheit herauskommen kann.

HOCHKEPPEL: Man könnte aber nun sagen, daß der Rückgang der Philosophie durch den Aufstieg der Naturwissenschaften bestimmt ist. Denn, werden nicht heute schon nicht nur die wissenschaftlichen Antworten, sondern auch die philosophischen Fragen von Naturwissenschaftlern formuliert?

JASPERS: Was Sie sagen, ist heute eine verbreitete Meinung. Ich teile sie nicht, denn alle Fragen, die von den Naturforschern in den Grundsatzfragen formuliert werden, und ihr Nachdenken über die Methoden und die Voraussetzungen gehören meines Erachtens zur Wissenschaft. Wo dieses Denken nicht mehr zur Wissenschaft gehört, das heißt, wo es irgendeinen absoluten Anspruch macht, da ist es eben eine Philosophie, die sich gründet auf Wissenschaft und sich für wissenschaftlich hält, und nun verwechselt man das versuchsweise Unternehmen mit bestimmten Methoden und Voraussetzungen als Forschungsprinzip mit dem, was das Philosophieren tut in gedanklichen Gebilden, die jedesmal auch ihre Voraussetzungen haben und zum Bewußtsein bringen, etwas mitzuteilen oder mitteilbar zu machen, was einen unbedingten, lebensgründigen Charakter hat. Dies letztere kann niemals bei den Naturwissenschaften oder irgendeiner anderen Wissenschaft stattfinden. Man kommt damit auf die Frage des Verhältnisses von Naturwissenschaften – wollen wir bei ihnen bleiben – zur Philosophie. Da liegt es auf der Hand, daß philosophische Motive bei der Naturwissenschaft eine erhebliche Rolle gespielt haben. Man denkt an Demokrits Atomismus, man denkt etwa an Fechners philosophische Gedanken, die ihn zur Psychophysik geführt haben, die eine physiologisch einwandfreie wissenschaftliche Forschung wurde, man denkt an die kosmologischen Vorstellungen Keplers von der Harmonie der Welt mit ihren phantastischen, großartig schönen Gebilden, aus denen ihm seine Wissenschaft entstand. Dieser

Zusammenhang ist ein historischer und psychologischer, nicht aber ein Zusammenhang der Begründung. Wenn aus der Philosophie Antriebe kamen für die Wissenschaften, so sind in diesen Fällen immer diese Antriebe für die Richtigkeit des Ergebnisses sowohl wie für den Sinn dieser Wissenschaften unerheblich. Dagegen besteht eine Verbindung zwischen Philosophie und Wissenschaft in einem ganz anderen Sinn. Nämlich: Wer Wissenschaft treibt, muß dabei das Bewußtsein haben, es habe einen Sinn. Warum will er Wissenschaft? Die Antwort darauf, wenn sie nicht einfach gegeben wird durch Opportunitätsmotive wie Machtwillen, Geltungswillen, Zweckwillen in bezug auf technische Prämien, ist das Wissenwollen als solches, und zwar das grenzenlose Wissenwollen. Das ist ein philosophisches Motiv. Die Wissenschaft kann niemals selber begründen, warum sie da sein will. Philosophie und Wissenschaft gehören insofern wieder zusammen. Ich will über die Beziehung zwischen Philosophie und Wissenschaft nicht weiter lange Erörterungen anstellen. Sie sind sehr verwickelt. In die kürzeste Form gebracht: Keine Philosophie heute ohne wissenschaftliche Gesinnung und ohne radikale Bereitschaft, jeder wissenschaftlichen Forschung ihre Gerechtigkeit widerfahren zu lassen, ihr nicht zu widersprechen, anzunehmen, was erkannt ist; und umgekehrt beim Forscher die Neigung, wissen zu wollen, nein, sich bewußt werden zu wollen: warum treibe ich Wissenschaft? Es wäre eine lange Auseinandersetzung notwendig, um zu zeigen, warum die ungemein interessanten und wichtigen Erörterungen der modernen Physiker über den Wandel der Denkweise meines Erachtens nicht als Philosophie dastehen, sondern höchstens eine philosophische Relevanz haben, wie alles, was in den Wissenschaften hervorgebracht wird. Sie sind darum nicht Philosophie, weil sie jeweils, solange der Forscher Forscher bleibt, auch als Denkweise nur zum Versuch stattfinden. Es ist heute soweit gegangen, daß die Mathematik in ihren erst seit dem 19. Jahrhundert entdeckten Gestalten in Verbindung mit der experimentellen Naturforschung dazu geführt hat, daß die klassische Physik, wie man sich ausdrückt, ein Vordergrund ist, in dem man Experimente macht und die Ergebnisse abliest, aber etwas Zugrundeliegendes, etwas ganz anderes im Auge hat, das allen Modellvorstellungen früherer Art widerspricht – an dem berühmten Beispiel Korpuskel und Welle zu zeigen –, das aber mathematisch eindeutig ist oder vielmehr so, daß es im mathematischen Sinne alle Nicht-Eindeutigkeiten mathematisch faßbar macht. Es ist gleichsam eine magische Welt; nicht die Materie ist mehr da, sondern die mathematische Formel, und von der Magie ist es nur dadurch – nein nicht *nur,* sondern *entscheidend* dadurch unterschieden, daß diese Wissenschaft mit ihrer mathematischen Denkweise etwas hervorgebracht hat, was sich stets bewähren muß an Realitäten der Beobachtung, durch Experimente, die durch technische Mittel gefunden werden müssen, um auf die mit mathematischen Mitteln gestellten Fragen antworten, ja oder nein sagen zu können. Diese Bindung an die Realität der Beobachtung in Verbindung mit dem erstaunlichen mathematischen Können, das der Nichtmathematiker nicht eigentlich begreifen kann, das ist das Neue. Aber dieses Neue besteht, seit die mathematische Naturwissenschaft da ist, und der große Schritt liegt nicht im Prinzip dieser Wissenschaft, sondern liegt darin, daß etwas, was zu dieser Wissenschaft gar nicht gehörte, nun leichter überwindbar geworden ist, nämlich die mechanisch materialistische Auffassung, die sich von Demokrit her schreibt, in allen möglichen Umformungen. Sie war niemals Wissenschaft, hat sich fälschlicherweise mit der modernen klassischen Physik als Weltanschauung und mit der Auffassung ihrer Ergebnisse verbunden, nicht aber bei den echten Forschern, nicht mit der wirklichen Forschung. Diese Verbindung einer dürren, materialistisch-mechanistischen Philosophie eines mechanistischen Weltbildes mit der Wissenschaft ist durch die gegenwärtige Physik so großartig radikal aufgehoben, daß das, was früher durch philosophisches Selbstbewußtsein längst klar war, nunmehr durch die Wissenschaft selber ungemein erleichtert ist zu erkennen. Aber, im selben Augenblick, da diese Befreiung stattgefunden hat, ist die Gefahr (und man erliegt ihr nicht selten), daß diese moderne Form der mathematischen Auffassung des gleichsam materielos gewordenen Grundes der physikalischen Ereignisse nun ihrerseits verabsolutiert wird und man daraus ein einheitliches Weltbild macht und meint, das sei nun das Absolute. Das wäre nicht besser als die frühere materialistisch-mechanistische Auffassung und ist von bedeutenden Physikern heute auch keineswegs gemeint. Es ist weiter darauf hinzuweisen, daß in der modernen Naturwissenschaft die großen Physiker fast unvermeidlich und menschlich gehörig philosophieren, auf eine Art, die man keineswegs in Verbindung bringen muß mit ihrer Wissenschaft. So ist es etwa auf eine eigentümlich großartige und kindliche Weise bei Einstein zu beobachten, der offensichtlich seine ganze Wissenschaft im Raum einer philosophischen Grundverfassung treibt, wenn er sagt, er könne nicht glauben, daß Gott Würfel spielt, und damit gegen gewisse physikalische Versuche Einspruch erhebt. Er hat sich wiederholt geäußert über die Vernunft in der Welt und den Namen Gott dabei gebraucht. Das ist kein Bekenntnis zu Gott, aber eine Philosophie, die im Zusammenhang des uralten Pantheismus – seine Neigung zu Spinoza ist offenbar – steht, und aus der heraus er Äußerungen tut, die andere Physiker keineswegs annehmen. Er hat sie selber immer aufs klarste unterschieden von dem, was wissenschaftlich erkannt ist. Der Reinigungsprozeß ist bei Einstein, wie mir scheint, vollendet; aber der Sinn, in dem er die ganze Sache treibt, und die Weise, wie er die physikalischen Ergebnisse auffaßt, das wird dann Philosophie, die durch die Wissenschaft nicht begründet ist, sondern bei der Einstein selber jedesmal ausdrücklich sagt: »ich kann nicht glauben ...«, »ich kann nicht annehmen ...« und dergleichen.

HOCHKEPPEL: Wie steht es nach Ihrer Meinung mit der wissenschaftlichen Philosophie? Hat nicht zum Beispiel der Neopositivismus trotz vieler Schwächen eine Menge philosophischen Pseudowissens und darüber hinaus die Grenzen redlichen Philosophierens aufgezeigt? Und weiter: Hat nicht insbesondere die von Hans Reichenbach sogenannte wissenschaftliche Philosophie eine heilsame Ernüchterung gebracht und daran erinnert, daß Philosophie ihrem Wesen nach auch wissenschaftlichen Prinzipien verpflichtet ist? Wurde dabei nicht offenbar, wie wenig sie in dieser Hinsicht zu leisten vermag?

JASPERS: Ihre Fragestellung – völlig begründet durch eine breite Literatur, innerhalb derer Reichenbach die extremsten Formulierungen gebracht hat – ist durchaus berechtigt. Ich halte aber die hier vertretene Auffassung für philosophisch falsch; denn hier wird vorausgesetzt eine wissenschaftliche Philosophie. Diese wissenschaftliche Philosophie tritt auf mit dem Anspruch, genauso gut wie die Wissenschaften sonst etwas leisten zu müssen, was allgemeingültige Einsicht ist, und kommt dann zum Ergebnis, daß sie wenig, ich würde sagen, gar nichts zu leisten vermag; denn hier ist wieder die Unterscheidung zu machen, von der ich vorher sprach. Seit dem Altertum bis in die neueren Zeiten gehen unter dem Namen Wissenschaft sowohl die Philosophie wie die eigentlichen Wissenschaften, und erst die radikale Trennung der Ursprünge, zusammen mit der Verbindung, der unerläßlichen Verbindung von Philosophie und Wissenschaft, hat hier Klarheit gebracht. Die Universalität der modernen Wissenschaft ist ein historisch neues Phänomen, das sich herausgebildet hat in den letzten Jahrhunderten und bis heute keineswegs vollendet ist. Diese Wende, von der ich vorhin sprach, hat zur Folge, daß man nun wissen muß, was Wissenschaft ist und was nicht. Reichenbach, wie mir scheint, hat den Irrtum begangen, unter dem Namen Philosophie Gedankengänge zu entwickeln, die ihrer Natur nach nicht philosophisch sind. Denn was wollen sie? Sie wollen allgemeingültige Erkenntnis, und sie bringen doch keine Forschung. Sie entstehen aus dem Umgang mit Büchern, das heißt hier den Büchern physikalischer Erkenntnis, und spekulieren aufgrund dieses Umgangs. Für die Wissenschaften kommt nichts dabei heraus. Es werden intellektuell ungemein intensive Erörterungen angestellt, die der Natur der Sache nach Bedeutung haben müßten, entweder dadurch, daß sie in der faktischen Forschung Ansatzpunkte über das Fortschreiten bringen oder dadurch, daß sie erhellend werden für das, was Menschen im Philosophieren wissen möchten, nämlich, wie sie in der Welt sich finden und was alles das, worin sie sich finden, eigentlich ist und was darin Wissenschaft für eine Bedeutung hat. Für die Philosophie kommt ebenfalls nichts dabei heraus. Deswegen halte ich diese Gedankengänge, die in der Form einer schönen Nüchternheit und Wissenschaftlichkeit auftreten, für eine intellektuelle Spielerei.

Sie sprechen von der heilsamen Ernüchterung, davon, daß eine Menge philosophischen Pseudowissens aufgezeigt werde. Das ist sicher richtig in bezug auf all die Ansprüche des Philosophierens, die aus der Philosophie Urteile fällen wollen über das, was nur durch wissenschaftliche Forschung entschieden werden kann. Aber den eigentlichen Selbstreinigungsprozeß, die heilsame Ernüchterung im Forschen, und zwar im konkreten Forschen, wobei dann im Effekt die Wissenschaft immer sauberer wird, den haben ja gerade die großen Forscher selbst vollzogen. Es ist ergreifend, im Studium es mitzumachen, sagen wir mit Karl Ernst Baer, dem Biologen, mit Jakob von Uexküll, mit Nissl, dem Psychiater, meinem früheren Chef, wo ich es leibhaftig erlebte, oder mit Max Weber und mit zahllosen anderen. Diese konkreten Forscher vollziehen in ihrer Forschung die Säuberung und die heilsame Nüchternheit mit dem Ergebnis, daß sie nun etwas wirklich Zwingendes herausbekommen haben in der Realität, nicht in der Spekulation, nicht im abstrakten Denken, sondern in der Bewährung. Ich würde darum das, was hier fälschlicherweise Neopositivisten und Logikern als Verdienst zugeschoben wird, als wirkliches Verdienst den eigentlich großen Forschern zubilligen. Es ist etwas Merkwürdiges bei diesen Erörterungen der Neopositivisten und Logistiker, daß in der Stimmung ein fanatischer, zunächst sogar aggressiver Zug liegt, der nicht für die Qualität der inneren Verfassung dieser Denker spricht. Warum machen sie das? Es ist ein ursprüngliches Nein, wie mir scheint, im Spiel. Es ist eine philosophische Verfassung, in der aus irgendeinem Machtgefühl, im Grunde gefangen in der Denkweise des technischen Zeitalters, etwas erzwungen werden soll, mit dem sie sogleich zur Geltung kommen, persönlich, und andererseits ist verbunden damit ein erstaunliches Freilassen an das Gefühl, an das Private, an das Erlebnis, an das, was ohne Kontrolle bleibt und was damit dem Chaos überliefert wird.

HOCHKEPPEL: Ich komme zu einem anderen Punkt. Waren nicht doch die Gedanken Ludwig Wittgensteins die schwerste Erschütterung des philosophischen Glaubens? Es scheint mir hier deutlich geworden zu sein, welche Grenzen der Philosophie durch die Sprache gesetzt sind und daß zum Beispiel Transzendenz nicht gesagt, sondern nur verschwiegen werden kann.

JASPERS: Wenn Sie auf Wittgenstein weisen – sehr mit Recht, wie mir scheint –, so würde ich von ihm ganz anders sprechen als von den Autoren, von denen eben die Rede war. Wittgenstein, das wissen Sie, und das wird immer mehr bekannt, ist in seiner Weise eine einzigartige Figur gewesen. Er war ein Denker, der in den Medien des technischen Zeitalters dachte und wirkte, Erfindungen machte, Experimente anstellte, Techniker war, ein Haus bauen konnte, ein Mann, der in diesem Zeitalter ganz gegenwärtig war und nun merkwürdigerweise nicht zeit seines Lebens, sondern mit langen Unterbrechungen darüber nachdachte, was denn eigentlich gewiß sei. Warum tat er das? Es ist schwer, darüber ein entscheidendes, endgültiges Wort zu sagen. Die Persönlichkeit und sein Werk im ganzen machen einen Eindruck, den ich nicht endgültig mir angeeignet habe. Ich halte ihn für einen Philosophen und möchte denken, es ist in ihm ein Antrieb gewesen, ganz in diesem technischen Zeitalter zu leben, alles darin zu können, auf das exakteste, es bis zum äußersten zu treiben dann in der Logik, um das Ganze zu überwinden. Wenn er davon spricht, daß man schweigen muß, wenn man nichts mehr sagen kann, also der Sprache diese engen Grenzen zieht, so scheint mir das ein Irrtum, die Sprache betreffend. Aber darauf kommt es nicht an, denn der Antrieb bei ihm ist, das, worüber man schweigen muß, keineswegs dem Chaos auszuliefern, sondern es für seine Person, vielleicht an der Grenze der Verzweiflung, vielleicht in einer immer erneuten Wiederherstellung – man sieht es nicht recht – so zu behandeln, daß, was in diesem Zeitalter mit ihm selber in seiner Logik wirklich wird, als Ganzes nichtig ist. Ich habe mir einmal erlaubt, vielleicht voreilig und ohne genügendes Wissen, ihn zu vergleichen mit asiatischen Philosophen des Typus etwa eines Nagarjuna. Er ist der Mann, der in die Welt tritt, die Welt erkennt, um de facto mit dem Wissen von dieser Welt im ganzen aus ihr herauszutreten. Er war so sehr an der Grenze, daß eine Formulierung biographischer Art einem unheimlich ist. Er lebte, schreibt Malcolm, an der Grenze der Geisteskrankheit und hatte nicht selten Angst, diese Grenze zu überschreiten. Das ist natürlich an sich völlig unerheblich, aber es ist manchmal ein Zusammenhang darin, daß ein Mensch, selber in diesem Tiefsten, wie es eine Erkrankungsmöglichkeit bedeutet, erregt, nunmehr das Sachlich-Positive, das mit Krankheit nichts zu tun hat, so radikal auszusprechen und zu verwirklichen vermag. Ich kann mich täuschen; aber Wittgenstein liegt für mich nicht auf einer Linie mit den Neupositivisten, den Sprachanalytikern und den Logistikern, denen allen er einen Eindruck gemacht hat, und gegen die er, ich glaube ausnahmslos, sich gewehrt hat; denn immer ist es ihm so gewesen, daß er sich mißverstanden fühlte. Warum mißverstanden? Was er schreibt, ist völlig klar. Das ist so eindeutig großartig; es gehört durchaus in den Zusammenhang der Bestrebungen, von denen er sich dann doch distanzierte. Mißverstanden konnte er sich nur fühlen in dem Prinzip seines ganzen Denkens, und was das sei, hat er in der Tat verschwiegen. Diese Verschwiegenheit ist die Anziehungskraft, die er ausübt und auch auf mich ausübt.

HOCHKEPPEL: Ist es nicht merkwürdig, daß auch der Name Philosophie heute in Zweifel gezogen ist? Marx hat ja schon das Ende der Philosophie in der berühmten Formel ausgesprochen, die Philosophen haben die Welt nur verschieden interpretiert, aber es kommt darauf an, sie zu verändern. Das hieße und heißt also, an die Stelle aller bisherigen Philosophie soll ihre Umsetzung in die Praxis und in das zu ihr gehörige Denken treten. Die Nationalsozialisten haben ja zum Teil die Philosophie für geschichtlich überwunden erklärt und etwa Anthropologie an ihre Stelle setzen wollen. Nun kann man auch heute gelegentlich ein Unbehagen an dem Namen Philosophie verspüren, weil man nämlich etwas total Neues davon erwartet. Was meinen Sie dazu?

JASPERS: Sie haben recht, insofern: Es ist höchst merkwürdig, daß heute mit dem Bewußtsein der Wende durch das technische Zeitalter verbunden ist – immer wieder, in allen Richtungen – ein Bewußtsein, es müßte doch viel tiefer liegen als bloß im Technischen. Es müßte doch in dem Geist selber, in der Substanz unseres menschlichen Wesens liegen, daß eine Wende stattfinde. Mir scheint das nicht überzeugend, sondern ich sehe, daß dieser Vorgang des technischen Zeitalters für all unser Denken und vor allem für unser Dasein und durch unser Dasein eine neue Situation geschaffen hat und damit Ansprüche erhebt, ihrer mächtig zu werden. Aber daß ein substantieller Weltprozeß stattfände von der Art, daß man sagen könne: bisher Philosophie und nunmehr wegen der ungeheuren Wende, in der wir stehen, etwas ganz anderes, von dem her Philosophie vergangen ist, kommt mir absurd vor.

Die Kontinuität ist bis heute meines Erachtens in der Tat durchaus nicht unterbrochen. Prüft man nach, so kann man keine Gedanken heute irgendwo finden, die nicht in dem Denken der vergangenen Jahrtausende ihren Grund, ihr Echo, von daher ihre Wiederholung haben. Es kommt nun noch hinzu, daß diese Meinung, Philosophie sei überwunden, die Jahrtausende bestand, daß in Asien, in Indien und China das Wort Philosophie keine Entsprechung hat, obgleich die Sache dort in großartigen Gestalten vorliegt. Darüber nachzudenken und zu zeigen, durch welche anderen Wörter und in welchem Zusammenhang das im Grunde Gleiche gemeint wird, würde zu weit führen. Aber man kann darauf hinweisen, daß die Inder und Chinesen der neueren Zeit wie selbstverständlich ihre Vergangenheit philosophischen Denkens ebenfalls unter den Namen Philosophie fassen, und das ist nicht die Übertragung des technischen Zeitalters, sondern hat mit der Sache selbst zu tun. Diese Neigung, Philosophie abzuwerfen, den Namen abzuschaffen, und nunmehr das Neue zu wollen, scheint mir gewalttätig, frech und wahrscheinlich unwirksam; denn der Name der Philosophie hat einen unüberwindbar großen Gehalt. Und was immer man tut als etwas, das nunmehr etwas anderes sein soll: Man ist immer im Raum der Gehalte, die diese Philosophie der Jahrtausende mitbringt. Ich würde fast meinen, noch merkwürdiger sei das Umgekehrte. Reichenbach sagt, Philosophie gibt es erst seit dem 19. Jahrhundert, das heißt: seitdem es Logistik gibt, seit den Quellen des Neopositivismus. Dann ist zu fragen: Warum gibt es Philosophie seit dem 19. Jahrhundert? Warum nimmt er den Namen der Philosophie für das in Anspruch, was eben nicht mehr Philosophie sein soll? Warum liegt ihm daran, diesen großen edlen Namen auf diese fruchtlosen Bemühungen anzuwenden? Warum hält er am Namen der Philosophie fest? Das umgekehrte Verfahren, wie Sie sehen, das ebenso bedenklich ist. Denn, was heißt Philosophie, die im 19. Jahrhundert beginnt, wo Philosophie zweieinhalb Jahrtausende alt ist?

HOCHKEPPEL: Manchmal könnte man nun denken, und man tut das ja auch: Hat es überhaupt noch Sinn, von der

Philosophie zu reden? Reicht denn beispielsweise Philosophie als Appell oder als Handeln oder als grenzenloser Kommunikationswille aus, um noch von der Philosophie sprechen zu können? – Bleibt Philosophie als Existenzerhellung und Bewußtseinsintensivierung! Und da könnte man nun sagen: Zeigen sich nicht auch hier schon die Grenzen dieses Vermögens? Welcher Fragenbereich bleibt schließlich der Philosophie vorbehalten? Sind das sogenannte aporetische, metaphysische Probleme?

JASPERS: In Ihrer Frage, die wieder von einer neuen Seite auf das Ende der Philosophie weisen soll, verfahren Sie so, daß Sie nochmals eine Philosophie voraussetzen, die als lernbares Lehrsystem vorliegt, und daß Sie eine Reihe von Formulierungen herausgreifen, von denen, ich glaube, keiner sagen würde, das sei nunmehr die Philosophie. Die Reduktion der Philosophie auf ein solches Minimum wie grenzenloser Kommunikationswille wäre natürlich nicht eine Reduktion, sondern hier würde ein Gedankengang, der mit einem Wort wie grenzenloser Kommunikationswille nur ganz äußerlich getroffen ist, ein Gedankengang, der auf eine existentielle Wirklichkeit weist, für die Philosophie erklärt. Keineswegs. Nicht alles, was als Philosophie möglich ist, ist existentielle Erhellung oder Appell. Sie gibt es innerhalb des Philosophierens. Sondern die gesamte große Überlieferung der metaphysischen Gebilde ist Seinsvergewisserung dessen, was ich gern die Chiffren nenne, die gewaltigen Chiffren seit den ersten Vorsokratikern. Das sind Gebilde objektiver Gestalt, die ihre Sprache haben und denen gegenüber es die Aufgabe ist, mit ihnen nicht philologisch wissenschaftlich umzugehen, was ein Hilfsmittel und eine Voraussetzung sein mag, sondern von ihnen im Innern angesprochen zu werden oder sie zu verwerfen.

Diese gewaltige objektiv-sichtbare Welt der Chiffren, das heißt der großen metaphysischen und mythischen Gebilde, ist eine Welt der Kämpfe, nicht des ästhetischen Genusses. Da hineinzutreten, gehört zur gegenwärtigen Philosophie unerläßlich. Philosophie als Existenzerhellung, das wäre nicht Philosophie, sondern nur ein Moment der Philosophie. Und wenn Sie nun fragen: Kann man von der Philosophie reden? so bin ich allerdings der Meinung: Das kann man nicht objektiv. Die alte Formulierung, daß Philosophie sich immer selber definiert, bedeutet, daß jeder philosophierende Mensch durch das, was er philosophierend tut, und auch durch Sätze sagt, was Philosophie sei. Das Merkwürdige ist, daß, was unter dem Namen der Philosophie durch die Jahrtausende geht, nicht immer, aber immer mehr zueinander Bezüge hat, mit der Folge, daß wir das Bewußtsein bekommen: All diese Phänomene bewegen sich um eine Mitte, die niemand besitzt; im Umgang mit den philosophierenden Methoden und den philosophischen Gebilden der Chiffren und Metaphysiken kommen wir damit in Zusammenhang und hoffen, in dem Zusammenhang Fühlung zu gewinnen unseres eigenen Ursprungs mit dem Ursprung des Ganzen. Die Selbstdefinition der Philosophie kann offenbar nicht an einer Instanz liegen, die ermächtigt ist, zu sagen, was Philosophie sei, sondern die Selbstdefinition der Philosophie vollzieht sich durch die Jahrhunderte hindurch jeweils durch alle Menschen, die philosophieren. Eine Instanz, die sagen könnte: Das ist Philosophie und das ist nicht Philosophie, gibt es nicht außerhalb, sondern nur innerhalb der Philosophie. Sie ist als Instanz anderen Instanzen ausgesetzt. Philosophie kann niemals wie die Wissenschaft zu dem Punkt kommen, daß man ein Gewisses, allen Gemeinsames hat. Das gibt es nur für den Verstand, der die Wissenschaften treibt. Da finden sich alle Menschen, verstehen sich eindeutig, die Richtigkeiten verbreiten sich. In der Philosophie aber handelt es sich um Vernunft, das heißt um das Denken, das über den Verstand hinausgeht, ohne den Verstand einen Augenblick zu verlieren. In ihm führt das Hinausgehen über den Verstand, nun unumgänglich ein Grundphänomen unseres Daseins in der Zeit, nicht in das Allgemeingültige, sondern in den Kampf um die Kommunikation. Wie dieser sich verwirklicht, verwirklicht hat und verwirklichen kann, da vermag ich in Kürze keine Antwort zu geben.

Was ich also sagen will, ist: Es kann sich heute nirgends um eine Reduktion der Philosophie handeln, nirgends um einen Rest, nicht darum, daß einige Fragen übrigbleiben, die die Wissenschaft nicht bearbeiten und die die Philosophie bearbeiten solle. Das alles stimmt nicht. Sondern es handelt sich darum, daß das eigentlich große philosophische Denken aus seinem Ursprung, der heute nicht anders ist als wie vor dreitausend Jahren, daß es aus diesem Ursprung im Zusammenhang mit der Wissenschaft gedacht wird. Die Wissenschaften bekommen ihren Impuls noch von der Philosophie her; aber die Philosophie ist, wie von jeher, das Umgreifende, das, worin der Sinn sogar aller Wissenschaften, nicht der Richtigkeit der Wissenschaften, sondern dessen, daß wir Wissenschaft treiben, liegt. Daß man voraussetzt, die Philosophie sei eine Wissenschaft, ist heute fast so selbstverständlich, daß niemand von uns im Sprechen sich dem ganz entziehen kann, auch wenn man den Irrtum eingesehen hat. Es ist ja doch heute so: Die allgemeine Denkungsweise ist Erkennen, ist Erkennen von Etwas und bringt ein Wissen, das ich dann habe und besitze. Es liegt gleichsam auf dem Tisch. Ich greife zu, indem ich die Verstandesoperationen mache, die zum Verständnis gehören, und dann ist es mein Eigentum wie jedes anderen, der es ebenso verstehen kann. Diese Auffassung verbindet sich dann mit der anderen, die bei den Neopositivisten eine absurde Form angenommen hat, die aber schon seit dem 19. Jahrhundert besteht. Aus dem Bemerken, daß mit der Erkenntnisweise von Etwas, die ein allgemeingültiges Wissen bringt, nicht erschöpft ist, was der Mensch sei, hat man gesagt, seit 80 Jahren oder gar noch länger, das andere, das sei das Irrationale. Also ein negativer Ausdruck. Dieses Irrationale wird als Willkür, Laune, Abenteuer, Bewegung als solche aufgefaßt. Es soll sozusagen rational gemacht werden. So wie man in Meditationsübungen die metaphysischen Visionen durch eine Technik hervorruft, so will man die Erlebnisse, die irrationalen, rational machen. Das ist das groteskeste Phänomen unserer modernen Welt. Was ich Ihnen eben vortrage, ist uns allen fast so natürlich, daß wir gar nicht herauskommen. Die Aufgabe unserer Philosophie ist es, diese fälschliche Natürlichkeit zu durchdringen.

HOCHKEPPEL: Wenn Sie erklären, daß die letzten Fragen, und das ist ja eine Konsequenz, die man vielleicht daraus ziehen kann, grundsätzlich nicht wissenschaftlich lösbar sind, dann sprechen Sie vom philosophischen Glauben. Ist das nun Lösung durch Bekenntnis statt durch Einsicht?

JASPERS: Sehr richtige Frage. Die Lösung ist weder Bekenntnis noch Erkenntnis. Bekenntnis bedeutet Glaubenszustimmung zu irgendeinem Inhalt, zu einem Grundsatz, den man bekennt. Erkenntnis ist, wie wir eben ausgeführt haben, das Wissen von Etwas. Philosophieren aber im philosophischen Glauben bedeutet die Helligkeit unserer existentiellen Entschlüsse und ihrer Verwirklichung, bedeutet, daß wir je in unserer Situation als einzelne, unvertretbare Existenz wirklich werden können mit Hilfe des philosophischen Denkens. Ich brauche dafür gerne ein Gleichnis, nämlich: Der philosophische Gedanke, der in Büchern niedergelegt wird und der im Lehrvortrag dargelegt wird, ist sozusagen die eine Seite, deren Wahrheit aber erst dann zur Geltung kommt, wenn die andere Seite, die immer in der geschichtlich einzelnen und vertretbaren Existenz wirkt, mitspricht. Ich drücke das im Gleichnis so aus: Philosophie ist nur dann im Aufschwung, wenn die zwei Flügel schlagen, das, was gedacht wird als Inhalt und Gedankenbewegung, und das, was wirklich ist im inneren Handeln und im Tun und Verwirklichen aus den Entschlüssen. Wenn ich auf einen der beiden Flügel verzichte, geht es nicht. Im bloßen Denken philosophischer Gebilde bleibe ich persönlich als mögliche Existenz so gleichgültig, wie wenn ich eine chemische Erkenntnis mir aneigne. Wenn ich ohne philosophisches Denken mich einfach dem Gefühl überlasse, dem, was man das Irrationale nannte, dem Entschluß, ich will nun einmal so, dann geht es ebenfalls nicht. Das ist schon zum Wesen unserer Existenz als möglicher Existenz gehörig, daß nur die beiden Flügel zusammen zum Aufschwung kommen können.

HOCHKEPPEL: Ich darf vielleicht noch einmal den Begriff »Philosophischer Glaube« herausgreifen. Was Sie, Herr Professor, philosophischen Glauben nennen, steht nun zwischen Wissenschaft, Kunst und Religion, ohne eines von diesen dreien zu sein. Hat das nicht zur Folge, daß sich die Philosophie oder der philosophische Glaube im Sich-Unterscheiden von diesen drei Sphären zur Ungreifbarkeit verflüchtigt?

JASPERS: Es scheint so; nämlich, wenn man in der Denkweise bleibt, die alles als einen Gegenstand vor Augen haben will, als ein Wissen besitzen will. Ich würde das umgekehrt sagen: Wer philosophiert, glaubt in der Mitte von Wissenschaft, Kunst, Religion sich vom Ursprung her zu bewegen und diese Bewegung wiederzuerkennen in allen Zeiten, in allen früheren Zeiten, als das, wovon Wissenschaft, Kunst und Religion ausgehen, worin sie sich verstehen, was sie alle brauchen. Wissenschaft, Kunst und Religion sind die greifbaren Sphären geistiger Schöpfungen, als solche aber nicht eigentlich sie selber, sondern Gegenstand der Betrachtung. Wo sie sie selber sind, wo der Forscher mit dem Sinn der Wissenschaft, warum sie sein soll, verknüpft ist, wo der Künstler mit der Transzendenz verbunden ist, aus dem die Chiffre spricht, die er schafft, wo in der Religion der Gedanke des religiösen Gottesverhältnisses im Denken objektiviert wird, überall ist die Philosophie zugegen. Man kann nun sagen: das philosophische Denken wäre ein Mittel, doch kann ich das jetzt nicht ausführen, für jene drei greifbaren Gebiete, oder man kann umgekehrt sagen: die eigentliche Philosophie, die selber mit ihren Gebilden der großen Systeme und der Gedankenfolgen nicht im gleichen Sinne greifbar ist, wie jene drei anderen Gebiete, diese Philosophie sei die eigentliche Quelle, sie bediene sich der Wissenschaft, der Kunst und Religion, um sich in ihnen zu bezeugen durch die Lebenspraxis, durch den Sinn dessen, was in diesen besonderen Sphären getan wird. Die Philosophie, kann man sagen, läßt keine Ruhe. In Wissenschaft, Kunst und Religion kann etwas wie Vollendung eintreten für das subjektive Bewußtsein, aber Philosophie stiftet sofort wieder die Unruhe. Es stimmt etwas nicht. Die Philosophie erweckt zum Ernst des Weiterfragens, des Weiterlebens, der Fragwürdigkeiten. Dazu verlangt die Philosophie, nicht auszuweichen, nicht eine falsche Ruhe vorwegzunehmen, sich keine Selbstzufriedenheit zu gestatten, sich herauszulösen aus allen Verschleierungen der Konvention, der Selbstverständlichkeiten, der Gedankenlosigkeiten. Darum ist Philosophie in der Tat nicht als Inhalt zu lehren, also als das Wissen, das ich als Philosophie besitze, aber doch zu lehren durch Gedankenbewegungen, deren Reichtum und Tiefe aus den großen Philosophen der Jahrtausende unverlierbar und unersetzbar zu uns spricht.

HOCHKEPPEL: Je mehr nun im philosophischen Glauben die Philosophie im Philosophieren zu verschwinden scheint, um so mehr liegt natürlich die Frage nahe, die wir schon berührten: Ist Philosophie als Hochschuldisziplin – oder genauer ausgeführt – als methodisch geschlossene gedankliche Lehre noch möglich?

JASPERS: Darauf kann ich nur antworten, indem ich unterscheide, was Lehren heißen kann. Erstens nennt man Lehre den Unterricht, Lernen von Stoff, Inhalt, Kenntnissen, Abfragbarkeiten. Man kann Philosophie lernen als Geschichte der Philosophie, als die Kenntnis von Begriffen, die bei solchem Kennen noch tot daliegen können, aber wenn man sie kennt, in Bereitschaft sind. Das alles ist durch Unterricht möglich. Das zweite ist: Das philosophische Lernen bedeutet Teilnahme an den Denkbewegungen des Lehrers, an Forschungsweisen, an Untersuchungsweisen; das ist hier Teilnahme am Philosophieren. Man lernt hier mit dem Kantischen Ausdruck nicht Philosophie, sondern Philosophieren. Und das dritte ist, was seit Kierkegaard indirekte Mitteilung heißt, nämlich: Im Drängen zur höchsten Klarheit und Mittelbarkeit mir selbst sowohl wie dem andern gegenüber bin ich geführt von dem, was sich direkt nicht sagen läßt und was doch ständig verlangt und vorantreibt, in Sagbarkeit verwandelt werden zu können.

Unterscheiden wir die drei: Lernen der Philosophie, Teilnehmen am Philosophieren, Philosophisch Wirklich-Werden, so ist die Frage: Welche Lehre gehört an die Universität? Meines Erachtens alle drei. Nur wenn alle drei an der Universität durch den Philosophen lebendig da sind, kann die Philosophie als Philosophie zur Geltung kommen.

HOCHKEPPEL: Ich komme noch einmal mit einer skeptischen Frage. Und zwar: Hat sich die Philosophie selbst nicht in den letzten Jahrzehnten planmäßig verneint, und bezeugt nicht zum Beispiel die Schrift einer Ihrer Schülerinnen, nämlich Jeanne Hersch, eine Schrift mit dem Titel: ›Die Illusion – der Weg der Philosophie‹, daß Sie solche Verneinung vollzogen haben? Hier zeigt sich ja die Philosophie ohne Objekt, vielmehr ist die Destruktion der Philosophie deren Objekt. Die bisherige Philosophie wird als abgeschlossen betrachtet, ihr weiterer Bestand offen gelassen. Was würden Sie dazu sagen?

JASPERS: Die Schrift von Jeanne Hersch ist die Jugendschrift einer Studentin, die – ungemein bewegt vom Philosophieren – geistvoll die Dinge ins Extrem getrieben hat, bei dem man wohl jene jugendliche Ergriffenheit völlig anerkennen kann, aber vielleicht doch eine wesentliche Einschränkung machen muß. Diese Selbstverneinung ist selber zu interpretieren. Was heißt diese Selbstverneinung? Die erste Selbstverneinung ist das, wovon wir sprachen. Als Wissenschaft kann redlicherweise Philosophie keinen Anspruch mehr erheben. Wenn diese Verneinung die erste Bedingung philosophischer Wahrheit ist, so ist das natürlich etwas so Eingreifendes gegenüber der akademischen Überlieferung, daß man dem Schein erliegen kann, die Kontinuität sei unterbrochen, aber nicht die Kontinuität mit der Philosophie, sondern die Kontinuität mit der spezifisch wissenschaftlichen akademischen Philosophie. Das andere ist: Das Denken selber im Philosophieren kann sich nicht erlauben, zu einem Punkt zu kommen, wo die Wahrheit als der nunmehr gesagte Inhalt und gar als Gegenstand eines Bekenntnisses vor Augen liegen könnte, sondern zur Philosophie gehört das Scheitern des Denkens als Weg zu dem, worauf es eigentlich ankommt, aber das nur durch diesen Weg erreichbar ist. Es ist diese Selbstverneinung nicht etwa wirklich Selbstverneinung, sondern die Verneinung gewisser Gestalten und Erscheinungen, um das eigentlich Positive, das, worauf es ankommt, zum Ausdruck zu bringen. Vielleicht ist durch die Formulierung bei Jeanne Hersch der Bruch zu stark betont, nicht nur zu stark, sondern überhaupt unrichtig; denn der Bruch liegt nicht – meines Erachtens – in der Philosophie. Er ist gar nicht eine Selbstverneinung der bisherigen Philosophie, sondern der Bruch, wenn man es überhaupt so nennen will, ist das Grundphänomen dieses Zeitalters seit Jahrhunderten, daß die moderne Wissenschaft in ihrem ganzen Umfang – nicht etwa Naturwissenschaft allein – eine geistige Situation geschaffen hat, in der man nicht wie vorher in einer gewissen Naivität meinen darf, die wesentlichen Dinge allgemeingültig beweisen zu können. Daß das noch immer geschieht, zeigte sich im Modernistenalter, wo zu einem Bekenntnis der Priester gehörte, daß sie ihren Glauben darin bezeugten, daß das Dasein Gottes durch den Beweis der menschlichen Vernunft möglich sei. Da wurde also wunderlicherweise verlangt der Glaube an etwas, was der Nichtglaube vollziehen kann. Eine merkwürdige Verwirrung. Durch die gesamte philosophische akademische Denkungsart jener und unserer

Zeit kann von einer Selbstverneinung der Philosophie gar nicht die Rede sein, sondern von der Verneinung gewisser Erscheinungen, geschichtlich wie sachlich, ohne die der Weg zur substantiellen Philosophie versperrt wäre.

HOCHKEPPEL: Man könnte fast dennoch zu der Meinung kommen, die Philosophie sei nicht mehr da, wenn sie in einen Bereich der Sprachlosigkeit und damit der Nicht-mehr-Mitteilbarkeit gerät, wie das vielleicht der Fall ist bei einer Philosophie, die Sie zum Beispiel als eine wirkliche substantielle Philosophie bezeichnen. In welcher Weise ist dann nun überhaupt Philosophie noch wirklich?

JASPERS: Aus alledem, was ich in diesen kurzen Meinungsausbrüchen mit ungenügender Begründung sagte, ist wesentlich, daß das Dasein der Philosophie nicht im Dasein der philosophischen Bücher und in den Lesern dieser Bücher besteht. Man könnte fast sagen, das Dasein der Philosophie sei wie die Luft, ohne die wir nicht leben können, die aber unsichtbar ist als Luft. Oder, wenn ich statt Luft Vernunft sage, könnte man erklären: Das Dasein der Philosophie ist wie die Vernunft, die selber nichts hervorbringt, aber alles, was aus den Ursprüngen kommt, in Beziehung zueinander setzt in der grenzenlosen Kommunikation, aber unter der Voraussetzung, daß wirklich ist, was in Kommunikation tritt und durch Kommunikation zu sich selber kommt. Ich wiederhole noch einmal: Die Vernunft selbst ist dabei wie die Luft, der Atem, ohne den wir nicht philosophisch leben können. Die Gehalte, die Ursprünge werden aufgegriffen. Nun fragt es sich: Hat die Philosophie denn nicht auch mit den Ursprüngen selbst zu tun? Und darauf ist meine Antwort: in der Tat. Wie wir vorhin von den Chiffren redeten, die wir in Gedankengängen, die man Existenzerhellung nennen mag, die man in jenem reinen Denken, das ich formales Transzendieren benannt habe, und das durch die Jahrtausende geht, in dem Denken als solchem – im reinen Äther des Denkens, sagt Hegel – sich vergewissern kann, das alles ist nicht bloß wie die Vernunft und die Luft, sondern das sind Aussprüche, Mitteilbarkeiten von Gehalten, die allerdings – immer nach dem, was ich vorhin gesagt habe – nicht als solche bestehen und sichtbar sind, sondern erst da sind im Zusammenhang mit der möglichen Existenz, in der sie nicht bloß äußerlich gedacht, sondern durch Eintritt in den Kampf des Reichs der Chiffren angeeignet werden. Noch anders ausgesprochen: Das Dasein der Philosophie ist, ohne selbst greifbar zu sein, die Führung des Denkens und der denkenden Praxis unseres Lebens, von dem Ort her, der ständig Sprache sucht, aber vom Sprachlosen getragen wird, das doch immer im Sprechen zur Geltung kommt und das nie als das Sprachlose genommen werden darf, das schlechthin sprachlos bleiben müßte. Wir drängen immer, es zur Sprache zu bringen – vom Gegenständlichen her in unserer Subjekt-Objekt-Spaltung wie aus uns selber. Daher ist es schon wahr, vom Schweigen zu reden, wo man die Sprache nicht findet; aber das ist ein positives Schweigen oder es ist im Scheitern des Denkens ein erfülltes Schweigen oder ist indirekte Mitteilung oder ist ein Zeigen dorthin, wo sich nichts greifbar zeigen und sagen läßt. Das alles aber sind Verfahrensweisen, in denen man nicht ins Nichts sieht, sondern in denen das, was in Kunst und Religion, was in den Chiffren Objektivität gewinnt, existentiell wirklich sein kann, ohne daß diese Wirklichkeit aufzeigbar ist. Sie kann nicht aufzeigbar sein, denn dann würde ein Mensch etwa zu einem anderen sagen: Bin ich denn wirklich Existenz, ist das existentiell? Ganz sinnlose Fragen, weil sie ja nicht entschieden werden durch irgendeine Erkenntnis von diesem, sondern weil sie entschieden werden in jenem Raum, den wir die Ewigkeit nennen, in dem die Substanz nicht greifbar ist, nicht in der Welt oder in irgendeiner Formel unseres Denkens.

HOCHKEPPEL: Ja, vielleicht darf ich gegen Schluß noch auf einen unerheblicheren, weil äußerlicheren Schaden der Philosophie zu sprechen kommen. Ein schlimmes Symptom immerhin scheint mir noch die Polemik der Philosophen. War eigentlich die Verständnislosigkeit oder – man muß vielleicht sogar sagen – Böswilligkeit zwischen den Vertretern der verschiedenen philosophischen Richtungen in früheren Zeiten ebenso kraß wie heute?

JASPERS: Eine Frage, die ungemein wesentlich ist, nämlich Sie fragen nach der Wirklichkeit und dem Sinn philosophischer Polemik. Mir scheint, man muß antworten: So lange es Philosophie gibt, ist diese Polemik von höchster Schärfe gewesen. Was man heute beklagen kann, ist nicht eigentlich, daß die Polemik zu stark sei, sondern, daß die

Polemik zu schwach ist, weil auf gänzlich unzureichenden Motiven, auf meistens intellektuellen Operationen beruhend, zu schwach, weil nicht Mächte miteinander kämpfen. Man möchte eine echte, große Polemik wünschen. Eine Polemik, die nichts weiter ist als persönliche Abneigung oder Konkurrenz oder intellektuelle Spielerei, um seine intellektuelle Tüchtigkeit wie die Kräfte der Muskeln zu erweisen, das ist keine Polemik. Und ich meine, so grotesk es klingt, ich vermisse heute die eigentlich philosophische Polemik.

HOCHKEPPEL: Meine Fragen stellte ich auf Grund von Beobachtungen der heute öffentlich in Erscheinung tretenden Philosophie, vielleicht etwas wahllos nacheinander. Sie alle liefen auf die eine Frage hinaus: »Ist die Philosophie am Ende?« Die Einschränkung, die gewisse Reduktion, die Abhängigkeit der Philosophie, ihre Auflösung, ihre Selbstverneinung, all dies schien in diese eine Richtung zu deuten. Sie haben mir nun zu diesen besonderen Fragen Antworten gegeben und andere Aspekte zu zeigen versucht. Ich möchte Sie bitten, jetzt vielleicht noch zusammenfassend zu sagen: Was denken Sie vom Ende der Philosophie?

JASPERS: Ihre Fragen sind von verschiedenen Ausgangspunkten her gestellt, haben sich auf gewisse äußerliche Dinge bezogen, haben sich auf die innersten Fragen der Philosophie selber gerichtet. Es ist dabei von Anfang an bei uns beiden eine Voraussetzung gewesen, die wir nicht etwa zur Klarheit bringen konnten, nämlich die Voraussetzung, daß wir antworten können: Was ist Philosophie? Daß Philosophie etwas ist, was nicht durch Erkenntnis von Etwas, sondern durch den Willen des Menschen im Erkennen gegeben wird, und daß diese Antworten auf mannigfache Weise formuliert werden können, auf Weisen, die vielleicht um eine einzige Mitte kreisen, das sind Dinge, von denen man wohl noch sehr viel sagen kann, die wir aber voraussetzten. Sie haben sehr häufig die wissenschaftliche Philosophie vorausgesetzt, ich diese Mitte der Philosophie, die ihrem Wesen nach nicht selber wissenschaftlich ist. Meine Antworten waren darum, wie ich glaube, durchwegs so, daß Ihr Ausgangspunkt jeweils von mir anerkannt wurde als Beobachtung gewisser Tatsächlichkeiten, und daß ich jedesmal antwortete, indem ich diese Tatsächlichkeiten in einem anderen Aspekt als Sie zu sehen versuchte.

Die Philosophie kann meines Erachtens nie am Ende sein, solange Menschen existieren. Am Ende sein kann jeweils für einen Kreis, für eine Bildungswelt, für eine Öffentlichkeit eine bestimmte Gestalt der Philosophie, heute, sagen wir, der Universitätsphilosophie, der akademischen Philosophie. Man kann von einem Ende auf verschiedene Weise weiterreden, ganz grob: Ein Ende der platonischen Schule war im 6. Jahrhundert, als Justinian die Philosophenschulen in Athen schloß; ein gewaltsames Ende. Ein Ende war, wenn ein ursprüngliches Philosophieren in den Schulen verwandelt wurde in ein Lehrsystem und das eintrat, was der Widersinn jeder Schule ist, weil nämlich die Philosophie aufhört, wenn sie sich auf diese Weise als Lehrsystem kristallisiert. Ende ist dann gleichsam durch Verholzung. Die Situation ist aber die, daß Schule ebenso unumgänglich ist, wie daß sie solche Folgen hat. Und daß Schulen fortleben in ihrer Kraft, in dem Maße, als die Ausgangsphilosophie Kräfte in sich birgt durch das vorhandene Werk, das, immer von neuem, eine Wiedergeburt erzwingt. So war es im Abendlande mit der platonischen Philosophie, später mit der augustinischen, mit sehr wenigen anderen Philosophien. Dieses Ende jeweils ist nicht das Ende der Philosophie, sondern das Ende einer bestimmten Gestalt. Am Ende scheint mir in der Tat die wissenschaftliche Philosophie im Sinne des 19. Jahrhunderts und noch unserer Zeit; sie gilt noch immer akademisch. Am Ende ist eben jener Wissenschaftsbegriff, der vor den letzten Jahrhunderten durch alle Zeiten gegolten hat, in dem Philosophie und Wissenschaft nicht getrennt wurden. Es hat keinen Sinn, etwa nun von der Zukunft der Philosophie etwas voraussagen zu wollen. Das Voraussagen einer Philosophie wäre das Schaffen dieser Philosophie. Aber die Situation heute, die Ihnen offenbar so fühlbar geworden ist, daß Sie mit Besorgnis die Frage nach dem Ende der Philosophie gestellt haben, diese Situation ist ein außerordentlicher Anspruch und eine außerordentliche Chance. Beides kann heute erfahren werden, und nur dort, wo beides erfahren wird, wird jene Beschwingung möglich sein, aus der entsteht, was wir noch nicht wissen. Aber was entstehen wird, darauf kommt es für uns in der Philosophie eigentlich gar nicht so sehr an, sondern darauf, daß Philosophie in jedem Augenblick prak-

tisch wirklich gegenwärtig sein muß. Wir können nicht warten, sondern es gehört zu uns als Menschen, daß wir im Philosophieren unsere letzte Selbstvergewisserung jederzeit und jeden Augenblick finden möchten. Ich glaube annehmen zu dürfen, daß Ihre grausamen Fragen nach dem Ende der Philosophie und Ihre Hinweise auf die bedrohlichen Symptome doch letzthin kamen aus Ihrem eigenen Begehren nach der eigentlichen Philosophie, der unzerstörbaren, jener Philosophie, die zum Menschen gehört und die immer gegenwärtig war und – wie ich überzeugt bin – bleiben wird.
(1961)

Was den Beobachter damals aufregte, waren die herrschenden, so gänzlich unversöhnlich scheinenden Vorstellungen von Philosophie, die nicht einmal mehr durch den Namen Philosophie abgedeckt werden konnten und in diesem Jahrhundert sich bis zum totalen gegenseitigen Unverständnis, ja bis zur persönlichen, wenn auch unausgetragenen Feindschaft steigerten. Wolfgang Stegmüller hatte die unstabilisierten monadischen Philosophie-Welten schon früh eindrucksvoll gegeneinandergestellt und das Schwindelgefühl geweckt, das einen beim Versuch des Überstiegs etwa aus der Kühle des Empirismus in die Schwüle Heideggerschen Sprachdenkens zunächst überfällt. »Gelingt es einem ..., die Wendung zu vollziehen« – die mit Heidegger philosophiegeschichtlich heraufgeführt wurde –, »so lernt man eine grundsätzliche neue Sehweise kennen, die einen so überfallen und beherrschen kann, daß alle bisherigen Leistungen der Philosophie überholt aussehen«, schrieb Stegmüller. Was Jaspers mit Philosophieren meinte, steht in vielem Heideggers Denken nahe, war aber noch entschiedener als Lebensbewältigung gedacht, hellenistisch geradezu als Anweisung zum »guten Leben«, das freilich eher im Scheitern seine Glückseligkeit, seine Bestimmung findet; ein Appell gleichsam zum tragischen Lebensgefühl. »Bodenloses« existentielles Denken nach der Art von Jaspers meinte Denken als Lebensvollzug. Damit war der elitäre Jaspersche Philosophietyp Welten entfernt von Wittgensteins schlechter Nachrede auf die Philosophie – so jedenfalls schien es damals dem Beobachter.

Diese erregenden Extreme sollten im Gespräch mit dem einen der beiden berührt werden. Der patriarchalische Jaspers ließ sich darauf ein. Es ist eine Stimme zu Wittgenstein, die aus ungeheurer Distanz dennoch zumindest eine Nähe herstellt, aus der der eine im anderen den Philosophen erkennt. Heute werden Gemeinsamkeiten oder Familienähnlichkeiten im Sinne Wittgensteins (als Ähnlichkeiten verschiedener, nicht aller Züge zweier oder mehrerer Größen) über Abgründe leicht-fertig ausgemacht.

Jaspers' »Modell« der Philosophie war eigenwilliger, als man damals sah. Er sah die Philosophie im Laufe ihrer Geschichte immer mehr von ihrem Volumen verlieren, vornehmlich an die Wissenschaft. Die derart an ihr Ende kommende, nämlich sich erfüllende reine Rest-Philosophie, die Jaspers bereits betrieb, manifestierte sich schließlich als Lebensform – auch dies, wie man später erfuhr, ein Schlüsselbegriff, zuletzt Wittgensteins.

Jaspers' Idee hatte zweifellos den Vorzug, daß nicht länger Philosophie gegen Wissenschaft oder diese gegen jene ausgespielt werden konnte, wie es vielfach heute noch geschieht, sofern nicht gegenseitiges Ignorieren vorgezogen wird.

Zur Zeit, als dieses Gespräch geführt wurde, 1961, durften sich die Wissenschaften im Glanz eines unerhörten, triumphalen und nicht abzusehenden Aufstiegs sonnen, unangefochten als *arbiter intellectuarium* fungieren und des Respekts selbst derjenigen sicher sein, die ihre alles aufsaugende Kraft mit Unbehagen verfolgten. Es schien dies übrigens auch ein Sieg der naturwissenschaftlichen Methodik zu sein – oder gar der darauf sich gründenden früheren Idee einer Einheitswissenschaft –, die jedenfalls mit Macht auch in die Sozial- und Geisteswissenschaften eindrang.

Obwohl manche euphorischen Prognosen über die kreativen Sprünge der Wissenschaften falsch waren – etwa im Bereich der Medizin, der physikalischen Chemie, der Raumfahrt, der Kybernetik –, so sind doch andere, nicht vorausgesagte Fortschritte erzielt worden, die nicht weniger atemberaubend sind, vor allem auf dem Gebiet der Biotechnik und der Computerwissenschaft. Aber den Erfolgen der Wissenschaften wird längst nicht mehr applaudiert, Kritik und Polemik waren seit der Mitte der sechziger und dann in den siebziger Jahren das Echo auf die wissenschaftliche Produktivität, die nun fast nur mehr im Dienste politischer, militärischer und kommerzieller, sprich kapitalistisch-imperialistischer Zwecke gesehen wurde. Später kam der Vorwurf der Zerstörung der Umwelt, der Lebensqualität und Lebenswelt hinzu. Wissenschaftlichkeit als Modus der Weltbegegnung geriet in Verruf und wird noch heute pauschal der Zerstörung der »Natur« bezichtigt; sie sollte, in einem Anfall irrationaler Raserei, selbst zerstört werden. Damit war der Boden bereitet, das heißt hinreichend verwüstet, für das labrige Wendedenken des New Age, das jetzt bereits ein Old Age ist, und dessen ursprüngliche Impulse verpufft sind.

Hier bricht der Beobachter vorläufig ab, um sich noch einmal rückblickend in die fünfziger Jahre zu versenken, die Ära, so läßt sich sagen, von Martin Heidegger und Karl Jaspers. Die beiden figurierten als ein Dioskurenpaar, doch der eine, Heidegger, war Magnet für den anderen, für Jaspers, der sich widerwillig angezogen fühlte. Im spät verffentlichten Briefwechsel der beiden Existenz- und Fundamentaldenker ist die Unproportionalität des allzeit gravitätischen, biedermännischen, Autorität beanspruchenden Jaspers und des treulosen, undurchdringlichen, Autorität ausstrahlenden Heidegger offenbar geworden.

Heidegger markiert jedenfalls die große Wasserscheide der Philosophie in diesem Jahrhundert. Zumindest seine Wirkungsgeschichte läßt daran keinen Zweifel. In Bertrand Russells ›History of Western Philosophy‹ von 1936, die zahlreiche Auflagen erlebte, taucht der Name Heidegger dennoch nicht auf – sicherlich nicht deswegen, weil er Philosoph im NS-Deutschland war, denn um diese Zeit war Heidegger im eigenen Land schon so gut wie totgeschwiegen. Seine Renaissance stand noch bevor. Im Ableger dieser Philosophiegeschichte, dem ›Wisdom of the West‹ von 1959[1], geht Russell mit zwei abwertenden Sätzen noch auffälliger auf Heidegger *nicht* ein.

Heidegger hat dieses mehrfache Verschweigen so wenig geschadet wie Anfang der dreißiger Jahre die Attacke Carnaps. Wie man namentlich vom *frühen* Heidegger erneut fasziniert sein konnte, verrät noch 1976 der folgende Aufsatz des Beobachters:

[1] Deutsch: Denker des Abendlandes. München 1991.

5. Martin Heideggers langer Marsch durch die »verkehrte Welt«

Zu Beginn seiner Vorlesung über die ›Grundprobleme der Phänomenologie‹ im Sommer 1927 in Marburg zitiert Martin Heidegger jenen arroganten Satz Hegels, der lautet: »Die Philosophie ist ihrer Natur nach etwas Esoterisches, für sich weder für den Pöbel gemacht noch einer Zubereitung für den Pöbel fähig; sie ist nur dadurch Philosophie, daß sie dem Verstande und damit noch mehr dem gesunden Menschenverstande, worunter man die lokale und temporäre Beschränktheit eines Geschlechts der Menschen versteht, gerade entgegengesetzt ist; im Verhältnis zu diesem ist an und für sich die Welt der Philosophie eine verkehrte Welt.«

Keine Philosophie unserer Zeit ist in dem Maße, in dem sie dem gesunden Menschenverstand spottet, entschiedener eine »verkehrte Welt« als die Philosophie Heideggers. Auf dem langen Marsch durch diese verkehrte Welt fand sich der alemannische Denker schließlich fast ganz allein; sein Weg schien sich im Dunkel submundaner Ursprünglichkeiten verloren zu haben, die Suche nach dem Sein endete im Nichts. Nihilismus nennt ein kritischer Rationalist wie Karl Popper *jetzt noch,* in seiner intellektuellen Biographie ›Unended Quest‹ (Glasgow 1976), Heideggers Philosophie der *nothingness. Finis philosophiae* – das jedenfalls stand für den Fundamentalontologen selbst zuletzt außer Frage.

Der Sturm, der Aufruhr, den das Denken Heideggers vor und nach dem Kriege in den Köpfen und Gemütern kontinentaleuropäischer Intellektueller entfacht hatte, liegt lange hinter uns. Im letzten anderthalb Jahrzehnt ist es still gewesen um den Philosophen aus Meßkirch, den Magus aus Südwesten, den Seinsdenker, oder wie immer man ihn zu apostrophieren beliebte. Ins »Gerede« brachte ihn vor Jahren noch einmal die Ankündigung der auf mehr als 60 Bände konzipierten Gesamtausgabe seiner Werke. Und für eine postume Überraschung hatte der bauernstolze Denker schließlich mit einem bereits zehn Jahre vor seinem Tode geführten ›Spiegel‹-Gespräch zu sorgen gewußt, in dem er seinen »Fall« im Jahre 1933 hinreichend aufklärte, in welchem aber auch deutlicher denn je seine Furcht, ja buchstäblich seine panische Angst vor dem »Gestell«, vor der Technik, zum Ausdruck kam – nicht unähnlich übrigens dem Horror vor der »großen Stadt«, der im frühen Expressionismus so eindrucksvoll laut wurde.

Das im Zeichen revolutionärer Intentionen neu erwachte Interesse an Heidegger namentlich unter jungen Philosophen bei uns und auch in einigen sozialistischen Ländern gründet zweifellos in dieser seelenverwandten Angst vor der Technik, darüber hinaus im – gelinde gesagt – Unbehagen an der modernen Wissenschaft und endlich in der verächtlichen Einschätzung des Organons der formalen Logik, wie sie ja Heidegger mit vielen kritischen Marxisten gemein hat. Unter solchen Auspizien gelten sein nach wie vor maßgebliches Werk ›Sein und Zeit‹, aber auch manche der späteren Schriften des Sprachdenkers nunmehr als Zeugnisse früher fundamentaler Gesellschaftskritik und ökologischer Einsicht (und selbst ein so ramponiertes Wort wie »Heimat« läßt sich da umweltschützerisch wieder neu aufladen). Des Philosophen aufreizendes Sprachgebaren, sein »Jargon«, erscheint einer neuen Philosophengeneration, die mit nicht minder eigenwilligen Sprachusancen groß geworden ist, nicht mehr befremdlich.

Ich halte diese Regression auf Heideggersches Denken für problematisch. Denn einmal wird da aus dem Steinbruch seiner Existentialontologie herausgeklaubt und vordergründigen Zwecken dienstbar gemacht, was doch unter prinzipiell ganz anderen Aspekten gedacht und zu einem anderen Ende studiert wurde. Jetzt soll sich Heidegger gewissermaßen *post mortem* doch noch als gesellschaftspolitischer und ökologischer Wahrsager nützlich erweisen. (Ähnlich sollte vor einigen Jahren Ludwig Klages »rehabilitiert« werden.) Zum anderen ist es gerade hier, wo sich das Meßkirchner Denken des Philosophen – und nicht sein europäisches, wie es etwa ›Le Monde‹ anläßlich seines Todes noch einmal feierte – peinlich bemerkbar macht: sein Feldweggängertum, sein Tic fürs Schlichte, für Stein und Krug und Baum, fürs Heimatkünstlerische, das Adorno und Robert Minder beispielsweise doch nicht ganz zu Unrecht an ihm bloßgestellt haben, und das seine Hinwendung zum »Seyn« stets unangenehm begleitet hat.

Eine andersartige Revision der geläufigen Heidegger-Rezeption, die vielleicht sogar ein kleines Damaskus-Erlebnis bescheren könnte, halte ich hingegen für ebenso sinnvoll wie wahrscheinlich. Sie könnte schon ausgelöst werden durch die ersten beiden Bände der Gesamtausgabe – und zwar die eingangs erwähnte Marburger Vorlesung vom Sommersemester 1927 über die ›Grundprobleme der Phänomenologie‹ (Band 24) und die dortige Vorlesung vom Wintersemester 1925/26 ›Logik. Die Frage nach der Wahrheit‹ (Band 21). Das sind natürlich große Worte in den Ohren all derjenigen, die, wie ich selbst, von den Begriffsbildern des Sprachbildners aufgestört waren; die sich zu verstehen bemühten, worum es »dem Mann« ging, die sich dann, spätestens nach ›Sein und Zeit‹, von ihm abwandten, die mit ihm »quitt« waren. Ohne den Ausgangspunkt, die Anfänge dieses Denkens zu kennen, mußte freilich, so meine ich jetzt, der spätere Weg des Seinsdenkers als Verirrung in einer total verkehrten Welt erscheinen. Hochmut, Verstiegenheit und bewußte Mystifizierung wurden ja auch in den herben Kritiken von Rudolf Carnap, Georg Lukács, Dolf Sternberger, Adorno und Jürgen Habermas und den – mißratenen – Parodien von Günter Grass aus der »Sage« Heideggers herausgelesen. Und in Bertrand Russells ›Geschichte der westlichen Philosophie‹ kommt Heidegger erst gar nicht vor. Der Physiker Max Born fand in einem 1951 an Lord Russell gerichteten Brief die »moderne Version« der Husserlschen Phänomenologie bei Heidegger »ziemlich abscheulich« und setzte hinzu: »Ich nehme an, Sie hielten es nicht der Mühe wert, sie zu erwähnen.« Vergessen ist auch nicht, daß die allzuvielen, die Heideggers »Jargon« auf den Kathedern nachplapperten, Schwärmerei und Scharlatanerie in deutschen Hörsälen heimisch machten. Die Präzision und Kontrollierbarkeit, die Klarheit und Nüchternheit der analytischen Philosophie, des sogenannten »Positivismus«, der nun auch bei uns an Boden gewann, machten mir damals die Entscheidung leicht, und wohl allen denen, die von der Philosophie keine Orakelsprüche erwarteten, wie sie der späte Heidegger anscheinend von sich gab.

Immerhin gab es einzelne, höchst selbständige Denker auf gänzlich anderen philosophischen Pfaden, die an der Bedeutung Heideggers nie ernsthaft gezweifelt hatten, so

Jean-Paul Sartre, Karl Löwith, Carl Friedrich von Weizsäkker, auch Herbert Marcuse und vor allem Hannah Arendt. Vor wenigen Jahren noch, zum 80. Geburtstag Heideggers (1969), erinnerte Hannah Arendt im ›Merkur‹ 258 nicht von ungefähr an Heideggers frühen Ruhm, der mit seinem Eintritt in die deutsche akademische Öffentlichkeit an der Universität Freiburg begann. Da erfuhren wir: »Um diesen frühen Ruhm war es seltsam bestellt. Denn es lag in diesem Falle nichts vor, worauf der Ruhm sich hätte stützen können, nichts Schriftliches, es sei denn Kollegnachschriften, die von Hand zu Hand gingen; und die Kollegs handelten von Texten, die allgemein bekannt waren, sie enthielten keine Lehre, die man hätte wieder- und weitergeben können. Das war kaum mehr als ein Name, aber der Name reiste durch ganz Deutschland wie das Gerücht vom heimlichen König ... Das Gerücht, das ... nach Freiburg zu dem Privatdozenten und etwas später nach Marburg lockte, sagte, daß es einen gebe, der die Sachen, die Husserl proklamiert hatte, wirklich erreicht, der weiß, daß sie keine akademische Angelegenheit sind, sondern das Anliegen von denkenden Menschen, und zwar nicht erst seit gestern und heute, sondern seit eh und je, und der gerade, weil ihm der Faden der Tradition gerissen ist, die Vergangenheit neu entdeckt. Technisch entscheidend war, daß zum Beispiel nicht *über* Platon gesprochen und seine Ideenlehre dargestellt wurde, sondern daß ein Dialog durch ein ganzes Semester Schritt für Schritt verfolgt und abgefragt wurde, bis es keine tausendjährige Lehre mehr gab, sondern eine höchst gegenwärtige Problematik ... Das Gerücht sagte es ganz einfach: Das Denken ist wieder lebendig geworden, die totgeglaubten Bildungsschätze der Vergangenheit werden zum Sprechen gebracht, wobei sich herausstellt, daß sie ganz andere Dinge vorbringen, als man mißtrauisch vermutet hat. Es gibt einen Lehrer; man kann vielleicht das Denken lernen.«

Diese eindringliche Zeichnung, die Hannah Arendt vor einigen Jahren vom Lehrer, vom Denk-Lehrer Heidegger entworfen hat, kann man skeptisch zur Kenntnis nehmen, man kann sie für wirklichkeitsgetreu halten oder auch nicht, wie so vieles, was Schüler ihrem einstigen Meister nachsagen; wenngleich man Hannah Arendt, die eine der kritischsten und unbestechlichsten Denkerinnen war, Schönfärberei nicht zutrauen wird, schon gar nicht in diesem Fall. Dennoch bleiben für den Mißtrauischen – und dazu mußte ich mich bis vor kurzem zählen – ihre Erinnerungen so lange gewissermaßen ein Gerücht über ein Gerücht, wie sich nicht nachprüfen, verifizieren läßt, was da behauptet wird. Eben dies ist aber nun, mit dem Erscheinen der ersten beiden Bände der Gesamtausgabe der Werke Heideggers, möglich geworden. Und was da mit einemmal überschaubar wird, scheint mir jedenfalls ein langer, mit seltener Konsequenz durchgehaltener Denkweg zu sein, auf welchem jeder Schritt von der Anstrengung unablässiger Verarbeitung, Verwandlung und Verdichtung eines spröden Denkstoffes, dem Sein, zeugt. Dieser Weg mußte, so sehe ich es jetzt, zwangsläufig an jenen Ort führen, an dem der Denker zuletzt stand, ohne daß er ihm Weg-Ende, Ankunft bedeutet hätte. ›Sein und Zeit‹, Heideggers chef d'œuvre, kann diese Bewegung, das Unterwegssein solchen Denkens keinesfalls so deutlich vor Augen führen wie die Vorlesungen jener Jahre, die auch in gedruckter Form den Duktus des gesprochenen Wortes und das Tastende, ja eigentlich Rastlose der Gedankengänge lebendig erhalten.

In diesen frühen Vorlesungen sehe ich überdies Heidegger als meisterhaften Didaktiker am Werk, der in durchsichtigster Sprache auch die dunkelsten Zusammenhänge aufhellen konnte. (Er nennt einmal die nominalistischen Analysen von Hobbes mit »unübertrefflicher Klarheit« durchgeführt, »worin sich immer«, so fügt er hinzu, »eine philosophische Kraft bekundet«. Hatte man dergleichen dem seinssüchtigen Denker zugetraut?) Von den pädagogischen Qualitäten des Philosophen – einschließlich seiner gelegentlichen Lust zum Ironischen, nicht bloß Bäurisch-Schlauen – wußten die meisten bis heute bestenfalls vom Hörensagen, etwa aus den fragwürdigen Kolportagen trunkener Heideggerianer. (Jetzt wollen es, wie sich herausstellt, alle gewußt haben.) Wie hätte man aus gewissen späteren, umständlichen Wort- und Satzbildungen, die wie Dekrete niedergeschrieben zu sein schienen, auf solche mäeutischen Fähigkeiten schließen sollen?

Die beiden ersten Bände der Gesamtausgabe, die zwei Marburger Vorlesungen, die Heidegger mit Bedacht an den Anfang gestellt wissen wollte, werfen also ein entschieden neues Licht auf die Evolution seines Denkens; und die übrigen bislang unveröffentlichten Arbeiten des Philosophen, Vorlesungen und Abhandlungen vor allem, die zwei Drittel seiner gesamten Schriften ausmachen, könnten durchaus eine Neubewertung der Heideggerschen Philosophie nötig machen.

Im Band 24 referiert Heidegger nicht, wie der unverfängliche Titel ›Die Grundprobleme der Phänomenologie‹ suggeriert, über den damaligen Stand phänomenologischer Forschung, noch kommentiert er bloß die Gedanken seines Lehrers Husserl. Hier wird vielmehr schon Heideggers eigenstes Thema angeschlagen – ›Sein und Zeit‹ war ja soeben publiziert – und souverän durchgeführt. Die Grundprobleme der Phänomenologie sind für ihn – wie könnte es anders sein – diejenigen einer »Wissenschaft vom Sein«, das wir offenbar bei jeglichem Denken von etwas immer schon voraus-setzen, voraus-denken müssen, ohne es noch irgendwie artikulieren zu können. Deshalb erklärt Heidegger kategorisch: »Das Sein ist das echte und einzige Thema der Philosophie«, mit dem Zusatz: »Das ist keine Erfindung von uns, sondern diese Themenstellung wird mit dem Anfang der Philosophie in der Antike lebendig und wirkt sich in der grandiosesten Form in der Hegelschen Logik aus.« In den ›Grundproblemen der Phänomenologie‹ geschieht folglich nichts anderes, als diese Behauptung »von Grund auf begründen: daß Philosophie Wissenschaft vom Sein sei und wie sie es sei«.

Solche Philosophie versteht Heidegger als »wissenschaftliche Philosophie«, die er nachdrücklich von jedweder Weltanschauungs-Philosophie absetzt, so daß einem sogleich jene »wissenschaftliche« Philosophie einfällt, wie sie zur gleichen Zeit von den damaligen Neopositivisten, die sich ja gleichfalls schroff gegen alle Weltanschauungs-Philosophie wandten, mit Emphase verkündet wurde. Heideggers damalige »wissenschaftliche Philosophie« hatte natürlich mit der neopositivistischen nicht das geringste zu tun; ihm war sie eben Seins-Philosophie, Wissenschaft von der verkehrtesten aller verkehrten Welten, wie sich sagen ließe. In den Augen auch der heutigen Nachfahren des Wiener Neopositivismus bedeutet dies nichts anderes als eine Schein-Wissenschaft über eine Schein-Welt aus Schein-Begriffen, wie sie seinerzeit insbesondere Rudolf Carnap zu decouvrieren versuchte. Das Sein war und ist diesen Wissenschafts-Philosophen nicht mehr als ein »Gespenst in den Dingen«, um Gilbert Ryles Ausdruck vom »Gespenst in der Maschine« abzuwandeln, den er für den Begriff des Geistes fand. Hier enden denn auch all die verblüffenden Analogien zwischen Heidegger und Wittgenstein, die in den letzten Jahren so emsig hergestellt wurden. Wo nämlich Wittgenstein glaubte verstummen zu müssen, bei den Lebens- oder Seinsproblemen, fängt Heidegger allererst mit seinem insistierenden Fragen an, das weit davon entfernt ist, schon Antwort zu sein. Für Heidegger gibt es genau das eine große Rätsel: das Sein. Bei Wittgenstein ist zu lesen: »Das Rätsel gibt es nicht.«

Bemerkenswert bleibt immerhin, daß Heidegger in seinen Anfängen auf den Wissenschaftsbegriff sowenig wie andere verzichten wollte, gelegentlich sogar die aktuell klingende Bezeichnung »kritische Wissenschaft« verwendete. Gerade im Fragen, im Nach-Fragen, im immer erneuten In-Frage-Stellen des scheinbar schon Beantworteten drückt sich sein Denkstil von früh an aus. Bei der Zergliederung einer These Kants beispielsweise hakt sich, in der genannten Vorlesung, sein Gedankennetz am Begriffspaar des Wahrnehmens und des Wahrgenommenen fest, um daran den für die Phänomenologie zentralen Begriff der Intentionalität, des immer schon Gerichtetseins auf etwas im Erkenntnisprozeß, zu klären. Die folgende Textstelle aus der Marburger Vorlesung scheint mir ein gutes Exempel für die Rigorosität des Fragens bei Heidegger zu sein: »Allein, daß das Wahrnehmen sich auf ein Wahrgenommenes richtet oder, allgemein formal gesprochen, sich darauf bezieht, ist doch zu selbstverständlich, als daß solches noch besonders vermerkt werden müßte ... Das sind, möchte man meinen, unübertreffbare Trivialitäten, die auszusprechen man sich scheuen sollte. Gleichwohl versagen wir uns nicht, ausdrücklich diese Feststellung zu fixieren: die Verhaltungen verhalten sich zu etwas, sie sind auf dieses Wozu gerichtet, formal gesprochen: bezogen. Was sollen wir aber mit dieser Feststellung der Beziehung der Verhaltungen auf das, wozu sie sich verhalten, anfangen? Ist das überhaupt noch Philosophie? Ob das Philosophie ist oder nicht, lassen wir offen. Wir geben sogar zu, es ist nicht oder noch nicht Philosophie. Auch kümmert uns nicht, was wir mit der Feststellung der vermeintlichen Trivialitäten anfangen, ob wir damit in die Geheimnisse der Welt und des Daseins eindringen oder nicht. Uns kümmert einzig das eine, daß uns diese triviale Feststellung und das in ihr Gemeinte nicht entgleitet – daß wir es uns vielleicht noch näher bringen. Vielleicht schlägt dann die vermeintliche Trivialität in völlige Rätselhaftigkeit um. Vielleicht wird diese Belanglosigkeit zu einem der aufregendsten Probleme für den, der philosophieren kann, das heißt für den, der verstehen gelernt hat, daß das Selbstverständliche das wahre und einzige Thema der Philosophie ist.«

Dies sind natürlich noch Bemerkungen im Vorhof der eigentlichen Problemanalyse, doch sie schon beeindrucken, wie ich meine, durch den Mut zum Äußersten, nämlich zur vermeintlichen Trivialität, und durch die Unbeirrbarkeit, mit welcher das Offensichtliche als das bloß Scheinbare ans Licht gezogen wird. Wenn Strenge, und nicht Exaktheit, das Maß der Wissenschaftlichkeit ist, wie Heidegger später einmal bemerkt (und wie man es sich auch von Karl Popper sagen lassen kann), dann muß man diesem Philosophieren zwangsläufig das Prädikat »wissenschaftlich« zubilligen. Der Puls dieses nicht aufgebenden Denkens und Bohrens (im »wir« weder des *pluralis majestatis* noch des *pluralis modestiae*) ist, schwächer vielleicht, auch noch in den späten Heideggerschen Traktaten vernehmbar. Nur die Sprache hat, mit dem immer tieferen Wühlen in der großen Rätselhaftigkeit der verkehrten Welt des Selbstverständlichen, der Philosophie also, gewechselt. Die Bewegung selbst, das sieht man nun, hat sich durchgehalten und faßt das Oeuvre des Seinsdenkers zu einem Kontinuum zusammen. Welcher Art im einzelnen der Sprachwandel in diesem Werk ist und aufgrund welcher Denkzwänge er vollzogen wurde, kann nur die Lektüre der weiteren Vorlesungen aus den Jahren 1916 bis 1923 und 1923 bis 1928, den Freiburger und Marburger »Lehr-Jahren« Heideggers, vor der Folie seiner späteren Arbeiten gänzlich klären. Die frühen Vorlesungen bilden übrigens die zweite, umfangreichste Gruppe (Bände 17 bis 57) der in vier jeweils nach dem chronologischen Prinzip angelegten Abteilungen der Gesamtausgabe:

I. Veröffentlichte Schriften, II. Vorlesungen, III. Unveröffentlichte Abhandlungen, IV. Aufzeichnungen und Hinweise.

Die ausgiebige Diskussion von vier historischen Thesen zum Sein in den ›Grundproblemen der Phänomenologie‹ verstand Heidegger als unumgängliche Vorarbeit, um schließlich das »Ganze der Grundproblematik des Seins« aufzudecken. Die Souveränität, mit der dabei eingeschliffene Auffassungen der philosophischen Überlieferung auseinandergenommen und akademische Verkrustungen abgetragen werden, lassen erkennen, daß Heidegger – wie Hannah Arendt es uns berichtete – Philosophiegeschichte doch wohl nicht um ihrer selbst willen trieb; daß er nicht, wie wir mit Adorno meinten, im Ältesten partout das Wahrste sehen wollte; und daß er sich keineswegs, nach einem Wort von Hans Albert, von der »vornehmen Abstammung« gewisser Probleme hat blenden lassen. Was Heidegger bei seiner kritischen Durchmusterung der Philosophiegeschichte wieder reaktivieren und aktualisieren will, sind die seiner Meinung nach ebenso drängenden wie fast vergessenen Fragen nach dem Unterschied von Sein und Seiendem und, damit verbunden, nach dem Wahrheitscharakter des Seins.

Die Marburger Vorlesung über Logik vom Wintersemester 1925/26 (Band 21) hat es mit der Frage nach der Wahrheit zu tun. Man sieht Heidegger hier schon stark im Banne des Hegelschen Verdikts der formalen Logik, von deren moderner mathematischer Version der Philosoph offenbar keine Kenntnis genommen hatte, von der Erwähnung Cantors oder Bolzanos abgesehen. Auch das alte Mißverständnis wird tradiert, erst durch Husserls ›Logische Untersuchungen‹ sei der Logik der Psychologismus ausgetrieben worden. Hingegen ist bekanntlich nach Gottlob Freges vernichtender Kritik an Husserls ›Philosophie der Arithmetik‹ im Jahre 1894 der große Phänomenologe vom Psychologismus in seiner eigenen Logik kuriert worden, um dann selbst als Streiter gegen den Psychologismus aufzutreten, ohne dabei Frege zu erwähnen.

Aus Heideggers Spätwerk, in welchem durch Umschreibungen wie »Lichtung«, »Offenständigkeit«, »Unverborgenheit« *(alétheia)* das »Ereignis« der Wahrheit eingekreist werden sollte, hatte ich, wie viele andere auch, den Eindruck gewonnen, der Seinsdenker sei ein pathetischer Verkünder »ewiger« Wahrheit, der Apostel eines überaus erlauchten »Wesens« ganz feiertäglicher Wahrheiten, die durch Sprachmagie und Pseudolyrik beschworen, nicht erkannt würden. Dieser Eindruck beruhte offensichtlich auf einer Täuschung, wie es mir die Retrospektive auf die Anfänge der Wahrheitssuche Heideggers zu erweisen scheint. Gegen Ende der Phänomenologie-Vorlesung will Heidegger ohne jeden Anspruch auf Erleuchtung klarmachen, was er damit meint, wir ständen immer schon in der Wahrheit. Nur mit uns selbst nämlich, so sagt er, als seinsverstehende Menschen, tauche so etwas wie Wahrheit auf. »Entdecktheit« nämlich von so etwas wie Wahrheit – beispielsweise 2 mal 2 ist 4 – könne nur möglich werden mit dem entdeckenden, existierenden Dasein. Es gibt, so folgert Heidegger daraus höchst ernüchternd, »keinen Rechtsgrund, ewige Wahrheiten vorauszusetzen. Noch überflüssiger ist es, daß wir sogar voraussetzen, es gäbe dergleichen wie Wahrheit ... Diese Voraussetzung ist überflüssig, denn sofern wir existieren, sind wir in der Wahrheit, wir sind uns selbst und innerweltliches Seiendes, das wir nicht sind, ist uns zugleich in irgendeiner Weise enthüllt.« Und mit den folgenden Erläuterungen leitet Heidegger, so scheint mir, eine Art Inversion der gesamten Dimension ein, in der bislang Wahrheit aufspürbar sein soll: »Nicht *wir* brauchen vorauszusetzen, daß es irgendwo ›an sich‹ eine Wahrheit gäbe als irgendwo schwebenden ... Wert oder gültigen Sinn, sondern die Wahrheit selbst, das heißt die Grundverfassung des Daseins, setzt *uns* voraus, ist die Voraussetzung für unsere eigene Existenz. Wahrsein, Enthülltsein ist die Grundbedingung dafür, daß wir so sein können, wie wir als Dasein existieren ... Die Ansetzung ewiger Wahrheiten bleibt eine phantastische Behauptung, ebenso wie es ein naives Mißverständnis bleibt zu meinen, daß Wahrheit, wenn sie nur ist, sofern und solange Dasein existiert, dem Relativismus und Skeptizismus ausgeliefert werde. Im Gegenteil, die Theorien des Relativismus und des Skeptizismus entspringen aus einer zum Teil berechtigten Opposition gegen einen verkehrten Absolutismus und Dogmatismus des Wahrheitsbegriffs, der darin seinen Grund hat, daß man das Phänomen der Wahrheit äußerlich als Bestimmung des Subjektes oder des Objekts nimmt oder, wenn beides nicht geht, als irgendein drittes Reich des Sinnes. Wenn wir uns nichts vormachen und nicht versteckterweise irgendwelche hinterweltlichen Überzeugungen in die Untersuchung hineinspielen lassen, dann ergibt sich die Einsicht: Enthüllen und Enthülltheit, das heißt Wahrheit ... existieren nur, sofern Dasein selbst existiert.«

Diese trockenen Feststellungen aus dem Munde Heideggers zu hören, ist für die unentwegten Feinde – und auch manche unentwegten Freunde – wahrscheinlich ziemlich überraschend. In Zukunft jedenfalls wird man Heideggers spätere Einsichten ins »Wesen« der Wahrheit nur vor dem Hintergrund dieser frühen Überlegungen werten dürfen, wenn man sie gerecht beurteilen will. Im Laufe der Jahre hat Heidegger zumindest eine entscheidende »Kehre« bei seiner Wahrheitssuche gemacht. Danach wird *alétheia,* Unverborgenheit, nicht mehr mit der Wahrheit selbst identifiziert; Unverborgenheit gilt nunmehr nur als das, was Wahrheit ermöglicht. Wahrheit ist gewissermaßen in eine Zwischenzone verlegt, die als das »Offene« Aussagenden und Ausgesagtes einander nähert. Als Seinsverfassung des Daseins scheint sie der Übereinstimmung von Aussage und Gegenstand, also der von Alfred Tarski rehabilitierten *adaequatio*-Formel der Wahrheit, selbst noch zugrunde zu liegen. Ob das von irgendeinem Belang ist für die derzeitige Diskussion der Wahrheitsdefinitionen, kann hier nicht beantwortet werden.

Mit dem Hinweis auf die frühen Bemühungen Heideggers um das Wahrheitsproblem sollte zunächst einmal deren Originalität und Eigenständigkeit dargetan werden – und die trockene Brillanz, die damals sein Philosophieren würzte. Heidegger hat sich jedenfalls nicht, wie man vermutete, als Hohepriester einer vergöttlichten (oder verdinglichten) ewigen Wahrheit gerieren wollen. Sein vermeintlich gravitätisches, poetisierendes Vokabular verliert in der Konfrontation mit den frühen Analysen das Willkürliche und Ambitiöse, das uns so daran ärgerte. Es war ihm, so sieht es jetzt aus, bloßer Behelf, Krücke auf dem steinigen Weg zur Wahrheit. (Ein »vielleicht ungeschickter Ausdruck« sagt Heidegger von seinem »Ge-stell«.) Daß er sich selbst nie als Antirationalist oder gar Heilslehrer verstanden hat – auch in seinen letzten Jahren nicht, wenn anders die Bedeutung, die er den frühen Phasen seines Denkens im Kontext seines Gesamtwerkes so offensichtlich beigemessen hat, irgendwie ernst zu nehmen ist –, das können die Schlußworte seiner vor nunmehr fast fünfzig Jahren gehaltenen Vorlesung über die Grundprobleme der Phänomenologie, also über die Frage nach dem Sein, hinlänglich klarmachen: »Das einzig wahrhafte Neue in der Wissenschaft und in der Philosophie ist nur das echte Fragen und der dienende Kampf mit den Dingen. In diesem Kampf aber wird auch schon ohne nutzlose Polemik die Auseinandersetzung mit dem vollzogen, was heute die Philosophie aus allen Bezirken des geistigen Lebens her mehr denn je bedroht: Weltanschauungs-Bildung, Magie und die ihrer eigenen Grenzen vergessenden positiven Wissenschaften. Zu Zeiten Kants nannte man die erstgenannten Mächte – Weltanschauungsbildung, Magie, Mythos – Gefühlsphilosophie. Was Kant, der erste und letzte wissenschaftliche Philosoph größten Stils seit Platon und Aristoteles, gegen die Gefühlsphilosophie zu sagen hatte, möge diese Vorlesung schließen. Wenn die Vorlesung es nicht erreichte, so möge Kants Vorbild uns zur Nüchternheit und wirklichen Arbeit aufrufen.«

Und die Stelle des Kantschen Textes, den Heidegger zitiert, endet mit einer Bemerkung des Aufklärungsphilosophen Bernard de Fontenelle, den Kant seinerseits zitiert: »›Wenn‹, wie Fontenelle bei einer anderen Gelegenheit sagte, ›Herr N. durchaus an die Orakel glauben will, so kann es ihm niemand wehren.‹«

Vom Studium der frühen Arbeiten aus der Gesamtausgabe sind also wohl noch einige Überraschungen zu erwarten. An der Strenge, Folgerichtigkeit und Aufrichtigkeit im Denken des Wahrheitssuchers Martin Heidegger kann jedenfalls heute nurmehr vorbeisehen, wer von seiner eingeübten Animosität nicht loskommen will. Mit dem Erscheinen der Gesamtausgabe sind wir außerdem endlich befreit von der lästigen Schar der Anbeter und Mittelsmänner, deren unkritische Schwärmerei und dubiose Deutekünste der Sache dieses Denkens die schlechtesten Dienste erwiesen haben. (Heidegger befand sich, so kann man sagen, selten in guter Gesellschaft.) Jetzt kann man sich erstmals ein eigenes, unretuschiertes Bild von dem in der Tat umstrittensten

aller zeitgenössischen Denker machen. Mit der Gesamtausgabe, etwas dramatischer ausgedrückt, wird der Mythos Heidegger zerbrochen, um dem Philosophen Heidegger Platz zu machen.

Daß es übrigens zu einer neuen Renaissance, einem dritten Heidegger-Boom oder, schlimmer noch, zur Legenden-
bildung kommt, halte ich für ziemlich ausgeschlossen. Auch
davor kann am besten die Lektüre der bislang unzugängli-
chen Schriften oder Vorlesungen Heideggers bewahren.
Sie enthalten keine »Botschaft«. Nur Versuche, aus denen
gegen Ende des Unternehmens »Seins-Suche« geradezu
verzweifelte Kraftakte werden, wie sie dem europäischen
Denken im Spätherbst der Philosophie anstehen.
(1976)

Das war eine eigentlich widerwillig gemachte Respektsbe-
zeugung vor der konzessionslosen Eigenwilligkeit des Fun-
damentaldenkers Heidegger, und der Herausgeber des ›Merkur‹, in dem der Aufsatz erschien, Hans Paeschke, schrieb
dazu in einer ›Zwischenbemerkung‹: »Wie wenig der logische Positivismus, seit langem Herr der Szene, mit Heidegger anzufangen wußte, ist bekannt. Um so bemerkenswerter
der Versuch, Heideggers Denken im Rückgriff auf seine Ursprünge für die ›wissenschaftliche Philosophie‹ der Zeit sozusagen heimzuholen.« Paeschke hat dem Beobachter mit
der letzten Bemerkung zuviel zugemutet und zuviel zugetraut. Was dieser damals zu verstehen geben wollte, war, daß
Heideggers Denken etwas berge, wovon seine Verächter unter den »wissenschaftlichen Philosophen« keine Ahnung haben wollten; das aber, sobald man darüber spricht, sich in
Nichts aufzulösen droht.

In den Jahren nach dieser Korrektur am eigenen Heideg-
ger-Bild, die der Beobachter unter dem verspäteten Eindruck früher Heideggerscher Vorlesungen glaubte vornehmen zu müssen, kam neues Material über Heideggers NS-
Engagement ans Licht. Mehr noch hat sein verstocktes
Schweigen nach dem Krieg zum deutschen Judenmord viele
gegen ihn aufgebracht. Bald machten sich einige daran, zwischen Heideggers Philosophie – die ja eigentlich keine mehr
sein wollte – und seiner neueren Rede vom Seinsgeschick

einerseits und der kruden Nazi-Ideologie andererseits peinliche Zusammenhänge aufzudecken. 1987 erschien das Buch des Kreuzzüglers Victor Farías ›Heidegger et le nazisme‹, das dazu aber nichts wirklich Überzeugendes vorzubringen hatte; eher noch, unter den nun wie Pilze aus dem angesäuerten Boden schießenden Gewächsen, Pierre Bourdieus Studie ›L'ontologie politique de Martin Heidegger‹, wobei die suggestive, aber verschraubte Kontamination von »politisch« mit »Ontologie« den eisernen Vorsatz auffällig macht, auf alle Fälle Heideggers Philosophie als im Innersten dem Nazismus adhärent anzuzeigen. Aber glaubte man das wirklich? Schrieben nicht viele, die nicht das Geringste mit den Nazis zu schaffen hatten, in dieser Zeit in dieser Manier? Selbst wenn der Meßkirchner Denker sich den Nazis andienen wollte und ja auch anfangs tatsächlich andiente, mußte er spüren, wie weit er trotz gewisser »Bodenständigkeiten« von deren Blut-und-Boden-Welt entfernt war. Soweit wie Benn zumindest, den als Lyriker auch nur in die Nähe des grauenhaften NS-Pöbel-Geschmacks zu bringen, Zentrifugalkräfte zu überwinden gleichkäme, egal, ob er selbst einmal flüchtige Verwandtschaftsgefühle zu verspüren glaubte. Natürlich fallen in Heideggers Schriften verschiedentlich die Laubsägearbeiten des Naturverbundenen, des hintersinnig zu Feld und Scholle sich drängenden Waldbauernbuben auf, der den Nazis und der vorherrschenden volksdeutschen Mentalität so entgegenkam. Beim späteren skeptischen Blick auf den Kraftakt, Heidegger mit Adorno zu »versöhnen«, wird mehr solcher Gesinnung ans Licht kommen. Aber erst wenn die noch unter Verschluß stehenden sämtlichen Briefe Heideggers zugänglich gemacht worden sind, weiß man wohl endlich, was für ein Mensch dieser Heidegger war. Inwieweit das seine Philosophie noch beschädigt, wirft die viel allgemeinere Frage auf, ob Befunde über das Ich hinter der Erzählung für deren Beurteilung überhaupt von Belang sein können.

Die philosophische Auseinandersetzung mit Heidegger, sofern sie denn nicht hinlänglich vollzogen worden ist, ist über den viel publizitätsträchtigeren politischen Enthüllungen eigentlich im Sande verlaufen. Als überholt gilt jetzt, an seinem Sein, seiner Unverborgenheit Anstoß zu nehmen; heute darf ohnehin jeder reden und schreiben, wie er will und kann. Bei Diskussionen mit Theologen wird man mild-lächelnd daran erinnert, daß der Glaube des theologischen Kombattanten selbstverständlich eine Voraussetzung sei, auf die sich der andere, der Ungläubige, einzulassen habe. Heidegger hat ähnliches mit dem nicht klein zu kriegenden Seins-Thema erreicht. Karl-Otto Apel erzählte vor langer Zeit die folgende, etwa Mitte der sechziger Jahre spielende Geschichte vom Urphänomen, wie Heidegger es verstand, daß nämlich Seiendes *ist*. Den Versammelten in Kiel wollte er diese Letzterfahrung nachvollziehbar machen durch den Satz »Dieses Buch da ist«. Aber die Diskussionsrunde konnte dem nichts Staunenswertes abgewinnen. Der gängige Einwand, das »ist« könne Copula oder Quantifikator sein, aber nicht selbst als Prädikat auftreten wollen, zerstörte die Seins-Idylle. Danach, so erzählte Apel, kam ein Gespräch zwischen Heidegger und seinen Gästen nicht mehr in Gang. »Hier«, darauf wies dann Apel seine Zuhörer hin, »haben Sie die typische Situation der Philosophie unseres Jahrhunderts.« Und, so möchte der Beobachter fortfahren, es ist noch unser Jahrhundert, und es ist immer noch die typische Situation, ungeachtet aller Vermittlungen, Konvergenzen, Versöhnungen, Pluralismen, hinter denen die Partner, die Gegner, die Feinde doch nur den Atem anhalten. Es sei, sagte Apel, nicht schwer zu verstehen, warum »Heidegger sich auf die Argumente der anderen Seite nicht einlassen konnte«: Gelte das »ist« bloß als Copula, dann sei die Frage nach dem »Sinn von Sein«, »gemäß dem Vorgriff der von Heidegger postulierten ›ontologischen Differenz‹, sinnlos«. »Vorgriff« und »postuliert« sind die Worte, die gleichsam als theologische Voraussetzung fungieren, auf die sich der Gesprächspartner einzulassen hat. Wenn Heidegger postuliert, »das Nichts nichtet«, um dieses Paradebeispiel hervorzukramen, dann ist das Fragen stillgestellt – wo es doch eigentlich erst anfinge. Etwa so: »Woher wissen Sie, daß ›das Nichts nichtet‹? Leiten Sie es aus dem gesetzten Nichts ab? Etwa wie ›das Gehen geht‹? Aber geht das Gehen, reitet das Reiten? Und ›ist das Ist‹? Woher weiß man über dergleichen etwas? Aus der Sprache? Sorgt die nicht gerade für Verwirrung? Ferner: Wenn das Nichts ›nichtet‹, ›tut‹ es etwas, ist aktiv; wie aber kann Nichts aktiv und effektiv sein?«

Eine andere Überlegung ist auch nicht viel abwegiger: Wenn das Nichts sich gegen sich selbst richtet, wenn das Nichts sich nichtet, was gebiert das? Ist das Nichts »gesetzt«, was ist es dann für ein Etwas? Gewiß zumindest geformte Druckerschwärze oder modulierte Schallwelle. Darüber hinaus etwas Gedachtes? Was meint »Gedachtes«, und was meint »gedachtes Nichts«? Ist das Nichts aber letzten Endes nicht sagbar, ist es dann der wahren Philosophie aufgegeben, darüber zu reden? Später in diesem Text versucht der Beobachter mehr Verständnis für Heideggers Satz aufzubringen.

»Banalen Tiefsinn« nannte Jaspers, als er gerade einmal wieder Heidegger-verdrossen war, seines Rivalen denkerische Bohrproben.

Damals, nach dem Interview mit Jaspers 1961, gab sich der auch körperlich große Existenzphilosoph gelockert. Er lag nun nicht mehr, wie während des Interviews, auf seinem mit einer Plüschdecke bezogenen Sofa – von dem er ab und zu sich aufraffte, sich entschuldigend rasch aus dem Zimmer ging, um den heftigen Hustenanfällen nachzugeben, die zum Syndrom einer frühen, schweren Krankheit gehörten –, sondern saß dem Beobachter gegenüber im Sessel, die langen Beine übereinandergeschlagen, in einem engen Wohnzimmer, wie man es sich deutsch-bürgerlicher kaum vorstellen kann, und mit dem obligaten Sauerkohlgeruch. Unter anderem fragte der Beobachter ihn nun keck, wie sein Verhältnis zu Heidegger gewesen sei, und wie er über dessen Arrangement mit den Nazis denke. Da sagte er ihm den nun schon zahlreich kolportierten Satz: »Heidegger wollte ja den Führer führen.« Über Heidegger, das war schon damals offensichtlich, hatte er sich gleichwohl niemals ganz klar werden können – kein Wunder, auch in neuester Zeit ragt Heidegger, jetzt sogar in Rußland und den Ostländern, als die schillerndste Figur der Philosophie dieses Jahrhunderts auf.

Es kamen aber Jahre, in denen Heideggers Stern zumindest in Deutschland verblaßte. Analytische und kritisch-rationalistische Philosophen betrachteten ihn als längst »erledigt« und der Polemik kaum mehr wert. Anders Theodor W. Adorno. In dem Bändchen vom ›Jargon der Eigentlichkeit‹ von 1964, in dem noch einmal der *furor adornicus* der ›Dialektik der Aufklärung‹ waltete, danach, 1970, in der gemesseneren ›Negativen Dialektik‹, griff Adorno Heidegger offen an. In diesem Buch konnte man ohne verkrampfte Hermeneutik auf eine Art Kanalisationsnetz stoßen, das die beiden an der Oberfläche so völlig einander abgekehrten Schulhäupter sozusagen abwässerlich miteinander verband.

Einer ist nach Jahren in diesen labyrinthischen Untergrund hinabgestiegen; die Lust am Kuppeln und Koppeln, aufs Konfrontieren und Anähneln, Vergleichen des anscheinend Unvergleichbaren war unbändig geworden:

6. Postumer Dialog
Adorno und Heidegger – von Hermann Mörchen zusammengedacht

Gegensätzliches, das Zeitgenossen als unüberbrückbar erleben, mag mit zunehmendem historischen Abstand an Unvereinbarkeit verlieren und sich schließlich als konvergierbar erweisen. Meist ist mit solcher Distanz und veränderter Perspektive eine neue Bedeutungsebene gewonnen, auf der bis dahin Antinomisches höchstens als Polares in einem homogenen Kraftfeld deutbar wird. Ob, in philosophischer façon de parler, derartige Vermittlungsmechanismen jüngstvergangene Kontrapositionen, Disparitäten und Animositäten freilich schon synthesereif machen, läßt sich mit guten Gründen bezweifeln; obwohl allenthalben in der derzeitigen Philosophie, die sich als Konglomerat einander abweisender Positionen präsentiert, konvergierende Tendenzen aufgespürt, richtiger: proklamiert werden, als könne man so der unerträglichen Spannung einer negativen Dialektik entkommen. Ein methodologischer und erkenntnistheoretischer Pluralismus, der vielfach als grenzenlose Toleranz sich mißversteht und gegenwärtig heterogensten Theoremen Chancengleichheit oder Gleichberechtigung einräumen will, wie wenn jeglichem Sprach- und Denkspiel per se eine Art Wahrheitswert zuzuordnen sei, trägt zu dieser »Entspannungspolitik« wesentlich bei. Eine »allgemeine Konsensus-Euphorie« hat schon vor Jahren Hans Albert, der streitbare kritische Rationalist, verärgert konstatiert und darauf aufmerksam gemacht, daß scheinbare oder auch tatsächliche Übereinstimmungen zwar der Beruhigung dienen mögen, auf keinen Fall aber, auch nicht in sogenannten Kommunikationssituationen, Wahrheitsgarantien liefern können.

Gemeinsamkeiten in den Werken Adornos und Heideggers aufzudecken, um damit die Anbahnung eines postumen Dialogs zu rechtfertigen, erscheint – unter den angedeuteten Auspizien – ebenso müßig wie abwegig. Überdies vernimmt man's wie ein Echo auf längst Verklungenes, sich heute über Heidegger und Adorno des längeren – auf insgesamt 911 Druckseiten! – zu verbreiten. Vor über einem Jahrzehnt schon, gleich nach Adornos Tod 1969, machten Adepten dieses Denkers kurzen Prozeß mit ihm und der durch ihn maßgeblich geprägten Schule, der Frankfurter Schule nämlich und ihrer Kritischen Theorie. Theorie und Schule existieren in der Tat nicht mehr, werden von einem geistigen Nachlaßverwalter nur mehr als gewesenes Ereignis in der Erinnerung gehalten.

Heidegger hat Adorno um sieben Jahre überlebt. Seine Philosophie aber, die in den ersten fünfzehn Jahren nach dem Krieg die Gemüter aufs äußerste erregt hatte, war, so dachten viele damals, vor Adornos Hingang schon tot. Das war kein Zusammenbruch, so wie man vom Zusammenbruch des Hegelschen Systems redete; das war ein lautloses Verschwinden, ein allmähliches Verblassen. Eine Heidegger-Schule im engeren Sinn hat es nie gegeben, nur Schüler, von denen sich nach dem Tode des Meisters kaum noch einer auf dessen Seinsdenken festlegen lassen wollte.

An der Verdrängung der Heideggerianer von der intellektuellen Bühne hatte zweifellos Adorno erheblichen Anteil. Offenbar war das auch seine Absicht. Es hält sich jedenfalls unwidersprochen das Gerücht, Adorno habe kurz nach seiner Rückkehr aus der Emigration im Hause eines Heidegger-Freundes vor Gästen erklärt: »In fünf Jahren habe ich den Heidegger kleingemacht.« (Später Kommentar Heideggers zu diesem Fünfjahresplan: »Da sehen Sie, was das für ein Mann ist.«)

Adorno seinerseits konnte schon auf dem Höhepunkt seiner Mentorrolle den radikalen, unmittelbar auf Praxis bestehenden marxistischen und neomarxistischen Bewegungen nicht mehr genügen. Ihm, der Heideggers Rede als Jargon der Eigentlichkeit verächtlich gemacht hatte, wurde nun der Manierismus seiner »schönen Zunge« übel vermerkt; die Kritische Theorie insgesamt durfte als äußerste Sublimierung des bürgerlichen Subjekts verschrien werden.

Das, womit sich Adorno unter dem Schlagwort Positivismus glaubte anlegen zu müssen, die derzeitige analytische Philosophie nämlich und insbesondere der Kritische Rationalismus, hatten jedoch womöglich nachhaltiger als die diversen Neomarxismen die Korrosion der Kritischen Theorie und den Überdruß namentlich am Adornoschen dialektischen Negativismus befördert. Übrigens zögerte Adorno nicht, sich sozusagen das Ockhamsche Rasiermesser der Positivisten auszuleihen, um Heideggersches Sprachdenken »ans Messer zu liefern«; so wie er andererseits, wenn es ihm in den Kram paßte, Heideggerschen Tiefsinn gegen plattes »positivistisches« Faktendenken, gegen »losgelassene« Logik und Rationalität, aufzubieten wußte. Hermann Mörchen hat diesen Adornoschen Opportunismus in seinen Untersuchungen, um die es hier geht, mehrfach bloßgestellt.

Daß Adorno und Heidegger passé sind, das von ihnen Gedachte und Entdeckte uns nichts mehr angeht, kann freilich nur behaupten, wer nicht wahrhaben will, daß wir gegenwärtig mehr denn je von tradierten Substanzen zehren. Die historische Distanz verhilft uns vielmehr allererst dazu, Gehalte klarer zu erkennen. Hermann Mörchen hat sich mit der Wahl seiner Protagonisten also keineswegs verblichene Figuren der jüngsten Geistesgeschichte auserkoren.[1] Daß es zwischen ihnen zu keinem Gespräch gekommen ist, daß Kommunikation brüsk oder stumm verweigert wurde, ist hinlänglich bekannt und wird gemeinhin mit dem Hinweis auf die radikale Andersartigkeit der Lebens- und Denkwelten beider Kontrahenten plausibel gemacht. Dabei wird übersehen, daß mit der Feststellung einer Kommunikationsverweigerung zumindest die Bedingungen der Möglichkeit minimaler Kommunikation zugestanden sind. Daran zu zweifeln war spätestens seit Adornos ›Negativer Dialektik‹ nicht mehr sinnvoll. Mörchen zeigt in seinem voluminösen Buch (›Macht und Herrschaft im Denken von Heidegger

[1] Adorno und Heidegger. Untersuchung einer philosophischen Kommunikationsverweigerung. Stuttgart 1981.

und Adorno‹ stellt ein exzerpiertes Kapitel aus jenem dar) die Auswüchse der Kommunikationsverweigerung namentlich seitens Adornos auf und legt die Motive offen, die dazu geführt haben. Bereits in dieser Phase der Untersuchung stellt sich unübersehbar die Fixiertheit Adornos auf den »Feind« heraus, die Omnipräsenz Heideggers in Adornos Denken, die »verdrängte Bindung« an den Ursprungsphilosophen, die im beständigen Sich-Reiben an diesem sowie in der Virtuosität, mit der Unterscheidendes herauspräpariert wird, nur um so unabweisbarer sich bestätigt. Danach erst, und nach dem Aufweis unfairer Sinnverschiebungen in Adornos Heidegger-Exegese, der Korrektur vielfach »geradezu hanebüchener Fehlinterpretation(en)«, die nicht weniger häufig »Sachdiskussion durch ideologiekritische Hexenjagd ersetzt«, nach Aufdeckung einseitiger und fragwürdiger Zitatauswahl und -verwendung durch Adorno – nach solcher Entschleierung des boshaften Scharfsinns und der scharfsinnigen Bosheit, mit der Adorno daranging, den Heidegger »kleinzumachen«, können erst unvoreingenommen grundlegende Gemeinsamkeiten im Denkwerk der Antipoden in den Blick treten. Daß sie zu einem postumen Dialog ausreichen, und daß ein solcher Dialog nicht bloß historisch gewordene Verirrungen zurechtrückt, daran hält Mörchen fest, auch wenn ihn zwischendurch der Mut zu verlassen droht, weil sich sein unsägliches Bemühen am Ende als »nicht lohnend« erweisen könnte. Er hält es nämlich für unüberlegt, zu behaupten, »die Toten könnten über das hinaus, was sie zu Lebzeiten mit uns geteilt und uns mitgeteilt haben, nichts Neues mehr sagen«.

Mörchen macht fünf Perioden der Heidegger-Präsenz in Adornos Arbeiten von 1933 über den ›Jargon der Eigentlichkeit‹ bis zur ›Negativen Dialektik‹ und, im Nachhall, in den letzten Aufsätzen, aus. Das beginnt mit Anspielungen auf Heidegger, die, meist ohne Namennennung, gleichsam der Vorbereitung eines Frontalangriffs dienen. Jetzt erst kommt es zu unverblümter Redensart. Kritik spitzt sich zu rücksichtsloser Polemik zu, die sich häufig in »herabsetzenden Attributen, offener Beschimpfung und schmählichen Verdächtigungen« ergeht. Weder hat Heidegger je darauf reagiert, noch hat er seinerseits Adorno attackiert. So entsteht eine auffällige Asymmetrie in der »Behandlung« beider Denker: Mörchen, der Heidegger-Schüler, ist über zwei Drittel seines Buches damit befaßt, Heidegger gegen Adorno zu verteidigen. »Immer wieder«, so ächzt er, »fand der Interpret sich in die peinliche Rolle des Apologeten genötigt.« Die versucht er allerdings gelegentlich auch da durchzuhalten, wo beim besten Willen nichts zu retten ist. Zwar handelt es sich dabei überwiegend um periphere Produkte Heideggerschen Denkens; aber Adorno – darauf macht Mörchen selbst aufmerksam – wollte im Falle Heideggers die Ausrede nie gelten lassen, es ginge bei solchen Ausflüssen um Unwesentliches. Gerade darin erkannte er – und nicht ganz grundlos – Symptome für peinlich Provinzielles, für einen Zeit-Ungeist, gegen den Heidegger zumindest nicht allzeit gefeit war. Heideggers gottlob vereinzelten, aber decouvrierenden eigenen dichterischen Proben beispielsweise ist durch noch so wohlmeinende Interpretationen nicht aufzuhelfen. Ein paar Heideggersche Verschen lauten, um sie zu erinnern: »Wälder lagern / Bäche stürzen / Felsen dauern / Regen rinnt / Fluren warten / Brunnen quellen / Winde wohnen / Segen sinnt.«

Adorno hörte die »Jungnickelschen Klänge« schadenfroh heraus, verzichtete jedoch barmherzig auf kritische »Argumente«. Mörchen hingegen meint, der »Mangel an Solidarität« verhindere bei Adornos enthüllenden sprachlichen Beobachtungen die kritische Abwägung. Solidarität, argumentatives Sicheinlassen auch da, wo dem guten Geschmack zuviel zugemutet wird – das, scheint mir, ist ein unbilliges Verlangen, von dem Mörchen indes auch in gravierenderen Fällen nicht abzubringen ist.

Natürlich unterschlägt er nicht, daß es ein Recht auf Verweigerung der Kommunikation gibt. Bei seinen ungemein sorgfältigen Analysen und subtilen Rekonstruktionen, die der Annäherung zweier Welten dienen, entgeht ihm nirgends das Fatale am Begriff der Kommunikation. Mörchen nimmt Adornos »abgrundtiefe Verzweiflung an aller Kommunikation« ganz ernst und teilt bis zu einem gewissen Grade dessen Diktum, wonach alles, was heutzutage Kommunikation heißt, nur der Lärm sei, »der die Stummheit der Gebannten übertönt«. Auch bei Heidegger ist das Wort Kommunikation absichtsvoll ausgespart. Und Adorno fand, wie Mörchen mitteilt, in Heideggers Analysen des uneigentlichen Miteinanderseins manches, was durchaus seiner eigenen Kritik am »Kommunikationsbetrieb« entsprach. »Die Skepsis«, so urteilt Mörchen, »mit der Heidegger diese Phänomene beurteilte, dürfte der seinigen nicht nachstehen.« Zumindest im Verdacht gegen Kommunikation »kommunizierten« demnach beide Philosophen.

Wogegen opponierte dann Adorno so unversöhnlich? Neben wirklichen oder vermeintlichen sachlich-philosophischen Divergenzen sind es äußerliche der Herkunft und der Lebensläufe, der Ideologie wohl auch. Mörchen hat sie in dem Abschnitt »Gesellschaftliche und ideologische Aspekte« zusammengefaßt. Da ist zunächst der Antisemitismusverdacht, der im Falle Heideggers wenn nicht widerlegt ist, so doch unbewiesen bleibt. Entscheidender aber ist wohl jener Aspekt, den Mörchen mit dem Stichwort vom »beschädigten Leben« benennt, einer Grunderfahrung in Adornos Dasein, »aus der die stärksten Motive seines Denkens stammen« und die keinesfalls mit jemandem teilbar war, der außerhalb der Leidensgeschichte des deutschen Judentums stand. Trennender noch war Heideggers »Bergperspektive«. Das war der überlegene Blick »von der Höhe«, der die Abscheulichkeiten der Tagespolitik in den frühen dreißiger Jahren glaubte übersehen zu dürfen. »Wer hier oben wohnt«, nämlich in Todtnauberg, »der hat für all das andere Maßstäbe«, sagte Heidegger 1931 zu Mörchen. Nicht zum geringsten schließlich hat, wie Mörchen meint, Heideggers Marx-Ferne zur Verhinderung eines Dialogs mit Adorno beigetragen.

Der, eher äußerliche, Gesichtspunkt der »Bergperspektive« führt allerdings unmittelbar ins philosophisch Kontroverse; er veranschaulicht Heideggers zeitferne, gesellschaftlichen Konkretionen überhoben sich dünkende Ontologisierung empirisch-historischer »Wahrheiten«. Gegen solches Seinsgeschick, solches zu abstraktem Sein erstarrtes Seiendes in Heideggers Fundamentalontologie richtete Adorno ja seine massivsten Attacken. Obwohl nun Mörchen namentlich in diesem zentralen, neuralgischen Punkt Adorno krasse Fehlinterpretationen nachweist, die den von Heidegger allenthalben eingelassenen Zeitfaktor kurzschlüssig übergingen, konzediert er überraschenderweise Adorno und der Adorno-Nachfolge in ihren Vorwürfen gegen solch statisch-abstraktes Denken mehr als nur ein partielles Recht. Denn die dadurch heraufbeschworene »Ausklammerung des gesellschaftlichen Konfliktfeldes« habe den Phänomenbereich »verhängnisvoll« eingeengt. Fraglos sei der »wundeste Punkt« bei Heidegger seine Unbekümmertheit um die »aktuellen« Aufgaben des »sozialen und politischen Alltags«. »Seine ›Bergperspektive‹ eröffnete nicht nur eine ungewöhnliche Weite des Horizonts, sondern kostete ihren Preis: sie war zugleich die unerkannte Grenze seines Seins-Entwurfs als eines zeitbestimmten.« Mit diesem, wie ich meine, gewundenen Schluß macht es uns Mörchen schwer, anzunehmen, daß es zumindest an dieser Grenzmarke zu einem Dialog zwischen dem Seinsdenker und dem Gesellschaftskritiker hätte kommen können.

Andernorts sind mögliche Kongruenzen unter der Kruste gewollter Mißverständnisse zwangloser auszumachen. Wenn beispielsweise Adorno Heidegger häufig den Vorwurf des Tautologischen macht, so kann ihm Mörchen entgegenhalten – in einer seiner gelungensten Passagen –, daß er, Adorno, für die Not, in Tautologien sich ausdrücken zu müssen, ein ganz besonderes Verständnis hätte aufbringen sollen. Eine zumindest stillschweigende Übereinstimmung läßt sich auch da ausmachen, wo es um das Desiderat der »Verständlichkeit der Philosophie« geht. Heidegger suchte sich später auf »mysteriöse ›Winke‹« zu beschränken, Adorno laborierte mit »paradoxen Bonmots« – aus Sprachnot vielfach beide. Ebenso waren sich, wenn es um die Forderung nach Klarheit ging, der vertrackten Vieldeutigkeit dieses Begriffs der eine wie der andere wohlbewußt (wogegen etwa Poppers Klarheits-Postulat unreflektiert naiv wirkt).

Eines proklamierten Konsenses zwischen Adorno und Heidegger hätte es nicht erst bedurft in ihrer – problematischen – Einschätzung der Wissenschaft, dem heutigen szientifischen, bloß vorstellenden, rechnerischen Denken, wobei Heidegger das daraus konstruierte »Ge-stell«, die Technik, in ihren verhängnishaften Folgen weitaus gründlicher durchschaute als Adorno. Durch Wissenschafts-Skepsis ist schließlich beider Verhältnis zum systematischen Denken bestimmt: Adorno plädierte für den Essay als Form, Heidegger, der als systematischer Philosoph begann, zog sich allmählich »gelassen« auf dunkel andeutendes Sprechen zurück. Auch darin gründet beider eigenwilliger Umgang mit der Sprache, und was des einen Jargon sein mochte, war des anderen Argot.

Kaum, daß Mörchen irgendwo im Eifer des Vermittelns Konvergenzen herbeigezwungen hätte. Davor bewahrt ihn die dialektische Artistik, stets das Gegenteilige mitzudenken und so das Gleichgewicht zu halten. Währenddessen ist ihm der Satz Nietzsches, den Adorno in seinen ›Minima Moralia‹ zitiert, nicht entgangen: »Wer zwischen zwei entschlossenen Denkern vermitteln will, ist gezeichnet als mittelmäßig: er hat das Auge nicht dafür, das Einmalige zu sehen; die Ähnlichkeitsseherei und Gleichmacherei ist das Merkmal schwacher Augen.« Das Subalterne seines Unternehmens verhehlt sich Mörchen ganz und gar nicht, und er könnte der Sentenz Nietzsches entgegnen, daß es auch ein Merkmal scharfer Augen ist, zwischen zwei prima vista ungleichartigen Denkern das Verbindende, das von ihnen selbst übersehene oder womöglich gewollt unterdrückte Gemeinsame aufzuspüren. Läßt man sich von Mörchen davon überzeugen, daß fundamentale Gemeinsamkeiten das Kontroverse im Philosophieren Adornos und Heideggers durchdringen, dann paßt auch der Schlüssel, der das Rätsel ihrer »Entfremdung« erschließt: Es ist die Nähe Adornos zu Heidegger, die jenem nicht verborgen blieb, und die ihn, je deutlicher er das fühlte, in die äußerste Distanz trieb. Weit verbitterter als etwa Jaspers sah Adorno in Heidegger den Rivalen, dem er Gerechtigkeit nicht widerfahren lassen wollte. Wo etwa Adorno, so schildert Mörchen einen Fall, ein Verdienst Heideggers, zum Beispiel um eine Kant-Interpretation, nicht leugnen kann, »beansprucht er wenigstens ein Prioritätsrecht für Benjamin, ›nach‹ dessen ›relativ früher Arbeit‹ jener (Ungenannte)«, Heidegger natürlich, »sich an dasselbe Thema herangebegeben habe«.

Es scheint nach alldem klar zu sein, daß Mörchen mit seinen Vermittlungen und Rektifizierungen der Adorno-Schule, oder was davon übriggeblieben ist, einen Spiegel vorhalten will. Doch das Gegenteil ist der Fall. Sein Adressat ist entschieden die Heidegger-Nachfolge. Deshalb nannte ich es auch vorhin überraschend, daß Mörchen, nach so redlichem Bemühen, Heideggers Seins-Entwurf vom Makel der Geschichtslosigkeit zu befreien, sich schließlich dennoch Adornos Einspruch zu eigen macht. So erklärt er auch das eine Mal unmißverständlich, die Identität der Seinsfrage mit der Frage nach der Macht sei schon in Heideggers ›Sein und Zeit‹ »klar ausgesprochen« und eine kritische Soziologie à la Marcuse oder Adorno könne an bestimmte Propositionen »unmittelbar anknüpfen«. Hernach aber gesteht Mörchen, daß Heideggers Begriff der Macht in »extremster Ausweitung« und »hoch über den Niederungen des politischen Alltags« ansetzt. Also dient letztlich die Konfrontation mit Adornos Heidegger-Polemik der Selbstbesinnung, dem Insichgehen der Heideggerianer. Mörchen fragt sich und alle, die im Banne Heideggers standen, »warum wir, die wir in Heideggers Schule gelernt haben, nicht fähiger waren, den ideologischen Verstrickungen unserer Epoche zu widerstehen und so die Wahrheit des bei ihm Erfahrenen mit Wort und Tat zu bewähren. Gemeint ist nicht nur (obwohl sie notwendig bleibt) die Aufarbeitung der Erfahrungen der Hitlerzeit; das Verhältnis zur Macht ist heute nicht minder prekär ...«

Allerdings ist heute das Verhältnis zur Macht nicht minder »prekär«. Adorno, von dem sich die Heideggerianer zuzeiten über den Faschismus hätten die Augen öffnen lassen können, hatte sich danach seinerseits gefährlich ins Zeitgeschehen verstrickt und wurde vom Machtbegehren derer, die sich auf seine Lehre beriefen, überrumpelt. Unter den gegebenen sozialen und politischen Konstellationen kann uns seine politische Philosophie keine Aufklärung mehr bringen. Der postume Dialog, den zwischen Adorno und Heidegger anzustrengen sich Mörchen so selbstlos bemüht, ist, sofern er Politisches anvisiert, schon vor seinem Beginn historisch, obsolet geworden.

In einem anderen Sinn freilich bleibt der Fall Adorno versus Heidegger »exemplarisch«: er spiegelt nämlich ein Stück deutscher Ideologie, exemplarisch als Flucht aus der Geschichte wie als Flucht ins Engagement. Ob es hilfreich ist, Philosophen solch extremer Konsequenz – bei aller zugestandenen Nähe – in Kommunikation sich auszudenken, und ob es ein lehrreicher »Denkzettel«, wie Mörchen meint, sein kann, das Ausmaß ihrer Kommunikationsverweige-

rung auszukosten – ich bezweifle es. Im übrigen: Seit wann wäre je etwas aus dergleichen Geschichten gelernt worden?
(1982)

In der Typologie der Philosophen zählen selbstverständlich beide, Adorno wie Heidegger, zum literarischen oder, wie es in Rortys Typologie heißt, poetischen Typ. Adorno indes, selbst ein brillant-manieristischer Stilist, waren die Emanationen und Visionen von Schriftstellern oder Künstlern so etwas wie Theorien in ihrer Andersheit; Poeten von Rang oder Komponisten von Geltung waren für ihn von gleichem Karat wie große Philosophen. Heidegger dagegen sind Dichter den Denkern leuchtende, unerreichbare Vorbilder und Leitsterne, an die keine Theorie heranzureichen vermag; die Dichter sind ihm die eigentlich Denkenden und auch Wissenden. Die Philosophie, locker gesagt, wird bei Denkern à la Heidegger zumindest halbtags zur *ancilla poesis*. Das hat ja die deutsche Philosophie, die einst keineswegs mit solcher Vorliebe auf einer der Naturwissenschaft abgewandten Bahn wandelte (Nietzsches Nachwirkung einmal abgezogen), geprägt, ganz besonders nach dem Krieg. In einem der hierzulande verbreitetsten philosophischen Wörterbücher werden Rilke oder Novalis als »Dichterphilosophen« registriert, ein altbeliebtes deutsches Epitheton, insbesondere beim bildungsbürgerlichen Publikum. Man weiß, in welchem Maße Heidegger Georg Trakl zum Philosophen-Seher ausgedeutet hat, und welche Schlüsselfigur Friedrich Hölderlin für Heideggerianer und Hermeneutiker und jüngst für deutschidealistische Professoren abgibt. Goethe und Schiller, die nicht nur im Essay die Disziplin diskursiven Denkens übten und entwickelt haben, sind den philosophisch-poetischen Transvestiten wegen eben dieser Raison eher fremd, und überhaupt zu »klassisch«. Die »romantischen« oder hermetischen Dichter hingegen wurden in der Umarmung durch den poetischen Philosophentyp – und philosophierenden Literaturwissenschaftler; zu denken wäre etwa an Käthe Hamburger – bis aufs existentiale Sinnskelett erdrückt, ihr ästhetisch-poetisches Fleisch, das sie zum Dichter macht, gleichsam als Hundefutter freigegeben. Eine ganze Germanistengeneration wurde im Banne dieser Verwertungsphilosophie zu Plünderern der Dichtung aufgezogen, und die »hermeneutische Wut« ist das Erbe, das sie uns hinterlassen hat. Ihre philosophischen Lehrer befriedigten ihre dichterischen Ambitionen gelegentlich unmittelbar – siehe oben Heideggers Lyrik-Ejakulationen –, sonst auf dem Umweg einer lyrizistischen oder raunenden Prosa. Natürlich ist das alles nicht von heute, die Tradition kann da mit einer Menge Vorbildern aufwarten, woran uns Heinrich Heine erinnert, wenn er den Franzosen über die ›Geschichte der Religion und Philosophie in Deutschland‹ ein bißchen die Augen öffnet. (Ein französischer Heine wäre heute nicht unwillkommen, der uns Deutschen, und zugleich den Franzosen, zeigte, was die derzeitige französische Philosophie in unseren Breiten alles anrichtet.) So, wenn Heine als Typus Schelling anführt, bei dem es ihm nötig erscheint, »daß man bei ihm nicht selten unterscheide, wo der Gedanke aufhört und die Poesie anfängt. Denn Herr Schelling ist eines von jenen Geschöpfen, denen die Natur mehr Neigung zur Poesie als poetische Potenz verliehen hat, und die, unfähig den Töchtern des Parnassus zu genügen, sich in die Wälder der Philosophie geflüchtet und dort mit abstrakten Hamadryaden die unfruchtbarste Ehe führen. Ihr Gefühl ist poetisch, aber das Werkzeug, das Wort, ist schwach«. Der Herr Schelling lebt, so schließt Heine, »mehr in Anschauungen, er fühlt sich nicht heimisch in den kalten Höhen der Logik, er schnappt gern über in die Blumentäler der Symbolik, und seine philosophische Stärke besteht im Konstruieren. Letzteres aber ist eine Geistesfähigkeit, die bei den mittelmäßigen Poeten eben so oft gefunden, wie bei den besten Philosophen.« Jean Paul hatte für solche Fälle das schöne Wortpaar »Logik und Blumik« parat. In unserer Zeit der vielen Schellings hat vielleicht nur einer die Ausnahme gemacht, den man ansonsten als literarischen Philosophen par excellence bezeichnen kann, nämlich Jean-Paul Sartre. Er war Philosoph, und er verfügte über eine hohe literarische Potenz und schrieb eine klare, geradezu antisymbolistische Prosa. Sein Theater war Jesuitentheater, Lehrtheater, gut illustrierte Philosophie.

Als Philosoph hingegen von den Dichtern Wahrheit, Erkenntnis und Weltverständnis sich vorgeben zu lassen, Intuition und Vision einer rationalen, reflektierten Gedankenarbeit voranzustellen heißt im übrigen, den Begriff der Philosophie nahezu in sein Gegenteil zu verkehren und schließlich in so etwas wie das Anselmische *credo, ut intelligam* undiskutiert – denn auch darüber läßt sich reden – zurückzufallen. Was bei solcher Regression herauskommt, ist nicht Post-Philosophie sondern prä-philosophisches Kunstgewerbe.

Von anderer Art, in manchem Paul Valéry vergleichbar, war der höchst sensible Walter Benjamin, und als unter die Rubrik philosophische Essayistik fallender »Denkschriftsteller« liest sich in unseren Tagen Hans Blumenberg.

Die genannte Philosophen-Typologie wird sich dem Beobachter später noch einmal aufdrängen. Jetzt gilt sein Blick dem schüchtern ins öffentliche Bewußtsein tretenden »Positivismus«, der logisch-empiristischen Philosophie, die bald dem herrschenden »literarisch-poetischen« Philosophie-Typ Konkurrenz machen sollte. Der Beobachter stieß erstmals Ende der fünfziger Jahre auf die empiristische, »wissenschaftliche« Philosophie – den Typ zwei – unter Stichworten wie »Logistik« oder »Wittgenstein«. Die damals eine Zeitlang so genannte Logistik, also die mathematische oder symbolische Logik, heute schlichtweg die Logik, schien dem Beobachter als eine Logik, die mehrere Reflektionsstufen durchlaufen hat, eine Metalogik, die geradezu auch etwas Kunstvolles, etwas vom Glasperlenspiel höherer Ordnung hatte; die aristotelische Subjekt-Prädikat-Dogmatik schien, wie Russell sie schon eingeschätzt hatte, vergleichsweise primitiv, umständlich und unzureichend, und in dieser Geringschätzung waren sich wunderbarerweise, wenn auch wohl aus sehr verschiedenen Motiven, Russell, die Wiener Neopositivisten und Hegel einig.

Wittgenstein, das andere Stichwort, war dem Beobachter – und fast allen seinen damaligen Kommilitonen – ein geheimnisvolles Paradox, die personifizierte Einheit von logischer Poesie und poetischer Logik, von Genauigkeit und Gefühl, wie sie Robert Musil gesucht hatte, von abstraktester Theorie und zugleich härener und ausschweifender Lebensform; kurz, das Stichwort bezeichnete einen unerhört faszinierenden Philosophen-Typ, wie er bisher in der Philosophiegeschichte wohl noch nicht aufgetaucht war und alle Schemata zu durchbrechen schien. Mit Wittgenstein tritt synästhetisch das Wien der ersten dreißig Jahre dieses Jahrhunderts als Kulminationsort epochemachenden wissenschaftlichen und künstlerischen Geschehens vor Augen. Freud, Musil, Schönberg und auch ein gewisser Hitler veränderten von hier aus die Welt, stellten sie auf den Kopf, stellten sie auf die Füße, und einer steckte sie in Brand.

Der »Wiener Kreis« begann allmählich den Beobachter – und, wie er merkte, auch seine Umwelt – mehr zu interessieren als Wittgenstein. Daß der Kreis nicht so homogen war, wie es ihm damals schien, stellte sich erst Jahrzehnte danach heraus. Der Name Carnap gewann nach und nach eine gleichsam trocken-auratische Bedeutung. ›Der logische Aufbau der Welt‹ – das hörte sich an wie ein Stück phantastisch-funktionalistischer Turmbau-Architektur.

Die Bemühungen um ein Verständnis der vor dem Zweiten Weltkrieg neuen und nach dem Zweiten Weltkrieg bei uns im Grunde unbekannten, veränderten Philosophie des Logischen Empirismus wurden vom Beobachter fortgeführt, bis sich die glückliche Situation ergab, den neben dem 1951 verstorbenen Wittgenstein prägendsten Denker des ehemaligen Wiener Kreises und nun im amerikanischen Exil gereiften analytischen Philosophen kennenzulernen: Rudolf Carnap.

Das war etwa 1964, bei den Alpbacher Hochschulwochen, wo Carnap erstmals nach dem Krieg öffentlich im deutschen Sprachraum wieder auftrat. Herbert Feigl und Ernst Bloch waren ebenfalls da und unterhielten sich, zur Verblüffung des Beobachters, angeregt und freundschaftlich beim Abendessen. In Alpbach genoß der Beobachter das Privileg, zusammen mit Carnap bei Tisch zu sitzen. Er war nämlich mit Carnaps Jugendfreund Franz Roh und dessen Ehefrau Juliane, mit denen er seit Jahren bekannt war, von München nach Alpbach gekommen. Franz Roh war Kunsthistoriker, selbst Collagen-Künstler und hatte über die Bundesrepublik hinaus durch seine Bücher und sein unentwegtes Engagement für die moderne Kunst einen guten Namen. Roh wußte von seinem Schulfreund Carnap nicht viel mehr, als daß er ein »Positivist« war und also, nach damaligem Verständnis in Deutschland, irgendwie die Philosophie zu destruieren suchte. Die Gespräche bei Tisch in Alpbach kreisten anfangs darum, daß »Franz« dem »Rudi« freundschaftlich vorhielt,

er wolle wohl die tradierte Philosophie »kaputtmachen«.
»Nein, Franz, das wollen wir natürlich nicht«, entgegnete
Carnap in seinem gemächlichen Tonfall; er wirkte gegenüber dem vividen, heftig redenden kleinen Franz Roh wie
ein gutmütiger Bernhardiner. »Nur die Philosophie, die gewisse metaphysische Aussagen machen will, wollen wir
nicht mehr.« »Aber Du willst doch die ganze Philosophie
auf bloße Logik zurückstutzen«, kam es vom nicht locker
lassenden Roh. »Nein, Franz, das wollen wir nicht. Die Logik ist für uns nur ein Werkzeug, wie eine Säge . . .«

Die Fragen Franz Rohs waren symptomatisch für die Einschätzung des »Positivismus« im damaligen Deutschland
und für die vagen Vorstellungen, die man sich von der »Antiphilosophie« Carnaps machte – die, so hieß es, als Reimport aus den USA wieder auf uns gekommen und natürlich
längst überholt sei: Kahlschlag und logistischer Formelkram. In einem »Anhang« zum Band 40 der Gesamtausgabe
der Werke Heideggers macht der Philosoph ergänzende Bemerkungen zum Begriff des »Seyns« und denjenigen, die seit
Aristoteles dabei sind, es aus der Copula, dem »ist« des
Satzes, zu bestimmen und, so Heidegger, »das heißt schließlich zu vernichten«. Endstation auf diesem Weg ist für Heidegger der 1931 erschienene Aufsatz des bei ihm nicht namentlich genannten Carnap ›Überwindung der Metaphysik
durch logische Analyse der Sprache‹ in der Zeitschrift des
Wiener Kreises ›Erkenntnis‹. Natürlich ist, was er da lesen
muß, für Heidegger »die äußerste Verflachung und Entwur-
zelung« der überlieferten Urteilslehre. Da werde Wahrheit
umgebogen zur Gewißheit, zur »bloßen Sicherung des Denkens«, das wiederum auf die endgültige »Entgötterung der
Welt« hinauslaufe. Diese Art Philosophie, steigert sich Heidegger, sei nicht zufällig an den »russischen Kommunismus«
gebunden, und ebenso wenig zufällig sei es, daß solches
Denken »in Amerika seine Triumphe feiert«. Die später von
den Nationalsozialisten unterstellte Kumpanei von Bolsche-
wismus und Plutokratie ist hier von Heidegger, hellsichtig,
möchte man sagen, vorweggenommen worden, und selbstverständlich hat er auch mit der »Entgötterung der Welt«
das Richtige gesehen. Am Maßstab seines fatalen Archais-
mus ist das aber für ihn Verlust, nicht aufklärerischer Gewinn, während jene politische Parallelisierung einen signifi-

kanten Fall von pauschaler Zeitgeist-Diagnostik darstellt, die prinzipiell durch die Einebnung jeglicher Differenzierung verunglimpfen will. Von solchem Zuschnitt war damals die Kenntnis und die Beurteilung – besser Verurteilung – des »Positivismus« und der Philosophie Carnaps (übrigens auch der Marxschen Theorie, nicht des politischen Marxismus). Die Rezeptionsgeschichte in Deutschland und ähnlich in Österreich verlief in diesen Bahnen:

7. Zur Rezeptionsgeschichte des Wiener Kreises und seiner Nachfolge in der Bundesrepublik

Zur Rezeptionsgeschichte des Wiener Kreises und seiner Philosophie kann hier, in der Kürze, natürlich nur einiges Symptomatische, und dies noch unter dem Aspekt persönlicher Erfahrungen und Erinnerungen, gesagt werden.

Beginnen muß man damit, daß von einer Rezeptionsgeschichte des Wiener Kreises oder der Wiener Schule, wie man manchmal liest, kaum die Rede sein kann, denn in der kurzen Zeit seit seiner Etablierung expressis verbis als »Wiener Kreis« bis zu seiner Auflösung aufgrund der Expansion des Faschismus und Nazismus gibt es eher Attakken seitens der Mitglieder dieses Kreises auf die traditionelle wie die modernste »abendländische« Philosophie – das Seinsdenken oder die Existenzphilosophie –, aber wenig Ergiebiges aus diesen Richtungen zur Kritik der Philosophie des Wiener Kreises. (Die diversen Kritiken an Ernst Mach und dem Machismus gehören wohl in diesen Zusammenhang, aber nicht zu meinem Thema.)

Womit die »real existierende« Philosophie der Vorkriegsjahre es beim Wiener Kreis glaubte zu tun zu haben, wurde unter dem Schlagwort »Positivismus« subsumiert. Aber wenn sich die Anhänger des Wiener Kreises anfangs als Neopositivisten deklarierten, änderte das nicht viel an der allgemeinen Vorstellung, dieser Wiener Kreis erneuere im Grunde den Positivismus eines Auguste Comte, versetzt mit ein wenig mehr Physik; er beschränke sich – oder er habe sich gefälligst zu beschränken – auf das Sammeln von Daten und Fakten, auf die Stoffhuberei, wie es in der Literaturwissenschaft hieß.

Ein Thomist wie Jacques Maritain meinte 1938 – wie bei Philipp Frank mitgeteilt wird – , ein von ihm, Maritain, so genannter »vorsichtiger Positivismus«, der die Wissenschaft in »ihre Schranken weise«, sei willkommen; ein »kühner Positivismus« aber, der sich selbst zu Interpretationen von Daten aufschwinge, sei zu verwerfen. Das müsse einer autonomen Philosophie, etwa dem Thomismus, überlassen bleiben. Maritain benutzte übrigens gegen diesen Positivismus schon den begrifflichen Schlagring »Szientismus«. Philipp Frank zieht hier Parallelen zwischen dem kirchlichen dogmatischen Thomismus und dem sowjetischen dialektischen Marxismus-Leninismus, der natürlich – wie schon gegenüber Mach – eine ablehnende Haltung gegenüber der vermuteten Konkurrenz »Positivismus« einnahm[1].

In Karl Jaspers' berühmtem Göschen-Bändchen 1000 aus dem Jahr 1931 kommt der Wiener Kreis nicht vor, und der Positivismus, im allgemeinsten Sinn, nur als ein Ismus unter anderen. Aber was Jaspers gewissen Schulen vorhält, hätten sich die Leute des Wiener Kreises durchaus als passenden Schuh anziehen können. Jaspers schreibt nämlich: »Daß sie zumeist Kierkegaard nicht kannten, Nietzsche nicht als Philosophen nahmen, ihn als Dichter anerkennend klassifizierten und so für sich unschädlich machten, aber doch über ihn sprachen, ihn als unwissenschaftlich, als Mode, als Nichtkönner abtaten, ist das kennzeichnende Symptom ihrer eigenen Hilflosigkeit. Sie beschwichtigten das radikale philosophische Fragen zur Harmlosigkeit.«[2] Das, aus dem Jahre 1931, könnte auch von heute sein. – Auf Jaspers komme ich später noch einmal zurück.

Heidegger – um die Spiegelung des »Positivismus« in den allergrößten Köpfen jener Jahre vorzuführen – Heidegger bemerkte in den Marburger Vorlesungen zur Phänomenologie aus dem Jahr 1927 – als er selbst noch auf Wissenschaftlichkeit pochte, wenn auch eine etwas andere: »Hobbes' extrem nominalistische Forderung der Probleme ist mit unübertrefflicher Klarheit durchgeführt, worin sich immer – ganz abgesehen von der Haltbarkeit – eine philosophische

[1] Philipp Frank, Wahrheit – relativ oder absolut? Mit einem Vorwort von Albert Einstein. Zürich 1952, S. 161 ff.
[2] Karl Jaspers, Die geistige Situation der Zeit. 11. Aufl. Berlin 1965, S. 142.

Kraft bekundet.« »Wir verstehen künftig unter Philosophie wissenschaftliche Philosophie und nichts anderes.«[3]

Das war, 1927, doch noch ein anderer Heidegger. Elf Jahre später, in dem hernach so betitelten Aufsatz ›Die Zeit des Weltbildes‹ von 1938, geht er nur auf den »Amerikanismus« als »etwas Europäisches« ein und nennt die »amerikanische Interpretation des Amerikanismus durch den Pragmatismus« noch außerhalb des metaphysischen Bereichs[4]. Auch nach dem Krieg sind keine direkten Stellungnahmen zum Logischen Empirismus oder gar zum Wiener Kreis bekannt geworden – bis jetzt.

Die Kritik, die der 1928 verstorbene Max Scheler in seiner Schrift ›Erkenntnis und Arbeit‹ am Pragmatismus übt, könnte streckenweise auch als Kritik an den Ideen der Wiener Neopositivisten gelten, und womöglich sind es auch deren Gedanken, die Scheler als pragmatisch anklagt[5]. Es finden sich bei Scheler Ansichten, die sich, wie man mittlerweile weiß, Theoretiker der damaligen Neuen Linken als eigene neue Thesen »unter den Nagel gerissen« haben.

Daß die Ideen des Wiener Kreises für die Phänomenologie jener Jahre unakzeptabel waren und außerhalb des Erkenntnisinteresses ihrer Anhänger lagen, bedarf keiner weiteren Erläuterung.

Sehr aufmerksam wahrgenommen wurde die Philosphie des Wiener Kreises indes von den Schulhäuptern der »Frankfurter Schule« der sogenannten Kritischen Theorie. Und zwar von Beginn an mit Abwehr und Feindseligkeit. Allerdings hatten auch die Mitglieder des Wiener Kreises ihren empiristischen und formalistischen Dünkel, der sie überall da »Denkverbote« ergehen ließ, wo ihre Interessen oder ihre Begriffe nicht hinreichten. Gleichwohl bahnte sich, wie erst jetzt bekannt wurde[6], 1936 ein Kontakt beider

---

[3] Martin Heidegger, Die Grundprobleme der Phänomenologie. Gesamtausgabe, Bd. 24, II. Abt.: Vorlesungen 1923–1944. Frankfurt a. Main 1975, S. 261, 17 und a. O.

[4] Martin Heidegger, Die Zeit des Weltbildes. In: Holzwege. Frankfurt a. Main 1980, S. 110.

[5] Max Scheler, Erkenntnis und Arbeit. Frankfurt a. Main 1977, S. 48 ff. u. 66 ff.

[6] Hans-Joachim Dahms, Die Vorgeschichte des Positivismus-Streits. Von der Kooperation zur Konfrontation. Die Beziehungen zwischen Frankfurter Schule und

Schulen an, der aber alsbald, vornehmlich durch Max Horkheimers ideologische Animosität, in offene Feindschaft überging, und zwar höchst einseitig in Gestalt wiederholter Polemiken von Horkheimer und Theodor W. Adorno. 1937 attackierte Horkheimer in seinem Aufsatz ›Der neueste Angriff auf die Metaphysik‹ heftig die Neopositivisten, denen er unter anderem eine »Verwechslung kalkulatorischen Denkens mit der Vernunft schlechthin« vorhielt[7]. In der während der Kriegsjahre in der Emigration entstandenen und 1947 zuerst in Holland erschienenen Gemeinschaftsproduktion der beiden Sozialphilosophen wird der Neopositivismus oder der Logische Empirismus dann geradezu als das Produkt selbstzerstörerischer Aufklärung indiziert und als Rechtfertigungsideologie aller bestehenden »kapitalistischen« Übel denunziert. Mit solchen Invektiven konnten sich die beiden kritischen Theoretiker auch des Beifalls konservativer Kreise in Deutschland und Österreich sicher sein. Im »Positivismus« der sechziger Jahre entluden sich schließlich die angestauten Aggressionen Adornos und Habermas' vollends gegen das, was sie immer noch für den Logischen Positivismus oder herkömmlichen Empirismus hielten.

Von einer wirklichen Rezeption der Philosophie des Wiener Kreises in Deutschland vor der sogenannten Machtübernahme durch die Nazis kann man ansonsten, wie schon angedeutet, nicht reden. Der Name »Wiener Kreis« war allem Anschein nach in jenen Vorkriegsjahren noch gar nicht in die philosophische Welt außerhalb Österreichs oder Wiens gedrungen. Die Bezeichnung Neupositivismus, die im Wiener Kreis anfangs kursierte, wurde damals nicht wirklich zur Kenntnis genommen; man hielt sich, wie manchmal noch heute, an das Wörtchen Positivismus und konnte so alles Mögliche und Unmögliche den Neopositivisten mit unterschieben, vor allem einen sogenannten Tatsachenfetischismus.

Wiener Kreis 1936–1942. In: H.-J. Dahms u.a. (Hrsg.), Jahrbuch f. Soziologiegeschichte. Leverkusen 1990.

[7] Max Horkheimer, Der neueste Angriff auf die Metaphysik. In: Kritische Theorie. Eine Dokumentation. Hrsg. v. Alfred Schmidt. Bd. 2. Frankfurt a. Main 1968, S. 129.

Die Rezeption des Wiener Kreises unter diesem Namen begann also in Deutschland, und nun in der Bundesrepublik, bewußt erst nach dem Krieg. Aber auch jetzt vollzog sich diese Rezeption gleichsam zeitversetzt und dadurch unter schiefen Voraussetzungen. Denn über die schicksalsschweren Nazi- und Kriegsjahre war aus dem Neopositivismus des Wiener Kreises in der englischen und amerikanischen Emigration etwas anderes, Größeres geworden, eine mächtige, internationale Strömung. Schon zur Wiener Zeit war ja alsbald an die Stelle des Ausdrucks Neopositivismus der bessere und kennzeichnendere Begriff Logischer Empirismus getreten, deutlich genug machend, daß zur bloßen Wertschätzung der »Erfahrung« gewissermaßen eine theoretische, sprachanalytische Komponente hinzugetreten war, die den alten Positivismus weit hinter sich zurückließ; eine theoretische Komponente, die unter dem Wort Logik auch eine neue, symbolische, algebraische Logik meinte, die wiederum der logischen Analyse der Sprache diente. Und dieses Moment verwandelte seinerseits den Neopositivismus in eine eminente Form von Sprachphilosophie, die sich, in den USA namentlich, auch mit pragmatischen und operationalistischen sowie philosophisch-behavioristischen Richtungen, Gedankengängen, Motiven verbunden hatte, wenn auch vielfach nur gleichsam probeweise und auf Zeit.

Was also nach 1945 aus den Vereinigten Staaten und aus England nach Österreich und in die Bundesrepublik zurückkam, war ein auch durch Selbstkritiken gänzlich verändertes philosophisches Produkt. Wieder einige Jahre später wurde daran bemerkt, daß es eigentlich in zwei Produkte zerfiel: Man könnte sagen, in den amerikanischen Carnapianismus und in den englischen Wittgensteinianismus, oder nun genauer: in die analytische Wissenschaftstheorie oder analytische Philosophie der Wissenschaftssprachen, und die neue Wittgensteinsche Metakritik oder gar Metaphysik und in der Folge die Welt des *Ordinary Language Approach,* die Philosophie der gewöhnlichen Sprache.

Wie gesagt, diese feinen groben Unterschiede drangen erst viel später in das Bewußtsein bundesbürgerlicher Denker und Rezipienten. Zunächst einmal galt, was da aus »dem Ausland« zurückkam, als Reimport altbekannter deutscher Philosopheme, die nun formalistischer sich gebärdeten und bei Gegnern zumal unter dem Strich und Schlagwort »Logistik« abgehandelt wurden. Man denke etwa an Günther Jacobys »Diskussionsbeitrag« von 1962 ›Die Ansprüche der Logistiker auf die Logik und ihre Geschichtsschreibung‹[8].

Eine ernsthaftere Auseinandersetzung mit der verwandelten Philosophie des Wiener Kreises in der Bundesrepublik ließ aber noch weitere Jahre auf sich warten. – Ich muß es hier bei der Zwischenbemerkung bewenden lassen, daß die Aufarbeitung der Philosophie des Wiener Kreises im präzisen Wortsinn, also die der späten zwanziger Jahre, tatsächlich erst vor ein paar Jahren begonnen hat und erst jetzt eigentlich im Gange ist, unter anderen mit den kommentierten Editionen der Schriften des Wiener Kreises im Suhrkamp-Verlag und im Wiener Hölder-Pichler-Tempsky-Verlag. Die Philosophie des Logischen Empirismus, oder sagen wir jetzt schon der analytischen Philosophie, stieß in der Bundesrepublik wenn nicht auf die explizite Ablehnung, so auf den Wall, den hier bis Anfang der sechziger Jahre die Existenzphilosophie, der Existentialismus, insbesondere aber die Spätphilosophie Heideggers ausmachten, der der Philosoph der Epoche war – und es derzeit, wenn auch unter etwas veränderten Vorzeichen, in Frankreich und der Bundesrepublik, zusammen mit Wittgenstein, wieder ist.

Heidegger ließ sich auf direkte, unverblümte Angriffe gegen die neue, wissenschaftliche Philosophie nicht ein. Kritisiert wurden die Naturwissenschaften, die ja noch nicht wirklich »dachten«, oder richtiger noch: der »Geist«, die Ideologie hinter diesen technisch verwertbaren Wissenschaften. Auch Karl Jaspers erging sich meist dann in Anspielungen, wenn die modernen Naturwissenschaften zur Diskussion standen. Ich habe ihn aber einmal, 1961, bei einem Gespräch zu einer unmittelbaren Stellungnahme zum »Positivismus« bewegen können ... (siehe das Interview in diesem Band).

Natürlich ist es kaum jemandem zu verargen, wenn er von dem, was da aus der Emigration als verwandelte Philo-

---

[8] Günther Jacoby, Die Ansprüche der Logistiker auf die Logik und ihre Geschichtsschreibung. Ein Diskussionsbeitrag. Stuttgart 1962.

sophie des Wiener Kreises auf ihn zukam, ziemlich verwirrt war. Denn eine definitive Bezeichnung für dieses Philosophieren des »Positivismus« hat sich allem Anschein nach in den letzten Jahren erst durchgesetzt. Anfangs sprach man, wie gesagt, von Neopositivismus, dann von Logischem Empirismus, gelegentlich auch nur von Modernem Empirismus; auch von sprachanalytischer Philosophie war die Rede, und ebenfalls der jetzt gängige Ausdruck »analytische Philosophie« kam schon vor. Dann wurden Bezeichnungen wie wissenschaftliche Philosophie, Wissenschaftsphilosophie, im Englischen Science of Science favorisiert. Eine Zeitlang delektierten sich die »formalistischsten« unter den analytischen Philosophen an dem schlichten und pathetisch-unpathetischen Wort »Grundlagenforschung«, dem man aber alsbald abschwor. Der Begriff Wissenschaftstheorie schien hernach die längste Zeit und endgültig für diese Art Philosophie das letzte Wort zu sein und das Wort Philosophie überhaupt zu ersetzen. Philosophie war für diese Denker Wissenschaftstheorie – was natürlich heftigen Unmut in der akademischen philosophischen Disziplin hervorrief. Jetzt endlich scheint sich der Reigen der Namengebungen gelegt und beim Ausdruck »analytische Philosophie« eingepegelt zu haben. Ist dem aber auch das zuzurechnen, was man als *linguistic turn* im engeren Sinne dem *Ordinary Language Approach* zuschreiben wollte? Und wo steht der kritische Rationalismus Poppers und Alberts? Popper gehörte damals an den Rand des Wiener Kreises, gehört er heute zur analytischen Philosophie? Oder es gibt innerhalb ihrer noch die ganz hartköpfigen Analytiker, die eine »wissenschaftliche« Philosophie nach dem Geschmack Hans Reichenbachs etwa oder des frühen Carnap durchsetzen möchten?

Sofern die gegenwärtige weltweite analytische Philosophie den Neopositivismus des Wiener Kreises beerbt hat, oder insofern jene der ausgewachsene Mensch, dieser das Kind war – insofern auch ist es ein Kennzeichen dieser rund sechzig Jahre alten Strömung, eben Strömung geblieben zu sein, immer im Fluß zu sein, darin in der Tat den empirischen Wissenschaften ähnlich. Neuraths Bild vom Umbau des Schiffes während der Fahrt auf hoher See gilt für diese Philosophie in besonderem Maße.

All die genannten wechselnden Namengebungen haben begreiflicherweise die Rezeption der ausgewachsenen analytischen, einst »kindlichen«, Wiener-Kreis-Philosophie verzögert, erschwert, in falsche Kehlen geraten lassen. Die spärliche Rezeption in der Bundesrepublik Ende der fünfziger bis Ende der sechziger Jahre ist in der Regel von heftiger Abwehr und scharfer Polemik bestimmt gewesen. Auch hier macht Wittgenstein häufig eine Ausnahme. Mitte oder Ende der fünfziger Jahre schrieb Ingeborg Bachmann einen Radio-Essay über Wittgenstein unter dem Zitat-Titel ›Die Grenzen der Sprache sind die Grenzen meiner Welt‹[9]. Diese Sendung – damals war Radio noch was – hat viel dazu beigetragen, den Namen Wittgenstein in literarisch-ästhetischen Zirkeln, anfangs als Geheimtip, ins aufgeregte Gespräch zu bringen. Mit Wittgenstein kam auch der Name des Wiener Kreises ins Gerede, den man sich damals zunächst als unter einer Art Präsidium Wittgensteins dachte. Moritz Schlick trat noch kaum in Umrissen in Erscheinung bei den wenigen bundesrepublikanischen Neugierigen.

Kritisch mit Wittgenstein ging bereits, ich glaube in den fünfziger Jahren, Paul Feyerabend um, in einem untergegangenen Aufsatz im ›Merkur‹[10]. Verstreut in Zeitschriften und Büchern, kleiner Verlage meist, gab es dann intensivere Beschäftigungen mit der Wiener Schule, dem modernen Empirismus, der analytischen Philosophie: die meisten von bundesdeutschen Denkern verfaßten Beiträge waren ziemlich uninformiert und unbedacht. Hermann Wein indes schrieb schon 1968 einen nicht uninteressanten langen kritischen Essay mit dem Titel ›Zur logischen Selbstüberwindung des Logischen Positivismus‹[11]. Hingegen stand im Windelband, weitergeführt von Heimsoeth, noch äußerst Bescheidenes, übers namedropping kaum Hinausgehendes zum Wiener Kreis[12]. Höchst Kritisches zum Positivismus, zum

[9] Ingeborg Bachmann, Werke. 4. Band: Hrsg. von Ch. Koschel, J. v. Weidenbaum u. C. Münster. München 1978, S. 103–127.

[10] Paul Feyerabend, Ludwig Wittgenstein. In Merkur, Nr. 81, Nov. 1954.

[11] Hermann Wein, Zur logischen Selbstüberwindung des Logischen Positivismus. In: H. Wein, Kentaurische Philosophie. Vorträge und Abhandlungen. München 1968. S. 48ff.

[12] Windelband-Heimsoeth, Lehrbuch der Geschichte der Philosophie. Tübingen 15. Aufl. 1957, S. 585f., 609, 610.

Empirismus, zur analytischen Philosophie und zu Wittgenstein gab es um diese Zeit von einem nicht zurückgekehrten Emigranten, von Walter Kaufmann, 1966 im Szczesny Verlag, einen umfangreichen Band mit dem Titel ›Religion und Philosophie‹. Kaufmann, der andernorts sehr treffend das weihevoll hermeneutische, unkritische philosophische Klima im Nachkriegsdeutschland getroffen hatte, rieb sich an den menschlich-allzumenschlichen Schwächen des Logischen Empirismus, dessen Partikel »logisch« er meines Erachtens nicht wirklich berücksichtigte. Gilbert Ryle kritisierend meinte er pars pro toto: »Eine andere Folge des Strebens nach Genauigkeit besteht darin, daß holpriges und steiniges Gelände gemieden wird. Weil beispielsweise die Gefühle gewöhnlich etwas unordentlich sind und die Analytiker lieber mit sauberen und ordentlichen Dingen umgehen, haben sie, im ganzen gesehen, ausgedehnte Erfahrungsbereiche außer acht gelassen und sich nur sehr teilweise mit Kunst, Religion und Sittlichkeit auseinandergesetzt.«[13] Das ist natürlich, unter den vielen Vorwürfen gegen den Kahlschlag der analytischen Philosophie, ein immer wiederkehrender Topos: die Kunstblindheit der Positivisten und ihr Versagen vor Fragen der Ethik.

Am wütendsten ist immer Ernst Bloch mit dem Positivismus – wie er ihn mißverstand – verfahren, später vielleicht nur mehr übertroffen von Herbert Marcuse. Beide, das kann man wohl sagen, ohne besseres Wissen von dieser Philosophie. Aber das garantiert ja stets Kritik »aus dem Vollen«. Inzwischen gab es in der Bundesrepublik eine gerechte, eine kompetente und durchdachte, sicher nicht unparteiische Rezeption und Darstellung der Grundzüge alter und neuer analytischer Philosophie, nämlich ab 1955 von Wolfgang Stegmüller in seinem – nunmehr vierbändig erscheinenden Werk ›Hauptströmungen der Gegenwartsphilosophie‹[14].

Noch 1975 gibt hingegen Ernst Bloch folgendes von sich: Zunächst redet er von den »Positivisten mit ihren rein for-

[13] Walter Kaufmann, Religion und Philosophie. München 1966, S. 54 und a. O.

[14] Wolfgang Stegmüller, Hauptströmungen der Gegenwartsphilosophie. Stuttgart 1969. Daneben natürlich die maßgebende Schrift sozusagen der ersten Stunde: Victor Kraft, Der Wiener Kreis. Der Ursprung des Neopositivismus. Ein Kapitel der jüngsten Philosophiegeschichte. Wien 1950.

malistischen Maßstäben, mit ihrer völlig zudeckenden Zugehörigkeit zur bürgerlichen Ideologie selber«, und davon, daß die »positivistische Sprachkritik« keinen Unterschied zwischen der »Allerweltssprache« und den »Sprachgebilden großer Literatur« mache. Die Mitteilung Goethes: »Mir gab ein Gott zu sagen, was ich leide« ist denen unbekannt, welche nur noch Schweigen übriglassen, wenn die Logistik statt Sprache nicht mehr ausreicht. Genau die philosophische Sprache des Heraklit, Parmenides bis zu Hegel liefert den Positivisten, die sie am wenigsten verstehen, gar beherrschen, nach Carnaps Ausdruck ja nur »Musikbeispiele«, nicht Erkenntnis. Und dann zwei Gegner erledigend in einem Aufwasch: »Aber eine Sprachkritik wie die uferlos positivistische, auch die Heideggersche Nichtsprachkritik, indem sie den Positivisten Material für ihre bloß höhnische, nichts übriglassende Antisprachkampagne liefert, präformiert schon Agnostizismus vom Sprachbild selber her...« Interessantes dieser Art steht im Kapitel ›Die logische Aussage als Erkenntnis präformierend‹ in Blochs Buch ›Experimentum Mundi‹[15]. Das Diktum von Carnap lautet übrigens: »Metaphysiker sind Musiker ohne musikalisches Talent, Dichter ohne dichterische Begabung.«

Eine Rezeption der Philosophie des Wiener Kreises und seiner vielfältigen Nachfolge, eine Rezeption als Voraussetzung von Kritik und Auseinandersetzung hat, so kann man bilanzieren, weder seitens der Heideggerianer oder Existenzphilosophen noch bei den Alt- und Neu-Marxisten je stattgefunden (viel eher in der DDR, in deren ›Zeitschrift für Philosophie‹ über Jahrzehnte ausführliche Rezensionen, wie ideologisch eingefärbt auch immer, der laufenden Publikationen der analytischen Philosophie zu lesen waren). So findet sich bei Herbert Marcuse nur ein kleines Häufchen von populären Versatzstücken des Positivismus, an dem die Polemik sich entzünden kann. In Marcuses berühmtem Buch aus der Mitte der sechziger Jahre ›Der eindimensionale Mensch‹ gibt es ein Kapitel, überschrieben »Der Triumph des positiven Denkens: eindimensionale Philosophie«, in dem Marcuse den »Positivismus« effektvoll des Konformismus, der Sprachverödung, ja sogar der Re-

[15] Ernst Bloch, Experimentum Mundi. Frankfurt a. Main 1975, S. 35f.

mythisierung bezichtigt. Wittgenstein, Ryle, Austin und Gellner sind Zielscheiben schärfster Kritik. Dem Positivismus und auch dezidiert der analytischen Philosophie werden erhebliche Mitschuld am Status quo der Repression und Entdimensionalisierung der Welt zugeschrieben[16], so wie in anderen Polemiken die Linie vom Liberalismus zum Positivismus und Faschismus suggeriert wurde. Dennoch, glaube ich, stecken selbst in Marcuses verbissener ideologischer Kritik »verstehbare«, »denk-bare« und manchmal sogar nicht einfach falsche Räsonnements.

Und ich glaube weiter, daß vor allem in den siebziger Jahren die analytischen Philosophen aller Couleur es versäumt oder verschmäht haben, auf die so persistenten Attacken gegen sie ernsthaft zu reagieren. Auch die Re-Rezeption, wenn ich so sagen darf, hat nie gut funktioniert. In der Bundesrepublik hat vor allem durch einen Österreicher, nämlich durch Ernst Topitsch, dessen Weltanschauungsanalyse in den Umkreis aufklärerisch analytischer Philosophie zu zählen ist, eine Art Nahkampf zwischen »Positivismus« und Marxismus (auch Existentialismus) stattgefunden. Und dann natürlich im sogenannten »Positivismusstreit«, den man auch Dialektikstreit nennen könnte, zwischen Hans Albert und Jürgen Habermas vor allem. Übersehen sollte man dennoch nicht, daß der Positivismusstreit als Streit in der deutschen Soziologie, nicht in der Philosophie, deklariert war[17]. Und vor allem, daß dieser Streit auf einem Mißverständnis – aus Rezeptionsmangel! – beruhte, daß er den Positivismus der Wiener Schule meinte (jedoch nicht einmal den begriff), aber auf den kritischen Rationalismus Poppers einschlug.

Auf diese gleichwohl wichtige und folgenreiche Debatte zwischen den einflußreichsten Strömungen derzeitiger – oder schon wieder einstiger – Philosophie brauche ich nicht näher einzugehen. Sie ist allen noch präsent. Es hat in ihrem Verlauf auch durchaus Lernprozesse gegeben. Vorher hätte zum Beispiel Habermas gewiß nie geschrieben, daß das

[16] Herbert Marcuse, Schriften 7: Der eindimensionale Mensch. Frankfurt a. Main 1989, S. 184 ff.

[17] Theodor W. Adorno, Hans Albert, Jürgen Habermas, Karl R. Popper u.a., Der Positivismusstreit in der deutschen Soziologie. Neuwied u. Berlin 1969.

objektivistische Programm des Positivismus »allerdings erst im Szientismus der sprachanalytischen Philosophie in einer großartigen Bewegung des Gedankens von Russell und – dem frühen – Wittgenstein über Carnap und Popper bis zur selbstironischen Pointe bei Sellars und Feyerabend durchgespielt worden« sei[18]. Und an anderer Stelle heißt es einmal sinngemäß, daß niemand mehr hinter die methodologisch-philosophischen Standards, die durch die analytische Philosophie gesetzt seien, zurückfallen dürfe.

Eine eingehende Rezeption des frühen Positivismus bis, wie ein Kapitel heißt, zur ›Aufhebung des Logischen Positivismus in der sprachanalytischen Philosophie‹, und bis zum Kritischen Rationalismus mitsamt seinen sozial-philosophischen Implikationen hat dann 1972 Walter Schulz in seinem unfangreichen Werk ›Philosophie in der veränderten Welt‹ geleistet. Vielleicht werden dort die diversen, einander nicht gerade wohlwollend betrachtenden philosophischen Schulen und Vertreter der Gegenwart allzu neutral nach der Art eines gleichgültigen Pluralismus zusammengesehen[19].

Ein Werk übrigens, das Anfang der fünfziger Jahre in der Bundesrepublik bei nahezu allen philosophischen Parteien wütende bis verächtliche Ablehnung fand, auch in Zeitungsrezensionen, war Hans Reichenbachs allerdings kühles Resümee ›Der Aufstieg der wissenschaftlichen Philosophie‹[20]. Reichenbach, der aus Berlin stammt, wird übrigens noch im jüngsten Krönerschen ›Wörterbuch der Philosophie‹ als »Mitbegründer des Wiener Kreises« geführt. Ich weiß nicht, ob das zutrifft. Bei Victor Kraft findet sich dazu kein passender Hinweis.

Reflexe des aufklärerischen Impetus des Wiener Kreises und seiner Nachfolge zeigten sich Mitte der sechziger Jahre nachdrücklich auch in den Sozialwissenschaften. Der

[18] Jürgen Habermas, Erkenntnis und Interesse. Mit einem neuen Nachwort. Frankfurt a. Main 1973, S. 379. (Aber das Credo: »Daß wir Reflexion verleugnen, ist der Positivismus« bleibt im Vorwort stehen.)

[19] Walter Schulz, Philosophie in der veränderten Welt. Pfullingen 1972, S. 35 ff., S. 68 ff.

[20] Hans Reichenbach, Der Aufstieg der wissenschaftlichen Philosophie. Berlin 1953.

von Ernst Topitsch 1965 herausgegebene Band ›Logik der Sozialwissenschaften‹ macht das schon durch die Autorennamen deutlich, die für die Bandbreite der vom Wiener Kreis ausgegangenen Impulse rationalen Verhaltens bezeichnend sind[21].

Eine Fülle wichtiger Schriften von Mitgliedern des Wiener Kreises werden einer interessierten, einer »breiteren« philosophischen Öffentlichkeit im übrigen jetzt erst zugänglich gemacht. Ich wies schon auf die Aktivitäten österreichischer und deutscher Verlage hin. Der Spiritus rector, die graue Eminenz oder wie immer man Wittgenstein im Verhältnis zum Wiener Kreis bezeichnen mag, ist allerdings bereits nicht nur voll rezipiert, sondern, von transzendentalphilosophischer Seite zum Beispiel, voll adaptiert – ähnlich wie ein Geistesverwandter des modernen Logischen Empirismus, Charles Sanders Peirce, durch deutsche Hermeneutiker – oder, nach Hans Albert, »hermeneutische Kirchenväter«, vereinnahmt wurde.

Anderes, immens Wichtiges, findet in der Bundesrepublik offenbar immer noch keine Resonanz. Die Schilpp-Bände von Russell, Carnap und Popper sind noch unübersetzt.[22]

Natürlich sind nicht annähernd alle Reflexe des Wiener Kreises im deutschsprachigen Europa hier zur Sprache gekommen. Leszek Kolakowskis Werk über ›Die Philosophie des Positivismus‹ soll zumindest noch genannt werden, ein beachtliches Buch, das dem »Logischen Empirismus die Szientistische Verteidigung der Zivilisation in der Krise« zuschreibt[23]. Oder die detaillierten Darstellungen einzelner Aspekte der wissenschaftlichen Philosophie in dem 1959 von Fritz Heinemann – aus Oxford freilich – herausgegebenen Band ›Die Philosophie im 20. Jahrhundert. Eine enzyklopädische Darstellung ihrer Geschichte, Disziplinen und Aufgaben‹[24].

[21] Ernst Topitsch (Hrsg.), Logik der Sozialwissenschaften. Köln, Berlin 1965.

[22] Carnaps intellektuelle Biographie aus diesem Band erschien unter dem Titel: R. C.: Mein Weg in die Philosophie. Hrsg. und übersetzt von W. Hochkeppel. Stuttgart 1993.

[23] Leszek Kolakowski, Die Philosophie des Positivismus. München 1971.

[24] Fritz Heinemann (Hrsg.), Die Philosophie im 20. Jahrhundert. Eine enzyklopädische Darstellung ihrer Geschichte, Disziplinen und Aufgaben. Stuttgart 1959.

Als Spezialfall zu erwähnen ist noch Josef Maria Bochenskis Problemgeschichte der ›Formalen Logik‹ aus dem Jahr 1956, in der freilich der Wiener Kreis nur erwähnt wird, in seiner Bedeutung aber noch nicht voll gewürdigt ist, sowie auch Carnaps Bemühungen um die Logik eher übersehen wurde[25].

In dem 1962 erschienenen Band ›Die Philosophie Westeuropas‹ – in dem Popper einmal »Kurt Popper« sein durfte – gibt Hermann Noack im Kapitel ›Vom Neopositivismus zur analytischen Philosophie‹ einen knappen, aber informativen Überblick, der die wichtigsten Strömungen der Gegenwartsphilosophie im Thema Sprache konvergieren läßt[26].

Vergessen werden sollen auch keineswegs die Anstrengungen der Nymphenburger Verlagsanstalt, Anfang der siebziger Jahre eine Bertrand Russell-Studienausgabe herauszubringen. Und natürlich nicht die Editionen englisch-amerikanischer und deutscher Analytiker im Reclam-Verlag seit einigen Jahren[27]. Aber am lauen Echo der Rezensionen zeigt sich das Unverständnis und die anhaltende Voreingenommenheit gegenüber der liberalen Philosophie der analytischen Richtung.

Als Schlußfolgerung aus der ungemein schleppenden, spärlichen und seit Jahrzehnten eigentlich widerwilligen Rezeption der Philosophie, die sich mit dem Wiener Kreis begründete und die heute – aber auch schon zu ihren Gründerzeiten – alles andere als ein homogener Block ist (gehört etwa Lorenzen irgendwie zu dieser »Richtung« oder Tradition?) läßt sich festhalten, daß diese Art Philosophie denkbar ungeeignet war, um in Deutschland, später in der Bundesrepublik, Fuß zu fassen und ästimiert zu werden. Sie wurde hier als zersetzend, als Kahlschlag, als lebensfremd oder sogar lebensfeindlich empfunden, überdies als geschichtsblind und antikünstlerisch; vor allem aber als glaubenslos. Denn mindestens ein sogenannter philosophischer Glaube muß her: sei es ein existenzphilosophischer, sei es – trotz aller Untergänge – der Glaube an einen Propheten

[25] Josef Maria Bochenski, Formale Logik. Freiburg, München 1956.
[26] Hermann Noack, Die Philosophie Westeuropas. Basel, Stuttgart 1962, S. 334 ff.
[27] Bertrand Russell, Studienausgabe. 6 Bde. München 1970–1976.

und Erlöser des Gesellschaftspolitischen, sei es der Glaube christlicher Philosophen. Noch im Aufsatz ›Zur Wirkung der analytischen Philosophie in Deutschland‹[28] spricht Rüdiger Bubner der analytischen Philosophie nur da produktive Anregungen zu, wo sie mit »historischen Kenntnissen« vermittelt worden sei. Ansonsten sei die zugegebenermaßen »heilsame« Wirkung der analytischen Philosophie bei uns durchaus begrenzt, und seit Jahren zeichneten sich im übrigen Konvergenzen zwischen den Schulrichtungen ab.

Rationalität im Selbstverständnis des Wiener Kreises hat folglich anderswo seine Chancen gefunden. Und derzeit, wo der Wissenschaftlichkeit alle möglichen Übel angelastet werden, wo die Regression aufs postmodern Irrationale, Gegenaufklärerische triumphiert – und von Europa aus nun philosophisches Denken in Amerika »dekonstruktiviert« wird – und alle Richtungen ins Beliebige konvergieren, da ist eine Philosophie, die nach verbindlicher, zwanglos überzeugender Wahrheit weitersucht, nach wie vor zeitgemäß. (1991)

Daß Heidegger Carnap direkt, wenn auch ohne Namensnennung, angegriffen hatte, war dem Beobachter bei der Abfassung dieses Artikels noch nicht bekannt.

Vermutlich im Jahr nach Alpbach, 1965, rief Carnap beim Beobachter an, er sei wieder kurz in Deutschland. Der machte sofort einen Termin für ein Interview mit ihm aus, das dann auch, etwa 45 Minuten lang, in München aufgenommen wurde. Allgemeine Grundsätze oder Ansichten des Logischen Empirismus in seiner damaligen Form wurden besprochen. Nach der Sendung wurde dieses Interview, in dem Carnap die wichtigsten Auffassungen der übrigens von ihm nur zögernd wissenschaftlich genannten Philosophie in Kürze prägnant darstellte – er sprach immer nur von »uns«, fast nie von sich –, wiederholt abgedruckt, zunächst in der Zeitschrift ›Der Monat‹ im Mai 1967. Der Text fand ein

---

[28] Rüdiger Bubner, Zur Wirkung der analytischen Philosophie in Deutschland. In: W. Prinz und P. Weingart (Hrsg.), Die sog. Geisteswissenschaften: Innenansichten. Frankfurt a. Main 1990, S. 448 ff.

unerwartetes Echo. Überraschung rief vor allem Carnaps Toleranzprinzip hervor, das auch als liberale Haltung gegenüber der Metaphysik, im weitesten Sinne, verstanden werden konnte. Und die Metaphysik, wie vage auch immer, war zu jener Zeit ja noch immer oder schon wieder der deutschen Denker liebstes Kind. Zur Erinnerung an Carnap hier zunächst ein kurzes Porträt zu seinem 100. Geburtstag:

8. Im Kampf gegen sinnlose Sätze
Rudolf Carnap zum 100. Geburtstag

Liest sich schon die akademische Vita Carnaps etwas anders als die beschaulichen, später verengten Gelehrtenlebensläufe der Philosophieprofessoren im damaligen Deutschland – allein die erworbene Zweisprachigkeit verschonte die Emigrierten und Exilierten vom Muttersprachenkomplex nach der Art Heideggers –, so bildet sich durch seine Arbeit ein bis dahin unbekannter Stil des Philosophierens heraus: Gedankenanstrengung nämlich in enger kritischer Kooperation und steter Bereitschaft zur Preisgabe eigener Positionen. Noch Wittgenstein, dem Carnap viel verdankte, ist der vertraute Typ des genialen Einzeldenkers, dessen Emanationen als Erlasse vernommen werden wollen. Carnap hingegen überholte sich unentwegt selbst, und manchmal versuchten andere, seine aufgegebenen Stellungen gegen ihn zu halten. Stets, so erinnert sich Hilary Putnam, hörte man von ihm die Redensart »früher glaubte ich ..., heute glaube ich ...«. Für Putnam war Carnap »das herausragende Beispiel eines Menschen, der die Suche nach der Wahrheit höher stellt als die persönliche Eitelkeit«.
Carnap und den modernen Empiristen stand das Gemeinschaftsunternehmen Wissenschaft, genauer, Naturwissenschaft, für ihre neue Philosophie Modell. Sie sollte zugleich wissenschaftliche Philosophie und Philosophie der Wissenschaften sein. Und darüber hinaus gab es ein Credo, wenn man will eine Ideologie, die zu Wiener Zeiten sich »wissenschaftliche Weltauffassung« nannte, und die Carnap später auf den provisorischen Begriff eines »wissenschaftlichen Humanismus« brachte – politisch mit der Wendung übrigens zu einem ökonomischen Sozialismus.«

Um der Beliebigkeit traditionellen Philosophierens und der Bodenlosigkeit metaphysischer Dogmatik zu entrinnen, war unter Empiristen, denen Erfahrung einerseits und logische Konsistenz andererseits Grundsteine aller Wahrheitssuche waren, immer wieder die Idee einer stammbaumartigen Ableitung aller wichtigen Begriffe aus wenigen, fundamentalen »Gegebenheiten« beredet worden. Erst Carnap setzte diese Idee 1928 mit seinem ersten größeren Werk ›Der logische Aufbau der Welt‹ in die Tat um. Allein die sprachlich ausdrückbaren Beziehungen zwischen »Elementarerlebnissen« (»Ich spüre jetzt hier Schmerz«), also Sprachstrukturen, nutzte Carnap zur auch heute noch staunenswerten Errichtung seines »Konstitutionssystems der Begriffe«.

Schon bald nach Erscheinen seines Buches verwarf Carnap den Ansatz bei einer phänomenalistischen Sinnesdaten-Sprache und wählte die »Dingsprache« der Physik als Basis. Das lag ganz auf der Linie des im Wiener Kreis angestrebten »Physikalismus«, der die Sprache der Physik zum Ferment einer alle empirischen Wissenschaften zusammenfassenden »Einheitswissenschaft« erklärte.

Sprache als solche war grundsätzlich unter den Logischen Empiristen zum Instrument wie zum Objekt jeglichen möglichen Philosophierens erhoben worden: Allein die Wissenschaften, so hieß es im Wiener Kreis, machen Aussagen über die Welt, die Philosophie gibt diesen Aussagen ihren Sinn, enthält sich aber jeglicher Äußerung über die Wirklichkeit.

Die volle Wendung der heutigen Philosophie zur Sprache, der *linguistic turn,* geschah dann 1934 mit Carnaps Buch ›Die logische Syntax der Sprache‹. Darin wird die Konstruktion rein formaler Kunstsprachen beschrieben und betrieben, die für eine rationale Rekonstruktion wissenschaftlicher Theorien geeignet sind, anders als die dazu unzulängliche Alltagssprache.

Carnap unterschied, inspiriert durch die Arbeiten des polnischen Logikers Alfred Tarski, zwei Sprachstufen: eine »Objektsprache« als die zu konstruierende Symbolsprache, und die »Metasprache«, in der über die Objektsprache gesprochen wird; das ist meist die Umgangssprache.

Durch diese Differenzierung werden Antinomien vermieden und fatale Paradoxien aufgelöst. Eine weitere wichtige

Trennung zog Carnap zwischen formaler und materialer Redeweise. (Tisch ist ein Ding mit vier Beinen, »Tisch« ein Wort mit fünf Buchstaben.) Die herkömmlichen philosophischen Ewigkeitsfragen, nach der Realität oder Idealität der Welt beispielsweise, werden dadurch auf die konventionell gewählten Sprachformen reduziert und als überflüssige Scheinfragen ausgeschaltet. In Carnaps logischer Syntax sind übrigens Gedanken vorweggenommen, die Ende der fünfziger Jahre mit der sogenannten generativen Grammatik von Noam Chomsky als brandneu gefeiert wurden.

In der »logischen Syntax der Sprache« geht es rein innersprachlich um die Verknüpfungen der Zeichen eines Systems; das, was sie bezeichnen, gerät nicht ins Blickfeld. Diese bis dahin vernachlässigte außersprachliche, semantische Dimension der Bedeutung, des Sinns oder der Interpretation der Sprachkalküle entfaltet Carnap nach seiner Übersiedlung in die USA. Auch hier setzt er, wieder im Anschluß an Tarski, neue Standards bei der Präzisierung des Wahrheitsbegriffs. Der Band ›Bedeutung und Notwendigkeit‹ (deutsch erst 1972) liefert eindrucksvolle Überlegungen zum Entwurf und zur Deutung exakter Sprachen, denen Carnaps philosophische Lebensarbeit gewidmet war.

Neben Untersuchungen zur Grundlegung von Mathematik und Logik (›Grundlagen der Logik und Mathematik‹, deutsch 1973; ›Symbolische Logik‹, 1960) und in den fünfziger und sechziger Jahren zu den theoretischen Begriffen der Physik, die sich ja weit vom Boden des Beobachtbaren abgehoben hatten, konzentrierte sich Carnap bis an sein Lebensende auf ein Projekt, das man durchaus dem von Aristoteles errichteten Bauwerk der deduktiven Logik an die Seite stellen kann: auf ein Regelsystem induktiver Logik. Die Schlüsse, die in den Erfahrungswissenschaften von einer Vielzahl von Beobachtungen auf ein allgemeines »Gesetz« gezogen werden, können nur mit einer gewissen Wahrscheinlichkeit gelten.

Die induktive Logik Carnaps versteht sich nun als Metatheorie einer nicht statistischen, sondern logischen Wahrscheinlichkeit von Sätzen. Sie will korrekte Schätzungen und Entscheidungen ermöglichen und ist insofern, wie Wolfgang Stegmüller deutlich gemacht hat, eher einer

»praktischen Philosophie« zuzurechnen. ›Logical Foundations of Probability‹ ist der erste Niederschlag dieser Überlegungen Carnaps aus dem Jahre 1950.

Das philosophiegeschichtlich umwälzende Werk Rudolf Carnaps in Kürze andeutungsweise zu skizzieren, ist nahezu ein Ding der Unmöglichkeit. Denn die Theorien Carnaps – und in der Folge die der gesamten analytischen Philosophie –, die ganz ungewöhnliche Denkkräfte provozieren, zeichnen sich durch außerordentliche Subtilität der Nachforschungen bis in minuziöse Details aus, die oft den Einblick in die Originalität und Eleganz der Entwürfe verstellen und das Verständnis erschweren. Carnap selbst bedauerte den unumgänglichen technisch-logischen Aufwand. Seine Bücher sind eben nicht aus dem gewohnten Stoff erhebender Lektüre gemacht, die ihre Autoren zu so beliebten Sinngebern macht; wichtige Schriften sind überdies noch unübersetzt, ältere Arbeiten bei uns seit langem vergriffen.

Natürlich kann man sagen, das ehrgeizige Programm einer streng wissenschaftlichen Philosophie – von Carnap unverbissen als »intellektuelles Vergnügen« betrieben – sei gescheitert; wobei man vielleicht, mit Alexis Sorbas, niemals schöner etwas zusammenkrachen sah. Doch Carnaps Philosophie – sofern er derartiges überhaupt noch wollte – ist nicht wie die Hegels zusammengebrochen oder wie die Heideggers obsolet geworden. Vielmehr sind seine eindringlichen Klärungen des in der Sprache sich verwirrenden Denkens, seine mitleidlose Aufklärung der Philosophie über sich selbst im heutigen analytisch-philosophischen Diskurs äußerst virulent geblieben. Oder, um es besser mit einem Gleichnis zu sagen, das Carl Gustav Hempel, ein alter Weggefährte der neuen Philosophie, auf Carnaps Werk angewandt hat: Den versprochenen Schatz im Weinberg des Vaters fanden seine Söhne nicht, denn es gab keinen. Aber der von ihnen akribisch durchgeackerte Boden war nach Jahren der viel reichere Gewinn.
(1991)

In auffallendem Unterschied übrigens zu den großen Theoretikern der Praxis, den Rhetorikern der Verantwortung (ohne Verantwortung) und Vordenkern des Mitleids hinter ihren Schreibtischen und Vortragspulten hat sich Carnap alle Zeit unvermittelt da eingesetzt, wo mit Worten nichts mehr auszurichten war: mit Aufrufen gegen den Vietnamkrieg, durch Mitarbeit in einer Organisation amerikanischer Schwarzer, schließlich mit Besuchen im Gefängnis in Mexiko zur Hilfeleistung für drei politisch inhaftierte mexikanische Hochschullehrer.

9. Andere Seiten der Philosophie
Aus einem Gespräch mit Rudolf Carnap

Daß der Prophet in seinem eigenen Lande wenig gilt, ist, namentlich im Hinblick auf die deutsche Geschichte, eine Binsenweisheit. In unserer Zeit findet man sie nachdrücklich und anhaltend bestätigt im Falle des einstmals deutschen Philosophen Rudolf Carnap. Die Arbeiten dieses Philosophen sind heute noch einem großen Teil deutscher Philosophiestudenten und Philosophieprofessoren Terra incognita. Carnap war in den zwanziger Jahren führendes Mitglied des von Moritz Schlick begründeten »Wiener Kreises« und gilt heute in seiner Wahlheimat, den Vereinigten Staaten von Amerika, als einer der bedeutendsten lebenden Philosophen. Seine umfangreichen Forschungen haben nicht nur auf die Entwicklung der Philosophie den größten Einfluß ausgeübt, sondern auch – wie es der Philosophie seit je vorschwebte – zur Klärung der Grundlagen verschiedener Einzelwissenschaften maßgebend beigetragen.

Nun ist allerdings die Philosophie Rudolf Carnaps keine philosophische Lehre im herkömmlichen und geläufigen Sinn. Seine Philosophie befaßt sich, kurz gesagt, mit der Klärung von Begriffen und Sätzen sowie mit der Begründung einer einheitlichen Wissenschaftssprache, nicht jedoch damit, eigene Sätze und Lehren über die Welt, den Menschen und das Dasein aufzustellen; dies, so kann man den Schriften Carnaps und seiner Schüler entnehmen, sei Aufgabe der Einzelwissenschaften. Vieles von der traditionellen Philosophie muß folglich von Carnap und den Logischen Empiristen als eine Art Begriffsdichtung ohne Erkenntniswert abgelehnt werden. Das trifft namentlich die verschiedenen Formen der Metaphysik, die als ein Konglomerat von Scheinaussagen oder überflüssigen Sätzen betrachtet wird.

Es ist begreiflich, daß sehr vielen Philosophen eine solch asketische und radikale Theorie, deren Verfahren im übrigen äußerste Anforderungen an das logisch-analytische Vermögen stellt, wenig behagte. So straften sie sie, vor allem in unserem Lande, mit Mißachtung oder machten ihr Vorwürfe, die in beinahe allen Fällen einen Mangel an Sachkenntnis verrieten, den man nur als leichtfertig bezeichnen kann. Den beiden mystisch angehauchten, einander widerstreitenden Lehren Ludwig Wittgensteins war, eben auf Grund eines gewissen Mystizismus, ungleich mehr Erfolg beschieden. Die relative Wirkungslosigkeit der Philosophie Rudolf Carnaps in Deutschland beruht ja nicht zuletzt darauf, daß sie sich literarisch und weltanschaulich nicht ausschlachten läßt. Sie ist kein Markenartikel für den Massenumsatz. Im engeren philosophischen Kreise beginnt sich diese Situation allerdings seit einigen Jahren entschieden zu ändern. Es besteht also kein Anlaß, für die Philosophie Carnaps Proselyten zu machen; doch kann es nicht schaden, die weithin herrschende, vorurteilsgeladene Unklarheit über diese noch in voller Entwicklung stehende Philosophie wenigstens in einigen Punkten zu beseitigen.

Unlängst ergab sich die Gelegenheit, von authentischer Seite Auskunft über die sogenannte logisch-empiristische Philosophie zu erhalten, nämlich von Rudolf Carnap selbst.

HOCHKEPPEL: Herr Professor Carnap, es ist dies wohl das erste Mal seit nunmehr dreißig Jahren, daß Sie wieder einmal in Deutschland sind?

CARNAP: Ja. Ich war in Deutschland zuletzt im Jahre 1937.

HOCHKEPPEL: Falls Sie die Entwicklung der Philosophie in Deutschland seit dieser Zeit verfolgt haben, Herr Professor, wie beurteilen Sie die augenblickliche Situation, insbesondere im Hinblick auf die immer noch dominierenden existenzphilosophischen Strömungen?

CARNAP: Ich glaube, ich kann nicht sagen, daß ich die Philosophie in Deutschland wirklich in ihren Einzelheiten verfolgt habe. Sie war zu weit entfernt von unserer Denkrichtung, als daß es sich als fruchtbar für mich erwiesen hätte, sie im einzelnen zu verfolgen. Aber ich habe doch einen Eindruck von der Situation, die jetzt in Deutschland besteht. Ich möchte da unterscheiden zwischen dem Existentialismus auf der einen Seite und den mehr traditionellen, älteren Richtungen der Philosophie auf der anderen. Über den Existentialismus würde ich sagen: Soweit er sich die Aufgabe stellt, eine Lebensanschauung zum Ausdruck zu bringen, hat er sein volles Recht neben all den anderen Lebens- oder Weltanschauungen, sagen wir religiösen wie Christentum oder Buddhismus, oder wie die Weltanschauung des Marxismus oder eine humanistische Weltanschauung. Ich selber neige dem Humanismus zu. Die existentialistische Weltanschauung scheint mir oft zu negativistisch oder nihilistisch zu sein; aber ich würde sie nicht ablehnen als eine Möglichkeit des Ausdrucks der Lebensanschauung vieler Menschen, und es ist sogar sehr interessant, sie zu studieren, weil sie symptomatisch für die Einstellung vieler Menschen in unserer Zeit ist. Wenn also der Existentialismus so verstanden wird, dann würde ich sagen, er hat sein gutes Recht.

Aber ganz anders steht es mit den traditionellen philosophischen Richtungen. Hier würde ich doch die Situation in Deutschland ziemlich kritisch betrachten. Ich habe so den Eindruck, daß – abgesehen, wie gesagt, vom Existentialismus – die Philosophie in Deutschland 50 Jahre hinter der Zeit steht. Es werden noch ungefähr dieselben Lehren, wenn auch in etwas variierter Form, verbreitet und eingehend besprochen, wie sie es vor dem Ersten Weltkrieg wurden, als ich mich als Student mit der Philosophie befaßte. Das scheint mir erstaunlich, wenn man bedenkt, welche großen Änderungen in der Philosophie sich in England, in den Vereinigten Staaten von Amerika und in einigen anderen Ländern vollzogen haben.

HOCHKEPPEL: Halten Sie das geistige Klima in den USA zur freien philosophischen Entfaltung und Tätigkeit für günstiger, etwa, weil man dort unvoreingenommener ist und weniger belastet durch philosophische Tradition?

CARNAP: Ich glaube, im allgemeinen ist es schon so, wie Sie sagen. Die Haltung in den Vereinigten Staaten ist auf vielen Gebieten freier, freier von Vorurteilen und alten traditionellen Bindungen. Ich habe allgemein gefunden, daß drüben eine größere Bereitwilligkeit besteht, neuere Gesichtspunkte wenigstens zur Kenntnis zu nehmen, sie zu verstehen und zu diskutieren und unter Umständen auch anzunehmen, wenn sie irgendwie hilfreich für den Fortschritt des allgemeinen Denkens zu sein scheinen.

HOCHKEPPEL: Sie hatten, Herr Professor Carnap, schon vor dem Kriege einen Ruf an eine amerikanische Universität angenommen. Und davor lehrten Sie bereits in Prag. Sind Sie nun der Ansicht, daß durch die unheilvollen Vorgänge in Deutschland und Österreich während der dreißiger Jahre die fruchtbare Arbeit des damaligen »Wiener Kreises« verhängnisvoll unterbrochen wurde und also nur verloren hat, oder meinen Sie, daß durch die Berührung mit anderen verwandten Denkweisen diese Arbeit schließlich doch – ungeachtet aller Einbußen – unerwartet profitierte?

CARNAP: Ja, ich glaube, wir müssen schon sagen, daß auf europäischem Boden die Entwicklung der Gedanken des »Wiener Kreises« verhängnisvoll unterbrochen wurde, wie Sie es gesagt haben; aber durch die Berührung mit anderen Denkweisen in Ländern wie England und Amerika sind dann unsere Ideen doch viel weiter entwickelt worden, als es der Fall gewesen wäre – wenigstens würde ich das vermuten –, wenn der »Wiener Kreis« weiter in Wien bestanden hätte. Es zeigte sich nämlich, daß in den Vereinigten Staaten gewisse Richtungen des Denkens in der Philosophie entwickelt worden waren, die uns im Grunde sehr nahestanden und die den Boden vorbereiteten für unsere Ideen. Da gab es die Neorealisten und die kritischen Realisten; vor allem der Pragmatismus stand uns sehr nahe, sowohl der von William James wie der in der Form von John Dewey. Diese Denkweisen bildeten eine Basis für die Arbeit, die wir machten, vor allem in dem Sinne, daß wir manches von den Pragmatisten lernen konnten. Das wurde von Moritz Schlick schon in Wien betont; aber wir anderen hatten damals wenig Kenntnis vom Pragmatismus.

Ich glaube zum Beispiel, daß die Überbetonung des bloß Intellektuellen, wie sie sich manchmal bei uns zeigte, in ein Gleichgewicht gebracht wurde, so daß wir den Menschen jetzt auch deutlicher vom biologischen und sozialwissenschaftlichen Gesichtspunkt aus sahen.

Diese Zusammenarbeit mit den Bemühungen drüben hat dann zu einer Richtung geführt, die eigentlich keinen Namen hat. Es gibt viele Philosophen, zum Beispiel Ernest Nagel, die sagen, daß sie keinem Ismus, keiner Richtung angehören. Nagel und manche andere kommen vom Pragmatismus oder vom Realismus her und haben die Ideen des Logischen Empirismus aufgenommen. So ist da eine große Strömung entstanden – manchmal wird sie einfach als »Analytische Philosophie« bezeichnet –, die eigentlich das Hauptcharakteristikum der augenblicklichen philosophischen Situation in den Vereinigten Staaten darstellt.

HOCHKEPPEL: Sie waren sich, Herr Professor Carnap, wohl stets selbst der schärfste Kritiker und haben Ihre Theorien manchmal streng revidiert. Ich darf nur daran erinnern, daß derzeit der Philosoph Nelson Goodman Ihr frühes Werk ›Der logische Aufbau der Welt‹ gegen Ihre eigenen augenblicklichen Auffassungen verteidigt. Seinerzeit vertraten Sie nun einen sogenannten »Physikalismus«, der, vereinfachend gesagt, darin bestand, daß alle Sätze irgendeiner wissenschaftlichen Sprache oder einer solchen, die als Wissenschaft gelten wollte, in die Begriffssprache der Physik zurückübersetzbar sein müßten. Diese Sprache der Physik sollte dann als eine Art Einheitssprache fungieren. Haben Sie dieses Konzept des »Physikalismus« inzwischen irgendwie modifiziert?

CARNAP: Ja, diese frühere Auffassung ist in wesentlichen Punkten umgeändert worden. Wir würden heute nicht mehr sagen, daß sich alle Sätze übersetzen lassen müssen in die physikalische Sprache, das heißt in eine Sprache, die von den beobachtbaren Dingen ausgeht, von ihren beobachtbaren Eigenschaften und Relationen; sondern, wie wir es manchmal schon in den vierziger Jahren ausdrückten: Die Sätze oder die Termini, die in den Sätzen vorkommen, müssen auf die Basis der Dingsprache reduzierbar sein. Und heute würden wir es in einem noch weiteren, noch flexibleren Sinne ausdrücken. Wir sprechen heute von theoretischen Begriffen in folgendem spezifischen Sinn: Nehmen wir zum Beispiel den Begriff des elektromagnetischen Feldes oder einen Begriff wie Elektron. Diese Entitäten sind selbst nicht beobachtbar. Nun kann man fragen, was dem Physiker das Recht gibt, solche Begriffe einzuführen, wenn er uns die Entitäten nicht vorweisen kann wie Steine oder Bücher. Ich glaube, die Antwort darauf muß in folgender Weise aufgefaßt werden: Wir sind berechtigt, neue Begriffe in die Wissenschaftssprache nicht nur dann einzuführen, wenn wir diese Begriffe explizit definieren können, wenn wir also alles, was wir über sie sagen, zurückübersetzen können in die vorher bestehende Sprache. Diese Begriffe werden nicht durch Definitionen eingeführt, sondern durch eigene Postulate, die wir theoretische Postulate nennen. Dann aber muß ferner eine zweite Art von Postulaten oder Regeln eingeführt werden, die wir gewöhnlich Korrespondenzregeln nennen. Diese bilden eine Brücke, eine Verknüpfung zwischen den theoretischen Begriffen und den Begriffen, die wir etwa in der Dingsprache als Basis-Begriffe verwenden, nämlich, wie ich sagte, beobachtbare Dinge oder beobachtbare Eigenschaften oder Relationen wie »rot«, »blau« oder »hart« und »warm« und dergleichen. Durch diese Korrespondenzregeln wird den theoretischen Ausdrücken in gewisser Weise ein Sinn, eine Bedeutung beigelegt, die sie vorher nicht hatten.

Die Situation sieht also jetzt so aus: Wir würden nicht ohne weiteres einen Begriff, ein Wort, als sinnlos ablehnen, wenn es nicht übersetzbar ist in die alte Sprache. Wir lassen eine Methode der Einführung von Begriffen zu, die flexibler, anpassungsfähiger an neue Situationen in der Entwicklung der Wissenschaft ist. Neben der Physik machen in jüngster Zeit auch andere Wissenschaftszweige von solchen theoretischen Begriffen Gebrauch. Wenn etwa der Psychologe von Vorgängen spricht, die nicht direkt beobachtbar sind, sagen wir eine Disposition, in bestimmter Weise zu reagieren, oder ein Komplex im Freudschen Sinne, dann würden wir nicht mehr erklären, ein solcher Begriff sei sinnlos, weil er nicht übersetzbar ist. Wir würden sagen: Sieh zu, daß du uns hinreichende Korrespondenzregeln gibst.

HOCHKEPPEL: Besteht dabei nicht die Gefahr, daß dann auch metaphysische Begriffe eine gewisse Berechtigung haben und somit die ganze Metaphysik wieder aufersteht? Die Verurteilung der Metaphysik durch den logischen Empirismus könnte folglich nicht mehr aufrechterhalten werden?

CARNAP: Da würde ich sagen, das hängt davon ab, ob die Metaphysiker wirklich imstande sind, für ihre Begriffe theoretische Postulate und – das ist der entscheidende Punkt – hinreichende Korrespondenzregeln zu geben. Wenn sie dazu in der Lage sind, dann würden wir ihre Metaphysik jetzt als Teil der Wissenschaft betrachten, der als solcher sicherlich sinnvoll ist. Aber selbst wenn da Begriffe vorkommen, die wir ausschalten möchten, so würden wir es nicht mehr ganz in derselben Weise wie früher tun. Wir würden sie nicht einfach als sinnlos bezeichnen. Nehmen wir an, es kommt der Begriff des Absoluten vor, und wir wissen nicht recht, wie wir ihn verstehen sollen. Wenn wir nun aus dem Gesamtsystem die Postulate über das Absolute wegstreichen und die Menge der Voraussagen, die wir machen können, dadurch nicht vermindert wird, so werden wir sagen, daß diese Postulate überflüssig sind und damit auch der Terminus »das Absolute«, der in diesen Postulaten vorkommt.

Unsere Verurteilung lautet jetzt also nicht mehr, dies und das sei sinnlos, sondern dies und das ist überflüssig innerhalb einer Theorie.

Wenn der Autor einer Theorie weitere Postulate, die etwa den Begriff des Absoluten mit den anderen theoretischen Begriffen verknüpfen, und vor allem weitere Korrespondenzregeln hinzufügt, mag es sein, daß sich dadurch die Menge der möglichen Voraussagen vermehrt. Und dann würden wir sagen, der Terminus ist nicht mehr überflüssig und als wissenschaftlicher anzuerkennen. Das hängt nicht davon ab, ob die Postulate sehr exakt oder unexakt sind. Das ist eine Sache der Entwicklungsstufe in der historischen Entwicklung der Wissenschaft, und von einer Wissenschaft in einer frühen Phase sollten wir nicht verlangen, daß sie ganz exakt ist.

Auch das wird häufig geglaubt, daß wir die Quantifikation der Wissenschaft verlangen, ehe sie als Wissenschaft anzuerkennen ist. Das ist nicht der Fall. Das ist nur ein Ziel. Wir setzen das als Ideal, daß eine Wissenschaft wirksamer ist, wenn sie quantitative Methoden anwenden kann. Aber es muß in jedem Wissenschaftsgebiet eigens wieder untersucht werden, wieweit das möglich und wieweit es fruchtbar ist. Also zum Beispiel eine Theorie wie die von Freud würde ich anerkennen als eine wissenschaftliche Theorie auf einer frühen Stufe.

HOCHKEPPEL: Ich möchte später noch einmal auf die Metaphysik zurückkommen, vorerst aber noch eine Frage zum Problem der Sprache stellen. Problematisch wird ja vielleicht das Postulat einer physikalischen oder Ding-Sprache als Universalsprache einer Einheitswissenschaft namentlich im Hinblick auf psychische Phänomene; denn es wurde immer in Frage gestellt, ob seelische Zustände sich restlos in eine solche Sprache übersetzen lassen. Dies war wohl auch der Grund, aus dem Bertrand Russell am logischen Empirismus einmal eine »gewisse Blindheit gegenüber einigen Problemen von beachtlicher Wichtigkeit« monierte, und damit meinte er offensichtlich auch die Behandlung der Psychologie. Sehen Sie heute dieses Problem als gelöst an, Herr Professor Carnap?

CARNAP: Wir glauben heute, daß Russells damalige Kritik zurecht bestand, weil unsere Formulierungen seinerzeit in der Tat zu eng waren. Nun, mit der Psychologie steht es ähnlich, wie ich es vorhin an der Physik expliziert habe. In der Psychologie kommen – und je weiter sie fortschreitet, um so mehr – Begriffe von einer Art vor, die nicht übersetzbar sind in nicht-psychologische Begriffe, etwa in die der Ding-Sprache oder physikalistischen Sprache. Der Physikalismus in der alten Form, der solche Übersetzbarkeit behauptete, muß daher aufgegeben werden. Heute halten wir vom Physikalismus nur noch aufrecht, daß eine Sprache, die von den beobachtbaren Dingen ausgeht und von da aus zur wissenschaftlichen Physik weitergeht und schließlich auch das Psychologische einbeziehen will, in mancher Hinsicht einen Vorzug verdient gegenüber der Sprache, die von vielen Philosophen bevorzugt wird und auch von mir in meinem ersten Buch ›Der logische Aufbau der Welt‹ verwendet wurde. In diesem Buch ist nämlich die Sprache benutzt, die man als Erlebnissprache oder Sinnesdatensprache oder manchmal auch als phänomenale Sprache bezeichnet. Der Vorzug der physikalischen Dingsprache gegenüber dieser phänomenalen Sprache besteht darin, daß die Dingsprache von Begriffen ausgeht, die intersubjektiv sind, das heißt, die von verschiedenen Personen an demselben Objekt beobachtet und nachgeprüft werden können.

Wenn ich zum Beispiel sage: »Dieser Tisch ist schwarz«, so können Sie und ich und andere gleichzeitig durch Wahrnehmungen feststellen, daß dies richtig ist. Die Aussagen der Sinnesdaten- oder Erlebnissprache dagegen, z. B. »Ich bin jetzt hungrig«, kann nur ich selber nachprüfen. Sie sind nicht direkt zugänglich für andere Menschen. Da nun Sprache und Wissenschaft doch wohl ganz wesentlich als soziale Vorgänge anzusehen sind und nicht primär als Vorgänge am Individuum, so glaube ich, daß eine Sprache, die von Anfang an intersubjektiv sinnvoll ist, einer Sprache vorzuziehen ist, die eigentlich nur monologisch gebraucht werden kann, das heißt, nur von einem Subjekt zu sich selbst.

Nun haben Sie aber gefragt, ob wir heute dieses Problem als gelöst ansehen. Das würden wir keineswegs tun. Die Probleme, an deren Lösung wir arbeiten, sind niemals vollständig gelöst. Die Analyse, die Klarstellung des Sinnes von Begriffen, von Sätzen, von einer ganzen Sprache muß immer weiter geführt werden; insbesondere gilt das auch für die Psychologie, von der wir als Hauptbeispiel für das vorliegende Problem gesprochen haben. Die Analyse der wissenschaftlichen Sprache, die logische Analyse vom Gesichtspunkt des Empirismus aus steckt wirklich noch in ihren Anfängen, und das meiste der Arbeit muß in der Zukunft geleistet werden.

HOCHKEPPEL: Auch die Wertprobleme wurden, soweit ich unterrichtet bin, seinerzeit von einer wissenschaftlich-philosophischen Behandlung weitgehend ausgeklammert. Einige amerikanische und englische Philosophen indes haben sich diesen Fragen, und zwar mit den Mitteln einer wissenschaftlichen Philosophie, heute wieder zugewandt. Halten Sie eine solche Arbeit an den Wertproblemen für erfolgversprechend?

CARNAP: Ich bin nicht ganz sicher, welche Philosophen Sie im Sinn haben. Vielleicht denken Sie an Charles Stevenson?

HOCHKEPPEL: Ja, ich denke in erster Linie an Stevenson.

CARNAP: Da würde ich sagen: Mit Stevensons Auffassungen sind wir ganz einverstanden. Er faßt die Wertaussagen oder auch Normen, die ja beide sehr eng zusammenhängen, nicht als wissenschaftliche Werte selbst auf; aber es sei möglich, sie von einem wissenschaftlichen oder logischen Standpunkt aus zu untersuchen. Es gibt also so etwas wie eine Logik von Wertaussagen. Stevenson macht den Unterschied – der mir ganz fruchtbar erscheint – zwischen *belief* und *attitude*, also zwischen Glauben und Haltung. Manche Sätze drücken einen Glauben aus. Wenn ich sage, die Entfernung zum Mond beträgt soundso viele Kilometer, so drückt das einen gewissen Glauben aus, er mag nun wahr oder falsch sein. Viele Philosophen haben angenommen, daß Wertsätze wie zum Beispiel »Töten ist böse« auch einen Glauben ausdrücken, und haben dann gesagt: Ich glaube an diese Wertaussage. Ich denke, daß hier die Verwendung des Terminus »Glaube« irreführend ist, weil er nämlich zu der Meinung verleiten könnte, daß es sich hier um Aussagen derselben Art handelt, nämlich Erkenntnisaussagen, die entweder wahr oder falsch sind. Nun würde vielleicht die Mehrheit der Philosophen sagen, daß die Wertaussagen doch sicher wahr oder falsch sind, wenn es auch sehr schwierig sei, sich darüber zu einigen, *ob* eine bestimmte Wertaussage wahr oder falsch ist.

Ich denke, daß Stevensons Standpunkt hier richtig ist, der auch von Hans Reichenbach in seinem Buch ›The rise of scientific philosophy‹ – wie heißt es auf deutsch?

HOCHKEPPEL: ›Der Aufstieg der wissenschaftlichen Philosophie‹

CARNAP: Ja – ein Standpunkt, der also auch von Reichenbach geteilt wird. In diesem Buch hat er ebenfalls den Standpunkt vertreten, daß Wertsätze nicht zum Bereich der Erkenntnis gehören, sondern zu dem der praktischen Stellungnahmen, oder, wie Stevenson es ausdrückt, der *attitudes*. Die Haltung, die ein Mensch gegenüber seinem Mitmenschen zum Ausdruck bringt, kann ausgedrückt werden durch solche Wertsätze, moralische Regeln, ethische Normen und dergleichen.

Ob wir also Werte ausklammern oder nicht, hängt davon ab, was man mit dem Ausklammern meint. Wir schließen sie nicht aus als völlig sinnlos – obwohl wir früher manchmal den Ausdruck »sinnlos« gebraucht haben –, sondern lediglich als Aussagen, die nicht die Art von Sinn haben, wie er im Gesamtgebiet der Erkenntnis vorkommt. Wir glauben, daß sie keinen Erkenntnisgehalt haben, und das war auch eigentlich gemeint, wenn wir früher »sinnlos«

sagten. Wir meinen also, daß sie nur eine Haltung zum Ausdruck bringen.

Wenn ich sage »nur«, war damit keine Herabsetzung ihrer Wichtigkeit gemeint. Die Wertaussagen und die Probleme und Diskussionen über Wertaussagen gehören ganz gewiß zu den wichtigsten Problemen und Gesprächsstoffen zwischen Menschen – nicht nur zwischen Philosophen. Dennoch, glaube ich, sollte man sie nicht als Erkenntnis auffassen. Man sollte sagen: Ich stelle mir als Ideal einen Zustand der menschlichen Gesellschaft vor, der so und so beschaffen ist.

Mein eigenes Wertsystem ist das, was man in Amerika »Humanismus« genannt hat. Darunter wird ein Weltbild verstanden, in dem erstens keine übernatürlichen Wesenheiten wie Gott oder Teufel vorkommen, und in dem zweitens eine praktische Zielsetzung enthalten ist, die auf eine harmonisch organisierte Gesellschaftsform hinzielt, in der jedes Individuum ein gleiches Recht hat und in der jedem die Möglichkeiten geboten werden zur Entwicklung seiner Potentialität und zur Teilnahme an den Kulturgütern.

Aber die Unterscheidung, die ich vorhin zwischen Wertaussage und Erkenntnisaussage machte, muß jetzt auf das hier Gesagte angewendet werden, daß nämlich die Akzeptierung von Wertaussagen von unserem Gesichtspunkt aus nicht als Erkenntnis behandelt wird. Wir können sie nicht auf Grund von faktischer Evidenz beweisen.

HOCHKEPPEL: Ich möchte noch einmal auf die Metaphysik zu sprechen kommen, denn die Ablehnung jeglicher Art von Metaphysik war ja ein eminent wichtiges Moment Ihrer Philosophie. Einige Ihrer Schüler und Anhänger hier in Deutschland sind nun vorsichtiger und glauben, daß Metaphysik sich zwar nicht konstituieren, aber auch nicht widerlegen lasse, ja schlimmer noch, daß man sie letzten Endes nicht einmal umgehen könne. Stehen Sie nun, Herr Professor Carnap, Ihren vorherigen Ausführungen zufolge der Metaphysik gegenüber nicht mehr auf dem gleichen Standpunkt wie früher, oder, anders gefragt, halten Sie Ihre damalige Kritik an dem Bereich sogenannter Scheinsätze in der Philosophie – und dazu gehörte hauptsächlich die Metaphysik – nicht mehr mit der gleichen Strenge aufrecht?

CARNAP: Vielleicht nicht mit der gleichen Strenge, aber ich glaube, der Kern unserer früheren Kritik an der Metaphysik bleibt doch bestehen. Zum Beispiel in bezug auf die Aussagen von Martin Heidegger würde ich noch wie früher sagen, daß wir sie gänzlich als unverstehbar ablehnen, ob wir sie nun, wie damals, sinnlos nennen oder, wie heute, mit der vorsichtigeren Bezeichnung »ohne Erkenntnisgehalt« markieren oder, wie ich vorhin sagte, in einem anderen Zusammenhang als überflüssig im Gesamtsystem der Postulate der Wissenschaft bezeichnen – das macht keinen wesentlichen Unterschied. Ähnliches würden wir auch sagen in bezug auf gewisse heutige Neohegelianer.

Aber in einer anderen Hinsicht ist unsere Stellung doch geändert. Manches nämlich, was ich früher als Metaphysik abgelehnt habe, würde ich heute auffassen als eine Vorstufe der Wissenschaft, zum Beispiel die Philosophie der Vorsokratiker. Wenn da beispielsweise gesagt wird, die Welt besteht aus Wasser oder aus Feuer, oder die ganze Welt besteht aus Atomen, die nicht sichtbar sind, aber aus deren Zusammensetzung und Verhakung sich all die Qualitäten, die wir erleben, erklären – so könnte man das wohl interpretieren als allgemeine Hypothese über die Welt, als Hypothese, die zwar nach damaliger technischer Möglichkeit nicht experimentell nachprüfbar war, aber doch nicht prinzipiell unnachprüfbar war, so daß sie zum Beispiel jetzt geprüft und für wissenschaftlich gültig angesehen werden kann.

Es scheint historisch und psychologisch notwendig für die Entwicklung der Wissenschaft, zunächst durch diese frühen Phasen hindurchzugehen, bevor das Denken zu einer wirklich systematischen wissenschaftlichen Form gelangt.

Sie sehen, daß unsere Einstellung zur Metaphysik oder zu zweifelhaften wissenschaftlichen Theorien heute liberaler, toleranter ist als früher. Ich glaube, das ist sehr wesentlich, daß wir diese tolerantere Einstellung einnehmen, um so auch die frühen Phasen der Wissenschaft zu verstehen und sie nicht durch vorzeitige Kritik abzuschneiden.

HOCHKEPPEL: Noch eine letzte Frage, Herr Professor Carnap. Sie hängt mit dem Namen, aber doch wohl auch mit der Sache der Philosophie selbst zusammen. Sie vermeiden bekanntlich die Bezeichnung »Neopositivismus« aus berechtigten Gründen und sprechen lieber von »Logischem Empirismus« oder einfach von »Grundlagenforschung«. Sie könnten natürlich einen Schritt weitergehen und auch auf das Wort »Philosophie« gänzlich verzichten, wie es ja übrigens schon einmal im »Wiener Kreis« vorgeschlagen wurde. Denn Ihrer Meinung nach bleibt als Rest der traditionellen Philosophie nur die Erforschung, Klärung und Kontrolle der Grundlagen der Wissenschaften übrig sowie der darauf sich stützende Aufbau einer einheitlichen Wissenschaftssprache. Wie nun, wenn die Wissenschaften einen eigenen metatheoretischen Bereich schaffen würden – und es vielleicht heute teilweise schon tun –, in dem diese Klärung und Kontrolle von ihnen, den Wissenschaftlern, selbst vorgenommen würde? Wäre das dann nicht konsequenterweise der Beginn einer Aufhebung der Philosophie oder zumindest ein Zeichen dafür, daß Philosophie, in welchem Sinne des Wortes auch immer, keine Zukunft mehr hätte?

CARNAP: Es ist nicht leicht zu sagen, was die zukünftige Entwicklung bringen wird. Ich zweifle, ob das Wort Philosophie in der einen oder anderen Bedeutung wirklich bald verschwinden wird; da bleibt gewöhnlich immer noch ein Restbestand, nachdem die Wissenschaften den einen oder anderen Teil der Philosophie übernommen haben. In einer Zeit, die einige von uns miterlebt haben, wurde zum Beispiel die Psychologie aus einem Teil der Philosophie in einen Teil der Wissenschaft umgeformt, und ich glaube, daß etwas Ähnliches mit der Logik geschehen wird. Ob die Logik dann ein Teil der Wissenschaft genannt wird oder ein Teil der Mathematik, ist eine terminologische Frage; dem Inhalt nach steht sie eigentlich der Mathematik näher. Nun bleibt die Frage, was aus der Grundlagenforschung wird. Damit meine ich jetzt die Forschung über die Grundlagen der empirischen Wissenschaften, nachdem Logik – und Mathematik – beiseite gestellt sind als apriorische Erkenntnis.

Sie stellten, wenn ich Sie richtig verstanden habe, die Vermutung auf, daß die einzelnen Wissenschaften vielleicht selber ihre Grundlagen erforschen werden, das heißt also, daß die Physiker sich mit den Grundlagen und Problemen der Physik befassen werden, die Biologen mit denen der Biologie, die Psychologen mit denjenigen der Psychologie usw. Das ist ganz gut denkbar, aber es ist schwer zu glauben, ob es wirklich eintreten wird. Wegen der Arbeitsteilung nämlich wird es vielleicht doch nötig sein, daß, nehmen wir zum Beispiel die Psychologie, einige Leute – ob sie sich nun Psychologen oder Philosophen nennen, ist ja unwesentlich – sich mit den Grundlagenproblemen beschäftigen werden und sich dadurch von den Psychologen, die sich mit den empirischen Problemen ihrer Wissenschaft beschäftigen, unterscheiden. Es mag sein, daß sich das Personal trennt oder nicht. In der Physik ist es ja auch noch nicht ganz klar, aber man sieht schon, daß sich beinahe jeder Physiker entweder als Experimentalphysiker oder als theoretischer Physiker bezeichnet. Aber selbst wenn wir annehmen, daß die Fachwissenschaftler in einer gewissen Weise – mit oder ohne Arbeitsteilung – die Grundlagenprobleme ihrer einzelnen Gebiete übernehmen, so bleibt immer noch etwas übrig, was man doch wohl als Philosophie bezeichnen würde, nämlich die Grundlagenprobleme der Wissenschaft, die sich auf sehr allgemeine Begriffe beziehen wie etwa Kausalität, Raum und Zeit, die ja in vielen Einzelgebieten der Wissenschaft verwendet werden. Da würde also dann ein Grundlagengebiet übrigbleiben, ein Grundlagengebiet der Gesamtwissenschaft. Wie Sie wissen, haben wir als Ideal erklärt, daß die Wissenschaft sich in eine Einheitswissenschaft umformen soll – und wir glauben, daß sie sich umformen wird. Das heißt, daß die Spaltung in Natur- und Geisteswissenschaften aufgehoben wird, daß es im Prinzip nur eine Wissenschaftsmethode gibt, die in allen Gebieten ihre speziellen Formen annimmt, aber dennoch im wesentlichen die gleiche ist.

In dieser Einheitswissenschaft gibt es nun auch Grundlagenprobleme, die nicht innerhalb irgendeines der Einzelgebiete behandelt werden können. Und man könnte vielleicht sagen, daß diese allgemeinen Grundlagenprobleme der Philosophie überlassen bleiben würden.
(1967)

Der Beobachter hielt es Mitte der sechziger Jahre schon aus Gründen der Fairneß für dringend geboten, der empirischen, analytischen Philosophie, so weit es an ihm lag, ein wenig mehr publizistische Resonanz zu verschaffen, namentlich derjenigen Rudolf Carnaps, in dem damals seine Erzfeinde aus den verschiedenen Lagern den Kopf der aus Amerika auf uns zurückgekommenen Philosophie sahen; und antiamerikanisch bis aufs äußerste – und darin wieder Heidegger verwandt – waren diese Polemiker aus den verschiedensten Gründen alle: Adorno, Horkheimer vielleicht noch am wenigsten, Ernst Bloch, Georg Lukács. Der »Amerikanismus«, viel unverhohlener als der Sowjet-Kommunismus, war quer durch die Fronten für Bloch, Adorno, Heidegger, Jaspers und Herbert Marcuse das Gegenbild europäischer Kultur und deutscher Tradition, des vertrauten Ambientes, in dem diese elitären Männer allesamt ihre privilegierten und soignierten Rollen gespielt hatten und weiter spielen wollten, sich dabei gegenseitig Elitarismus und Antidemokratismus vorwerfend. Stefan Zweig hat in seiner Klage der »Monotonisierung« des einstigen so abgehobenen Daseins für sie alle ausgedrückt, was jeder von ihnen für sich nicht wahrhaben wollte. Der Vergleich etwa zwischen Marcuses »Großer Weigerung« und des gut vierzig Jahre früheren Rückzugs in die Innerlichkeit bei Zweig belegen das. Nach dem Kriege fühlten sich noch die Frankfurter Schüler von Max und Theo, wie Herbert Schnädelbach sich erinnert, »ein bißchen als Nabel der Welt: ringsum die Wüste des Positivismus oder die Vorherrschaft der Heidegger-Schule; das waren die etwas paranoiden Phantasien, die wir damals hatten, wobei das große Zauberwort ›Dialektik‹ war. Wir waren Dialektiker und rings um Frankfurt herum war es ›undialektisch‹ ...«[1]

Im Falle der Carnapschen Philosophie schlugen diejenigen, die das Verhängnis der Dialektik der Aufklärung ausmalten, weiterhin auf einen Gegner ein, den es so gar nicht mehr gab – wenn es ihn, so wie man ihn sich vors Visier stellte, überhaupt je gegeben hatte: eher als Comtesche Vogelscheuche nämlich. Im Positivismusstreit (in der deutschen Soziologie) endlich, der erst einige Jahre nach unserem Carnap-Interview vom Zaune brach, entlud sich endlich, ausgelöst durch Ralf Dahrendorf und Jürgen Habermas, die aufgestaute Wut der Dialektiker – und wieder traf sie den falschen Gegner, nämlich Karl Popper. Die Kenntnis solch wü-

[1] Geist gegen den Zeitgeist. Frankfurt a. Main 1991, S. 55.

ster Mißverständnisse und Fehlurteile hätte natürlich den Gesprächen mit Carnap eine noch viel interessantere, Mißverständnisse aufdeckende Wendung gegeben. Überhört wurde übrigens auch bis heute, daß Horkheimer und insbesondere Adorno sich mit wilden Klagen als die eigentlichen Opfer des Faschismus, sprich des Nazismus, gerierten, während die zwangsweise Emigration und die Schicksale und Leiden der »Positivisten« nicht nur übergangen oder verschwiegen, sondern in frecher Volte, besonders von Herbert Marcuse, als verstrickt in ein von ihnen gesponnenes Faschismus-Amerikanismus-Imperialismus-Knäuel angeprangert wurden.

Der interviewende Beobachter hatte in jener Zeit, das ist hinzuzufügen, einige Kenntnis der frühen Philosophie Carnaps und des Wiener Kreises, aber nur ein mattes Verständnis von den späteren wichtigen Arbeiten Carnaps sowie der daraus mit hervorgegangenen Strömung der analytischen Philosophie in den Vereinigten Staaten. Damals wußte man gemeinhin nicht viel mehr, als daß Sprache und Logik neben oder vor der Erfahrung eine bislang nicht gekannte Hauptrolle auf der philosophischen Bühne spielten, und daß ineins damit herkömmliche, ehrwürdige, kein Ende nehmen wollende Fragestellungen als sprachlicher Unfug abgetan werden sollten. Daß Carnap selbst sich seit einiger Zeit mit Problemen befaßte, die Wahrscheinlichkeit und Entscheidung ins Spiel brachten und damit womöglich handlungstheoretische, ja praktisch-philosophische Akzente setzten, war damals ebenso neu, wie es befremdlich auf deutsche Philosophen wirkte.

Immerhin beendete, nein unterbrach, der Positivismusstreit eine Zeitlang das indignierte Weghören und Taubstellen der Parteien, wie es der Beobachter nachher wieder, beim Internationalen Philosophenkongreß in Wien 1968, in einer Zwischenrunde im ORF-Fernsehen erlebte. Unter anderem saßen da nämlich Ernst Bloch und Karl Popper am runden Tisch. Während Popper sprach, stopfte Bloch angelegentlich seine Pfeife, murmelte dann, zu Popper befragt, irgend etwas Ausweichendes vor sich hin. Als dann Bloch zu reden begann, machte sich Popper daran, seine Brille gründlich zu putzen. Zu dem, was Bloch vorgebracht hatte, äußerte er sich mit der Entschuldigung, er verstehe die Sprache gar nicht, dem Deutschen sei er ohnehin fern, in England ... Es war eine schöne Inszenierung.

Im Positivismusstreit ging es damit verglichen blutig zu:

10. Besichtigung eines Schlachtfeldes

Es mag absurd klingen, aber gelegentlich hatte man bei Theodor W. Adorno, dessen Tod Freunde wie Gegner erschüttert hat, den Eindruck, als habe er seinen Rang sowie die Wirkung, die seine Kritik bei den Betroffenen hinterließ, unterschätzt. Zumindest die auffällige Disproportionierung des soeben erschienenen Bandes ›Der Positivismusstreit in der deutschen Soziologie‹ scheint diese Vermutung zu bestätigen. Ein bängliches Trachten der dialektischen Soziologen nach einem Gleichgewicht der Kräfte hat hier ein ungutes Mißverhältnis zu ihren Gunsten bewirkt.

Die Kontroverse zwischen dialektisch und positivistisch orientierten Soziologen begann bereits im Jahre 1961 auf einer soziologischen Arbeitstagung in Tübingen. Der meist pauschal als Positivist registrierte Karl Popper hielt dort ein Referat über die ›Logik der Sozialwissenschaften‹, das in einem Korreferat Adornos eher eine Ergänzung denn seine Kritik fand. Ralf Dahrendorf hat in Anmerkungen zu dieser denkwürdigen Tagung die Ironie in der Übereinstimmung der beiden Kontrahenten bloßgelegt. Zwei Jahre später packte Jürgen Habermas beherzt das heiße Eisen, das die Animosität zwischen analytischer Wissenschaftstheorie und Dialektik darstellt, in einer Festschrift für Adorno wieder an. Wo Adorno Reibflächen elegant vermieden hatte, begann Habermas, der Wissenschaftstheoretiker der Frankfurter Schule, Tacheles zu reden. Ein Jahr darauf konterte Hans Albert, der Mannheimer Ökonom und Platzhalter des Popperschen Kritizismus in der Bundesrepublik, mit einer scharfen Replik auf die dialektischen Ansprüche der »totalen Vernunft«. Als »Erwiderung eines Pamphlets« – Alberts Abhandlung kursierte inzwischen als Sonderdruck in Soziologenkreisen – bezeichnete Habermas seine darauf folgende Attacke gegen einen »positivistisch halbierten Rationalismus«. Albert schlug noch einmal zurück, um die »dialektischen Umwege in kritischer Beleuchtung« zu entlarven. Eine Antwort von Habermas blieb aus. Die Gegner trennten sich angeschlagen, aber unentschieden.

In dieser authentischen Form sollte der schon allenthalben Aufsehen erregende Positivismusstreit – der in Wahrheit ebensosehr ein Streit um die Dialektik ist – bald darauf als Buch erscheinen. Aus einem »kleinen verwunderten Nachwort« von Hans Albert erfährt man, warum es dazu nicht kam. Die Genehmigung für einen bloßen Abdruck der ursprünglichen Beiträge war nämlich, so erläutert Albert, von »der anderen Seite« nicht zu bekommen. Dadurch habe sich das Erscheinen des Bandes seit etwa drei Jahren immer wieder hinausgezögert. »Um die Veröffentlichung zu beschleunigen«, so heißt es weiter bei Albert, »habe ich schließlich auf Anregung des Redaktors zunächst auf mein Nachwort verzichtet, allerdings ohne zu ahnen, in welcher Weise einer der Beteiligten seine Funktion – die Einleitung des Bandes – ausbeuten und welches Ausmaß die Umproportionierung annehmen würde.«

Die erwähnte Einleitung Adornos umfaßt 72 pralle Seiten. Zusammen mit seinem Korreferat sowie einer bereits anderweitig publizierten Arbeit über ›Soziologie und empirische Forschung‹ beträgt nun der Anteil Adornos an dem gesamten Band ein rundes Drittel. Mit dieser Verlagerung der Gewichte mag vielleicht die Tatsache versöhnen, daß wir mit der genannten Einleitung wohl eine der letzten größeren sozial-philosophischen Arbeiten Theodor W. Adornos in Händen haben.

Schließlich wurde dem Band noch ein Aufsatz von Harald Pilot, einem Theoretiker aus dem Habermas-Kreis, beigefügt. In einem anderen Kontext wäre man dieser immanenten Kritik an der Habermas'schen Geschichtsphilosophie mit Vergnügen begegnet. Hier weckt sie eher den Verdacht, die Frankfurter Schule wolle sich ein Alibi für ihren »Gleichgewichtssinn« verschaffen.

Man muß auf die Entstehungsgeschichte dieses Buches so pedantisch eingehen, weil sie am Ende mehr von der Verbissenheit der Auseinandersetzung verrät als der eigentliche, streckenweise höchst akademische Positivismus-Dialektik-Streit. Dessen Angelpunkt ist das disparate Verständnis der Begriffe Theorie und Kritik. Sind dies zunächst rein methodologische Probleme, so werfen deren Implikationen gleichwohl ihre Schatten bis auf die gesellschaftlich-politische Praxis. Begnügt sich nämlich Theorie, wie Positivisten sie nach Auffassung der Dialektiker handhaben, damit, als bloße Hypothese von der gesellschaftlichen Faktizität bestätigt zu werden, dann nimmt sie den Schein für das Wesen und läßt deren korrumpierte Gestalt undurchschaut. Kritik trifft somit nicht den bestehenden Widerspruch zwischen Wesen und Erscheinung, zwischen dem, was ist, und dem, was sein soll, sondern begnügt sich subjektivistisch mit der Tilgung der Widersprüche innerhalb der wissenschaftlichen Verfahren. Kritik im positivistischen Gewande ist folglich das Gegenteil dessen, was ihr Begriff meint; sie zeigt eine fatal »harmonistische Tendenz«: Sie versöhnt mit dem herrschenden Unrecht. Mehr aufs Methodologische bezogen hatte es Adorno in der Kontroverse mit Popper so formuliert: »Der kritische Weg ist nicht bloß formal, sondern auch material; kritische Soziologie ist, wenn ihre Begriffe wahr sein sollen, der eigenen Idee nach zugleich Kritik der Gesellschaft.«

Thesen dieser Art, die, wie vor allem die Diskussion zwischen Habermas und Albert zeigt, am Postulat der Wertneutralität der Wissenschaft ihre volle Problematik enthüllen, setzen freilich eine Einsicht in das »Wesen« der »Sache«, in die Gesellschaft als Totalität, voraus. Nach Habermas ist solch »vorgängige Erfahrung« der Totalität auf hermeneutische Explikation angewiesen, in der allerdings Positivisten nicht ganz zu Unrecht eine Art Deus ex machina zur Rettung des »Mythos der totalen Vernunft« wittern. Wirft in diesem Zusammenhang Habermas dem Positivismus ein bloß »technisches Erkenntnisinteresse« vor, über dessen »eng kanalisierter Erfahrung« »praktische« Interessen verkümmerten, so weist Albert auf die fragwürdige »dialektische Prozedur hin, die Unschärfe des Gegenstandsbereiches für die Verwendung vager »Andeutungen, Hinweise und Metaphern« verantwortlich zu machen. Der dialektische Kult der totalen Vernunft« sei eben zu anspruchsvoll, um sich mit präzisen, aber »artikularen« Lösungen zufrieden zu geben. Geht es ums »Wesen der modernen Gesellschaft«, dann gleichen, so erklärt Adorno einmal, »die empirischen Beiträge Tropfen auf den heißen Stein«.

Im Blick auf die gesellschaftliche Totalität sind natürlich die Widersprüche in ihr nur durch eine totale Veränderung aufzuheben. Gegen dieses revolutionäre, »praktische Erkenntnisinteresse« der Linken muß sich der peu-à-peu-Liberalismus der Positivisten geradezu duckmäuserisch ausnehmen. Der Positivismus, so sagt es denn auch Adorno unverhohlen, sei der verwalteten Welt auf den Leib geschrieben. Hans Albert indes glaubt, in der Dialektik, insbesondere in der wahrhaft unseligen Philippika Adornos gegen das vermeintliche Präjudiz einer »losgelassenen Logik«, eine womöglich noch beängstigendere Tendenz aufgespürt zu haben, »vermutlich ganz im Gegensatz zu den hinter ihr stehenden Intentionen: die Tendenz zum Irrationalismus«.

Trotz aller Schärfe der Kontraste – die übrigens nicht zuletzt von der undiskutierten, divergierenden Beurteilung des gesellschaftlich-politischen Status quo herrühren – kann man sich nicht des Eindrucks einer gewissen Übereinstimmung im Gegensätzlichen erwehren. Adorno selbst hat in diesem Buch darauf aufmerksam gemacht, wie schwer manchmal die Grenzen zwischen dem »Popper-Albertschen Wissenschaftsbegriff und dialektischem Denken über Gesellschaft« zu ziehen sind. Und Albert konnte überzeugend auf eine Wandlung der Anschauungen von Habermas hindeuten, »die ihn den analytischen Auffassungen näherbringt«. Damit soll keiner voreiligen und billigen Komplementaritätsthese das Wort geredet werden. Bei aller Vorsicht darf man aber vielleicht – was den Bereich der Soziologie betrifft – soviel behaupten: Die Dialektik ist das schlechte Gewissen des Positivismus. Und umgekehrt. (1969)

Wenn es wahr ist, was Hans-Joachim Dahms in seiner höchst aufschlußreichen Untersuchung der ›Emigration des Wiener Kreises‹ zu Poppers ›Offener Gesellschaft‹ und dem ›Elend des Historizismus‹ schreibt, daß es nämlich bisher wenigen aufgefallen sei, »daß darin jeweils eine politische, Sozial- und Geschichtsphilosophie vertreten wird, die den Lehren aller Mitglieder des Wiener Kreises, die auf diesen Gebieten veröffentlicht haben, entgegengesetzt ist«, dann erschiene der ohnehin seitens der »Dialektiker« fehlgeleitete Generalangriff noch abstruser als das reine Schattenboxen. Denn nach Dahms war der Wiener Kreis radikal-sozialistisch und mit Einschränkungen marxistisch orientiert. Denkt man an die Attacken der Frankfurter Schule auf Popper, den man als Repräsentanten der Wiener Positivisten mißverstand, dann erscheint der Positivismusstreit völlig abwegig. Die Frankfurter kritischen Theoretiker hätten dann ja einen sozialistisch-reformerischen, ja, mit Figuren wie Neurath oder Zilsel, marxistisch-revolutionären Partner geschlagen.

Allerdings erscheint dem Beobachter der politische Impetus des Wiener Kreises in seiner Gesamtheit, wie Dahms das sieht, überbewertet, und Poppers politischer Standort nicht ganz richtig bestimmt. Später ist darauf noch einzugehen.

Mit dem Positivismusstreit wurde Popper indes von hiesigen Intellektuellen und Philosophen aufmerksamer als bisher zur Kenntnis genommen, allerdings fast ausschließlich als Sozial- und Geschichtskritiker. Doch wie man mit Popper im Positivismusstreit gewissermaßen den Sack schlug, den Esel Carnap aber meinte, so kannten die Frankfurter Kritiker von Popper auch hernach nur ein Schwarz-Weiß-Bild seiner Philosophie. Popper war sicher der in der Bundesrepublik am meisten nicht gelesene Autor. Dann entdeckten ihn auch die Politiker der verschiedensten Partien.

11. Karl R. Popper und die Politik

Die Philosophie Karl Poppers, der kritische Rationalismus, ist erst verhältnismäßig spät und zögernd von der bundesdeutschen intellektuellen Öffentlichkeit ernst genommen worden. Sir Karls sozialphilosophisches chef-d'oeuvre ›Die offene Gesellschaft und ihre Feinde‹ war zwar kurz nach seinem Erscheinen in deutsch, 1957, hier und da flüchtig zur Kenntnis genommen, aber bald links liegen gelassen worden; denn die darin vorgetragene schneidende Kritik am »Zauber Platons« beleidigte das abendländische Bewußtsein konservativer Geister, die Polemik gegen Hegel dazu noch Hegelianer aller Schattierungen, während die – durchaus faire – Abrechnung mit Marx, den Popper neben

Hegel unter die »falschen Propheten« einreihte, den hiesigen Neo-Marxisten unerträglich erschien. Von Poppers zentralem, bereits 1934 erschienenem wissenschaftstheoretischen Werk ›Logik der Forschung‹ hatte man sich bloß obenhin die derbe Vorstellung eingeprägt, daß es sich dabei um ein Stück »Positivismus« handeln müsse, von dem man »wußte«, daß dessen »losgelassene Logik« (Adorno) ihn für subtilere, tiefere philosophische Gedankengänge, vor allem aber für's gesellschaftskritische Engagement unfähig machte. So blieb Poppers Wirkungskreis vorerst auf das altliberale England beschränkt, wo der Wiener jüdische Gelehrte ein neues Zuhause gefunden hatte.

Erneute und diesmal entschiedene und anhaltende Beachtung fand Poppers Philosophie in Deutschland dann dank der »Vermittlung« durch den kritischen Marxismus. Im »Positivismusstreit« der späten sechziger Jahre bewirkte der Schlagabtausch zwischen dem Platzhalter Popperscher Ideen hierzulande, dem unnachgiebigen Hans Albert, und Jürgen Habermas als Vollstrecker kritischer Theorie, daß nunmehr die Thesen des kritischen Rationalismus von dem, was Adorno und die Seinen unter »dem« Positivismus verstehen wollten, abgesondert und weithin diskutiert wurden. Insbesondere begriff man allmählich, es könne neben der anscheinend alles beherrschenden dialektisch-marxistischen Denkposition noch eine andere Dimension auch des politischen Räsonierens geben, die als Alternative in Frage kam.

Nach Alternativen suchten mittlerweile auch die bundesdeutschen Partei-Ideologen. In der CDU wollte man angesichts der allenthalben Beifall findenden Demokratisierungsparolen einem liberalen Schub sich nicht länger widersetzen. Die Sozialdemokraten brauchten ohnehin einen Rahmen für ihr Welt- und Geschichtsverständnis, der an Karat der preisgegebenen marxistischen Basis nichts nachgab und auch dem aufmüpfigen linken Flügel Respekt abnötigen würde. Innerhalb der FDP bestand, ungeachtet ihres Freiburger Programms, ebenfalls ein Theoriendefizit an der Basis, was schon deren verstorbener Generalsekretär Karl-Hermann Flach erkannt hatte, und um dessen Auffüllung sich Ralf Dahrendorf bemühte. Die Alternative fanden überraschenderweise alle drei großen Parteien im kritischen Rationalismus und der Sozialphilosophie Karl Poppers. (Der Kurs allerdings, den die CDU gemäß den Proklamationen auf dem letzten Parteitag in Ludwigshafen einzuschlagen gewillt ist, mit der Akzentuierung christlicher Weltauffassung, kann nur das Ende der oberflächlichen Liaison mit dem kritischen Rationalismus bedeuten.)

Die neuentdeckte Verträglichkeit von Sozialdemokratie und offener Gesellschaft des kritischen Rationalismus wurde schließlich durch eine Reihe von Büchern dokumentiert und sanktioniert, deren erstes mit einem – philosophischen – Vorwort von Bundeskanzler Helmut Schmidt gewissermaßen das Imprimatur erhalten hatte[1]. Natürlich hat sich Helmut Schmidt damit nicht »den politischen Schulmeister in Sachen Philosophie antragen« lassen, so wie er umgekehrt politisch klug genug ist, sich als Regierungschef nicht ausschließlich einer philosophischen Doktrin zu verschreiben. »Ich selbst habe mich«, bekennt er, »allerdings mehr am Rande, mit einigen Gedanken des kritischen Rationalismus und vornehmlich mit Popper beschäftigt.« Und, besser als manche Philosophen, weiß er, »daß sich der Politiker – anders als der Philosoph – in einem Dilemma befindet, nämlich für neue Ideen zu werben und gleichzeitig den eigenen Ideen kritisch gegenüberzustehen«. Für Schmidt verlangt offenbar die Vernunft politischer Praxis, anders als praktizierte Ideologie, »Einzelprobleme anzupacken und zu lösen, die Veränderung ›Stück für Stück‹ in konkreten Reformschritten herbeizuführen – *piecemeal social engineering,* wie Karl Popper sagt«. Diese Konkordanz von kritisch-rationalistischer Philosophie und praktisch-politischer Strategie erklärt sich gewiß nicht als Derivat dieser aus jener, vielmehr liefert, wie mir scheint, die Philosophie hier nicht mehr, aber auch nicht weniger als einen möglichen begrifflichen Ausdruck für ein vor-läufiges staatsmännisches Handeln. Diesen, nicht nur äußerlichen Weg vom Parteipolitiker zum undogmatischen Staatsmann ist Helmut Schmidt wohl alleine gegangen, und seit Konrad Adenauer gewiß als einziger.

[1] G. Lührs, T. Sarrazin, F. Spreer und M. Tietze (Hrsg.), Kritischer Rationalismus und Sozialdemokratie. Bonn 1975.

Vielen kritischen Rationalisten wurde es bei dieser Adaption »ihrer« Philosophie durch die Praktiker der Politik warm ums Herz; sie sahen darin so etwas wie die Bewährung – oder schlimmer: Verifikation – einer Gesellschaftstheorie, die Freiheit und Kritik auf einmalige Weise aufeinander bezog. Kritischere kritische Rationalisten argwöhnten allerdings, daß bei einem derartigen Konsumptionsprozeß die Philosophie denaturiert oder gefährlich deformiert werden könnte und daß, wenn ihr Gehalt gegen die Einarbeitung in nahezu diametral entgegengesetzte Parteiprogramme sich nicht sperre, ihre Aussagekraft sich gegen Null bewegen müsse.

Dergleichen Bedenkliches oder Kritisches wurde dann auch im zweiten Buch der genannten Buchreihe mäßig laut, vorgebracht meist von solchen, die dem kritischen Rationalismus fernstehen. Doch im unlängst erschienenen dritten Band ›Theorie und Politik aus kritisch-rationaler Sicht‹ begegnen die Herausgeber solchen Einwänden mit der zunächst ganz plausibel klingenden Replik: »Der kritische Rationalismus ist eine Erkenntnistheorie, keine Gesellschaftstheorie. Er ist damit grundsätzlich mit unterschiedlichen politischen Wertungen vereinbar und so auch für verschiedene demokratische Parteien offen.« Damit, so scheint es, wären auch die Bedenken zerstreut, die man gegen die allzu hastige Verpflichtung einer Philosophie für politische Marschrouten und Zielsetzungen hic et nunc hegen kann. Wenn es allerdings um äußerst differente Ziele oder »Wertungen« wie diejenigen der SPD und der CDU geht, mit denen die Problemlösungsvorschläge einer Philosophie als Methodenlehre gleich gut »vereinbar« sind, dann wird diese Vereinbarkeit selbst zum Problem. Der kritische Rationalismus, als Erkenntnistheorie wie vor allem als sozialphilosophischer Ratgeber, war immerhin von seinem Gründer keineswegs als konservative Theorie konzipiert worden: mit dem Konservativismus jeglicher Spielart verstand er sich als unverträglich. Wenn er das jetzt nicht mehr sein sollte, was wäre dann mit ihm geschehen?

Nun stößt man einen Abschnitt weiter auf den irritierenden Satz: »Der kritische Rationalismus ist sowohl Wissenschaftstheorie (oder Erkenntnistheorie) als auch politische Philosophie.« Heißt das, zwischen »Gesellschaftstheorie«

und »politischer Philosophie« hätten wir streng zu unterscheiden, die eine habe mit der anderen nichts zu tun? Wonach dann der kritische Rationalismus rein als Erkenntnistheorie schon eine politische Philosophie wäre – was, in einem wohl pervertierten Sinn, etwa mit der These von Habermas übereinkäme, derzufolge »radikale Erkenntniskritik nur als Gesellschaftstheorie möglich ist«. Unter welcher Rubrik möchten dann die Herausgeber Poppers »Schriften« ›Die offene Gesellschaft und ihre Feinde‹ und ›Das Elend des Historizismus‹ einsortieren? Sind das zu vernachlässigende Anhängsel an die strikte Erkenntnistheorie etwa der ›Logik der Forschung‹ und späterer wissenschaftstheoretischer Abhandlungen? »Das von vielen Rezensenten bekämpfte ›Gesellschaftsmodell‹ des kritischen Rationalismus«, so sagen die Herausgeber ohne Umschweife, »ist nichts als ein Phantom in der Phantasie seiner Gegner.« Und für die ganz Verstockten wiederholen sie: »Die politische Philosophie des kritischen Rationalismus kann aus seiner Wissenschaftstheorie abgeleitet werden.« Nochmals also: fort mit Poppers pseudo-sozial- oder geschichtsphilosophischen Appendizes in ›Die offene Gesellschaft und ihre Feinde‹ und ›Das Elend des Historizismus‹!

Nun glaube ich auch nicht, daß die hier genannten Werke Poppers eine ausgearbeitete Sozialphilosophie im Sinne einer empirisch überprüften soziologischen Theorie darstellen und darstellen wollen. Dies wäre in der Tat ein »Phantom«, gegen das, wie gleich zu zeigen sein wird, Helmut F. Spinner jetzt mit unmäßigem Aufgebot anstürmt. Aber eine Sozial- oder Gesellschaftstheorie groben Rasters, ein Gesellschaftsmodell meinetwegen in deutlichen Umrissen hat Popper zwar keineswegs unabhängig, aber doch außer und neben der (Meta)Theorie seiner Forschungslogik geben wollen, wenn anders namentlich seiner »Offenen Gesellschaft« irgendein Wert zukommen soll.

Das Gefährliche an den gegenwärtigen Applikations-Experimenten mit dem kritischen Rationalismus scheint mir darin zu liegen, daß man einerseits seiner gesellschaftstheoretischen Substanz zu wenig abverlangt, seine wissenschaftstheoretisch allgemeinsten Prinzipien mithin zu politischen Zwecken für orientierungsträchtig genug hält: andererseits ihm als vermeintlich sozialtheoretisch-empirischem

»Modell« zuviel an Konkretisierbarkeit zumutet. Zwischen dieser Scylla der Allgemeinheit von Problemlösungsvorschlägen und der Charybdis des Besonderen empirisch-inhaltlicher Anweisungen der »politischen Philosophie« Karl Poppers ohne Blessuren hindurchzusegeln, das ist, soviel ich sehe, auch dem jetzt in den eigenen Reihen des kritischen Rationalismus erstandenen ernsthaftesten Kritiker Helmut F. Spinner nicht gelungen.

Spinners Attacken auf Popper und die kritischen Rationalisten machen nun schon das vierte Buch in der Reihe der Auseinandersetzungen um die politische Relevanz dieser Philosophie aus – alle im ehrwürdigen sozialistischen Verlag J. H. W. Dietz Nachf. erschienen, mit blutroter Schrift auf sattem Sonnengelb, wie einst die berühmte Münchener Strindberg-Ausgabe. Spinner, jahrelanger Popper- und Albert-Schüler, hat seinem ersten Band den ausgreifenden Titel ›Popper und die Politik (I: Geschlossenheitsprobleme)‹ gegeben. Zur Einstimmung in dieses Zeugnis intensiver kritischer Beschäftigung mit Poppers Sozialphilosophie empfängt er den Leser mit einer Polemik gegen die derzeitigen »Neuen kritischen Rationalisten« – er läßt sie zu »Neokriras« schrumpfen –, die auch vor den deftigsten Kalauern nicht zurückschreckt: diese »Neokriras« haben sich, vielleicht nicht ganz ohne die »Regie des Ehrenwerten Sir Karl zu Fallowfield« und anderer »Vordenker aus Popperland« einen »Jedermannspopper« zurechtgemacht und einen »Popper-Lazarus« wiedererweckt, dessen Sozialphilosophie eine »meines Erachtens unverdiente Renaissance« erlebt. Unter ihren Händen ist »aus der Frontphilosophie von damals die Etappenphilosophie von heute geworden«, wobei »die Idee der Kritik zum Instrument der Abgrenzung gegen Kritik« »entartet« und die allgemeine Philosophie des »Allzweck-Poppers« »scheinheilig unpolitisch« geworden ist.
 Die »Rent-a-Popper«-Devise maßgebender Parteien und Politiker, die von Poppers Ideen den »denkbar sterilste(n) Gebrauch« machen, illustriert Spinner durch ein ernstgemeintes Diktum des CDU-Planers Warnfried Dettling, das da heißt: »Nach den Vorstellungen des kritischen Rationalismus kann man so ziemlich alles tun.« In der Allianz von

bundesdeutscher Parteipolitik und kritischem Rationalismus im Namen eines »Sankt-Popper« sieht Spinner den Mißbrauch einer philosophischen Substanz zu »neokonservativen Restaurationstendenzen der deutschen (Philosophie der) Politik«. Und im ersten der hier erwähnten Bände über ›Kritischen Rationalismus und Sozialdemokratie‹ findet er einen »traurigen Rekord an überflüssiger literarischer Reproduktion« namentlich gewisser Aufsätze des »wissenschaftstheoretische(n) Chefkoch(s) des kritischen Rationalismus« selbst, die wie die übrigen fast nichts mit der Sozialdemokratie zu tun hätten. Die anwachsende Schar neuer kritischer Rationalisten samt ihrer Proselyten aus der Parteipolitik befriedigt sich, so kann man Spinners bitteres Urteil zusammenfassen, durch das bloße Nachbeten des kritizistischen Credos, ohne dessen Popperschen Kernsatz länger zu beherzigen: »Wir müssen immer bestrebt sein, unsere Theorien zu falsifizieren.« Mit dieser finsteren Einschätzung einer spezifisch bundesdeutschen Politphilosophie steht Spinner, so könnte ich mir denken, bald nicht mehr alleine da.

Gleich eingangs gibt Spinner indes zu verstehen, daß er weiterhin auf dem Boden des kritischen Rationalismus einen Halt finden will – nachdem er ihn um und um gepflügt hat. Die Aufgabe der »Rekonstruktion«, die er sich aufbürdet, sei freilich »nicht gänzlich ohne Demontage« durchzuführen. Um es vorwegzunehmen: ich glaube, Spinner hat Poppers Sozialphilosophie – oder was er sich als solche zurechtdefiniert hat – unter der Hand beinahe vollkommen destruiert. Sein respektloser – nichts gegen Respektlosigkeit –, bissiger Tonfall verläßt ihn auch nicht, wenn er dem Meister selbst nahetritt. Natürlich ist er gewitzt genug, uns nicht ›den wahren Popper‹ vorstellen zu wollen, aber immerhin den »wirklichen Popper«. So oder so – nach 600 Seiten scheint der »Zauber Poppers« dahin zu sein.

Die »heilige Dreifaltigkeit der Popperschen Botschaft« – Offene Gesellschaft, kritische Lebensform und gradualistische Sozialtechnologie – soll zwar erst im vorgesehenen zweiten Band profaniert werden. Aber Spinner schärft uns schon ein, daß sie, wenn auch keine Philosophie auf der Höhe der Zeit, so doch eine zeitgemäße Philosophie wäre, wenn sie nicht »längst den Charakter erstarrter, ideologisch verzerrter und mit militanter Orthodoxie verteidigter Scholastiken angenommen« hätte. Die Bezeichnung »offene Gesellschaft« – bei Spinner wird sie zum »O/G-Thema« – hatte Popper von Henri Bergson übernommen, an dessen Konzeption es manches auszusetzen gibt, die aber im Ausgangspunkt »ausgreifender, umfassender und problembewußter« sei als die Poppers. Wenn das, so fragt man sich hier schon verdutzt, vom Autor tatsächlich und wörtlich so gemeint ist: Was um alles in der Welt sollte es dann noch lohnenswert machen, sich mit der Popperschen »Sozialphilosophie« überhaupt zu beschäftigen? Hinzu kommt, in den Augen Spinners, der »katastrophale(n) Mangel an empirischer, vornehmlich prähistorischer, kulturanthropologischer und soziologischer Sachinformation« und in diesen Bereichen »ein erstaunliches Maß an Unwissenheit«, »ein enormes Maß an Voreingenommenheit« und schließlich »einen zuweilen bis zur Verworrenheit gesteigerten Grad der Unklarheit, Ungenauigkeit und Undifferenziertheit«.

Spinners äußersten Zorn aber zieht sich Poppers latente Geschichtsphilosophie zu, sein »Horrorgemälde von der Geschlossenen Gesellschaft aus der ›älteren Zeit der sozialen Entwicklung‹«, in dem sich die Weltgeschichte »auf die ›Welt‹ des kritischen Rationalismus« reduziere. Wieder muß sich Popper einem Vergleich stellen, diesmal mit Jaspers, und wieder zieht Popper mit seiner ethnozentrischen Sicht den kürzeren gegenüber dem »aufgeschlosseneren« Jaspers mit seiner Achsenzeit. Alles vor der griechischen Revolution des Denkens, der »Weihnachtslegende« von der Geburt der Zivilisation und Wissenschaft durch das »Wunder« der Idee der Kritik bei den Griechen, stelle sich in Poppers Schema bei den dort herrschenden Stammesgesellschaften als irrational, magisch, kollektivistisch, dogmatisch und primitiv heraus. Und die Geschlossenheit der Stammesgesellschaft aus der älteren Zeit (vor den Griechen) verdichtet sich bei Popper zu dem, was Spinner dessen Urdogmatismusthese, Urkollektivismusthese und die Regressionsthese des Totalitarismus nennt, mit denen die Konzeption der offenen Gesellschaft und ihrer tribalistischen Feinde steht und, selbstverständlich, fällt. Dogmatismus, widerspricht Spinner dem einstigen Lehrer Popper, ist keineswegs Produkt einer frühen Evolutionsstufe, auf die dann, nach der

»Wundertheorie« von der Geburt der Wissenschaft bei den Griechen, der Kritizismus folgt; vielmehr seien Dogma und Kritik die zwei Seiten derselben Medaille. Später verschärfte Spinner diese seine »Koexistenzthese« noch und deutet das entwicklungsgeschichtliche Verhältnis von Dogma und Kritik nun »popperverkehrt« so: das Dogma ist »nicht ein präkritisches, sondern ein postkritisches Phänomen«. Diese kühne Antithese enthält zweifellos einen gefährlichen Kern, der allein ausreichte, Poppers geschichtsphilosophisches Fundament seiner offenen Gesellschaft zu sprengen.

Ebenso zeitverdreht findet Spinner die zweite These zur Geschlossenheit von – frühen – Gesellschaften, die »Urkollektivismusthese«, die Popper zu dem »wahrhaft tolle(n) Gedankensprung« vom primitiven Stamm zum modernen Staat vollführe. Die »Eintopf-Soziologie der Stammesgesellschaft« stelle eine »konfuse Mischung aus Horror« und »Paradiesvision« dar, die Spinner nun mit einem immensen Aufgebot an neuerer empirischer, soziologischer, anthropologischer und ethnologischer Literatur versalzen möchte und in der ideologisch-modisch eine »Paradiesvision« von der grauen Vorzeit und dem edlen Wilden heraufbeschworen wird. Durchaus sind die neueren Forschungen in diesem Bereich als Korrektiv älterer zu werten. Aber Spinner rafft sie allzu willig und ungeprüft für seine Zwecke zusammen, ungeachtet dessen, daß alte Vorurteile nicht immer nur widerlegt, sondern vielfach durch neue verdrängt werden. (Beispielsweise sind nun die Kung-Buschmänner, nach Spinners Gewährsmann Irven DeVore, bei einem »rund dreistündigen Arbeitstag« in der Lage, »sich mit 135 Prozent des von der UNESCO anerkannten Minimums an Fetten, Kohlehydraten und Proteinen zu versorgen, was sie einem beträchtlichen Teil der Amerikaner vorausstellt«. Andere, der Kulturanthropologe Marshall Sahlins etwa, fühlen sich sogar »veranlaßt«, im Falle der Natur- und prähistorischen Völker von einer »ursprünglichen Überflußgesellschaft« zu reden. Das waren noch Zeiten, möchte man da ausrufen, vor allem im Winter!)

Freilich wäre es leichtfertig, gegen empirisches Material von solcher Quantität und Qualität vom Schreibtisch aus anstürmen zu wollen; bedenken aber sollte man, daß das so fleißig gesammelte Datenmaterial immer schon, mit ei-

nem Wort Poppers, »im Lichte von Theorien« gesehen wird
– und auch von Ideologien, muß man hinzufügen. Spinner
jedenfalls polstert seine Antithese nur zu bereitwillig mit
diesem Sortiment an Feldforschungen, um dann erklären zu
können, daß das »oft beklagte ›Ende der Persönlichkeit‹«
sich »als reale Gefahr eher aus der Öffnung als aus der
Geschlossenheit dieser« – stammesgesellschaftlichen –
»Lebenskreise und Gemeinschaftstypen« ergibt, oder noch
unmißverständlicher: man könnte »die intakte Geschlossene Stammesgesellschaft in ihren besten Exemplaren ohne
weiteres als historischen Prototyp der Offenen Gesellschaft
ansehen«. So den Zeitpfeil der Popperschen Evolutionsrich-
tung umkehrend, muß das Urteil lauten: »Die Urkollektivismusthese ist ebenso unhaltbar wie die Urdogmatismusthese.«

»Wenn wir uns zurückwenden, dann müssen wir den ganzen Weg gehen – wir müssen zu Bestien werden.« Dieser
markante Satz Poppers umreißt das, was Spinner als »Regressionsthese des Totalitarismus« deklariert. Ihr geht es in
seinen Händen nicht besser als den beiden anderen Pop-
per-Thesen, denn es gibt seines Erachtens »keine ernstzu-
nehmende Totalitarismustheorie, die mir persönlich unori-
gineller, philosophisch abwegiger, geschichtlich unaufge-
klärter und wissenschaftlich steriler vorkommt«. Hitler und
Stalin namentlich waren für Popper Phänomene der Regression, des Rückfalls in die geschlossene Welt der Stammesgesellschaft, auf den »Mythos der Horde«, der nun von
Spinner seinerseits als Mythos entlarvt wird. Denn der Totalitarismus sei in Wahrheit ein »natürlicher Ausfluß der Zivili-
sationsentwicklung«, »ein Spätprodukt der Zivilisation«,
und die gerade in Wissenschaft und Staat verwirklichte moderne Zivilisation stehe dem Totalitarismus »weit näher, als
sie wahrhaben will«. Ja, ginge man von einer der »Popper-
Gleichungen« aus, wonach geschlossen gleich magisch ist,
dann wären »die totalitär zwangsgeschlossenen Massen-
gesellschaften unserer Zeit – Hitlers Drittes Reich und Stalins Sowjetimperium – durch und durch offene Zivilisations-
gesellschaften«; denn spätestens mit der Industrialisierung
sei doch die von Popper zum »Kriterium gesellschaftlicher
Geschlossenheit erhobene ›magische Orientierung‹ geschichtlich überholt«.

Gerade hier scheint mir nun Spinner am weitesten über sein erklärtes Ziel einer Rekonstruktion – aber einer tatsächlichen Demontage – von Poppers Entwurf einer offenen Gesellschaft und ihrer Feinde hinauszuschießen. Im nationalsozialistischen Zwangssystem läßt sich durchaus ein Anachronismus, eine Regression auf überholte stammesgeschichtliche, magisch-mythisch gebundene Gesellschaftsformen erblicken. Denn Industrialisierung, Technologie und rationale Planung waren diesem System nur aufgesetzt und stellten Primate oder Reservate der Militärs und ihrer Waffentechnik dar, während es ansonsten keine breite Streuung von Wissenschaft und Technik, und damit von Rationalität gab. Volkstum, Brauchtum, Ahnenkult, einfaches Leben und einfache Kost bei angestrebter wirtschaftlicher Autarkie (»Geschlossenheit« nach dem Muster von Fichtes »geschlossenem Handelsstaat«) waren äußere Signale einer magisch mystifizierten Lebens- oder Weltanschauung, die, in welch vagen Organismus-Ideologien auch immer präsentiert, die wahre Basis der notgedrungen »angenommenen« Zivilisation darstellten (die bezeichnenderweise durch Gruppen-, Schar- und Rotten-Führer »auf Vordermann« gebracht wurde). Wenn man nicht gleich die ganze Menschheits- und Weltgeschichte »rekonstruieren« und alle Begriffe umdefinieren will, so kann man meines Erachtens hier durchaus von einem »Rückfall in die Barbarei« sprechen.

Popper hat, wie Spinner selber vermerkt, sein Buch ›Die offene Gesellschaft und ihre Feinde‹ als »persönlichen Kriegsbeitrag« gegen Hitler und Stalin geschrieben und betrachtete es als eine »kritische Einführung in die Philosophie der Politik und der Gesellschaft«. Diese »Einführung« brachte ihm noch vor zwei Jahren den Preis der American Political Association für »das beste Werk in politischer Theorie« ein, »das nach einer Zeit von mindestens fünfzehn Jahren seit der Erstveröffentlichung« – das war 1945 – »noch als bedeutsam betrachtet wird«. Heute wird es für so bedeutsam erachtet, daß man ihm die Ehre antun zu müssen glaubt, es in den »Rang« einer Gesellschaftstheorie, Geschichtsphilosophie oder Sozialphilosophie zu erheben, um sodann, wie das nun Helmut Spinner tut, eine streng wissenschaftliche Meßlatte daran anzulegen. Dazu preßt er das Werk auf ein »O/G-Schema« zusammen und kontrahiert normale Sätze und Äußerungen formelhaft auf Gleichungen, Thesen, Modelle und Programme, ohne zu bemerken, daß vielfach bestimmte allgemeine Denkfiguren durch solche Formalisierungen sinnentleert und steril werden. Was Spinner auf die Formel vom »negativen Utilitarismus« Poppers bringt, hatte dieser schlichter so ausgedrückt: »Die politische Forderung nach allmählich aufbauenden (im Gegensatz zu utopistischen) Methoden entspricht der Entscheidung, daß der Kampf gegen das Leiden Pflicht ist, während das Recht, sich um das Glück anderer zu sorgen, als ein Privileg betrachtet werden muß, das auf den engen Kreis ihrer Freunde beschränkt bleibt.« Spinner empfindet das »als eine nicht nur ihrer Pauschalität wegen unverständliche, ja ungeheuerliche Denunzierung menschlichen Glücksverlangens, sofern es sich politisch zu artikulieren und durch Politik zu verwirklichen sucht«. Es fällt mir schwer, in Poppers Formulierung »Pauschalität« zu entdecken, ich halte sie im Gegenteil für hinreichend differenziert, für ein Stück menschlicher Erfahrung auch, die machen kann, wer nicht szientifisch zuvor alles schon auf den Begriff gebracht und noch eine Ahnung davon hat, daß alles Mögliche durch Politik zu verwirklichen sein mag, nur nicht das Glück und das Verlangen danach.

Freilich lassen sich Schwächen einer Theorie im strukturell-systematischen und im empirischen Bereich nicht durch den Hinweis auf ihren metaphorischen Charakter hinwegdiskutieren — mit der Bemerkung etwa, so wörtlich dürfe man alles nicht nehmen, sonst jage man einem Phantom nach. Spinner hat ganz erhebliche Schwächen in Poppers politischer Philosophie aufgedeckt, die bislang erstaunlicherweise nicht einmal dessen erklärte Gegner bemerkt haben. Kaum ein Verdacht, daß, wie Spinner durchaus zutreffend feststellt, bei unkritischer und allzu umstandsloser Anwendung auf die derzeitige gesellschaftlich-politische Situation Poppers Werk entstellt werden könnte und für die praktisch-politischen Probleme wenig gewonnen wäre, hat sich eingestellt — selten bei den »Feinden« des kritischen Rationalismus und schon gar nicht bei seinen Freunden, die Spinner nun aus ihrem kritizistischen Schlummer aufgeschreckt hat. Er hat so als einer der ersten damit begonnen, die schon zur Lehre erstarrende Philosophie Poppers zu dem zu machen, was sie vorgibt zu sein: ein möglicher Kanon für eine freie, demokratische, offene Gesellschaftsordnung.

Daß es den Politikern nicht recht wohl dabei ist, sich auf sogenannte theorielose Pragmatik zurückgeworfen zu wissen und ohne festen politisch-philosophischen Boden unter den Füßen auftreten zu müssen, haben meines Erachtens die jüngsten, ohnmächtigen Anstrengungen der CDU und der FDP um ihr »Profil« offenbar gemacht. Sofern die bundesdeutschen Parteien sich zur Stärkung ihres theoretischen Rückgrats Elemente des kritischen Rationalismus einverleiben wollten, stehen sie, bis zur »Rekonstruktion« dieser Philosophie, wieder mit leeren Händen da. Deutlicher: eine nicht-marxistische, umfassende politische Philosophie ist eben in dem Moment, da sie greifbar nahe zu sein schien, in unbestimmte Ferne zurückgesunken. Aber womöglich deprimiert dieser Verlust die Profis unter den Politikern viel weniger, als es philosophische Köpfe gerne sähen.
(1978)

Zu Poppers »negativer Methodologie«, der Falsifikation, mit der seine kritisch-rationale Theorie steht und fällt, ist bemerkt worden, daß für die Widerlegung eines universellen Satzes wie »Alle Schwäne sind weiß« der Nachweis eines einzigen schwarzen Schwans eine ebenso lange Suche nötig mache wie für seine Verifikation, denn auch für den Falsifikationsversuch müsse das ganze Universum nach dem einen schwarzen Schwan abgesucht werden. Aber das ist natürlich ein Irrtum. Gemeint ist von Popper sozusagen nur die Fragilität des Allsatzes, der durch ein einziges aufzuweisendes Gegenstück, das jederzeit gefunden werden könnte, zu Fall käme. Die Verifikation des Allsatzes kann virtuell nie erfolgen (es ist ein unentscheidbarer Satz), die Falsifikation jederzeit.

Rein logisch ist Poppers negative Methodologie viel gefährlicher durch Carl Gustav Hempel herausgefordert worden, und zwar durch ein clever konstruiertes Paradox.

Willard Van Orman Quine hat wiederum Hempels Paradox zugunsten von Poppers Methodologie entschärft, zur großen Befriedigung Poppers, der seinerseits Quines Schlußfolgerungen ergänzt[2].

Popper hat alle seine Bücher gleichsam weitergeschrieben. Es gibt von den meisten viele überarbeitete Versionen, von der ›Logik der Forschung‹ gab es 1984 die achte, »weiter verbesserte und vermehrte Auflage«. Und unlängst ist auch eine mit »weitgehenden Verbesserungen« – was so nicht stimmt – versehene deutsche Neufassung der ›Open society‹ herausgekommen, und eine erste Übersetzung in Rußland mit neuem Vorwort des Autors.

Die gesamten siebziger Jahre hindurch und auch noch danach sollte alles, was angepackt wurde, unter der Hand politisch werden. Politik konnte als zu verwirklichende Philosophie verstanden werden, und Politik wurde vom Mittel zum Selbstzweck. Wer das bezweifelte, hatte den Zeitgeist wieder einmal nicht begriffen, stellte sich selbst den ungültigen Paß eines privatisierenden liberalistischen Individualisten aus. Die *vita activa* dominierte die *vita contemplativa*, Theorie sollte nur als mögliche Praxis zählen, den Philosophen wurden Bekenntnisse abverlangt, weniger Einsichten, nicht wahrhaben wollend, daß der Wegweiser, wie Max Scheler vermerkte, nicht selbst in die Richtung geht, in die er zeigt, und so, kann man Scheler ergänzen, auch nicht unbedingt der Philosoph, der ihn aufstellt. »Daß wir gescheit sind, ist wahr«, spottete noch Hans Magnus Enzensberger 1978 unter dem Titel ›Fachschaft Philosophie‹, »aber weit entfernt,/die Welt zu verändern, ziehen wir auf dem Podium/Kaninchen aus unserem Gehirn, Kaninchen und Tauben/ Schwärme von schneeweißen Tauben, die unverwandt/ auf die Bücher kacken ...«.[3] Eine philosophische Portraitgalerie aus jenen Tagen trug tatsächlich den Untertitel ›Politik deutscher Philosophen‹, aber im Text fiel der scheele Blick des Autors lediglich auf die vagen Meinungen deutscher Philosophen zum politischen Tagesgeschehen.

Worum man sich, im Gegensatz zur Rede von der »politischen Philosophie«, zu Recht kümmern sollte, das ist das Kapitel von den Philosophen und der Politik. Aber auch da

---

[2] On Popper's Negative Methodology (und Poppers Kommentar) in: The Philosophy of Karl Popper. Hrsg. v. Paul Schilpp. La Salle, Ill. 1974.
[3] H. M. Enzensberger, Der fliegende Robert. Frankfurt a. M. 1989.

rückt bloß das Menschlich-Allzumenschliche der Philosophie ans Tageslicht, beispielsweise die Rolle, die sie als »Fachschaft« zu Beginn der NS-Ära spielte, oder ihre nicht unähnliche Rolle in der ehemaligen DDR unter SED-Herrschaft, beide Male Charakterrollen von stillschweigend und schleunigst vollzogener Anpassung und Gleichschaltung.

Im 1950 geschriebenen ›Vorwort zur amerikanischen Ausgabe‹ seiner ›Offenen Gesellschaft‹ erwähnt Popper, daß das »starke Gefühl des Optimismus«, das trotz allem sein Werk durchdrang, eine Zeitlang mehr und mehr »den Eindruck der Naivität« auf ihn machte, der ihm hernach aber berechtigt erschien. Und rund vierzig Jahre später, nach dem Zusammenbruch des Sozialismus und dem Zerfall des Marxismus, ließen sich Kritiker dazu herbei, ihm, der Utopien verwarf, doch das Obsiegen seiner eigenen »Utopie« der Offenen Gesellschaft zu bescheinigen. Aber auch das war falsch. In den beiden Bänden wird die offene Gesellschaft ja nicht als Utopie vorgeführt, sie wird nicht einmal prognostiziert, vielmehr als erstrebenswerte Alternative zu geschlossenen Gesellschaften, Tyranneien und Diktaturen nachgezeichnet.

Schon vor dem Positivismusstreit, der Herbert Marcuse-Welle und dem marxistischen Linksschwenk in Deutschland war es im akademischen Bereich zu einer Hegel-Renaissance gekommen, die sich zu einem anhaltenden Boom auswachsen sollte, den auch die sozialistischen Staaten des Ostblocks samt der Sowjetunion zur Selbstdarstellung nutzten. Denn die erneute Ausgrabung Hegels und hernach des Deutschen Idealismus stärkte ein deutsches »abendländisches« Selbstverständnis, das angelsächsisches, empiristisches Denken erneut von oben herab als seicht, platt, utilitaristisch und pragmatisch abtun konnte. Und auch mit unserem Nietzsche ließen sich »dieser braven Engeländer mittelmäßige Verständer« schon wieder auf die Plätze verweisen.

Was in jenen Jahren aufkam, kann man den neuen deutschen Hochmut nennen. Man gewann zuweilen den Eindruck, als sollte am deutsch-idealistischen Wesen – der Marxismus konnte als Ableger dazugeschlagen werden – womöglich wieder die Welt genesen. Und dieser neue deutsche Hochmut ging von links aus, denn gerade hier besann man sich glorreicher Tradition sogar im Geiste Johann Gottlieb Fichtes, dessen titanisches Ich junge Denker wieder in Bann schlug, wie Jean Pauls Schoppe, der allerdings alles leiden mochte, »nur nicht den Mich, den reinen, intellektuellen Mich, den Gott der Götter«, und der schließlich aus den »Spiegeln der Spiegel« »ein Ichs-Volk blicken« sah. Auch Heine, natürlich, diagnostizierte das Gefährliche an Männern von Fichtes hochfahrender politischer Unerfahrenheit, wenn sie ideologisch dem politischen Geschäft sich als höchstem Ziel empfahlen. Und die Selbstbeobachtung des Ich während seiner Tätigkeiten – wie wir sie in Luhmanns Systemtheorie als »selbstreferentielle Systeme« runderneuert finden – mahnt Heine »an den Affen, der am Feuerherde vor einem kupfernen Kessel sitzt und seinen eigenen Schwanz kocht. Denn er meinte: die wahre Kochkunst besteht nicht darin, daß man bloß objektiv kocht, sondern auch subjektiv des Kochens bewußt wird.«

Der völlige Bruch mit dem Bestehenden, die totale Revolution, der Sprung in die Utopie, nach der Tabula rasa, standen damals wieder auf der Tagesordnung. Bald wurde auch Schelling aus dem Dornröschenschlaf geweckt. Seine eher als heimelig empfundenen Ideen wurden in den Ruch gebracht, revolutionär zu sein, seiner Zeit voraus und jetzt erst zur rechten Zeit angekommen. Schließlich schreckte man auch nicht mehr davor zurück, Kulturpessimisten und Zivilisationsfeinde wie Ludwig Klages sich zu Kumpanen zu machen.

In solch großspurigem, deutsch-pathetischem Aufbruch wurden Poppers soziale »Stückwerksoziologie«, die Reform durch kleine Schritte (statt etwa mit Hegels Siebenmeilenstiefeln des Begriffs), die Abkehr vom Überblickenwollen eines Ganzen, als Zagheit und kleinbürgerliche Gesinnung abgestempelt. Poppers ›Offene Gesellschaft‹ und Fichtes ›Geschlossener Handelsstaat‹, das sind, ohne den historischen Abstand aus den Augen zu verlieren, Manifestationen zweier unvereinbarer politischer Gesinnungen, von denen die erstere in Deutschland nie eine Chance hatte.

Nicht Fichte, sondern, wie schon gesagt, Hegel stand in den siebziger Jahren bei uns und in Frankreich wieder in höchster Blüte. Nur die wenigen Studenten, die analytische Philosophie oder Phänomenologie oder auch Hermeneutik betrieben, kamen ohne Hegel aus. Für die übrigen führte kein Weg an Hegel vorbei; Hegel war Pflichtpensum. Großen Anteil an dieser Hegel-Welle hatten die Organisatoren der linken Hegel-Kongresse – im Unterschied zur konservativen Hegel-Gesellschaft in Stuttgart –, bei denen der emsige Wilhelm Raimund Beyer, der DDR-Akademiker Manfred Buhr und die Sowjet-Akademiker Kedrow und Mitin die unentbehrliche Staffage abgaben. Diese internationalen Kongresse hatten ein unglaubliches Echo in der deutschen Presse, wahrscheinlich vor allem deshalb, weil beide, der schon als personifizierter Zeitgeist herumspukende Hegel und der Hegel vom Kopf auf materialistische Füße stellende Marx, ein berauschendes Feuer-Wasser ergaben. 1976 wurde der Hegel-Kongreß gezielt nach Lissabon verlegt, denn in Portugal ging es darum, einer sozialistischen Regierung Schützenhilfe zu leisten, hier sollte der Weltgeist wieder einmal, zu Pferde oder zu Fuß oder sonstwie, zur Erde niederkommen. Die Teilnehmer damals in Lissabon kamen sich so aufgeregt wichtig vor wie Agenten in einem Spionagefilm. Der Beobachter, der Augen- und Ohrenzeuge dieses Kongresses war, ist versucht, seinen Bericht hier zum besten zu geben, versagt es sich aber doch lieber. Denn von heute aus gesehen nehmen sich diese Hegel-Kongresse noch trostloser aus, als sie es zu ihrer Zeit schon waren. Man erging sich in bloß historisierenden Deskriptionen und Rekapitulationen, erschöpfte sich in der Hermeneutik sattsam bekannter Topoi; Kritik fand, wenn überhaupt, nur als strikt immanente statt, von außen durfte nichts in Frage gestellt werden. Manche Veranstaltungen ähnelten lokalen Parteiversammlungen. Auf dem Hegel-Kongreß in Moskau im Jahr 1974 wurde der Beobachter eines Abends an der Bar des »Rossia«-Hotels von einem jungen Hamburger Stalinisten gefragt, wie ihm der kurz zuvor gehaltene Vortrag von Louis Althusser gefallen habe. »Schwach, wie bei einer Ortsversammlung der KPF«, war die Antwort. »Verräter, Verräter!«, schrie der Hamburger. Später ließ er den Beobachter wissen, er werde ihn zum Duell fordern – allen blutigen Ernstes.

Es war natürlich auch, wie schon von Herbert Schnädelbach zu hören war, die große Zeit der Dialektik. Dialektik war das Zauberwort für das ewig herbeigesehnte »andere Denken«, sie garantierte eine Beweglichkeit des Geistes, die allein ihn in Einklang mit der Zeit und dem Weltenlauf brachte, aber auch eine Abart der Rabulistik, die in Diskur-

sen die Oberhand behalten ließ. Auch hinter dem Positivismusstreit der sechziger Jahre stand der Superioritätsan-
spruch dialektischen Absolutheitsdenkens über bloß »unreflektiert« diskursiv-rationale Verstandesanalyse, und Dialektik schien sich diesmal auch als Methode, abgelöst von
ihrer metaphysischen, ontologischen Identität, also in gewisser Weise als Gegenstück zur formalen Logik, durchsetzen
zu wollen.

Karl Popper hatte in einem Vortrag von 1937, der erstmals
1940 gedruckt wurde, die absurden Konsequenzen einer for-
maldialektischen Logik unter dem Titel ›What is dialectic?‹
vorgeführt[4]. Dieser Text wird heute noch von »Dialektikern«, Marxisten und Hegelianern, die Popper ohnehin seine angeblich inkompetente Hegelkritik in der ›Offenen Gesellschaft‹ nie verziehen haben, mit Hohnlächeln erwähnt.
Das gehe gänzlich an dem vorbei, was Dialektik bei Hegel
bedeute, sei die verkümmerte Vorstellung eines Rationalisten von Hegels geschichtsphilosophischer Denkbewegung
und dergleichen mehr. Doch Popper hatte sich ganz bewußt
auf die mögliche Struktur, die rein formale Seite einer Dialektik als Methode beschränkt; die philosophisch-metaphy-
sischen, inhaltlichen Aspekte blieben dabei aus eben diesen
methodologischen Gründen außer acht. Dagegen wurde immer wieder eingewandt, das könne man mit ihr nicht machen, die Dialektik sei eine »inhaltliche Logik«, und es sei
eine bezeichnende Verkennung ihres Wesens, sie als Formalismus darstellen und kritisieren zu wollen. Doch so leicht
kann man es sich nicht machen. Denn es wurden zu allen
Zeiten nach Hegels Tod von Hegelianern, linken wie rechten, verzweifelte Versuche gemacht, die Hegelsche Dialektik
als Methode, als eine der aristotelischen und später auch der
neuen symbolischen Logik zur Seite oder sogar »vorgesetz-
te« auszuweisen. Gotthard Günthers lebenslange Versuche,
die Dialektik als formale mehrwertige Logik zu fundieren,
sind das beeindruckendste Indiz dafür. Poppers kritische
Analyse war also gerechtfertigt, und der folgende Essay, der
die Bemühungen um die Dialektik als formales Regelsystem
kritisch betrachtet, beruht auf denselben Voraussetzungen.

[4] In: Coniectures and refutations. London 1963.

12. Dialektik als Mystik

Offenbar zwingt die transzendentale Konstitution des Erkenntnisvermögens dazu, die verwirrende und oftmals antagonistische Vielfalt der Erscheinungen möglichst aus einem einheitlichen und widerspruchsfreien Prinzip zu erklären. Unter diesem Diktat gelang manchesmal ein einheitliches, stets aber auch einseitiges Wirklichkeitsverständnis. Es blieben Reste zurück, Teile der Realität, die sich gegen die schlau ersonnenen Kategorien der Systeme sperrten. Nur zwei stark religiös getönte philosophische oder weltanschauliche Konzeptionen scheinen diesem Dilemma entronnen zu sein: *Mystik* und *Dialektik*. Beide haben die störenden Widersprüche dadurch mattgesetzt, daß sie sie zu bloßen Momenten einer größeren Einheit degradierten, jenen zum Tort und gleichsam parasitär an ihnen sich mästend. Der große Vorzug dieser Mystik und Dialektik gemeinsamen Denkbewegung liegt anscheinend darin, daß man den Widerspruch ungetilgt gelten lassen kann, indem er als Einheit seiner selbst begriffen und somit in ein Zwischenreich aus Existenz und Nicht-Existenz verschleppt wird, in dem etwas nur mehr »west«[1].

Schon bei der bloßen Andeutung der den mystischen und dialektischen Denkfiguren zugrundeliegenden Mustern verheddert sich die Sprache in einer amorphen, paradoxalen Ausdrucksweise, die mit dem Satz vom auszuschließenden Widerspruch kein rechtes Auskommen findet und fortwährend zu Variationen der Konjunktion »sowohl als auch«

[1] Immer wieder taucht hier der Vergleich mit Kleists Aufsatz über das Marionettentheater auf. Dort, wo es um die Versöhnung von Grazie und Bewußtsein geht, ist von dem Punkt die Rede, »wo die beiden Enden der ringförmigen Welt« ineinandergreifen, nämlich Gott und Materie. Aber Kleist weiß, daß die verlorene Grazie sich erst dann wieder einfindet, »wenn die Erkenntnis gleichsam durch ein Unendliches gegangen«, also auf einer höheren Windung der Spirale des Geistes angelangt ist. Dieses »letzte Kapitel von der Geschichte der Welt« soll sich hingegen in Mystik und Dialektik schon in der jeweiligen Gegenwart ereignen. »Tatsächlich existiert, was sich später in der Geschichte verwirklichen wird, doch schon jetzt.« So hat Jeanne Hersch Hegels Dialektik interpretiert. Dadurch werde aber die Zeit zerstört. J. Hersch, Die Illusion. München 1956, S. 61. – Ganz anders also als bei Kleist wird in Hegels Wunschdenken und Chiliasmus das unendlich letzte Kapitel von der Geschichte der Welt als endlich gegenwärtiges unterstellt.

Zuflucht nehmen muß. Um so lieber und ausgiebiger haben Mystik und Dialektik von einer eigentümlichen Vorstellungsweise Gebrauch gemacht, die uns durch die alten Sprachen überliefert ist. Darauf hat vor sechzig Jahren neben anderen Sigmund Freud in einem kleinen Referat hingewiesen. Es hat den Titel ›Über den Gegensinn der Urworte‹ und befaßt sich mit den Forschungsergebnissen des Sprachwissenschaftlers K. Abel[2].

In den alten Sprachen haben, analog zur Traumsymbolik, viele Worte außer ihrer eigentlichen noch eine gegenteilige Bedeutung. So bedeutet zum Beispiel in der alten ägyptischen Sprache das Wort »stark« sowohl »stark« als auch »schwach«, das Wort »befehlen« sowohl »befehlen« als »gehorchen«, oder das Wort »hell« ebenso »hell« wie »dunkel«. Immer haben solche Worte zwei einander entgegengesetzte Bedeutungen oder Inhalte. Außerdem gibt es in dieser Sprache noch Komposita wie »altjung«, »fernnah«, »außeninnen« und andere. Dieser scheinbare Widersinn im Denken erklärt sich daraus, daß man ein Wort wie »stark« weder als »stark« noch als »schwach« verstand, sondern als Verhältnis zwischen beiden und als Unterschied beider, der beide Bedeutungen gleichmäßig erzeugt. In den frühen Kulturen müssen also die Menschen ihre einfachsten Begriffe nicht anders erarbeitet haben können als in einem antithetischen Vorstellen[3].

Abel und Freud machen verständlich, wie man sich in den frühen Sprachen gelegentlich mit nur einem Zeichen für gewisse Komplementärbegriffe behalf. Bei näherer Bezeichnung wurde natürlich der Doppelsinn dieser Worte wieder aufgesprengt, und sei es auch nur durch den Kontext, durch den ein eindeutiger Sinn gestiftet wurde. Tatsächlich aber waren in der ägyptischen Sprache die geschriebenen Wörter in den erwähnten Fällen noch mit Bildzeichen versehen. Über der Lautschrift des Wortes »stark« beispielsweise war das Bild eines bewaffneten, aufrecht stehenden Mannes gezeichnet; sollte dasselbe Wortzeichen hingegen »schwach« bedeuten, so war die Zeichnung eines hockenden, lässig entspannten Mannes beigefügt. Solche Illustrationen zerrei-

[2] S. Freud, Gesammelte Werke. Bd. 8. London 1941, S. 213.
[3] Ebd., S. 217.

ßen die Einheit der Gegensätze wieder. Es zeigt sich, daß
die Bildung der Sprache und des Denkens sich von Fall zu
Fall zwar »dialektisch« vollziehen mag, doch daß zu deren
präziserem, eindeutigerem Gebrauch Dialektik nicht ausreicht. Diesen wichtigen Unterschied zwischen Bildung und
Gebrauch, Genese und Geltung, Ausdrucks- und Mittei-
lungsfunktion der Sprache lassen Mystiker wie Dialektiker
gerne außer acht. Hegel sah im Gegensinn solcher »Urworte« eine willkommene Bestätigung seiner Dialektik. Im
Vorwort seiner ›Wissenschaft der Logik‹ rekurriert er auf
die Vieldeutigkeit mancher deutscher Ausdrücke und bemerkt dazu: »Es kann dem Denken eine Freude gewähren,
auf solche Wörter zu stoßen und die Vereinigung Entgegen-
gesetzter, welches Resultat der Spekulation für den Verstand aber widersinnig ist, auf naive Weise schon lexika-
lisch als *ein* Wort von den entgegengesetzten Bedeutungen
vorzufinden. Die Philosophie bedarf daher überhaupt keiner besonderen Terminologie.«[4]
Hegels Enthusiasmus für das »Fassen des Entgegengesetzten in seiner Einheit«, wie es ihm in gewissen »Urworten« begegnet, verführt ihn zu folgenschweren Behauptungen. Einen Schritt weiter, und Hegel hätte sich zu der be-
fremdlichen These versteigen können, die Philosophie be-
dürfe überhaupt keiner besonderen Philosophie. Denn von
den einfachsten Denkbestimmungen an präsentiert sich
ihm, wie bei den »Urworten«, »die Selbstbewegung des
Begriffes«, der mit ihnen sich auftuende Unterschied oder
das Anderssein ihrer selbst. Solch »reine Selbstbewegun-
gen« der einfachen Bestimmungen wie »Ansichsein« oder
»Fürsichsein« möchte Hegel »Seelen« nennen, »wenn
nicht«, wie er hinzufügt, »ihr Begriff etwas Höheres bezeichnete als diese.«[5] Und indem »der Begriff das eigene
Selbst des Gegenstandes ist«[6], Denken und Sein identisch
sind und eine der Sache äußerliche Methode ein Unding
wird, kommt dem Philosophen eigentlich nur noch die pas-

[4] G. W. F. Hegel, Werke. Bd. 5. Frankfurt a. M. 1959, S. 20 f.; vgl. auch die entsprechenden Erläuterungen über den Begriff »Aufheben« in der Anmerkung
S. 114.
[5] G. W. F. Hegel, Phänomenologie des Geistes. Hamburg 1952, S. 48.
[6] Ebd., S. 49.

sive Rolle eines Beobachters zu. Die »Anstrengung des Begriffs« reduziert sich bestenfalls auf eine Art Hebammenkunst, durch welche der Selbstbewegung der Begriffe Erleichterung verschafft wird. Hegels Identitätsphilosophie, festgemauert in seiner Onto-Logik, verlegt das Wesen und das Ansich der Dinge ins Subjekt. Der Philosoph tritt gleichsam neben sich und läßt seine Einfälle und Gedanken tunlichst beiseite. »Aber nicht nur nach dieser Seite, daß Begriff und Gegenstand, der Maßstab und das zu Prüfende, in dem Bewußtsein selbst vorhanden sind, wird eine Zutat von uns überflüssig, sondern wir werden auch der Mühe der Vergleichung beider und der eigentlichen Prüfung überhoben, so daß, indem das Bewußtsein sich selbst prüft, uns auch von dieser Seite nur das reine Zusehen bleibt.«[7] Dem entspricht in der Mystik die *via negativa,* das Abschalten, die Passivität des Sich-Offen-Haltens. Die *unio,* nach welcher der Mystagoge trachtet, wird in Hegels Identitätsphilosophie aus den Kategorien seiner »Mystik für den Verstand« rekonstruiert. Das Spekulative ist ihm das Mystische, und das Mystische ist ihm ausgesprochen das Vernünftige. Mystik wie spekulative Vernunft erzwingen, nachdem Kants Antinomienlehre »widerlegt« ist, die Vereinigung des Gegensätzlichen, des Widersprüchlichen, ohne es in seiner Widersprüchlichkeit zu vernichten.

Der mögliche logische Widerspruch, der sich hinter den entsprechenden Aussageformen versteckt, macht indes weniger die Mystik als die sich so rational gebärdende Dialektik problematisch. Denn den Anspruch auf Rationalität und »höhere« Vernunft erhebt namentlich die gegenwärtige Hegelnachfolge; sie verschweigt hingegen die Affinitäten und Parallelismen der Dialektik zur Mystik und zu archaisch-gnostischen Denkstrukturen. Noch vor zwei Jahrzehnten haben indes Hegel-Adepten auf diesen Zusammenhang geradezu mit Stolz hingewiesen[8]. Ernst Topitsch,

---

[7] Ebd., S. 72.
[8] Vgl. J. Taubes, Logos und Telos. In: Dialectica (1947) 4, S. 319 ff. »In der Apokalyptik und Gnosis liegt der Grund zur vielbesprochenen, aber selten verstandenen Logik Hegels. Der Zusammenhang zwischen apokalyptischer Ontologie und Hegelscher Logik ist nicht künstlich und nachträglich hergestellt.« Vgl. ferner S. 330 f. Der Verf. weist auch darauf hin, daß die Logik der Dialektik »spiralisch«

der überzeugend die Abkunft der Hegelschen Heilslehre aus mythischen Modellen nachgewiesen hat[9], sieht sich derzeit heftiger Kritik seitens derselben theologisierenden Links-Hegelianer ausgesetzt, die ihm zwei Dekaden zuvor konsequenterweise hätten Beifall zollen müssen.

Doch mittlerweile ist Rationalität allerorten eine begehrte Plakette geworden, die jedermann sich anstecken möchte, um nicht in den Geruch des Mystizismus und Irrationalismus zu kommen. Freilich ist Rationalität für Hegel-Anhänger ein anderes Ding als für diejenigen, die sich sonst darauf berufen. Sie ist vernunftdurchwebt und springt mit der Logik, auf die sie schwerlich verzichten kann, auf eigene Weise um. Kritik an der »Logik der Widerspruchslosigkeit« setzt, wie Adorno gegen die Positivisten geltend macht, »diese nicht außer Kurs«, sondern »reflektiert« sie[10]. Auf diese Formel scheint man sich unter Dialektikern derzeit geeinigt zu haben. Logik und Dialektik werden als – letzten Endes doch recht undialektisches – Verhältnis von Allgemeinem und Besonderem oder Ganzem und Teil demonstriert. Dialektik ist nicht bloß komplementär zur Logik, sondern verhält sich überdeterminierend. Diese rackert sich am bloß Endlichen ab, jene hat Umgang mit dem Unendlichen und Absoluten. Gotthard Günther, der sich seit Jahrzehnten um eine »transklassische Logik« bemüht, findet in einer frühen Analyse der drei Logiken Hegels, daß die traditionellen logischen Axiome von der Hegelschen Dialektik »als Bedingungen ihrer eigenen Möglichkeit zwingend vorausgesetzt« werden[11]. Dieses geschickte »Aufheben« der formalen Logik mündet gelegentlich in dem kühnen Hegelschen Diktum, die Dialektik pflege einen besonders sinnvollen Umgang

sei. Siehe dazu H. Stoffer, Die modernen Ansätze einer Logik der Denkformen. In: Zeitschrift für philosophische Forschung 10 (1956), S. 442f. Hier wird die mystische Denkform ebenfalls ausdrücklich als »Spirale« charakterisiert. Ferner E. Schmidt, Hegels Lehre von Gott. Gütersloh 1952.

[9] E. Topitsch, Die Sozialphilosophie Hegels als Heilslehre und Herrschaftsideologie. Neuwied, Berlin 1967; ders., Mythos – Philosophie – Politik. Zur Naturgeschichte der Illusion. Freiburg i. Br. 1969.

[10] Th. W. Adorno in: Der Positivismusstreit in der deutschen Soziologie. Neuwied, Berlin 1969, S. 79.

[11] G. Günther, Grundzüge einer neuen Theorie des Denkens in Hegels Logik. Leipzig 1933, S. 27; vgl. auch S. 200.

mit der traditionellen Logik, eben weil sie deren Axiome besser verstehe als die naiven und unreflektierten Logiker selbst. Es wird somit schwierig, sowohl Hegel wie seine Nachfolger bei direkten Verstößen gegen das Widerspruchsprinzip zu ertappen. In ihren Reden klingt es häufig so, als ständen sie schon im Rücken dieses Prinzips; in der Praxis jedoch scheuen sie vor einer solchen Position zurück. Denn nicht einmal der verbissenste Dialektiker möchte seine dialektischen Propositionen ernsthaft nach den von ihm postulierten dialektischen Gesetzen interpretiert wissen. In diesem Falle erwarten sie vielmehr metasprachliche Kriterien, die auf der in Frage gestellten logischen Axiomatik basieren[12].

Momente des Irrationalismus in der dialektischen Theorie werden zu solchen eines totalen Rationalismus umstilisiert, gegen den sich derjenige der sogenannten Positivisten etwa nur noch als »halbierter Rationalismus« ausnehme[13]. In gewisser Weise schielte auch die mystische Philosophie – nicht dagegen die Mystik als rein religiöse Bewegung – nach dem Rationalismus. Der intellektualistische Mystizismus eines Eckhart ist dafür ebenso bezeichnend wie das mystische Denken des Philosophen der *coincidentia oppositorum,* Nikolaus Cusanus. Das beziehungsvolle Ineinander von rational und irrational findet seinen Lieblingsausdruck in der Sprachformel der Paradoxie, der meist nur scheinbaren Antinomie. Sie ist eine Art syntaktischer Beglückung mit nachfolgendem semantischen Katzenjammer. Hegel ist von dieser Sucht nicht frei. Durchaus im positiven Sinne nennt

[12] Mit einer gewissen Schadenfreude weisen Dialektiker häufig darauf hin, daß letztlich alle metasprachlichen Systeme wieder auf die Umgangssprache zurückgeworfen werden. Mit der Dialektik verhält es sich aber ganz ähnlich. Jedenfalls ist sie bis jetzt keine Umgangssprache im genauen Sinn, bedarf also ebenfalls umgangssprachlicher Deutung. – In diesem Zusammenhang ist die Klage Adornos, ebd., Fußnote 10, bedenkenswert. Dialektische Gedanken, so meint er, »müssen mit Mitteln, unter denen die logischen sich behaupten, über Logik nachdenken«. Durch diesen »Widerspruch« gerieten die Dialektiker in »taktischen Nachteil«. Daß die Logik aber auch, wenigstens potentiell, umgangssprachliches Gesetz ist, folglich zur metasprachlichen Deutung der Dialektik herangezogen werden kann, will er nicht wahrhaben. Stellt man also die Dialektik logisch in Frage, verfälscht man sie.

[13] Vgl. J. Habermas in: Der Positivismusstreit.

einer seiner großen Kenner, Hermann Glockner, das wirk-
lichkeitskonstituierende Moment bei Hegel ein »rational-
irrationales Zusammen«[14]. So viele »dialektische« Verhältnisse die Dialektiker aber schon in der Welt entdeckt haben, dasjenige von Rationalismus und Irrationalismus
möchten sie für sich als dialektisches offenbar nicht in Anspruch nehmen.

Mühelos entdeckt man in den mystischen Denkformen
Momente, die auch für dialektisches Denken charakteristisch sind. Mystisches Denken gilt als »eine Vermittlung
des Unmittelbaren«, »es vermittelt aber mehr, als durch das
... schlichtlogische Denken erreicht werden kann«. »Mystisches Denken ist ›reine Dynamik‹« und kennt »keine aus-
drückliche Subjekt-Objektspaltung«[15]. Und in der mystischen Vereinigung des Widersprechenden ist als Intention
das ausgedrückt, wonach es auch die Dialektik verlangt,
mag das Widersprechende hier Gott und Mensch und dort
Geist und Natur, Sein und Bewußtsein oder Vernunft und
Verstand heißen. Noch die mystische via negativa als bewußte Ausschaltung des Denkens erinnert von ferne an die
dialektische Selbstbewegung des Begriffs, bei welcher der
Begreifende nur noch zusieht.

Wenn aber zugestanden wird, daß mystisches »Denken«
weder eine »höhere« noch eine »tiefere« – in der Bedeutung von Tiefsinn – Rationalität repräsentiert, daß für die
Erkenntnis nichts dadurch gewonnen wird, sondern lediglich die individuelle Gefühlslage stimuliert wird, dann hat
sich eine Philosophie, die weitgehende Parallelen zum Mystizismus aufweist, als Philosophie schon dadurch verdächtig gemacht. Sprachlogische Recherchen im Bereich der
beiden geistigen Gebilde können zur Bestätigung dieses
Verdachts von Nutzen sein.

»Das Größte ist alles und weil alles, ist es keines.
Wer am wenigsten ist, ist gerade am meisten.«
»Je tiefer in den Grund etwas hinabreicht, je höher und
gewaltiger ist auch seine Höhe; und je tiefer der Brunnen
ist, je höher ist er auch: die Tiefe und die Höhe ist eines.«

[14] Zit. nach Günther, Grundzüge, S. 196.
[15] Stoffer, Ansätze, S. 607.

»Die zarte Gottheit ist ein Nichts und Übernichts:
wer nichts in allem sieht, Mensch, glaube, dieser sichts.«

In gedanklich elementarer, unreflektierter Form enthalten diese drei Beispiele mystischen Sprechens bereits vieles von dem, was Hegel später auf den Begriff bringen sollte. Von Nikolaus Cusanus, dem Lehrer der *docta ignorantia,* stammt das erste Beispiel. Das zweite Zitat ist den Schriften des Meister Eckhart, des großen deutschen Mystikers und Sprachschöpfers, entnommen. Ein Epigramm aus dem ›Cherubinischen Wandersmann‹ des Angelus Silesius (Johann Scheffler) ist die dritte Probe mystisch-paradoxalen Denkens und Dichtens. In allen diesen Mustern wird in der Sprache die Vereinigung oder Ineinssetzung des Widersprechenden angestrebt. Ein harmlos-geistreiches Sprachspiel mit Wortbedeutungen und Beziehungen.

»Das Größte« ist ohne Zweifel »alles«, wenn der Begriff schon in der Bedeutung einer Menge, etwa als »das meiste« oder eben »alles« eingeführt wird. Beide Begriffe werden also in einem bestimmten Sinne »gesetzt«. Bedeutet »das Größte« »alles«, dann ist es auch vertretbar, daß »alles« als »keines« gedeutet wird, »keines« nämlich hinsichtlich des Begriffsumfanges von »alles«, das ja »kein« Bestimmtes nennt. Indem jedoch diese verschiedenen Rücksichten unausgedrückt bleiben, wird der Anschein der aufgelösten Antinomie, der Identität des einander Widersprechenden erweckt. Der nächste Satz macht sich diese Begriffsmanipulationen als Conclusio zunutze: »Wer am wenigsten ist, ist gerade am meisten.« Nun ist aus der stillschweigenden Substitution von Wortbedeutungen schon ein deftiger Taschenspielertrick, eine echte *quaternio terminorum*, geworden. »Alles« und »das Größte« wurden anfangs als quantitative Begriffe im Sinne einer Gesamtheit von Dingen angeführt, im Nachsatz wird hingegen der Ausdruck »am wenigsten« in einem ganz anderen Sinn, nämlich in dem von »am ärmsten« oder »am unbedeutendsten«, also qualitativ, gebraucht. Ein wirklicher Vergleich, wie er hier suggeriert wird, ist folglich undurchführbar.

In der Sentenz des Meister Eckhart steckt solange nichts Beunruhigendes, als einem die *unio mystica,* die der Denker hier heraufzubeschwören vermeint, nicht vor Augen steht. Die ersten beiden Teilsätze verraten noch nichts von dieser hohen Absicht. Denn Höhe und Tiefe sind da als Gleiches »definiert« im Blick auf ein unerwähntes Drittes, nämlich ein imaginäres Längenmaß. Im Schlußsatz indes wird dieses vermittelnde Dritte unversehens auch aus der Vorstellung verdrängt, und die beiden Begriffe werden unvermittelt identifiziert. Sie werden dadurch in jeder Hinsicht gleichgemacht, was natürlich Unsinn ist. Für einen Betrachter etwa, der »oben« am Brunnen steht oder aber »unten« auf seinem Grund, oder auch in Beziehung auf ein Verb wie »fallen«, gewinnen diese Wörter ihren eindeutigen Unterschied wieder zurück. Ohne jegliches Bezugssystem sind sie ohnehin bloß sinnlose Laute. Hegel fand an den nämlichen Verhältnisbestimmungen den »Widerspruch« »unmittelbar« dargestellt, dessen »Negativität« für ihn die »inwohnende Pulsation der Selbstbewegung und Lebendigkeit« darstellte.

In der dritten Probe hat sich ein Dichter, Angelus Silesius, der mystischen Definitionskünste zeitgenössischer Denker angenommen. Die »Gottheit« ist, als allgemeinster Begriff verstanden, zugleich der leerste. In diesem Sinne ist sie dem Nichts gleichzusetzen. (Silesius spürt, daß dem Begriff »ein Nichts« noch das Odium von »Etwas« anhaftet; deshalb der paradoxe Zusatz vom »Übernichts«.) Wer folglich in allem »nichts« – substantiviert zu dem »Nichts« – sieht, der sieht per definitionem die »Gottheit«. Die Gedankenfolie, vor der sich diese Vereinigung des Widersprechenden abhebt, ist natürlich der sehr wohl existierende Unterschied zwischen den »Nichtsen«, also zwischen den verschiedenen Bedeutungen von »nichts«. Dieses hier ist nun ein ganz bestimmtes Nichts und als solches, in Hegelscher Terminologie, sein eigener Widerspruch, also gerade nicht Nichts. Dazu liefert immer noch die beste Erklärung jener alte Kalauer von den zwei Freunden beim Autorennen. Als der eine den anderen fragt, ob er gerade den Wagen habe vorbeirauschen sehen, dieser verblüfft erwidert, er habe »nichts« gesehen, erklärt der erste, »das« eben sei der Wagen gewesen.

Als reiner Ausdruck religiöser Sehnsucht fallen diese Exempel mystischen Denkens selbstverständlich außerhalb der wissenschaftlichen Kritik. Die setzt erst da ein, wo ein ähnlicher Schematismus mit dem Anspruch wissenschaftlicher Erkenntnis auftritt.

Im ersten Buch seiner ›Großen Logik‹, der ›Wissenschaft der Logik‹, zeigt Hegel, inwiefern das reine Sein und das reine Nichts identisch sind, wie aber diese Identität sogleich zerfällt oder »übergeht« in das Werden. Die statisch gedachte unio der Mystik, die gleichsam jederzeit »ist«, »wird« bei Hegel ständig. Darin freilich liegt eine Differenz zur mystischen Metaphysik. Wie es zum »Werden« kommt, erläutert Hegel so: »Insofern nun der Satz ›Sein und Nichts ist dasselbe‹ die Identität dieser Bestimmungen ausspricht, aber in der Tat ebenso sie beide als unterschieden enthält, widerspricht er sich in sich selbst und löst sich auf. Halten wir dies näher fest, so ist also hier ein Satz gesetzt, der, näher betrachtet, die Bewegung hat, durch sich selbst zu verschwinden. Damit aber geschieht an ihm selbst das, was seinen eigentlichen Inhalt ausmachen soll, nämlich das Werden.«[16]

Hegel konstruiert hier zunächst die Einheit zweier gegensätzlicher Begriffe, die höchst fragwürdig ist. Die Identität des Seins und des Nichts – wenn man überhaupt von der Problematik dieser Begriffe absieht – bezieht sich versteckt im Urteil auf ein Drittes, worin sie übereinkommen, oder dessen Klassenelemente sie sind. Hegel aber will die Selbstidentität im »Unterschied« beider Begriffe aneinander bezeichnen. Dieses Dritte sind ein oder mehrere dem Sein und dem Nichts zugesprochene Prädikate, wie die völlige Unbestimmtheit oder die völlige Leere. Die Identität kann hier nur ausdrücken, daß man sich durch verschiedene Ausdrücke auf ein und dieselbe Sache – die Leere – bezieht. Die Ausdrücke sind also verschiedene, die gemeinte, »gesetzte« dritte »Sache« ist in beiden dieselbe. Von einer wirklichen Kontradiktion, wie sie Hegel offenbar vorschwebt, kann demnach keine Rede sein[17]. Daß nun ferner dieser Satz als syntaktisches Gebilde »die Bewegung« haben soll, durch sich selbst zu verschwinden, daß sogar damit an ihm selbst geschehen soll, was sein Inhalt ist, nämlich Werden, ist nur mehr dann mitzuvollziehen, wenn man bereit ist, Bildersprache als begriffliche Sprache anzuerken-

[16] Hegel, Werke. Frankfurt a. M. 1959, Bd. 5, S. 93.

[17] Von einem »bestimmten« Widerspruch oder einer bestimmten Negation ist hier, bei den Begriffen Sein und Nichts, natürlich ohnehin abzusehen.

nen und sich den metaphysischen Zwängen einer Identitätsphilosophie zu beugen, der Sprache und Realität unter der Hand eins werden.

Ein Drittes, eine Art *tertium comparationis,* in dem die beiden verschiedenen Ausdrücke des Seins und des Nichts als identisch übereinkommen, mußte der Bewegungsidee zuliebe unterschlagen werden, wenn anders nicht Leere zu Leere sich »bewegen« soll. Da aber, wo ein Drittes sich ausschließt, nämlich im Satz vom ausgeschlossenen Dritten, insistiert Hegel darauf, und zwar annähernd im Sinne eines tertium comparationis. Der Satz vom ausgeschlossenen Dritten besage, so argumentiert Hegel, im Unterschied zum »Satz der Identität oder des Widerspruchs«, »daß es nicht etwas gebe, welches weder A noch Nicht-A, daß es nicht ein Drittes gebe, das gegen den Gegensatz gleichgültig sei. In der Tat aber gibt es in diesem Satz selbst das Dritte, das gleichgültig gegen den Gegensatz ist, nämlich A selbst ist darin vorhanden. Dies A ist weder + A noch − A und ebensowohl auch + A als − A.«[18] Es handelt sich hier um nicht viel mehr als um »ein bedeutungsloses Spiel mit Zeichen«[19]. Worin nämlich der Unterschied von A und + A liegen soll, andererseits dann auf einmal wieder seine Identität, läßt sich höchstens dann einsehen, wenn man die Supposition von »ist« anstelle von »hat Ähnlichkeit mit« oder »Anteil an« hingehen läßt. Überdies setzt Hegel verschiedentlich statt A + A, ohne darüber eine Erklärung abzugeben. Insofern Hegel hier, genau spiegelbildlich »verkehrt«, ein Drittes supponiert, liefert er den negativen Beweis für die Stichhaltigkeit der Kritik an seiner These über die Identität von Sein und Nichts, die nur durch sein Verschweigen eines Dritten − der Leere − aufrecht zu erhalten ist.

An dem Satz Spinozas »omnis determinatio est negatio« haben sich Hegel und seine Nachfahren bis zum Rausch delektiert. Bei Hegel heißt er, ontologisch feierlicher: »Jedes Sein ist, weil es gesetzt ist, ein Entgegengesetztes.«[20] So, mit dem Bestimmen von Sein, dem Setzen, kommt der

[18] Hegel, Werke, Bd. 6, S. 74.

[19] H. Vetter, Die Stellung des dialektischen Materialismus zum Prinzip des Ausgeschlossenen Widerspruchs. Berlin 1962, S. 18.

[20] Hegel, Werke. Bd. 1. Stuttgart 1958, S. 51.

Unterschied dem Sein zugleich an sich und im Bewußtsein zu. Etwas bestimmen, beispielsweise einen Tisch, heißt eigentlich gleichzeitig anderes, das nicht Tisch ist, verneinen, nach dem Schema: dies hier ist ein Tisch, und nicht dieser Stuhl und diese Lampe[21]. Der Tisch kann also nur als solcher bestimmt werden mit Rücksicht auf anderes. Wird Eines gedacht, so wird zugleich Anderes, aus dem dieses Eine ausgesondert wird, mitgedacht. Man denkt also eigentlich den Unterschied mit, und Hegel sagt deshalb, der Unterschied könne nicht weggenommen werden, denn er »sei«; oder, in anderer Formulierung, Etwas sei nur, indem es das Andere negiere, es selbst. Im Negieren liege stets die Beziehung auf ein anderes. Hegel spricht ferner vom »Ansichsein« und dem ihm zugehörigen »Seinfüranderes«. Beide Seiten dieses Verhältnisses bezeichnet er als »Momente« des Etwas, welches die Einheit dieser Momente garantiere. Es besteht also durch jede Bestimmung ein Etwas und ein Anderes, es tut sich ein Unterschied auf, und gerade der Unterschied hält die beiden Momente zusammen, oder genauer, im Unterschied ist Etwas und sein Anderes identisch. Deshalb spricht Hegel auch an Stelle von Dialektik von »negativer Identität«, was soviel heißt wie die Identität von der Seite ihres Unterschieds betrachtet. Was bei den »Urworten« sofort in die Augen springt, trifft, Hegel zufolge, auf alle Bestimmungen zu, nur muß es hier explizit »gedacht« werden.

Angesichts solcher Formulierungen verstärkt sich der Eindruck, daß es sich bei der Dialektik lediglich um eine besondere Sprech- und Ausdrucksweise handelt, um eine Art Jargon, der, übersetzt, Trivialitäten zurückläßt. Doch genau die geschilderten Überlegungen veranlassen Hegel, gegen den Satz der Identität zu Felde zu ziehen. Er begegnet ihm voll Verachtung: »Dieser Satz in seinem positiven Ausdrucke A = A ist zunächst nichts weiter als der Ausdruck der leeren Tautologie. Es ist daher richtig bemerkt worden, daß

---

[21] Ob es sich in diesem Falle wirklich um Verneinung, um Negation handelt, ob also »ausschließen« schon mit »negieren« gleichzusetzen ist, wäre noch zu untersuchen. Hegels Vermengung von Antithesis und Heterothesis, die hierbei eine Rolle spielt, ist ja oft genug bemerkt worden; vgl. F. Heer (Hrsg.), Hegel. Frankfurt a. M. 1955, S. 12.

dieses Denkgesetz ohne Inhalt sei und nicht weiterführe.«[22] Daß Hegel hier den Ausdruck Tautologie verwendet, vor allem aber, daß er von der Logik verlangt, daß sie »weiterführe« (wenn auch nur indirekt), verrät einiges von seiner ontologischen Auffassung der Logik, die für ihn eben weit mehr ist als nur Mittel für korrektes Argumentieren.

Nach solchen Vorbemerkungen zeigt Hegel, daß der Satz der Identität, spekulativ, das heißt dialektisch verstanden, das Gegenteil von dem sage, was die Logiker damit ausdrücken wollen. Identität und Verschiedenheit seien nämlich nicht verschieden, sondern identisch, so belehrt er die Logiker – und nicht nur die seiner Zeit. Diese behaupten ja, Identität und Verschiedenheit seien verschieden. »Sie sehen nicht«, so fährt der Philosoph fort, »daß sie schon hierin selbst sagen, daß die Identität ein Verschiedenes ist; denn sie sagen, die Identität sei verschieden von der Verschiedenheit; indem dies zugleich als die Natur der Identität zugegeben werden muß, so liegt darin, daß die Identität nicht äußerlich, sondern an ihr selbst, in ihrer Natur dies sei, verschieden zu sein.«[23] So, wie die Logiker den Satz der Identität oder des Widerspruchs – letzterer ist für Hegel nur ein anderer Ausdruck für den ersten – verstehen, nämlich als die »abstrakte Identität, im Gegensatz gegen den Unterschied«, sei er »kein Denkgesetz, sondern das Gegenteil davon«; »zweitens, daß die Sätze mehr, als mit ihnen gemeint wird, nämlich dieses Gegenteil, den absoluten Unterschied selbst enthalten.«[24] In dem richtigen Urteil des bloß formellen und abstrakten Charakters des genannten Axioms liege aber unmittelbar, »daß die Wahrheit nur in der Einheit der Identität mit der Verschiedenheit vollständig ist«[25].

Es wird, wie stets bei Hegel, zunächst ein »Widerspruch« aus den Bestimmungen herauspräpariert und »mitgedacht«, dann die »Entgegengesetzten« in ihrer Einheit aufgehoben. Dieser dem mystischen Denken nah verwandte Prozeß der Vereinigung charakterisiert jeden Zug in Hegels

[22] Hegel, Werke. Bd. 6. Frankfurt a. M., S. 41.

[23] Ebd., S. 41.

[24] Ebd., S. 45.

[25] Ebd., S. 42.

Denken und seiner Logik des Absoluten, die aufs »Ganze«
geht. Die »Wahrheit« der Reflexionsbestimmungen, also
der formallogischen Axiome, besteht nur in ihrer Beziehung
aufeinander und damit darin, »daß jede in ihrem Begriffe
selbst die andere enthält«. »Ohne diese Erkenntnis läßt sich
eigentlich kein Schritt in der Philosophie tun.«[26]

Wie aber stellt es Hegel an, die Identität zugleich als die
Verschiedenheit zu entlarven? Primär durch einen eigentümlichen Akt der Substantialisierung. Identität, so heißt es
zunächst, sei verschieden von der Verschiedenheit. So formuliert ist das Verschiedensein der Identität von der Verschiedenheit gleichsam deren Attribut oder ein Modus, wie
sie sich verhält, also eine Relation. Hegel aber entwickelt
daraus den Satz, »daß Identität ein Verschiedenes ist«, daß
ein mit sich identisches A »eine Verschiedenheit seiner
selbst von sich an ihm« hat. Jetzt »verhält« sich Identität
nicht mehr nur zur Verschiedenheit als Beziehung auf sich,
vielmehr *ist* jetzt Identität Verschiedenheit, es macht ihre
Seinsweise aus, Verschiedenheit zu sein. In der ersten Version – die Identität ist verschieden von der Verschiedenheit
– ließe sich der Satz so symbolisieren: $(A = A) \neq$ »Verschiedenheit« (wobei $\neq$ für »verschieden« steht); in der zweiten
Version ist er bereits in sein Gegenteil »übergegangen«: $(A
= A) =$ »Verschiedenheit«. Ja, da nicht mehr vom »Satz«
der Identität, sondern von »Identität« selber die Rede ist,
könnte der Ausdruck möglicherweise so fixiert werden: »A
= Verschiedenheit«. Hierbei ist daran zu erinnern, daß
nach Hegel Verschiedenheit in Entgegensetzung und
schließlich in den Widerspruch »übergeht«[27]. Die ungeheuer ambitiösen »Reflexionsbestimmungen« der Hegelschen
Logik können nicht kaschieren, daß ihre Resultate entweder
banal sind oder zu einer Kontradiktion führen, wie Hegel
sie offenbar selbst nicht gewollt hat, nämlich zu einem Widerspruch mit seinen eigenen Intentionen.

Manches deutet darauf hin, daß Hegel bei seiner Kritik
an den genannten Prinzipien noch einem anderen, ganz
trivialen Irrtum erlegen ist. Er meint nämlich, die konkrete
Anwendung des Satzes der Identität, aus welcher man ihn

[26] Ebd., S. 73.
[27] Ebd., S. 46ff.

206

dann wieder als Axiom herauszulesen versuche, widerlege unmittelbar die Behauptung, die abstrakte Identität als solche – gedacht also ohne »ihren« Unterschied – sei »etwas Wahres.«[28] Er argumentiert dabei folgendermaßen: Die große Langeweile, die der Satz der Identität verbreitet, liege in seiner Form A = A, »ein Baum ist ein Baum« oder »eine Pflanze ist – eine Pflanze«. »Es ist *nichts* herauskommen«, resümiert Hegel, »solches identische Reden widerspricht sich also selbst«. Beachtlich ist übrigens die Sprachspielerei dieses Satzes: »nichts«, von Hegel selbst hervorgehoben, wird hier schon substantivisch gebraucht, folglich soll sich der Satz, der »Etwas« sagen wollte, selbst widersprechen! Wird nun gesagt, »ein Baum ist eine Pflanze«, so taucht, Hegel zufolge, die »Identität in Einheit mit der Verschiedenheit« auf, in der Notierung etwa A = B. Ganz augenscheinlich klammert sich Hegel von nun an an die vermeintliche Ineinssetzung der Symbole »A« und »B«, die ersichtlich, als Symbole, nicht »identisch« sind, wie die Wortzeichen »Baum« und »Pflanze«. Gemeint sind natürlich in einem solchen Satz nicht die Symbole, sondern die Identität der mit ihnen bezeichneten Objekte, die hier in einer Klasse-Element-Beziehung stehen. Solch »fundamentaler Begriffsverwirrung«[29] sind in der Tat schon mehrere Denker zum Opfer gefallen.

Im übrigen drückt der Satz der Identität in erster Linie ein Gebot aus, eine konventionalistische Norm, die besagt, daß A unter allen Bedingungen gleichbedeutend und insofern selbstidentisch vorzukommen hat. Ontologische Implikationen läßt diese Deutung wohl kaum zu.

Hegel haucht der ihm überkommenen, ohnehin psychologisch verdorbenen Logik metaphysischen Geist ein; er spiritualisiert und subjektiviert sie so lange, bis sich die Begriffe selbst »bewegen« können. Zuvor waren die Axiome dieser Logik »kein Denkgesetz, sondern vielmehr das Gegenteil davon«, also etwa bloße Vorstellungsgesetze, Rezeptionen der puren Faktizität. Indem Hegel das sich

---

[28] Ebd., S. 42–45, 52–53.
[29] Vgl. W. Stegmüller, Probleme und Resultate der Wissenschaftstheorie und Analytischen Philosophie. Bd. 1. Berlin 1983, S. 64.

Widersprechende in »seiner Einheit« faßt, kommt »Bewegung« in Denken und Sein. Verhältnisse wie Identität oder Unterschied »machen sich« zu Momenten[30], Reflexion »entfremdet sich«,[31] das Positive »macht sich« zur Beziehung eines Nichtseins, zu einem Gesetztsein[32], Positives und Negatives müssen danach betrachtet werden, »was ihre eigene Reflexion« ist[33], etwas wird »lebendig«, wenn es den Widerspruch in sich enthält[34] und »die Wahrheit ist die Bewegung ihrer an ihr selbst«[35]. Solche anthropomorphen Wendungen drücken keineswegs sprachliche Verlegenheit aus[36], sie sind »konkret« gemeint.

Die »Bewegung« des Bewußtseins, »welche (es) an ihm selbst, sowohl an seinem Wissen als an seinem Gegenstande ausübt, insofern ihm der neue wahre Gegenstand daraus entspringt« – was Hegel Erfahrung nennt –, führt zu einer gefährlich subjektivistisch-idealistischen Verfilzung von Subjektivem und Objektivem, so daß es nahezu sinnlos wird, nach den Grenzen beider Sphären zu fragen. Das Etwas, das das Bewußtsein weiß, ist als Gegenstand das Wesen oder das An-sich; der Gegenstand ist aber auch für das Bewußtsein das An-sich; jetzt hat das Bewußtsein zwei Gegenstände, einmal das »erste An-sich«, sodann das »Für-es-sein dieses An-sich«; »der letztere« Gegenstand, so fährt Hegel fort, »scheint zunächst nur die Reflexion des Bewußtseins in sich selbst zu sein, ein Vorstellen, nicht eines Gegenstandes, sondern nur sein Wissen von jenem ersten. Allein wie vorhin gezeigt worden, ändert sich ihm dabei der erste Gegenstand, er hört auf das Ansichsein zu sein, und

---

[30] Hegel, Werke. Bd. 6. Frankfurt a. Main, S. 47.

[31] Ebd., S. 50.

[32] Ebd., S. 65. Man beachte, daß hier »Nichtsein« im Sinne von »Subjektivität«, von »Gesetztsein« im Kontrast zur Faktizität und Objektivität, also ganz anders als sonst »Nichtsein« bei Hegel, benutzt wird. Mit solch changierenden Begriffen lassen sich alle möglichen »Beweise« führen.

[33] Ebd., S. 70.

[34] Ebd., S. 76.

[35] Hegel, Phänomenologie des Geistes. Hamburg 1952, S. 40.

[36] Vgl. schon die Kritik Marxens an solchen Formulierungen: K. Marx, Die Frühschriften. Deutsche Ideologie. Stuttgart 1964, S. 377. Marx spricht vom »mystische(n) Aussehen dieses ›sich selbst bestimmenden Begriffs‹«, und wie er es zu beseitigen trachtet.

wird ihm zu einem solchen, der nur für es das Ansich ist; somit aber ist dann dies: das Für-es-sein dieses Ansich, das Wahre, das heißt aber, dies ist das Wesen oder sein Gegenstand. Dieser neue Gegenstand enthält die Nichtigkeit des ersten, er ist die über ihn gemachte Erfahrung.«[37] Wer sich auf Hegels Logik einläßt, muß auch die Ver-Nichtung der Objektivität mitmachen, ihr Gefügigmachen »für-es«, das Subjektive, das als Vernunft das Wirkliche ist.

Selbstbewegung ist das Prinzip, das die Rückkehr des sich selbst entfremdeten Geistes zu sich garantiert, zur *unio mystica* jenseits der Entzweiung. Über die dominierende Funktion des Negativen, des Widerspruchs, wird Hegel nicht müde, sich zu äußern. Dabei war er sich offenbar selbst nie klar darüber, ob er das Prinzip des auszuschließenden Widerspruchs außer Kraft setzen sollte oder nicht. Eine Stelle in Hegels ›Großer Logik‹ aber scheint mit diesem Prinzip endgültig Schluß zu machen. Das Beispiel ist oft genug strapaziert worden und soll hier, im Vergleich zu den eingangs zitierten Passagen mystischer Literatur, unter sprachlogischen Gesichtspunkten nur kurz erörtert werden.

Um die Negation als Motor aller Selbstbewegung darzutun, erklärt Hegel: »Es bewegt sich etwas nur, nicht indem es in diesem Jetzt hier ist und in einem anderen Jetzt dort, sondern indem es in einem und demselben Jetzt hier und nicht hier, indem es in diesem Hier zugleich ist und nicht ist.«[38] Ungeachtet der spröderen Sprache könnten diese Sätze durchaus bei Cusanus oder Eckhart stehen. Gibt dort die sprachliche Paradoxie die Leiter zum Unendlichen ab, so wird hier in Hegels Antinomie die Starre des Endlichen zur Bewegung aufs Absolute gebrochen.

Im ersten Satz spricht Hegel von dem Etwas, das nicht, als bewegtes, in zwei verschiedenen »Jetzt« einmal »hier« und dann »dort« sei. Im nächsten Satz hingegen ist nur noch die

[37] Hegel, Phänomenologie des Geistes. Hamburg 1952, S. 73. Hegels Reflexionsstufen machen diese Verschränkung des Subjektiven und Objektiven sozusagen begriffsfähig; vgl. Günther, Grundzüge. – Allein eine Bestimmung von Sein als Reflexion-in-sich ist, unter dem Gesichtspunkt einer »objektivistischen« Logik, höchst problematisch, vgl. etwa Phänomenologie, S. 25, vor allem natürlich die Explikation der Reflexionsbestimmungen in der Großen Logik.

[38] Hegel, Werke. Bd. 6. Frankfurt a. Main, S. 76.

Rede von »hier« und »nicht hier«. Was also oben als »bestimmte Negation« formuliert ist, verdünnt sich unten zur »unbestimmten Negation«, ist nicht mehr konträr, sondern kontradiktorisch. Schaltet man nun die Sätze wieder parallel, dann lautet der zweite Satz: »sondern indem es in einem und demselben Jetzt hier und dort« ist. In Hegels ursprünglicher Version ist das »Etwas« gleichsam außerhalb der Welt und aller Vergleichbarkeit geraten. Nach der Korrektur jedoch ist nun dieses Etwas zugleich »hier« und »dort«. Damit aber ist es allgegenwärtig, und das bedeutet, daß die Zeit aufgehoben ist. Ohne Zeit indes kann es keine Bewegung geben. Andererseits kann das Etwas, das im Hier und Dort zugleich »ist«, im Sinne von »ist« auch durchaus ruhend vorgestellt oder gedacht werden. Ferner ist auch das »Dort«, wenn das Etwas erst einmal da ist, ein »Hier« für dieses Etwas. In diesem neuen »Hier« ist das Etwas ebenso zugleich hier und nicht hier. So ist es in allen Hier und Dort zugleich und nicht. Welchen Sinn soll da noch der Begriff der Bewegung haben? Schließlich läßt sich noch die Gegenfrage stellen, wann sich nach Hegels Meinung etwas nicht bewegt. Zweifellos dann, wenn etwas in diesem Jetzt hier und in einem anderen Jetzt ebenfalls hier ist. Was ist dann aber mit dem ersten Fall, den Hegel verwirft? Der nämlich, in dem etwas in diesem Jetzt hier ist und in einem anderen Jetzt dort. Denn dies ist doch eine legitime Denkmöglichkeit. Wenn dieser Fall, nach Hegel, keine Bewegung garantiert, stellt er dann einen Ruhezustand dar? In diesem Fall gäbe es schon zwei Zustände der Unbewegtheit. Anderenfalls aber zwei Typen der Bewegung. Warum hat Hegel den von ihm verworfenen Fall nicht analysiert?

Mittels sprachlicher Erschleichungen und purer Behauptungen hat Hegel versucht, das Widerspruchsprinzip an einem Beispiel ad absurdum zu führen. Doch ist es ihm weniger um die Liquidierung dieses Prinzips als um die Konstatierung der Rolle der Negation für die Bewegung zu tun. Um des Beweises der Bewegung zuliebe nimmt er es in Kauf, sich in Selbstwidersprüche zu verwickeln und etwas zu begehen, was er allen Indizien zufolge doch vermeiden wollte: die Außerkraftsetzung des Widerspruchsprinzips. Mit seinem Beispiel macht er nur plausibel, wie man zuvor »Widersprüche« in die Realität hineindeutet, um sie hernach wieder daraus abzulesen. Und beinahe überzeugt er uns davon, daß die wirklichen Gegensätze auf andere Weise womöglich besser »beschrieben« werden können als auf diejenige der mystischen Vernunft[39].

Zu allen Zeiten konnte derjenige, der die spanischen Stiefel der Logik abzustreifen versprach, seine Zuhörer in Bann schlagen. Der Traum von einem Denken, das die Endlichkeit des Verstandes unter sich läßt und bis dato Undenkbares begreift, das die Kluft zwischen Bewußtsein und Sein überbrückt und uns dem Absoluten nahe bringt – dieser Traum ist uralt und überaus menschlich. Auch moderne Logiker werden ihn zuweilen träumen, denn gerade sie können sich Besseres vorstellen als die Logik, die sie kennen[40]. Doch ihnen gelang bisher nicht, was Mystiker und Dialektiker zu besitzen vorgeben: die universale Methode, »der allein wahrhafte Standpunkt«[41], die Methode eben, die »die einzige wahrhafte ist«[42].

[39] Eine eingehende Analyse (unter physikalischen Gesichtspunkten) unseres Beispiels findet sich in dem in Anm. 19 erwähnten Buch von H. Vetter. Der Verf. hebt hervor, daß dieses Beispiel auch von einigen marxistischen Autoren überzeugend kritisiert worden ist, während andere damit übereinstimmen: S. 21 f. Zenos Bewegungs-Paradoxie ist bei Hegel gleichsam auf den Kopf gestellt.

[40] Vgl. Stegmüller, Wissenschaftliche Erklärung, S. XVI f. Er zeigt, daß die formale klassische, extensionale Junktoren- und Quantorenlogik, für die sich auch moderne Logiker fast ausschließlich interessieren, schon in wenigen Jahrzehnten nur noch als ein Bruchteil der Logik betrachtet werden dürfte. Andere »Logiken«, wie die mehrwertige, die deontische (Logik der Sollsätze), epistemische (Logik des Glaubens und Wissens) oder induktive Logik, die von größtem philosophischen Interesse seien, lägen heute erst in Ansätzen vor. Stegmüller zeigt auch, daß entscheidungstheoretische Überlegungen dazu veranlassen, verschiedene miteinander konkurrierende Rationalitätsbegriffe zuzulassen. »Was als rational anzusehen ist, hängt in einem solchen Fall paradoxerweise in starkem Maße von irrationalen Faktoren ab, wie z.B. von der optimistischen oder pessimistischen Einschätzung des Weltablaufs.« (S. 779) – Das ist keine Bestätigung irgendwelcher von Dialektikern »immer schon gewußten« Verhältnisse. Die wirkliche Dialektik, im antiken Sinn, besteht darin, daß die Wissenschaftstheorie auf dem Umweg über Versuch und Irrtum wieder neu zu einer alten Annahme gekommen ist, die nun aber mit ganz anderen Mitteln überprüft werden kann. Hegelsche Dialektiker ersparen sich diesen mühevollen Umweg.

[41] Hegel, Bd. 5, S. 42.

[42] Ebd., S. 50.

Solche Standpunkte oberhalb ordinärer Rationalität haben überdies den großen Vorzug, gegen Kritik immun zu sein. Rationale Argumentation, so wehren sich Mystiker und Dialektiker, verfälsche ihr Denken sogleich. Dieser Strategie verdanken Mystizismus wie Dialektik ihr zähes Überleben und ihr glänzendes Comeback nach dem Zweiten Weltkrieg. Mystizismus in der Gestalt existenzphilosophischer Irrationalismen hat im letzten Jahrzehnt einer dialektischen Renaissance weichen müssen, die selbst den ungebrochensten Hegelianer verblüfft hat. Freilich präsentiert sich die Hegelsche Dialektik gegenwärtig in vielfältigen Vermittlungen, unter denen die marxistische die bedeutsamste ist. Auch taucht sie in mancherlei rationaler Drapierung auf. Doch die alte Hexenmeisterin schimmert immer wieder durch. Nach wie vor malt sie die Welt als Widerspruch in Widersprüchen.

Heroische Anstrengungen wurden gemacht, die Dialektik – hegelianisch oder marxistisch gebrochen – dem Status quo moderner Rationalität anzupassen. Trotzdem ist sie bis heute »lediglich eine deskriptive Theorie« geblieben, wie Karl Popper gezeigt hat[43]. Der wohlmeinende Versuch eines der Dialektik unverdächtigen Logistikers, Karl Dürr, Dialektik zu »formalisieren«, hat die Folgenlosigkeit dialektischen Denkens nur um so greller beleuchten können. Dürr hat zwei Verfahren der »Begriffsbildung« bei Hegel gefunden. Im ersten wird die Negation eines gegebenen Begriffs gebildet, im zweiten werden zwei Begriffe, deren zweiter die Negation des ersten darstellt, mit Hilfe des »begriffserzeugenden Funktors« »und« verknüpft[44]. Ein weiterer Funktor dieser Art ist die Negation »nicht«. »Und« wird, in der Schreibweise von Lukasiewicz, durch »K«, »nicht« durch »N« symbolisiert. Der zu verknüpfende Begriff folgt jeweils unmittelbar auf den Funktor. Ist »a« der Ausgangsbegriff, so läßt sich, folgt man Dürr, der dialektische Dreischritt Hegels oder, wie Dürr sagt, so lassen sich die »ersten drei Begriffe Hegels« folgendermaßen notieren: a – Na –

[43] K. Popper, What is Dialectic? In: Conjectures and Refutations. London 1963, S. 323.

[44] K. Dürr, Die Entwicklung der Dialektik von Platon bis Hegel. In: Dialectica 1 (1947) 1, S. 45 ff.

KaNa (Synthese). Diese Schreibweise macht freilich nicht klar, inwiefern der letzte Begriff die beiden ersten als Momente auf »höherer« Stufe, nach Hegels Willen, enthalten soll. Denn dieser letzte, dritte Begriff ist als Negation der Negation zu definieren, NNa, von der lediglich *behauptet* wird, sie transzendiere a ineins mit Na auf eine höhere Stufe, also etwa zu KaNa. Doch Dürr beschäftigt sich damit, dieses »System« fortzusetzen. Nach dem angedeuteten Bildungsgesetz schlägt er als vierten Schritt vor: NKaNa, also die neuerliche Negation des neugewonnenen höheren Begriffs KaNa. Der fünfte Schritt ist konsequent: KKaNaNKaNa. Dies ist die Konjunktion der Negation NKaNa und der Position KaNa. Der verknüpfende Funktor »K« steht vor dem gesamten Ausdruck. Diese Begriffsbildung läßt sich, wie man sieht, endlos weiterführen. Hegel monierte am Satz der Identität, er »führe nicht weiter«. Wohin soll die von Dürr als »exakte Sprache« bezeichnete Begriffsreihe führen? Sie kreist endlos um denselben Begriff und läßt keinerlei Implikationen zu. Setzt man für »a« den Begriff Sein, so findet man ihn auf der fünften Stufe zu dem Begriffs-Cluster zusammengebacken: »Seinundnichtsein – und – Nichtseinundnichtsein«, eine Kontradiktion auf »höherer« Stufe; wie sollte nun das »Werden« aus dem Prozeß dieser Begriffsbildung herauszitiert werden?

Dürr ist der Meinung, daß »eine Einsicht in diese ideale Möglichkeit« für ein tieferes Verständnis des Hegelschen Systems von Wert ist, fügt aber vorsichtigerweise hinzu, er wolle sich hüten, »diese ideale Möglichkeit mit dem zu identifizieren, was der Text der Hegelschen Logik uns tatsächlich bietet«[45]. Wahrscheinlicher noch ist, daß Dürr die Problematik der Hegelschen Logik, die darin liegt, wieso »a« stets ein »Na« »setzt« und beides durch »K« verbunden werden darf, überhaupt nicht berührt.

Der bemerkenswerteste Versuch, aus Hegels logischen Ansätzen eine »Trans-klassische Logik« zu begründen, stammt von Gotthard Günther. Günther vertritt die an Hegel erworbene Auffassung, die traditionelle klassische Logik sei in ihrer Axiomatik einseitig ontologisch und in »naiv objektivistischer Weise« an den Begriff des Seins fixiert; sie

[45] Ebd., S. 59.

sei folglich eine reine »Sachlogik«. Hegel habe aber die Notwendigkeit einer diese Logik übergreifenden »Sinnlogik« klar gemacht, die die Voraussetzungen jener reflektiere. Ganz Hegelianisch geht es also auch Günther um eine Versöhnung subjektivistischer und objektivistischer Momente[46]. Günthers früher[47] und zweifellos beachtlicher Versuch ist heute von ihm selbst stark modifiziert worden[48]. Der Impuls, die klassisch-aristotelische Logik zu »überwinden« – was heute in gewisser Hinsicht offene Türen einrennen heißt –, hat ihn zu einer ontologisch motivierten mehrwertigen Logik getrieben. Schon in seiner frühen Hegel-Arbeit bemerkte er, die unanschauliche Rationalität des dialektischen Denkens-des-Denkens ließe sich zwingend nur mittels der Logistik beweisen. Er hoffte damals sogar, »das logische Grundgerüst der Hegelschen Logik in logistischer Darstellung ... vorlegen zu können«[49]. Weder dies noch die Verarbeitung Hegelscher Impulse zu einer spezifischen mehrwertigen Logik ist Günther oder anderen bisher gelungen[50]. Von der modernen Wissenschaftstheorie sind seine Bemühungen so gut wie gar nicht zur Kenntnis genommen worden. Das mag an der Voreingenommenheit der modernen Logiker allem Hegelianismus gegenüber liegen. Andererseits stellen die Thesen Günthers eine fragwürdige Mischung aus metaphysischen Hausmacher-Theorien, kyber-

[46] Vgl. Günther, Grundzüge, S. 31 u.a.

[47] a.a.O., Anm. 11.

[48] »Daß der Versuch einer definitiven Auflösung des Aristotelischen Formalismus in der Hegelschen Logik ... auf einem Mißverständnis beruhte, darüber braucht heute kein Wort verloren zu werden.« (G. Günther, Das Problem einer trans-klassischen Logik. In: Sprache im technischen Zeitalter 16 (1965), S. 1287.) – Hegel hat eben seine Nachfahren im Unklaren darüber gelassen, ob er die »Widerspruchslogik« auflösen wollte oder nicht, ob er sie aufgelöst hat oder nicht.

[49] Günther, Grundzüge, Anm. 11, S. 22, Anm. 1.

[50] Vgl. die Analysen der neueren Thesen Günthers bei Vetter, Die Stellung, S. 81 ff. Vetter weist Günther teilweise ähnliche Erschleichungen nach, wie wir es bei Hegel versuchten. – Mehr befremdlich als interessant ist der Versuch von George Brutian in der Zeitschrift ›Mind‹ (1968), S. 351 ff.: On the Conception of Polylogic. Brutian geht es um die Begründung einer informellen Logik; vgl. auch W. Bühl, Dialektische Soziologie und soziologische Dialektik. In: Kölner Zeitschrift für Soziologie und Sozialpsychologie 21 (1969), 4. Der Verf. erwartet – nach einer herben Kritik der »dialektischen Soziologie« – von einer mehrwertigen Logik im Sinne Günthers Impulse für eine »wirklich ›dialektische‹ Soziologie« (S. 745).

netischen Reflexionen und mathematisch-logischen Analysen dar, die nur schwer verdaulich ist. Auch die Dialektiker mißtrauen den Unternehmungen Günthers, in erster Linie aber wohl deshalb, weil sie eine Überwucherung der Dialektik durch die rein formalen Operationen logistischer Analyse befürchten.

In geradezu groteske Situationen aber hat sich der moderne orthodoxe Marxismus in seinen Bemühungen zur Rettung der Dialektik hineinmanövriert. Das war weniger die Schuld des Marxismus, sondern der Fluch der Hegelschen Methode, die dieser adaptiert hat. Infolge ihrer Polemik gegen die »nihilistischen«, »idealistischen« und »bürgerlichen« »Plattheiten« des Systems der formalen Logik sahen sich in den Jahren 1950 und 1951 fünfzehn prominente sowjetische Philosophieprofessoren in die peinliche Lage versetzt, die Funktionsbereiche von formaler und »dialektischer« Logik gegeneinander abzugrenzen. Namentlich diejenigen, die die Axiome der formalen Logik gelten lassen wollten, mußten zeigen, was die Dialektik darüber hinaus leisten sollte. Man griff selbstverständlich auf die Klassiker des Materialismus zurück. Bei Engels konnte man den Hinweis finden, die Dialektik sei, wie die Logik, eine Methode zur Auffindung neuer Resultate, zum »Fortschreiten vom Bekannten zum Unbekannten« – genau das also, was Logik keineswegs ist. Dialektik sei also, meinte Engels, dasselbe, »nur in weit eminenterem Sinne«. Diese Leerformel machten sich die meisten der sowjetisch-marxistischen Dialektiker zu eigen. Die bemerkenswerteste Auskunft schließlich, die einer dieser Denker daraufhin gibt, lautete: »In Wahrheit ist die dialektische Logik nicht eine Lehre von den Formen und Gesetzen des richtigen Denkens, nicht eine Lehre von den Formen und Gesetzen des Urteils, des Schlusses usw., sondern der dialektische Materialismus ist die Weltanschauung der marxistisch-leninistischen Partei.«[51] Hier wird erschreckend offenbar, wie in blindwütiger Verteidigung einer alleinseligmachenden »Methode« das Denken seinen Geist aufgibt und nur noch der »Sprung« in den Glauben übrigbleibt. Auch bei Hegel ist die »Methode« das

[51] K. S. Bakradse in: J. Kuczynski und W. Steinitz (Hrsg.), Über formale Logik und Dialektik. 29. Beiheft zur ›Sowjetwissenschaft‹. Berlin (Ost) 1952, S. 12.

System, und dessen Metaphysik bestimmt die »Methode«. Es ist eben der Mystizismus aller Dialektik, daß die »Wahrheit« immer schon gewußt wird, bevor man sich aufmacht, sie zu finden.

Natürlich haben sich westliche, »kritische« Marxisten und Dialektiker gehörig über die östlichen, orthodoxen Dialektik-Interpretationen lustig gemacht. Denn nur jeweils die eigene Auslegung der unendlich deutbaren Lehre ist, wie in allen Ideologien, die einzig wahre. Stets ist der andere der Abweichler, Ketzer oder Revisionist. Aber bislang haben westliche Verfechter der Dialektik deren geheimnisvolles Funktionieren auch nicht recht erklären können. Herausgefordert, suchen sie neuerdings Zuflucht bei rasch zusammengestellten hermeneutischen Explikationen, die bloß rationalem Räsonieren unzugänglich seien[52]. Auch pochen sie auf das strenge Verdikt Hegels, seine Methode sei nicht von der Sache abzulösen, folglich nicht rational zu »verstehen«. Dadurch wurden schon die schärfsten Kritiker eingeschüchtert[53]. Ein Standpunkt außerhalb solcher Identitätsphilosophie, von dem aus sie in Frage gestellt würde, wird, wie in der Mystik, nicht zugestanden, weil eben Dialektik – ebenso wie die mystische Versenkung – alle möglichen antithetischen Standpunkte schon mit begreift. So scheint die Dialektik, als eine Art Gegen-Logik, nicht aus der Welt zu schaffen zu sein. In diesem Oszillieren zwischen Präsenz und Ungreifbarkeit liegt die Faszination, die Dialektik als eine neue Art Mystik ausübt. Einerseits scheint sie als Konkurrenz zur formalen Logik nicht mehr ernst genommen zu werden. Robert Havemann hat sich am unmißverständlichsten über Dialektik als Gegen-Logik geäußert. »Es erscheint ... sehr verführerisch«, so schreibt er, »ganz losgelöst von den wissenschaftlichen Gegenständen ... nach einer wirklichen dialektischen Logik Ausschau zu halten mit dem Ziel, ein ähnlich imposantes Gebäude zu errichten, wie es die formale Logik heute ist. (...) Es ist wohl kein

[52] Namentlich J. Habermas in seinen jüngsten Schriften.

[53] G. Günther hat sich von diesem Zwang mit guten Gründen frei gemacht. Er untersucht die »von Hegel praktisch geübte Methode des Denkens« im Gesamtwerk, um daraus »die allgemeine Formidee seiner Logik herauszulösen« (Grundzüge, S. 14). Nichts anderes will auch unser Versuch.

Zufall, daß alle hierauf gerichteten Bemühungen bisher vollständig scheitern mußten. (...) Alle Versuche ... führen in der Regel zu Abstrusitäten und geradezu phantastischen Behauptungen. Es ist interessant, zu welchen unglaublichen Behauptungen Hegel bei diesem Versuch gelangt ist ... Was dabei herauskam, ist oft geradezu lächerlich... Die Versuche, seine Logik anzuwenden, führten meist zu unsinnigen Begriffsabstrusitäten.«[54] Doch trotz dieser scharfen Abfuhr hält auch Havemann am Begriff der Dialektik fest. Von diesem Rest wird gesagt, man könne Dialektik nur in »ihrer Konkretheit begreifen«[55], sie sei »das Sich-bewußt-Sein und das Sich-bewußt-Machen des dialektischen Charakters der Wirklichkeit«[56], also eine vage Art Real-Dialektik, die nahezu durch eine Zirkel-Definition beschrieben wird. Ein andermal heißt es, Dialektik bedeute »über die Grenzen der Einzelwissenschaften hinaus den tieferen inneren Zusammenhang aller Erscheinungen in allen Bereichen der Wirklichkeit zu verstehen«[57]. Wie aber stellt man es an, den »tieferen inneren Zusammenhang« »zu verstehen«? Welches »Verstehen« ist gemeint? In solchen Diallelen bleibt selbst der Naturwissenschaftler Havemann gefangen, wenn er erklären soll, was Dialektik um alles in der Welt denn sei. Aus seinen Andeutungen herauszulesen ist dies: Dialektik muß eine bestimmte innere Einstellung sein, ein direktes, »konkretes« Mit-Fühlen mit den Dingen, ein Sich-Bewußt-Sein, daß es da auch Spannungen in der Realität gibt, daß die Dinge häufig zwei Seiten haben. So ist Dialektik kein Denken, sondern ein Zustand, ebenso wie Mystik kein Denken, sondern ein Zustand ist. Über innere Zustände aber gibt es keine Diskussion.

In der Verteidigung solcher Zustände bleibt den Dialektikern nur der Angriff. Gegenwärtig, im Schwange der He-

[54] R. Havemann, Dialektik ohne Dogma. Naturwissenschaft und Weltanschauung. Hamburg 1964, S. 135. – Ob eine ähnliche Einstellung zur Dialektik als Logik in der polnischen Diskussion der Wissenschaftstheoretiker und der marxistischen Theoretiker zutage trat, ist mir nicht bekannt. Der Band, der diese Diskussion referiert: Z. A. Jordan, Philosophy and Ideology. Dodrecht 1963, war mir leider nicht zugänglich.

[55] Havemann, Dialektik, S. 136.

[56] Ebd., S. 166.

[57] Ebd.

gel-Renaissance, erscheint ihre Aggressivität besonders heftig. Die Fetischisierung und Verklärung des Reflexionsbegriffs durch Habermas – »daß wir Reflexion verleugnen, *ist* der Positivismus«[58] – ist dabei harmloser als es die wahrhaft unglücklichen Invektiven Adornos gegen die Logik sind. In seiner Auseinandersetzung mit dem »Positivismus« begegnet man den vielleicht schärfsten und affektivsten Angriffen auf die Logik seit Hegels abfälligen Bemerkungen darüber. Da poltert Adorno gegen die »losgelassene Logik« und ihren »Zwangscharakter«, dort stellt er höhnisch den »Primat der Logik« infrage, schnaubt gegen ein »fetischisierte(s) Prinzip immanenter Logik« und versteigt sich zur Floskel von der »logische(n) Höllenmaschine«[59]. In seinen Augen wird Logik zu einer »Doktrin, deren oberste Norm Widerspruchslosigkeit heißt«[60] – Widerspruchslosigkeit freilich nun schon als politische Schlappheit – zu einem »Gefängnis«, das »keine Fenster« hat[61]. So außer Kontrolle geraten, konnte Adorno nicht mehr annehmen, daß man seine folgende Versicherung noch ernstnimmt: »Die Kontamination von Dialektik und Irrationalismus stellt sich blind dagegen, daß Kritik an der Logik der Widerspruchslosigkeit diese nicht außer Kurs setzt sondern reflektiert.«[62] Dergleichen verträgt sich nur schlecht mit dem Diktum von der »logischen Höllenmaschine«. Wer »reflektiert« schon gerne eine Höllenmaschine? Im übrigen verstehen sich solche Ausbrüche weitgehend aus der hermeneutischen Forschheit, mit der hier Beziehungen zwischen den heterogensten Sphären gestiftet werden. Herbert Marcuse zum Beispiel denunziert die aristotelische Logik als »Logik der Herrschaft«, weil darin das Besondere dem Allgemeinen »unterworfen« werde. Solch magisch-kindliches Analogie-Denken ist eine späte Frucht des Deutschen Idealismus und darüber hinaus der deutschen Geisteswissenschaft und ihrer logischen Impotenz. Aus ihr wird der Suizid einer total »negativen Dialektik« freilich begreiflich.

[58] J. Habermas, Erkenntnis und Interesse. Frankfurt a.M. 1968, S. 9.
[59] Th. W. Adorno in: Positivismusstreit, S. 8 u. 9.
[60] Ebd., S. 44.
[61] Ebd., S. 33.
[62] Adorno, ebd., S. 79.

Mit dem letzten Zitat Adornos ist man wieder auf die Position Hegels zurückverwiesen. Was also Hegel betrifft, so scheint sich das Rad der Geschichte in der Tat im Kreise zu drehen. Die Berufung auf ihn hat in Deutschland aufs neue einen bedenklichen Irrationalismus ins Leben gerufen. Die Ächtung der Logik zugunsten einer mystizistisch-dialektischen Heilsbewegung ist kein bloßes Symptom, auch nicht ein reiner Streit unter Fachgelehrten. Sie ist der Kern jenes Schattens von Irrationalismus, der durch das Erbe Hegels wieder einmal auf das deutsche Geistesleben fällt. (1970)

Gute zwanzig Jahre nach diesem elementaren Traktat zur Dialektik *quasi una logica* hat Thomas Kesselring Hegel und die Entwicklungspsychologie Jean Piagets in Beziehung gesetzt und, glaubt man Hauke Brunkhorst, »zum ersten Mal ein wirklich ›operationsfähiges‹ (G. Günther) Dialektikmodell entworfen«[1]. Das Wort »operationsfähig« ist heutzutage aber mit dem Anspruch aufgeladen, daß etwas als logisches Schaltsystem, für Computer in der Form von Chips, anwendbar, operationabel ist. Leistet derartiges das Dialektikmodell? Das Schwärmen allein von der »Produktivität der Antinomie« ist es, wieder einmal, in das Kesselring verfällt, ohne seinem Schwarm Realität und greifbare Formen verleihen zu können. (Selbst Feyerabend gefiel es eine Zeitlang, den Satz vom Widerspruch in Frage zu stellen, indem er Wahrnehmungseindrücke gegen kognitive Rekonstruktion ausspielte, wie im Aufsatz über ihn zu lesen ist.)
Der Einzelgänger Lutz Geldsetzer will in seiner kuriosen kleinen ›Logik‹[2] die Dialektik neuerdings unter anderem durch die Einführung des Terms »Halbwahrheit« in Schutz nehmen; nun, vielleicht kommt er damit der Wahrheit der Dialektik bedenklich nahe.
Hegels dialektische Logik, wenn man einmal bei diesem Ausdruck bleiben will, ist aufgepfropft. Das heißt, sie ist nicht mit Notwendigkeit aus den rein formalen Bestimmungen einer Logik abgeleitet, sondern Modelle metaphysischer,

[1] Hauke Brunkhorst, Theodor W. Adorno. Dialektik der Moderne. München 1990.
[2] Aalen 1987.

realdialektischer Weltdeutung prägen ihre Struktur; sie sind ihr übergestülpt: Der subjektive Geist kommt zu sich selbst über seine Entfremdung und Veräußerlichung als Natur zurück, jetzt als sich selbst wissender, nicht mehr nur an sich, sondern nun als an und für sich seiender, absoluter Geist. Derselbe Dreischritt kann firmieren als Entgegensetzung des Gesetzten und deren Aufhebung, dem jüngsten Tag des Absoluten am Ende der Geschichte; das alte *wishful thinking* der *coincidentia oppositorum* mit dem Blinzeln nach Gott. Formaler klingt diese Spekulation in der Rede von der Identität von Identität und Nichtidentität, wissenschaftlicher in der Phrase der Einheit von Einheit und Entzweiung. Gleichwohl schimmert die metaphysische Ikonographie auch bei solch abstrakteren Versionen durch und verbirgt nur schlecht die christliche Chiffre der Trinität, der Hegel überhaupt viel für sein triadisches System verdankt. Aus Bildern jedenfalls leitet sich Hegels Logik als erzwungenes Abstraktionsprodukt ab, sie ist nachgerade ein empirisches Produkt und kann schon deshalb keine eigene analytische Konsistenz beanspruchen. Was der Wirklichkeit als geistige Form prägend vorgesetzt werden sollte, ist seinerseits der Wirklichkeit entnommen und büßt damit seinen Gesetzescharakter ein.

Woran sich die Geister glauben nach wie vor scheiden zu müssen, ist, noch einmal anders ausgedrückt, im Prinzip die Formel, daß die Negation der Negation nicht (mehr oder wieder) die Position ergebe: $a - a - -a = a'$; Hegels »bestimmte Negation«. Daran hängt alles, die »Bewegung des Begriffs«, das »Geschichtliche« des Begriffs, die »Aufhebung«, die »Vermittlung«, das »Umschlagen«, die Vorstellung von »Identität«, die »Dialektik« etc. Dies Andere und aufgehobene Mehr a' ist Reflex der Vorstellung von einer »inhaltlichen« Logik, denn da wird ein gedachter Inhalt aus a in den Schluß a' hinübertransportiert. Zur Illustration solch dialektischer Weiter- oder Höherbewegung führt man gern Sätze eines Musikstücks an, deren Motiv oder Thema im ersten Satz identisch ist mit dem im dritten Satz, das aber, etwa nach verschiedenen Durchführungen im zweiten Satz, im dritten Satz zwar objektiv als »dasselbe« erklingt, gleichwohl ein anderes sei, nicht schlicht das Wiederholte aus dem ersten Satz; Identität erscheint jetzt wie auf eine andere Ebene projiziert, sie ist sie selbst und ist es nicht. Auch wenn man den Bedeutungsgehalt des Motivs oder Themas (als etwas Spirituelles) dem musikalischen Material der entsprechenden Noten entgegensetzt, läßt sich die Redeweise vom Anderen an ihm selbst kaum rechtfertigen. Denn bei solchen Beispielen kommt der Identitätsbegriff im Sinn der formalen Logik gar nicht in Betracht. Verneinung und doppelte Verneinung werden vielmehr als Prozeß gedeutet. Das in sich Identische, das Motiv oder Thema aus demselben Tonmaterial und von derselben Konstruktion erscheint nachher nur »im anderen Licht« zeitlich anderer Umstände, aber dieses Licht ist nicht an diesem Motiv oder Thema selbst. »Man steigt nicht zweimal in denselben Fluß« – doch, aber nicht in dasselbe Wasser. Die Erinnerung an Heraklit hat vielleicht auch Hegel bei der Betrachtung der herniederstürzenden Wassermassen des Reichenbachfalls zu dem »dialektischen« Einfall stimuliert: »In diesem Falle sieht er (der Zuschauer) ewig das gleiche Bild und sieht zugleich, daß es nie dasselbe ist.«[3]

Die analytische Philosophie, die als Bastion eines antidialektischen Logozentrismus von Hegelianern immer gemeint war, aber nie unverblümt adressiert wurde, hat sich auf einen Schlagabtausch mit der Dialektik nie wirklich einlassen wollen; man fand immer, daß es sich da um Kunststücke handele, die nicht ernst zu nehmen seien. Bertrand Russell beispielsweise, der Hegels Absolutismus – seine Quintessenz offenbar, das Ganze sei das Wahre – als logisch irregeleiteten Holismus entlarven wollte, ließ sich zu dem ironischen Schlußsatz bewegen: »Hegel glaubte, alle Eigenschaften eines Dinges könnten logisch erschlossen werden, wenn man über dieses Ding genug wüßte, um es von allen anderen Dingen unterscheiden zu können. Das war ein Irrtum, und auf diesem Irrtum baute sich das ganze imponierende Gebäude seines Systems auf. Hier zeigt sich eine bedeutsame Wahrheit: Je fehlerhafter die Logik, um so interessanter die sich aus ihr ergebenden Konsequenzen.«[4] *Fuzzy logic,* um einen heutigen Slogan aus der Computer-Wissenschaft zu verfremden.

[3] Hauke Brunkhorst hat sich auf eine gründliche Interpretation dieser Verbildlichung eingelassen. A. a. O.
[4] Bertrand Russell, Philosophie des Abendlandes. 6. Aufl. Zürich 1992, S. 752.

In seiner ›Dialektischen Philosophie der Neuzeit‹[5] hat Wolfgang Röd eine kritische Bilanz nach dem letzten Stand der Dinge aufgestellt, die einer Kritik als »Showdown« gewissermaßen einige Munition liefert, diese Kritik selbst aber nicht liefert. Am eindringlichsten ist in letzter Zeit wohl Ernst Tugendhat mit der Dialektik, und zwar unter formallogischen und sprachlogischen Aspekten, ins Gericht gegangen. Tugendhat, der kritisch Heidegger und die analytische Sprachphilosophie zu verarbeiten vermochte, schockt in seinen Mitte der siebziger Jahre gehaltenen Vorlesungen über »Selbstbewußtsein und Selbstbestimmung« die von ihm gleichwohl hochgeschätzten Hegelianer mit Vorhaltungen der Art, das für den Sprachanalytiker Verblüffende sei »die an primitiven Modellen orientierte Unbekümmertheit, mit der im Deutschen Idealismus die logischen Kategorien deskriptiv in Ansatz gebracht wurden und immer noch von denjenigen in Ansatz gebracht werden, die in dieser spezifisch deutschen Tradition philosophieren«. Tugendhat sieht darin einen »Rückfall« auf das logische Niveau der eleatischen Schule und der Sophistik. Dort habe, als man erstmals über Begriffe wie Sein, Veränderung, Identität, Prädikation nachdachte, der Mangel an sprachlicher Reflexion – die gegenständliche Interpretation der Bestimmungen, die in Wirklichkeit sprachliche sind, und das Hereinfallen auf Vieldeutigkeiten – die Paradoxien ins Kraut schießen lassen. »Dieselben Paradoxien, jetzt allerdings vertieft und scheinbar abgestützt durch die Orientierung an der Subjektivitätsproblematik, wiederholen sich im Deutschen Idealismus, nur daß sie jetzt bejaht, objektiviert und systematisiert werden.«[6] Und in seiner ersten Vorlesung führt Tugendhat als Prämisse ein, was im Gang des weiteren durch subtile Analysen sich als wahr herausstellen soll: »Denn es gibt keine paradoxen Phänomene. Wenn sich bei der Beschreibung eines Phänomens Paradoxien ergeben, müssen wir annehmen, daß die Beschreibung von unangemessenen Prämissen ausgeht, daß sie sich inadäquater kategorialer Mittel bedient.«[7]

[5] 2. Aufl. München 1986.
[6] Ernst Tugendhat, Selbstbewußtsein und Selbstbestimmung. Frankfurt a. Main 1979, S. 305.
[7] Ebd., S. 11.

Der Trotz, mit dem dann im Umkreis von Linkshegelianern und Marxisten »der Widerspruch«, nämlich das logische Axiom vom – auszuschließenden – Widerspruch, als Satz vom gerade beizubehaltenden Widerspruch umgedacht wurde, heraklitisch-metaphorisch flugs als Streit und damit als Vater aller Dinge, als Impuls begrifflicher »Bewegung«, als Treibsatz der Geschichte, schließlich als politische Opposition im Dienste der Aufklärung und des Fortschritts – in einem Atemzug mit ihren Protesten gegen ein auf Konkurrenz und Wettbewerb, also eingebauten Widersprüchen, sich berufendes System –, ist so oft in der Philosophie nicht überboten worden. Das Auftauchen von Widersprüchen in derselben Sache, die schlichte Erfahrung beispielsweise, daß aus Wohltat Plage werden kann, hat die Dialektiker begeistert etwa vom »Anderen« der Wohltat oder der »Nichtidentität« der Wohltat stammeln lassen, vom »Anderen seiner selbst«.

Tatsächlich fungiert ja auch in Poppers rationalem Kritizismus, seiner »negativen Methodologie«, der »Widerspruch« als eine Art treibende Kraft, nämlich als das Prinzip »Kritik« und als ständiger »Falsifikations«-Versuch, oder besser, als ein jederzeit Sich-der-Widerlegung-Aussetzen. Diese »Dialektik«, die sowohl Poppers Wissenschaftstheorie wie seine Sozialphilosophie durchzieht, ist schon mehrfach bemerkt worden. Hans Albert hat diese »Dialektik« einmal so als Empfehlung formuliert: »Suche stets nach relevanten Widersprüchen, um bisherige Überzeugungen dem Risiko des Scheiterns auszusetzen, so daß sie Gelegenheit haben, sich zu bewähren.«[8]

Als wirklich kritisches Instrument kann die in Kreisen von Kreisen stagnierende – wie Ernst Bloch zuletzt resigniert feststellte – Hegelsche Dialektik der Synthesen nicht von großem Nutzen sein. Erst eine Dialektik, so geht es nun weiter, die Identitäten negiert, die das Nichtidentische allüberall im vermeintlich Identischen offenlegt, entspricht dem »philosophischen Drang, das Unausdrückbare auszudrücken«, einer »Sisyphusarbeit, die nicht die schlechteste Definition von Philosophie wäre«, wie Adorno einmal fand,

[8] Hans Albert, Traktat über kritische Vernunft. Tübingen 1968, S. 43.

und die ja, das muß man hinzufügen, beim frühen Hegel auch schon als »negative« Dialektik anhebt.

Das allzu oft schrille Pathos, mit dem Adorno das Nichtidentische, das nicht auf einen Nenner zu bringende vor Zugriffen eines vereinnahmenden, falsche Einheiten und Einigkeiten stiftenden Denkens durch eine negative Dialektik retten wollte, hat einen ganzen Jahrgang mit dieser ›Logik des Zerfalls‹ betört. Unter diesem Titel nämlich wird Hegels Dialektik von Adorno negativ unter- oder überboten: »Nicht mehr tendiert die Bewegung auf die Identität in der Differenz jeglichen Gegenstandes von seinem Begriff; eher beargwöhnt sie Identisches.«[9] Adorno sah, daß in jeglicher dialektischen Geschichtsauffassung der Stillstand, das Ende der Geschichte als eschatologische Erfüllung einprogrammiert war: im Christentum die Erlösung und Auferstehung, wenn auch erst »drüben«; bei Hegel die Erfüllung im Philosophisch-Gewordensein der Bewußtseine und im preußischen Staat; bei Marx im Praktisch-Gewordensein der Philosophie und im abgestorbenen Staat und Paradies des Kommunismus; ja selbst bei Nietzsche als Bejahung des Stillstands in den Zyklen der ewigen Wiederkehr des Gleichen, dem scheinbaren Stillstand der Speichen bei bestimmter Umdrehungszahl eines Rades vergleichbar. Der Sturmlauf gegen solch Fixes, gegen »das Identische«, das Festlegbare und Unveränderliche begann ironischerweise just zu der Zeit, in der sich alle Welt und alle Literatur auf Identitätssuche machte. Die Verblüffung aber über sprachlich Widersprüchliches, Heterologes, Selbstbezügliches, Antinomisches, Paradoxes, Metalogisches, das sie in die Dinge oder in die Welt hineinsahen, hat die Jüngeren süchtig werden lassen und in die Öde unendlich sich wiederholender Reflexionsmuster von der Art der ermüdenden Zeichnungen des M. C. Escher gelockt. Das ist der schon wieder ältliche neue Anti-Aristotelismus. Aristoteles verachtete die schon zu seiner Zeit schicke hermetische, paradoxale Sprechweise und liebte, fragwürdig seinerseits, das Maßvolle, Gerade-heraus-Gesagte. Antinomisches oder Paradoxes gibt es auf dem Grunde des Denkens nicht allzuvieles, und, wie von Tugendhat zu hören war, »in den Sachen« gar nichts; die mit Beginn des

[9] Th. W. Adorno, Negative Dialektik. Frankfurt a. Main 1966, S. 146.

Jahrhunderts entdeckten Paradoxien der Mengenlehre etwa sind eben deshalb Entdeckungen zu nennen, die man nicht, wie die Dialektiker, alle Tage macht.

Mit Erschrecken mußten Adorno und die Seinen erkennen, wie der Kapitalismus, das verhaßte System, sich in der »Aufhebung« von Widersprüchen immer mehr als dialektischer Virtuose erwies. Das sich ihm, dem kapitalistischen System nämlich, Widersetzende, zu ihm leidenschaftlich in Opposition Tretende und ihn radikal Verneinende hat es sich zur eigenen feisten Identität anzuverwandeln vermocht. Zugleich beginnt hier das Ende der Dialektik von Herr und Knecht. Die Herren sind nun ihrerseits Knechte, weniger einer rastlosen Begierde nach Anerkennung als eines allmächtigen Akkumulationsmechanismus. Und wie die Vorzüge einer globalen multikulturellen Zivilisation, mit Pluralismus an jedwedem Ort zu jedweder Zeit, »dialektisch« in einen einzigen universell-pluralistischen Einheits-Kulturbrei sich verwandeln und die Welt letztlich mit solcher Vielheit total entdifferenzieren müßten – dafür waren rechte wie linke Soziologen, von Freyer bis Adorno oder Marcuse, durchaus hellhörig genug. Doch der Haß Adornos und Marcuses hat sie letztlich blind gemacht für die undialektische, mögliche Durchbrechung des Banns. Tatsächlich kommt ja auch das seine »Widersprüche« integrierende System nicht ungeschoren davon. Von der APO bis zur SWAPO, unter anderem, haben »die herrschenden Systeme« erhebliche Veränderungen erfahren und erfahren sie noch. Im übrigen scheint hinter Adornos Resignation die erzkonservative Sehnsucht gestanden zu haben, durch radikale Negation einen für alle Zeit befriedeten gesellschaftlichen Zustand herbeizuführen. Daß Demokratie Dauerkonflikt und fundamentale Dauerkritik bedeutet, schien dem Kritiker Adorno außer Sicht geraten zu sein.

Pluralismus, Allzweckvokabel dieser Zeit, ist auch die jüngste Antwort auf das historistische Dilemma von Geschichtlichkeit der Vernunft versus Vernünftigkeit der Geschichte. Pluralismus ist so etwas wie ein omnipräsenter Historismus insofern, als Geschichte nun synchron und verräumlicht gleichsam uns verfügbar geworden zu sein scheint – auch ein Symptom, ein Windhauch von Endzeit, wie er schon in Malrauxs *musée imaginaire* zu spüren war, wenn auch als Errungenschaft gemeint.

Der Beobachter hat sich allzu lange auf die Problematik der Dialektik eingelassen, auf das Kennwort allerdings für eine der folgenreichsten philosophischen, intellektuellen und ideologischen Bewegungen in der zweiten Jahrhunderthälfte. Zumal die Zeit nicht stehengeblieben ist. Andere Perspektiven, andere Moden, andere Gestalten tauchten wie Quellwolken am Himmel auf, Schatten auf vieles dahin Belichtete werfend. Für libertinistische Pluralität, die Wucherung rascher Einfälle und schnell wechselnder Wenden, war die Bundesrepublik, anders als Frankreich und erst recht England, zuletzt vielleicht der günstigste Nährboden. Auch in den USA wurde eingleisiger, schulförmiger, unter geringerem Rivalitätsdruck – es sei denn einem der Qualitäten – philosophiert als bei uns. Die Unruhe dagegen hier rührt immer noch daher, daß wir einmal von der Welt abgeschlossen waren, lange Jahre ein unterentwickeltes Land blieben und einen enormen Nachholbedarf und Heißhunger auf das bislang uns Vorenthaltene hatten – und uns heute noch des öfteren überrascht in der Provinz finden.

Die ersten eineinhalb Jahrzehnte nach Kriegsende waren zugleich doch auch Jahre der überschaubaren Theorien-Massive und, wie oben angedeutet, der Restauration als Folge teilweiser »Überlagerung« durch problematische Traditionen, die Anfang der dreißiger Jahre geistige Nacht über Deutschland gebracht hatten.

In einem der wichtigsten neuen Artikel über die Emigration des Wiener Kreises schreibt Hans-Joachim Dahms: »Im ganzen gesehen brachte also der Nationalsozialismus eine spürbare Verengung des Spektrums philosophischer Richtungen und die Kompromittierung eines Teils der Vertreter der verbliebenen Optionen. Die unmittelbare Nachkriegsentwicklung der deutschen Philosophie war damit eigentlich vorgezeichnet, wenn man vom Import des französischen Existentialismus einmal absieht.«[10] Von den Mitgliedern des Wiener Kreises und den mit ihm sympathisierenden Kreisen, wie die Gruppe von Hans Reichenbach in Berlin, ist nach 1945 kein einziger aus der Emigration zurückgekehrt. Aus der Untersuchung von Dahms wird erschreckend klar, welcher Verlust das war und daß, wären etwa Carnap, Feigl,

---

[10] In: Friedrich Stadler, Vertriebene Vernunft. Bd. 1. Wien 1987, S. 91.

Reichenbach, Hempel, Zilsel, Hahn, insbesondere Neurath, der aber 1945 im englischen Exil starb, nach Deutschland zurückgekehrt, die deutsche Nachkriegsphilosophie ganz sicher in eine völlig andere Richtung getrieben worden wäre und ein gänzlich anderes Profil bekommen hätte. Denn der logische Positivismus oder Empirismus war ja nicht nur eine rein auf wissenschaftlich-philosophische Erkenntnis beschränkte »Schule«, sondern mit seiner »wissenschaftlichen Weltauffassung« durchaus auch ein politisch-programmatisches Experiment mit entsprechenden Zielsetzungen.

Dahms mißt, wie schon angedeutet, den sozialreformerischen, politischen Ambitionen der Philosophen des Wiener Kreises allerdings wohl doch zu viel Gewicht bei. Er sieht, nicht zu Unrecht, in der Emigration große Veränderungen in der zur wissenschaftlichen Philosophie gewordenen Wiener Schule, vor allem eine »Entpolitisierung« der radikalen, sozialistischen Weltauffassung. Solche Entpolitisierung fällt allerdings dann erst so hell ins Auge, wenn man zuvor die Bühne so kontrastreich belichtet hat. Denn zum Beispiel aus Carnaps Autobiographie liest sich unmißverständlich heraus, daß die überwiegende Mehrheit der Mitglieder des Wiener Kreises, im Gegensatz etwa zu Otto Neurath, für eine strikte Trennung von wissenschaftlich-philosophischer Forschung und sozialkritischer Überzeugung oder gar Praxis sich entschied.[11] Und die Idee einer grundsätzlich entpolitisierten, wertneutralen philosophisch-wissenschaftlichen Tätigkeit trennte ja, bei allen sonstigen möglichen Annäherungen beider Schulen, den logischen Empirismus durch einen Abgrund vom Theorie-Praxis-Verständnis der Frankfurter Schule. Wie so oft waren es aber auch die Verwandtschaften, die den Haß schürten und die Konkurrenzangst wach hielten.[12]

Zur Zwischenbilanz gegen Ende der siebziger Jahre, zum Beispiel auf dem 16. Weltkongreß der Philosophie in Düsseldorf 1978, gehört die Feststellung, daß die entscheidenden

[11] Siehe Rudolf Carnap, Mein Weg in die Philosophie. Übersetzt und herausgegeben von Willy Hochkeppel. Stuttgart 1993.
[12] Auch dazu hat Dahms bisher Unbekanntes ans Licht gebracht in: Die Vorgeschichte des Positivismusstreits von der Kooperation zur Konfrontation. In: Jahrbuch für Sozialgeschichte 1 (1989).

Philosophien unseres Jahrhunderts, so unvergleichbar sie auch sein mögen, die Blickrichtung zurück auf das Subjekt oder die Subjektivität teilen. Selbst wenn Husserl »zu den Sachen selbst« drängte, tat er es auch nur auf dem Umweg einer Begutachtung des Instruments, das dazu tauglich sein sollte. Der Kantische kopernikanische Richtungswechsel vom Ontologischen und Objektiven zum Subjektiven, zur erkennenden Vernunft jedenfalls und ihrer Kritik, dauert immer noch an. Hegels Einwände gegen die Triftigkeit einer solchen erkenntnistheoretischen Drehung sind gegen eine sprachanalytisch verwandelte »Erkenntnistheorie« und Desubjektivierung vielleicht nicht weniger erwähnenswert, deshalb hier diese kurze Erinnerung:

Zweimal läßt sich Hegel über Erkenntnistheorie und Vernunftkritik vehement aus. Einmal in den Vorlesungen über die Philosophie der Religion (16, 58 ff.), wo er die gesamte Wendung auf das Erkenntnisvermögen oder das »Instrument« Vernunft als eine Art Zeitkrankheit bezeichnet. »Man hat geglaubt, hierbei einen großen Fund gemacht zu haben; aber man hat sich getäuscht, wie dies so oft in der Welt geschieht.« Die Vernunft soll also untersucht werden: »Wie? Sie soll vernünftig untersucht werden«, eine Forderung, die sich selbst aufhebe. »Es ist dieselbe Forderung, die jener Gascogner machte, der nicht eher ins Wasser gehen will, als bis er schwimmen könne. Man kann nicht vernünftige Tätigkeit vorher untersuchen, ohne vernünftig zu sein.« In der ›Enzyklopädie‹ (§ 10, 53 ff.) gibt er die trockenere Begründung: »Ein Hauptgesichtspunkt der kritischen Philosophie ist, daß ehe daran gegangen werde, Gott, das Wesen der Dinge usf. zu erkennen, das Erkenntnisvermögen selbst vorher zu untersuchen sei, ob es solches zu leisten fähig sei; man müsse das Instrument vorher kennenlernen, ehe man die Arbeit unternehme, die vermittelst desselben zustande kommen soll ... Dieser Gedanke hat so plausibel geschienen, daß er ... das Erkennen aus seinem Interesse für die Gegenstände ... auf sich selbst, auf das Formelle, zurückgeführt hat.« Für andere Instrumente, meint Hegel, mag das wohl gelten, »aber die Untersuchung des Erkennens kann nicht anders als erkennend geschehen; bei diesem sogenannten Werkzeuge heißt dasselbe untersuchen nichts anderes, als es erkennen. Erkennen wollen aber, ehe man erkenne, ist ebenso ungereimt als der weise Vorsatz jenes Scholastikus, schwimmen zu lernen, ehe er sich ins Wasser wage.« Solche Kritik am transzendentalen *subjectivistic turn* ist übrigens von schwererwiegender Art als die Infragestellung der modernen Hirnforschung durch den Hinweis, das Hirn könne doch schwerlich sich selbst entschlüsseln. Zu Hegels Generalangriff auf die kritizistische Philosophie der Vernunft hat Wolfgang Röd schlau die Argumentation bereitgestellt, daß in der Transzendentalphilosophie ja nicht »die Erkenntnis« zum Gegenstand »der Erkenntnis« gemacht werde, »sondern die Möglichkeitsbedingungen von Wirklichkeitserkenntnis ... in einer Erkenntnis erfaßt werden« sollen, »die nicht mehr die Wirklichkeit, sondern die Erkenntnis der Wirklichkeit betrifft«.

Was Mitte der siebziger Jahre beginnt oder sich bereits fortsetzt, ist eine durch westliche marxistische Theoretiker ermutigte frontale Wissenschaftskritik. Das Gerede von der »bürgerlichen« Wissenschaft sollte die wahre, die proletarische Wissenschaft, vor dem eigenen antiwissenschaftlichen Terrorismus bewahren. Man ist an die »deutsche Physik« gegen die »jüdische Physik« erinnert. In den so variierten dummen Refrain von der bürgerlichen Wissenschaft oder Philosophie fielen auch viele konservative Philosophen mit ein, auf dem Trott vom Leisetreter zum Mitläufer.

Während in den ersten zwei Jahrzehnten nach dem Krieg naturwissenschaftliche Rationalität und mathematische Denkweisen auch in den Sozial- und Geisteswissenschaften ihre Dominanz und Effektivität zu beweisen schienen und die Kybernetik die altdeutsche Kluft zwischen Natur- und Geisteswissenschaften endlich glaubte überbrücken und eine neue Art von Einheitswissenschaft auf einem unerwarteten, operationalen Level etablieren zu können; während Philosophie nun an die Maßstäbe empirisch zu bewährender Rationalität gebunden schien, unter Strafe, sonst zur bloßen verblasenen Spekulationsdisziplin abzusinken – im Umschlag zu solch scheinbar nicht mehr umzukehrender Wissenschaftsreputation und gleichzeitiger Verweisung der Philosophie aufs Altenteil geriet man im Deutschland der siebziger Jahre in einen Philosophierausch, in dem Empirie als Plattitüde und Tatsachenfetischismus verekelt und Philosophie als kollektiver Trip in die wahre menschenwürdige Zukunft genossen wurde. War diese Philosophie auch durchtränkt mit Dogmatik und von ideologisch starrem Blick, so vermochte sie es immerhin, im Gegenzug die Wissenschaft in Ideologieverdacht zu bringen und als Vormund überhaupt einmal des Mündels Existenzmöglichkeit zu prüfen. In diesen nicht zuletzt von kulturpessimistischem Überdruß an der Technik und über sie schließlich pauschal auf Wissenschaft vorgetragenen Angriffen auf den »Szientismus« mußte meist auch der »Positivismus« wieder als philosophischer Begriffskrüppel für Verwissenschaftlichung namentlich da herhalten, wo die Um- und Lebenswelt bedroht oder schon verschandelt war. Der »Logozentrismus« war es dann letztlich, der die Welt zugrunde richtete. Noch war es der renovierte westliche Marxismus, der mit eigenen Rationalitätsvorstellungen solche Kritik am Denken des Westens, sprich dem anglo-amerikanischen Szientismus, in immer neuen Wellen vortrug. Später erst setzte sich der Troß der Gurus und Scharlatane des ewig »anderen Denkens« in Marsch. Die von links auftrumpfende Kritik an der Wissenschaft und die Polemik gegen eine angeblich dort halbierte Rationalität (ohne Reflexion nämlich) erhielt in jenen Jahren dem Anschein nach einen Verbündeten just aus dem Lager der Wissenschaft und des Szientismus. Mit dem Buch Thomas S. Kuhns nämlich von der ›Struktur wissenschaftlicher Revolutionen‹ schien zumindest die überkommene und gehegte Vorstellung vom rein argumentativen Zuschnitt wissenschaftlicher Praxis und vom kontinuierlichen Fortschritt der Erkenntnis als Trugbild entlarvt. (»Entlarven« ist übrigens ein Stichwort der ganzen zweiten Jahrhunderthälfte, auf das sich Geisteswissenschaften und Philosophie und Journalismus und Literatur am meisten zugute halten.) Statt dessen wurde jetzt die bloß »normale« Wissenschaft des Mittelmaßes mit der »revolutionären« Wissenschaft kühner Denker, die vergleichslose neue Paradigmen, kernige Theorien schufen, konfrontiert. Man braucht kaum zu erwähnen, daß Kuhn mit dem Wörtchen »revolutionär« das Reizwort der Epoche getroffen hatte, und wenn die wahre »Theoriendynamik« in revolutionären Schüben sich vollzog, wie recht tat man dann, es auch im Bereich des Gesellschaftlichen und Politischen zu erwarten. Kuhn legitimierte vielleicht nicht den Revolutionarismus jener Tage, aber er schuf den vielen Möchtegern-Revolutionären ein gutes, wissenschaftlich gepolstertes Gewissen – und wissenschaftlich, das wollten sie, nicht anders als Zahnpasta- oder Staubsaugerhersteller, letztlich doch alle sein, selbst noch die Irrationalisten, die sich gewöhnlich rational zu begründen trachten. ›Technik und Wissenschaft als »Ideologie«‹ und ›Erkenntnis und Interesse‹ hießen dann die einflußreichen Schriften von Jürgen Habermas, in denen er der (Natur-)Wissenschaft ein bloß partikulares, instrumentelles herrschafts-akzentuiertes Erkenntnisinteresse anlastete, wie es sich er und Karl-Otto Apel aus Max Schelers Lehre von den drei Wissensformen stillschweigend ausgeborgt hatten. Das emanzipatorische Erkenntnisinteresse steht in Schelers Skala der »Wissensformen« unter dem Titel »Erlösungswissen«.

1969 erschien Habermas dem Beobachter in dieser Gestalt:

13. Reflexion und Engagement:
Jürgen Habermas

Wie zu den meisten Zeiten ihrer ehrwürdigen Geschichte blieb Philosophie auch in den beiden Jahrzehnten nach dem letzten Weltkrieg praktisch und politisch folgenlos. Die unterschiedlichsten philosophischen Schulen jener jüngst verflossenen Jahre, Existenzphilosophie und Logischer Empirismus, kamen überein in der Abstinenz oder Askese gegenüber den gesellschaftlich-politischen Realitäten. Sie stimulierten bestenfalls ein allgemein verbreitetes, auf Innerlichkeit zentriertes Bewußtsein oder versuchten, der Forschung den Weg gesicherter Erkenntnis zu weisen. Die entschieden apolitische Haltung namentlich der deutschen Philosophie in jenen Jahren deckt sich freilich weitgehend mit einem überlieferten Selbst- und Fremdverständnis von Philosophie, nach welchem sie sich auf reine Theorie, auf Kontemplation verwiesen sieht und, ähnlich den Wissenschaften, in den Forderungen nach Objektivität und Wertfreiheit ihre Ideale zu erblicken hat – gelegentlich selbst da noch, wo, nach Kierkegaard, allein die Subjektivität Wahrheit verbürgt.

Vor dieser Folie eines – wenigstens im Westen – längst als verbindlich gesetzten Denkens hebt sich um so schärfer eine Theorie ab, die pauschal als dialektische Philosophie, präziser als kritische Theorie der Gesellschaft derzeit allerorten zitiert wird. Einer ihrer scharfsinnigsten und brillantesten Verkünder ist der fast vierzigjährige Philosoph und Soziologe Jürgen Habermas.

Der Impetus seiner kritischen Reflexionen läßt sich vorab charakterisieren als die höchst »bestimmte« Ablehnung einer von der gesellschaftlichen Praxis und Situation losgelösten Wissenschaftlichkeit. Indem er nämlich Erkenntnis an den Kategorien menschlicher Arbeit und sprachlich vermittelter, gesellschaftlicher Interaktion »festmacht«, die »Wahrheit von Aussagen in letzter Instanz an die Intention des wahren Lebens« bindet; indem er eine Identität von Vernunft und Interesse unterstellt und in einer kritischen Wissenschaft durchschaubar macht als – wie er wörtlich schreibt – »Zug zur fortschreitenden kritisch-revolutionären, aber versuchsweisen Verwirklichung der großen Menschheitsillusionen«, insofern stellt Habermas den Sinnbezug wissenschaftlichen Erkennens auf Praxis wieder her, den vorgeblich wissenschaftlicher Objektivismus zerrissen hat.

Hinfällig wird auch die akademische Trennung der Philosophie von der Soziologie, die als kritische Theorie der Gesellschaft Philosophie im dreifachen Sinne des Wortes »aufhebt«. Erkenntnistheorie, so heißt es bei Habermas unmißverständlich, ist nur als Gesellschaftstheorie möglich. Und eine kritische Gesellschaftstheorie bricht den Bann jenes positivistischen Selbstverständnisses, das an Stelle aufgeklärten Handelns mündiger Bürger die technische Verfügung über verdinglichte Prozesse setzt.

Die gedankliche Strenge, mit der Habermas den Zusammenhang, ja die Identität von Reflexion und Engagement, Vernunft und Interesse, Theorie und Praxis ableitet, läßt die Frage nach Virulenz und den möglichen praktischen Folgen solchen philosophischen Denkens nahezu überflüssig erscheinen. Was Marx einst anvisierte, die Aufhebung der Philosophie durch ihre Verwirklichung, das scheint bei Habermas schon vollzogen. Und in dem Maße, wie Habermas der unterstellten Herrschaft technisch instrumentaler Vernunft mit Bestimmtheit entgegentritt und eben nicht, wie Herbert Marcuse, bei der unbestimmten Negation der »großen Weigerung« resigniert – was allerdings Habermas bestreitet –, mußte er zum erklärten Mentor einer revolutionär gesonnenen Studentenschaft werden.

Unter deren Händen ist die Habermassche Theorie mittlerweile unheimlich praktisch geworden. Thesen sind in Aktionen umgeschlagen, unter deren Vehemenz der letzte Rest von Dialektik im Verhältnis von Theorie und Praxis zu verdunsten droht. Zu einer Politphilosophie unter dem Motto »Aktion ist die höchste Theorie« verfremdet, bringen deren Parolen den Gründern der Kritischen Theorie allmählich das Fürchten bei. Von den Diagnosen, den Zielen, vor allem den agitatorischen Mitteln des studentischen »Protestpotentials« hat sich Habermas denn auch schon mehrfach entschieden distanziert. Unvergessen ist den Wortführern des SDS der herbe Vorwurf des »Linksfaschismus«, ein Slogan, mit dem Habermas nicht weniger Empörung hervorgerufen hat als mit der kürzlich auch von ihm befürworteten Austreibung von Studenten aus dem Frankfurter Institut für Sozialwissenschaften durch die Polizei.

Nicht gerade zimperlich sind ferner einige Thesen von Habermas, in denen er mit den Intentionen und Taktiken der Linken abrechnet. Er spricht dort von gewissen Schwächen der Intellektuellen, die »wahrlich ein Skandal« seien: »Ich meine die Rolle des Mentors, der, weil er gegen Erfahrungen immunisiert ist, eine Orthodoxie mit grauen Vokabeln allen Bewußtseinstrübungen aufprägt, um das zu rationalisieren, wozu den anderen die Worte fehlen.«

Dies ist zweifellos ein bemerkenswerter Satz, dessen Spitze sich unversehens gegen Habermas selbst richten könnte. In der Doppelrolle des verschmähten und des sich zurückziehenden Mentors scheint Habermas die Last der Verantwortung auf jene abwälzen zu wollen, die seinen Direktiven folgend Erkenntnis- und Gesellschaftskritik, Theorie und Praxis effektvoll miteinander verschlungen haben. Führt so die Realisation der Habermasschen Theorie von der Vermittlung von Theorie und Praxis sich selbst ad absurdum?

In der Beurteilung der gegenwärtigen gesellschaftlich-politischen Situation, ihrer »Unerträglichkeit« nämlich, weiß sich Habermas sowohl mit der revoltierenden Jugend als auch mit den großen Diagnostikern der Kritischen Theorie, Adorno, Horkheimer, Herbert Marcuse, prinzipiell einig. Knechtschaft, so weiß es auch Habermas, zeigt sich heute weniger in Hunger und Mühsal als in der Entmündigung der Massen durch deren systematische Entpolitisierung sowie in einer »sinnlosen Reproduktion überflüssiger Tugenden und Opfer«. Daraus folgert Habermas umgekehrt: »Die Befreiung von Hunger und Mühsal konvergiert nicht notwendig mit der Befreiung von Knechtschaft und Erniedrigung.«

Den Rückgriff auf Hegel und Marx, die beide den Zusammenhang zwischen Arbeit und Interaktion, Produktionskräften und Produktionsverhältnissen oder instrumentalem und kommunikativem Handeln erkannt haben, verbindet Habermas mit einer Kritik namentlich an Marx. Habermas findet bei Marx eine nachgerade positivistische Unterordnung der Wissenschaft vom Menschen unter die Naturwissenschaft und eine damit gekoppelte Eingrenzung des menschlichen Selbsterzeugungsaktes allein auf Arbeit. Indem Marx im Begriff der Praxis das Verhältnis instrumentalen Handelns zu dem institutionellen Rahmen nicht hinreichend auseinandergehalten hat, entscheidet er explizit und verhängnisvoll über das Verhältnis von Arbeit und Interaktion, also die zwischenmenschlichen Beziehungen.

»Heute, da der Versuch unternommen wird, die kommunikativen Zusammenhänge wie immer auch naturwüchsig verfestigter Interaktionen nach dem Muster technisch fortschreitender Systeme zweckrationalen Handelns zu reorganisieren, haben wir Grund genug, beide Momente strenger auseinanderzuhalten.«

In solch strapaziösen Wendungen spricht Habermas aus, was Kritische Theorie insgesamt an den herrschenden Verhältnissen brandmarken will: die Verdrängung gesellschaftlich-politisch verantwortungsbewußten Handelns durch technische Verwaltung, die Verdrängung von Aufklärung und Emanzipation durch bloßes Verfügen, den Rückzug auf angebliche »Sachzwänge« an Stelle einer Diskussion der Zwecke und Ziele – kurz, den fatalen Zug zur *brave new world*«. Welche grundlegende Verschiebung im Verhältnis von Theorie und Praxis – Praxis verstanden als Handeln unter Normen – diese Entwicklung impliziert, hat Habermas in dem Aufsatzband ›Theorie und Praxis‹ eindrucksvoll analysiert. Dort schreibt er: »In einem System verwissenschaftlichter Zivilisation schließen sich Wissenschaft, Technik, Industrie und Verwaltung zu einem Kreisprozeß zusammen. Darin kann das Verhältnis von Theorie und Praxis nur mehr als zweckrationale Verwendung erfahrungswissenschaftlich gesicherter Techniken zur Geltung kommen. Die gesellschaftliche Potenz der Wissenschaften wird auf die Gewalt technischer Verfügung reduziert – als eine Potenz aufgeklärten Handelns kommen sie nicht länger in Betracht. Die empirisch-analytischen Wissenschaften erzeugen technische Empfehlungen, sie geben aber keine Antwort auf praktische Fragen. (...) An Stelle einer Emanzipation durch Aufklärung tritt die Instruktion der Verfügung über gegenständliche oder vergegenständlichte Prozesse. Die gesellschaftlich wirksame Theorie ist nicht mehr an das Bewußtsein zusammen lebender und miteinander sprechender, sondern an das Verhalten hantierender Menschen adressiert. Sie verändert als eine Produktivkraft der industriellen Entwicklung die Basis des menschlichen Lebens, aber sie reicht nicht mehr kritisch über die Basis hinaus, um das Leben selbst, und für es, auf eine andere Stufe zu heben.«[1]

Einzig die Kritische Theorie – darüber läßt Habermas niemanden im unklaren – reflektiert über die Basis des menschlichen Daseins, nur sie gibt Antwort auf praktische Fragen, und sie allein treibt das »Interesse der Vernunft an Mündigkeit, an Autonomie des Handelns und Befreiung von Dogmatismus« voran. Indem sie nämlich den Objektivismus als schimärisches Ideal entlarvt und den auf bloße Methodologie begrenzten Wissenschafts- und Erkenntnisbegriff des Positivismus zurückweist, stellt sie die Wissenschaft selbst in den Dienst einer sie übergreifenden Vernunft. Die Forderung nach einem politischen Mandat von Wissenschaft und Universität andererseits, die von der studentischen Opposition mit solcher Verve vorgebracht wird, soll den Prozeß der Emanzipation durch diese Vernunft befördern.

[1] Neuwied, Berlin 1963, S. 232f.

Daß praktischer Lebensbezug und wissenschaftliche Objektivität nicht zu trennen sind, daß vielmehr jegliche Objektivität durch einen ihr transzendental vorgelagerten Lebensbezug, ein Interesse, definiert und determiniert wird, hat Habermas mit imponierendem wissenschaftstheoretischem Aufwand zu belegen versucht. Bei der Durchmusterung positivistisch-pragmatischer, hermeneutisch-lebensphilosophischer, sprachanalytischer und dialektischer Ansätze zu einer Erkenntnistheorie kristallisieren sich drei Erkenntnis-, Vernunft- oder Wissenschaftstypen heraus, denen, unter der Leitidee einer Vermittlung von Theorie und Praxis, drei verschiedene Interessen entsprechen. Bei den drei Wissenschaftstypen handelt es sich, wie leicht zu erraten ist, um die empirisch-analytischen, die hermeneutisch-verstehenden und um die kritisch-dialektischen Wissenschaften, letztere repräsentiert durch die Kritische Theorie. Für die ersten beiden Typen erläutert Habermas den Zusammenhang mit den ihnen vorauslaufenden Erkenntnisinteressen so: »Während die empirisch-analytischen Verfahren darauf gerichtet sind, die Wirklichkeit unter dem transzendentalen Gesichtspunkt möglicher technischer Verfügung freizulegen und zu erfassen, gehen die hermeneutischen Verfahren darauf aus, die Intersubjektivität der Verständigung in der umgangssprachlichen Kommunikation und im Handeln unter gemeinsamen Normen zu sichern.«[2] Das Interesse des erstgenannten Wissenschaftsmodells, so darf man Habermas verstehen, richtet sich auf technische Verfügung, das Interesse des zweiten auf Praxis im Sinne von Kommunikation. Erst im dritten Wissenschaftsmodell, dem einer Kritischen Theorie, fallen Wissenschaft und Praxis, Erkenntnis und Interesse so zusammen, daß Wissenschaft zum Vehikel der Emanzipation wird. Und während in den Bereichen jener Wissenschaften Erklären beziehungsweise Verstehen nur Einzelerkenntnisse bewirken, wahrt in der Kritischen Theorie die Kraft der Reflexion den dialektischen Zusammenhang des Allgemeinen mit dem Besonderen. An entscheidender Stelle seines Buches ›Erkenntnis und Interesse‹ hat Habermas das Verhältnis von Reflexion und emanzipatorischem Erkenntnisinteresse so expliziert:

[2] Erkenntnis und Interesse. Frankfurt a. Main 1968, S. 221.

»Ich meine die Erfahrung der emanzipatorischen Kraft der Reflexion, die das Subjekt in dem Maße, als es in seiner Entstehungsgeschichte transparent wird, an sich erfährt. Die Erfahrung der Reflexion artikuliert sich inhaltlich im Begriff des Bildungsprozesses, methodisch führt sie zu einem Standpunkt, von dem aus die Identität der Vernunft mit dem Willen zur Vernunft zwanglos sich ergibt. In der Selbstreflexion gelangt eine Erkenntnis um der Erkenntnis willen mit dem Interesse an Mündigkeit zur Deckung; denn der Vollzug der Reflexion weiß sich als Bewegung der Emanzipation. Vernunft steht zugleich unter dem Interesse an Vernunft. Wir können sagen, daß sie einem emanzipatorischen Erkenntnisinteresse folgt, das auf den Vollzug der Reflexion als solchen zielt.«[3]

Habermas exemplifiziert diesen Vorgang an der Psychoanalyse, in deren therapeutischem Verlauf ja in der Tat Arzt und Patient mit dem Ziel in Kommunikation treten, »einen Aufklärungsprozeß in Gang zu setzen und den Kranken zur Selbstreflexion zu bringen«. Und im Gegensatz zum Objektivismus der empirisch-analytischen Wissenschaften ist hier der Arzt selbst Instrument der Erkenntnis, »aber nicht«, wie Habermas feststellt, »durch Ausschaltung, sondern gerade durch den kontrollierten Einsatz seiner Subjektivität«.

Wissenschaftstheoretiker und Methodologen mögen prüfen, wieweit das Beispiel der Psychoanalyse trägt und inwiefern die Bewegung der Reflexion zu einer Position führt, in welcher die Vernunft mit dem Willen zu sich selbst identisch wird. In unserem Zusammenhang ist vielmehr die Habermassche Konstruktion der Wissenschaftstypen von Interesse. Einen ähnlichen Versuch, die für die Gegenwart charakteristischen Denkstile in ihrer Funktionsweise zu bestimmen, hat der Kieler Philosoph Karl-Otto Apel unternommen. Während aber in dem Strukturmodell von Apel die Arbeitsteilung gleichsam auf dem demokratischen Prinzip einer »Drittelparität« beruht, zeigt das Schema von Habermas eindeutig hierarchische Züge. Die drei Begriffe »technisch«, »praktisch« und »kritisch« markieren Stufen und implizieren eine Wertbeziehung. Die jeweils untere er-

[3] Ebd., S. 244.

scheint durch die nächsthöhere überdeterminiert, und der Wert der höchsten ist durch Evidenz ausgewiesen.

Philosophie, die für sich eine besondere Denkweise und ein »höheres« Erkenntnisinteresse in Anspruch nimmt, hat immer etwas Verführerisches. Die Faszination, die von Heideggers Fundamentalontologie ausging, ist damit ebenso zu erklären wie die derzeitige Bewunderung für die vielfach marxistisch vermittelte Dialektik Hegels. Beide versprechen tiefere Einsichten durch höhere Formen der Erkenntnis. Doch während etwa Heideggers ontologischer Irrationalismus von aller geschichtlich-gesellschaftlichen Praxis abstrahiert, verbindet Habermas in der kritischen Reflexion bloße Theorie mit gesellschaftlicher Praxis: Der Vollzug der Reflexion weiß sich als Bewegung der Emanzipation.

Daß eine solche Theorie, die nicht mehr länger eine graue genannt werden kann, vor allem bei einer nach Emanzipation verlangenden Jugend außerordentlichen Anklang finden mußte, liegt auf der Hand. Über den praktischen Intentionen kann dabei leicht die kritische Reflexion ins Hintertreffen geraten; zumal sich in der Optik der Kritischen Theorie der »Status quo«, die gesellschaftlich-politischen Verhältnisse als derart unerträglich zeigen, daß die äußersten Maßnahmen gerechtfertigt erscheinen. Habermas kommt in seiner Habilitationsschrift über den ›Strukturwandel der Öffentlichkeit‹ zu den nämlichen Befunden wie Herbert Marcuse in der Schrift ›Der eindimensionale Mensch‹. Mittels raffinierter Techniken der Entmündigung und der Entpolitisierung der Massen steigert sich der Zustand der Knechtschaft und Ausbeutung jetzt in einer Form, daß er von den Betroffenen nicht mehr wahrgenommen, ja sogar als Glück hingenommen wird.

Habermas macht deutlicher als Marcuse, daß weniger die Böswilligkeit einzelner als vielmehr die Ideologie, das falsche Bewußtsein des technisch-instrumentalen Erkenntnisinteresses zwangsläufig jene unwürdigen Zustände herauführt. Wo die revolutionäre Linke einen politischen Kampf namentlich gegen den Liberalismus führt, steht der Wissenschaftstheoretiker Habermas deshalb in der Auseinandersetzung mit dem Positivismus. »Daß wir Reflexion verleugnen, *ist* der Positivismus«, so lautet die scharfe Formel von Habermas im Vorwort seiner Schrift ›Erkenntnis und Interesse‹.

Die »Positivisten« haben verschiedentlich den Fehdehandschuh aufgenommen. In der mittlerweile schon berühmt gewordenen Kontroverse zwischen Jürgen Habermas und dem Soziologen und Ökonomen Hans Albert, die im Anschluß an ein Referat von Karl Popper und ein Koreferat von Theodor W. Adorno größtenteils in der ›Kölner Zeitschrift für Soziologie und Sozialpsychologie‹ ausgetragen wurde, hat Albert die Habermasschen Thesen energisch zurückgewiesen. Habermas fand in einem gewissen Zirkeldenken innerhalb der empirisch-analytischen Forschungslogik ein Indiz, wie es wörtlich heißt, »für die Einbettung des Forschungsprozesses in einen Zusammenhang, der selbst nicht mehr analytisch-empirisch, sondern nur noch hermeneutisch expliziert werden kann«[4].

Albert nennt die hermeneutische Explikation den »Habermasschen deus ex machina« und bezichtigt den Dialektiker geradewegs des »Positivismus«. »Es ist interessant, daß der Dialektiker hier zum eigentlichen ›Positivisten‹ wird, indem er meint, er könne Probleme der Forschungslogik dadurch beseitigen, daß er auf faktische soziale Gegebenheiten verweist. Das ist (...) ein Versuch, methodologische Probleme zu ›unterlaufen‹, indem man auf das zurückgreift, was man in anderen Zusammenhängen als ›bloße Faktizität‹ zu desavouieren gewohnt ist.«[5]

Die Debatte zwischen Habermas und Albert kulminiert ganz konzequent im Streit um das Postulat der sogenannten Wertfreiheit. Daß Habermas dieses Prinzip ganz und gar nicht akzeptieren kann, ergibt sich logisch aus seiner Theorie, in der ja eben ein enger Bezug zwischen Wissenschaft und »Leben«, eine Identität zwischen Vernunft und Interesse oder Theorie und Praxis hergestellt ist, die in der Subjekt-Objekt-Relation des Positivismus angeblich annulliert wird. Die Positivisten leugnen das, soweit sie eine Einheit von Theorie und Praxis zugestehen. Die Auseinandersetzung

---

[4] H. Albert, Der Mythos der totalen Vernunft. In: Kölner Zeitschrift für Soziologie und Sozialpsychologie (2. Aufl. 1964), S. 239.

[5] Ebd.

um das Problem der Wertfreiheit ist derzeit ganz offen, wenn es auch so aussieht, als sei mit den studentischen Demonstrationen für eine engagierte Wissenschaft und einen politischen Auftrag der Universität die Sache schon entschieden.

Habermas' kritische Reflexionen haben eindringlich die Gefahren einer vom Lebensbezug abgeschnittenen, sich selbst genügenden, »neutralen« Wissenschaft vor Augen geführt. Eine andere Gefahr, die in der pauschalen Verwerfung des Wertfreiheitsprinzips liegt, sollte man dabei nicht übersehen. Ernst Topitsch, den, wer Lust hat, unter die Positivisten rechnen kann, hat auf sie hingewiesen, ohne sich freilich namentlich auf Jürgen Habermas zu beziehen. Totalitäre Mächte, so zeigt Topitsch, die ja per se sich im Besitz der Wahrheit fühlen, haben sich seit eh und je am allermeisten durch die Idee einer werturteilsfreien Wissenschaft herausgefordert gefunden. In totalitären Systemen hat Wissenschaft stets den fragwürdigen Vorzug, parteiisch zu sein. Die Argumente dafür sind im Faschismus wie im Stalinismus dieselben, sie sind, wie Topitsch erschreckend klarmacht, beinahe austauschbar unter Nationalsozialisten wie Ernst Krieck und Carl Schmitt oder Marxisten wie Ernst Bloch.

»Der Gedanke einer freien, voraussetzungslosen Wissenschaft konnte nur im Zeitalter des Liberalismus auftauchen. Er ist absurd. Die Wissenschaft ist ein soziales Phänomen, und wie ein jedes solches begrenzt durch den Nutzen oder Schaden, den es für die Allgemeinheit stiftet.« So äußerte sich einst Hitler zur Idee einer wertfreien, unparteiischen Wissenschaft. Heute geht unter radikalen Studenten bereits wieder die faschistische Rede vom »toten Wissenskrempel« um, mit der man sich bequem von der »Anstrengung des Begriffs« dispensiert. Es ist schwer zu sehen, wie unter diesen Umständen die von Habermas gewünschte »Kommunikation der in rationaler Einstellung diskutierenden Bürger« zustande kommen soll. Diejenigen, die sich gestern noch auf ihn beriefen, haben in ihrem Tatendrang dasjenige aus der kritischen Wissenschaftstheorie von Habermas herausgeholt, was ihnen praktikabel erschien, und den Rest als »toten Wissenskrempel« beiseite gelegt. Sie haben häufig ihre Mündigkeit dadurch unter Beweis zu stellen geglaubt, daß sie die Kritik an der technisch-instrumentalen Vernunft zu blinder Maschinenstürmerei radikalisierten. Freilich mag manche Formulierung von Habermas zu solchen Mißverständnissen Anlaß geben.

Manchmal macht Habermas an versteckter Stelle am deutlichsten, wie der Zusammenhang zwischen den empirisch-analytischen, den historisch-hermeneutischen und den kritisch orientierten Wissenschaften zu denken ist und wie Emanzipation sich daraus herleitet: »Es geht darum, ob ein folgenreicher Wissensstand nur in die Verfügung technisch hantierender Menschen geleitet oder zugleich in den Sprachbesitz kommunizierender Menschen eingeholt wird. Als mündig könnte sich eine verwissenschaftlichte Gesellschaft nur in dem Maße konstituieren, in dem Wissenschaft und Technik durch die Köpfe der Menschen hindurch mit der Lebenspraxis vermittelt würden.«[6]

Um einer weiteren, gefährlicheren »Umfunktionierung« seiner Theorie vorzubeugen, hat nun Jürgen Habermas die Maßnahmen seiner einstigen Gefolgschaft einer scharfen, freilich immer noch immanenten Kritik unterzogen. Er wirft der Linken ein Verhalten vor, das die, wie er wörtlich sagt, »Polarisierung der Kräfte um jeden Preis« suche und »die Respektierung immer noch Freiheit und Recht garantierender Verfassungssituationen« ausschließe. Über derlei Bedenken ist die Linke ja längst hinaus. Subjektiv zu Recht allerdings muß sie sich durch solche Vorhaltungen irritiert fühlen. Denn wenn es das äußerste Mittel der Revolution ist, das auch von Habermas diskutiert wurde, wenn bereits, mit Hinweis auf Herbert Marcuse, die Anwendung von Gewalt bedacht wird, um »dem Unerträglichen« ein Ende zu bereiten, dann scheint doch der Verlust Recht und Freiheit garantierender Verfassungssituationen damit a priori konstatiert zu sein.

Die dialektische Sozialphilosophie hat auf unerwartete Weise die gesellschaftliche Praxis verändert. Nun ist sie selbst von der veränderten Praxis überrascht worden. In welchem Maße und durch welche Modifikationen ihr kritisches Bewußtsein die neuen Interessen mit Vernunft zu

[6] Technik und Wissenschaft als »Ideologie«. Frankfurt a. Main 1968, S. 144.

durchdringen vermag, wird man bald sehen. Denn Jürgen Habermas zählt ja unter die jungen der einflußreichen Sozialphilosophen der Gegenwart.

Anders also als die Werke der großen Altmeister wie Adorno, Jaspers, Heidegger, Horkheimer, Lukács oder Russell wirft das seine nicht von fernher und unverrückbar ein Licht auf unsere Situation, sondern es steht mitten darin und ändert sich in dem Maße mit ihr, wie es diese verändert.

(1969)

Seither hat Habermas Wandlungen hinter sich, die Kompetentere als der Beobachter kaum mehr nachzuvollziehen vermögen oder nachlesen wollen. Aber in seiner sozialkritischen Absicht wie in seinen politisch-publizistischen Einmischungen ist er derselbe geblieben. Wandlungen in der Kontinuität demonstrieren auch seine politischen Schriften, die ihn vom Wortführer der Neuen Linken zum – guten oder schlechten – Gewissen der Nation haben avancieren lassen. Nach der durchgestrichenen Gleichung von Demokratie und Sozialismus durch »die Linke« stellt sich Habermas nun an die Spitze der »nichtkommunistischen Linken«, der jetzt, wo die rechte deutsche Eiterbeule wieder aufbricht, auch reuige Liberale willkommen sind.

Die Wissenschaftskritik von Habermas geschah vor dem Horizont gesellschaftskritischer Ideen (»in praktischer Absicht«) und war dirigiert von einem nach eigenem Verständnis »emanzipatorischen« Erkenntnisinteresse, hinter dem doch wohl das »richtige« Interesse stand, die Denkprinzipien, die man sich zu eigen gemacht hatte – ein reflexiv »hinter« die Erscheinungen blickendes, selbst nicht mehr in Ideologieverdacht stehendes Denken – durchzusetzen.

In gewisser Weise entsprach der seinerzeitigen Infragestellung des Monopols diskursiv-rationaler, vermeintlich naturwissenschaftlich geprägter Erkenntnisansprüche der Methodenpluralismus oder Methodenanarchismus, wie ihn Paul Feyerabend um diese Zeit mit Verve in seinem Buch ›Against method‹ (Wider den Methodenzwang) vortrug. Mit Feyerabend schien ein neues Kapitel in der analytischen Philosophie zu beginnen, wie sie in den Vereinigten Staaten und in anderer Version in England, namentlich von Feyerabends Zank-Freund Imre Lakatos, humorloser und historisch unbedarfter vorgetragen wurde. Feyerabend trat in diesem ernsten Kreis als Dada und Erkenntnisclown auf, als ironischer Verächter einer Philosophie, ja der Philosophie schlechthin, der er nichtsdestoweniger als Koryphäe zugehörte. Ob Feyerabends Löcken wider den Stachel einer selbstzufriedenen »Wissenschaftsphilosophie« bei deren Repräsentanten wenigstens vorübergehend krampflösend wirkte, ist rückblickend schwer abzuschätzen. Der Zauber Feyerabends, so empfindet es der Beobachter, ist verflogen.

Zunächst war es Methodenkritik, die Feyerabend mit seiner so gern mißverstandenen Parole *anything goes* übte; später erschöpfte er sich in immer lauteren und bewußt abwegigen Polemiken gegen die Wissenschaft in toto.

Feyerabend ist ein Philosoph, der in der hier aufgezeichneten Typologie unter dem Typ zwei des wissenschaftlichen Philosophen zu rubrizieren wäre, der aber, gar keine Frage, sofort auch wieder daraus zu befreien ist. Er will kein Fachphilosoph, kein Herr Professor, kein Purist des kalten Denkens sein, vielmehr Protagonist eines »wilden Denkens«. Er erliegt gern den Reizen möglichst vieler Kulturen dieser Welt, ist ein Reisender offenen Auges, ein Entdecker des Alten im Neuen und des Neuen im Alten. Als Leser ist er ein Schlinger, Connaisseur erlesener Krimi-Literatur, ein dauernder Theatergänger und noch leidenschaftlicherer Kinogänger, Experte verschiedener Film-Genres; als Österreicher, versteht sich, ein Freund vieler Küchen, ein Sprecher und Leser in vielen Zungen. Ein Philosoph also, so unorthodox, wie man ihn sich immer schon gewünscht hat. Wie hält es dann Feyerabend mit der Wahrheit?

14. Paul K. Feyerabend und die Wahrheit

Als ein weiterer der vielen »Analphabeten« und »Sonntagsleser«, die sich offenbar mit Vorliebe an die Schriften Paul Feyerabends heranmachen, werde ich im folgenden Kontexte zerstören und nach Gutdünken aus dem Zusammenhang reißen, in der schwer zu erschütternden Annahme, manchmal könne man einen Satz einfach beim Wort nehmen und seinen Sinn ohne Rücksicht auf flankierende Nebensätze feststellen. Im übrigen glaube ich, daß vieles in PKFs Schriften in einem nur losen Verbund steht. Allerdings ist es möglich, daß »irgendwie« alles mit allem zusammenhängt.

Ich greife also hinein ins volle Gedankenleben Feyerabends – und wo man's packt, da ist's interessant – und hole hervor, was da über Wahrheit, das Wörtchen »Wahrheit« – ein sprachliches Zeichen mit acht Buchstaben – und das damit Bezeichnete – ein Monstrum mit vielen Gesichtern – zu finden ist.

Feyerabend hält sich nicht mit irgendwelchen Definitionsfragen auf, noch setzt er sich mit den augenblicklich viel diskutierten Wahrheitstheorien auseinander. Schon gar nicht versucht er, einen Beitrag zur Lösung des sogenannten Wahrheitsproblems zu leisten. Höchst indirekt bestenfalls, im größeren Rahmen erkenntnis- oder wissenschaftstheoretischer Untersuchungen, wird das Wahrheitsproblem berührt, wobei nicht auszumachen ist, ob Feyerabend irgendeiner der gegenwärtig kursierenden Theorien den Vorzug gibt oder sie überhaupt für belangvoll hält – der Korrespondenztheorie oder der Kohärenztheorie, der pragmatischen oder der Konsensustheorie der Wahrheit. Am ehesten scheint man Feyerabend noch ein allgemein pragmatisches Wahrheitsverständnis – und Wahrheitskriterium – unterschieben zu können, in dem Wahrheit nach ihrem Nutzeffekt, nicht so sehr für die Erkenntnis und den wissenschaftlichen Fortschritt als für das Zusammenleben, ja das Glück der Menschen bemessen wird. Letztlich aber hält er in beiden Bereichen »die Wahrheit« – das Wort packt er, offensichtlich angewidert, am liebsten nur mit der Pinzette der Anführungszeichen an – für nutzlos oder sogar für schädlich. Nicht also diesen oder jenen Wahrheitsbegriff verwirft er, sondern den Wert, die Idee der Wahrheit selbst mitsamt der verbissenen Suche danach. Feyerabends verstreute Bemerkungen zum Prinzip Wahrheit sind auch eigentlich keine Propositionen, sondern Expressionen des Überdrusses, und wenn man sie ganz ernst nimmt, ernster womöglich, als er selbst sie meint, dann kündigt sich darin der radikalste Bruch mit einer »Tradition« an, der uns bisher zu Ohren kam. Pilatus mit seiner spöttischen Frage »Was ist Wahrheit?« war nur ein Skeptiker, der an seiner Frage litt. Man kann wohl ohne Übertreibung sagen, daß unsere Tradition, unsere Kultur mit dem »Wunder« der griechischen Wissenschaft in fast allen ihren Ausprägungen und Gestalten, epistemologisch, moralisch und ästhetisch, und oftmals bis zur Identifizierung von *verum, bonum* und *pulchrum* auf den Wahrheitsbegriff zentriert ist. Und sofern diese abendländische Tradition eine christliche ist, galt auch in ihr Wahrheit nicht weniger als Grundstoff des Lebens: »Ich bin der Weg und die Wahrheit und das Leben« (Joh. 14,6). Geben wir diesen Begriff, dieses Prinzip auf, so fürchten wir selbst in unseren opportunistischen Zeiten, dann muß die Welt im Chaos versinken.

Natürlich ist im Laufe der Geschichte immer wieder am Prinzip der Wahrheit herumgemäkelt worden. »Absolute« oder auch »objektive« Wahrheit wurden als illusorisch oder chimärisch deklariert, und nur relativiert oder auch subjektiviert erschien deren Idee rettbar. In skeptizistischer Vermengung von Wahrheit und Gewißheit verflüchtigte sich Wahrheit zum Unerkennbaren und Unwißbaren, und die Suche nach ihr erwies sich damit als vergebliche Liebesmüh'. Doch alle diese Destruktionen oder auch Remeduren geschahen durchaus noch im Zeichen einer wenn auch ermatteten Liebe zur Wahrheit, und zwar nach objektiver, womöglich absoluter Wahrheit. Philosophie – wie später Wissenschaft – versteht sich bis auf unsere Tage als intensivste, reinste Form der Wahrheitssuche, selbst dann noch, wenn man sich mit der Wahrheit im verdünnten Aggregatzustand der Bewährung einstweilen zufrieden gibt. Bei Feyerabend hingegen wird die Idee der Wahrheit als solche kompromittiert. Sie wird zu einer »Sucht«, »um seine niedrigen Instinkte zu befriedigen«[1], zu einem »Schlagwort«[2], das »die Menschen sicherlich hypnotisiert, aber sonst zu nicht viel gut ist«[3]. »Das Scherzen, die Unterhaltung, die Illusion, nicht ›die Wahrheit‹ macht uns frei«[4], proklamiert er einmal

[1] Paul Feyerabend, Wider den Methodenzwang. Frankfurt a. Main 1976, S. 45.
[2] Ebd., S. 239.
[3] Ebd., S. 318.
[4] Paul Feyerabend, Erkenntnis für freie Menschen. Frankfurt a. Main 1979, S. 214.

ebenso emphatisch wie fragwürdig; denn ob uns die Wahrheit frei macht oder nicht, das Scherzen, die Unterhaltung, namentlich aber die Illusion tun das gewiß nicht. Die Illusion macht uns bestenfalls zu zufriedenen Narren, die sich von dem »an Verstopfung leidende(n) ›Wahrheitssucher‹«[5] nicht gerade vorteilhaft abheben. Nun muß das pathetisch-leichtfertige Gerede von der Suche nach Wahrheit zweifellos delikatere Geschmäcker beleidigen, und das Wort Wahrheit, als eher düsteres Mahnmal an allen Horizonten eingerammt – meist ist ja die Wahrheit »bitter« –, kann lebensbejahende Geister rabiat machen. Auch Nietzsche lehnte sich gegen die »Tyrannei des Wahren« auf, wenn er schrieb: »Selbst wenn wir so toll wären, alle unsere Meinungen für wahr zu halten, so würden wir doch nicht wollen, daß sie allein existierten: Ich wüßte nicht, warum die Alleinherrschaft und Allmacht der Wahrheit zu wünschen wäre; mir genügte schon, daß sie eine große Macht habe. Aber sie muß kämpfen können und eine Gegnerschaft haben, und man muß sich von ihr im Unwahren ab und zu erholen können – sonst wird sie uns langweilig, kraft- und geschmacklos werden und uns eben dazu auch machen.«[6]

Ich glaube, hierzu könnte Feyerabend dem Friedrich Nietzsche, lebte er noch, begeistert auf die Schulter klopfen, denn was der Philosoph da sagt, klingt ja so, als hätte er in nuce Feyerabends anarcho-dadaistisch-relativistisches Erkenntnisprogramm für freie Menschen vorweggedacht. »Ohne häufiges Abrücken von der Vernunft kein Fortschritt«, heißt es bei Feyerabend[7], und »Vernunft« sowie »die verdummende Wirkung der ›Gesetze der Vernunft‹«[8] stehen bei ihm auf der gleichen untersten Stufe wie »die Wahrheit« oder »Objektivität« oder »Gerechtigkeit« oder »Liebe« – alles Wortfetische, die er entzaubert. Aber Feyerabend steht anscheinend schon so jenseits der Wahrheit, wie Nietzsche sich jenseits von Gut und Böse wähnte. Noch gegen die »große Macht«, die Nietzsche der Wahr-

[5] Feyerabend, Methodenzwang, S. 153, Anm. 22.
[6] Friedrich Nietzsche, Morgenröthe, Viertes Buch, Nr. 507, in: Werke. Bd. 4. Stuttgart 1921.
[7] Feyerabend, Methodenzwang, S. 250.
[8] Ebd., S. 32.

heit zugesteht, zieht Feyerabend zu Felde. Als Anarchist will und muß er ihre Autorität »untergraben«[9], bis, schenkt man seinen Verbalinjurien Glauben, von der Idee der Wahrheit kaum noch etwas übrigbleibt. Und als Ästhet, Artist und Humanist verweist er auf die verdörrende, verdüsternde Wirkung der Wahrheitssuche: »Ist es denn nicht möglich, daß die Wissenschaft, wie wir sie heute kennen, oder eine ›Wahrheitssuche‹ im Stile der herkömmlichen Philosophie ein Ungeheuer schaffen? Ist es nicht möglich, daß sie dem Menschen schadet, ihn in einen elenden, unfreundlichen, selbstgerechten Mechanismus ohne Grazie und ohne Humor verwandelt? ›Ob es denn aber nicht meine ganze ethische Leidenschaft schwächt‹, fragt Kierkegaard, ›daß ich ein objektiver (oder kritisch-rationalistischer) Naturbetrachter werde?‹ Ich habe den Verdacht, daß die Antwort auf alle diese Fragen positiv sein muß, und ich halte eine Reform der Wissenschaften, die sie anarchistischer und (in Kierkegaards Sinne) subjektiver macht, für dringend nötig.«[10]

Wir müßten also, so suggeriert uns Feyerabend aufgrund seines bloßen Verdachtes, von Wahrheitssuche und Wissenschaft ablassen, sie zumindest subjektiver – oder parteiischer, wie das gelegentlich heißt – machen. Da verlangt er, finde ich, ein bißchen viel von uns; auf puren Verdacht hin wollen wir nichts verwerfen oder amputieren. Ferner gibt es, überblickt man die Geistes- und Wissenschaftsgeschichte, fraglos eine große Anzahl von Wahrheitssuchern, Philosophen oder Wissenschaftlern, denen diese Suche nicht geschadet hat; im Gegenteil, sie sind heiter und human dabei geblieben – oder allererst dadurch geworden. Zuletzt hat sich der Philosoph Karl Popper, beliebteste Zielscheibe Feyerabendschen Hohns, dazu bekannt, daß er in eben dieser endlosen Wahrheitssuche sein Glück gefunden habe. Und so wie ich Sir Karl kenne, macht er keineswegs den Eindruck eines »elenden, unfreundlichen, selbstgerechten Mechanismus ohne Grazie und ohne Humor«. Natürlich würde Feyerabend im Falle Popper gerade das behaupten; aber dann möchte ich ihn doch fragen, welches seine Krite-

[9] Ebd., S. 52.
[10] Ebd., S. 244.

rien für elend, unfreundlich, ungraziös und so fort sind und warum sie den meinen vorzuziehen sein sollten.

Unglücklicher scheint mir noch Feyerabends Berufung auf Kierkegaard. Kierkegaard hatte es nicht damit zu tun, über die Wahrheit zu reflektieren und zu räsonieren, sondern in der Wahrheit zu existieren. Seine Wahrheit war seine Innerlichkeit, seine Existenz vor Gott. Deshalb war seine Subjektivität seine Wahrheit, über die objektivierend zu denken allerdings sinnlos gewesen wäre; das hätte seine Subjektivität, um die allein es ihm ging, qua Subjektivität vernichtet. Darum wollte er um keinen Preis ein »objektiver Naturbetrachter«, nämlich seiner selbst, werden. Über die objektive Betrachtung der »Natur« ist damit nichts gesagt. So wie Kierkegaards »ethische Leidenschaft«, die Bedingung seiner Wahrheit also, in der er zu existieren trachtete, durch objektive Naturbetrachtung geschwächt werden mußte, so könnte wohl der objektive Naturbetrachter in seinem legitimen objektivierenden Begreifenwollen, das in diesem Augenblick seine gewiß asketische Existenzweise ausmacht, durch ethische Leidenschaft geschwächt werden. Feyerabends Ambitionen sind, verglichen mit dem, worum es Kierkegaard ging, erkenntnis- und wissenschaftstheoretische in einem objektivierenden Sinn; selbst noch sein Anrennen gegen den Wahrheitsbegriff geschieht in dieser Dimension, die nichts mit derjenigen Kierkegaards kommensurabel machen kann.

Feyerabend hat, wie man zur Genüge weiß, einen freien, mündigen Menschen vor Augen, der scherzend, unterhaltend, denkend, phantasierend – alles dies in einem – mit allen Fasern seiner Sinne und allen Fasern seines Hirns und unter Verwendung aller bunten Versatzstücke aller Traditionen – ja, was eigentlich macht? Wahrscheinlich, wie Feyerabend in Anlehnung an altehrwürdige traditionelle Ideale immer wieder zu verstehen gibt, seine persönlichen Anlagen voll entfaltet, zu welchem Zweck auch immer; sich vielleicht der Kunst widmet, zum Theater geht, Romane schreibt (Feyerabend bewegt sich zu sporadisch in dieser Sphäre, um zu wissen, wie abgedroschen, verbraucht, vermarktet im Zeitalter totaler Reproduzierbarkeit von Kunst auch hier alles ist, wie müde, zynisch und desillusioniert die Kunst-»Produzenten« sind) oder ganz einfach das Leben genießt. Für diesen Typus scheint jedenfalls in der Feyer-abendschen hedonistischen Society, die offenbar gleichwohl wissenschaftlich etabliert werden muß – *Science in a free society,* »Erkenntnis für freie Menschen«, wobei übrigens die relativistische Erkenntnislehre die Menschen frei machen soll, andererseits jedoch bereits freie Menschen zur Praxis dieser Lehre vorausgesetzt werden –, genügend Platz zu sein. Nur die, die trotz Feyerabends Verdikt weiterhin Lustgewinn aus der Wahrheitssuche ziehen möchten, Wissenschaftstheoretiker vor allem, müßten in eine Enklave abgeschoben werden, nachdem ihnen zuvor das Geld entzogen wurde, worauf Feyerabend ja unentwegt dringt. Wenn er aber doch meint, die Illusion mache uns frei – warum läßt er dann nicht diesen Intellektuellen ihre »Illusion« der Wahrheit?

Ungeachtet aller dieser Einwände bringt es Feyerabend dennoch fertig, uns ein wenig den Geschmack an »der Wahrheit« und deren Suche zu verderben. Zumindest hat er uns mißtrauisch gegenüber der Vorstellung gemacht, man könne mit der Wahrheit und ihrer Erforschung sozusagen sein Leben bestreiten und am Ende noch die »Zeit« danach. Platon und, wenn ich mich recht erinnere, auch Kant glaubten das äußerste Glück darin zu finden, an jenem Jüngsten Tage die ganze Wahrheit und nichts als die Wahrheit zu schauen und in ihrer Betrachtung auf ewig zu verharren. Das ist eine merkwürdige, man möchte sagen weltfremde Vision. Denn dem philosophischen Eros erginge es wohl nicht anders als der profanen Lust: Nach der Befriedigung stellt sich alsbald die *tristitia post* ein. Die einmal deflorierte Wahrheit läßt einen abgekühlten Erotiker zurück, und war es die absolute Wahrheit, der er beiwohnte, dann ist damit alle intellektuelle Liebeslust ein für allemal getilgt. Obwohl zumindest Platon darum wußte, wollte er – und nach ihm viele andere – auf seine Vision der seligen Wahrheitsschau nicht verzichten.

Vielleicht ändert sich die Situation, und eine Art andauernde Klimax stellt sich ein, wenn man Wahrheit mit Sinn in eins setzt, was vielfach dann geschieht, wenn von der Wahrheit der Kunst gesprochen wird – nachdem man freilich der Kunst zuvor Funktionen der »Daseinserhellung«, der Erkenntnis zugeschrieben hat, wie das auch Feyerabend tut. Jüngst ist aber eine strikte Trennung von Sinnsuche und Wahrheitssuche vollzogen worden, die dergleichen Redeweisen verbietet. Hannah Arendt hat entschieden zwischen dem Denken und dem Erkennen einen Trennungsstrich gezogen; das Erkennen, vom Verstand geleitet, sucht nach Wahrheit; das vernunftgeleitete philosophische Denken trachtet nach Sinn. »Erwartet man vom Denken Wahrheit, so zeigt das, daß das Bedürfnis zum Denken mit dem Erkenntnisdrang verwechselt wird.«[11] Der platonisch-sokratische Eros, die Liebe, ist für Hannah Arendt Sinnsuche, nicht Erkenntnisdrang nach Wahrheit, die im übrigen mit dem Aufstieg der Wissenschaften sich in bloße Richtigkeit verwandelt habe. Ergebnisse des Denkens, Sinn also, brauchen sich demnach auch keinen Wahrheitskriterien zu beugen; andererseits sind die Produkte des Denkens deshalb auch nicht »gültig« wie Erkenntnisergebnisse, wie Wahrheiten. Vernunft und Denken sind für Arendt deutlich »höhere« Vermögen, Sinn ist ein höherer Wert als das von Verstand und Erkenntnis abgeworfene Produkt Wahrheit.

Nun glaube ich nicht, daß Feyerabend ins Konzept paßt, was Hannah Arendt da anhand der kantischen Dichotomie von Verstand und Vernunft über Wahrheit und Sinn auskultiert hat. So suspekt ihm die Vernunft ist, so anrüchig werden ihm wahrscheinlich auch Begriffe wie Sinn oder das hier so feierlich initiierte Denken sein. Doch die auffällige Deplazierung von Wahrheit und Wahrheitssuche bei Hannah Arendt könnten ihn zumindest darin bestärken, daß sein Unbehagen am Mythos der Wahrheit keine bloß persönliche Idiosynkrasie ist.

Feyerabend bemüht sich mehrfach um den Nachweis, daß die Idee der Wahrheit (und die Idee der Humanität, Rationalität oder Objektivität) sowie das »allgemeine und abstrakte Streben nach Wahrheit« nur die besondere Tradition der Intellektuellen auszeichne, daß andere Gesellschaften und Traditionen schadlos ohne dieses Streben ausgekommen seien, ja daß erst mit einer solchen Idee wie derjenigen der abstrakten Wahrheit »jene typische menschliche Bestialität« entstanden sei. »Die Furcht vor den Göt-

---

[11] Hannah Arendt, Vom Leben des Geistes. Bd. 1: Das Denken. München 1979, S. 70.

tern und der Kampf um Ideen« hätten in Griechenland mit der Einführung allgemeiner Begriffe und damit auch »eines allgemeinen Wahrheitsbegriffs« eingesetzt[12]. »Die Behauptung, daß soziale Ordnung nur durch eine Grundtradition mit Wahrheit, Humanität, Objektivität etc. erreicht werden kann, trifft einfach nicht zu.«[13] Mehrmals und ausführlich macht Feyerabend darauf aufmerksam, daß es etwa bei Homer nichts dergleichen wie »die Wahrheit« gegeben habe, »sondern es gab verschiedene Weisen des Sichanpassens an die Welt, die sich nicht leicht auf einen gemeinsamen Nenner bringen lassen. Das heißt, wir haben eine Zivilisation, in der ›die Wahrheit‹ überhaupt keine Rolle spielt.«[14] Allmählich bildet sich dann jener »theoretische Totalitarismus« aus, der unter anderem eine »Vereinfachung der Sprache« zusammen mit dem »Glauben an eine ›Wahre Welt‹« zur Folge hat. »Außerdem richten sich jetzt die ganzen vielfältigen Fähigkeiten der Beobachter auf diese ›Wahre Welt‹, sie werden einem *einheitlichen* Ziel untergeordnet, auf einen *bestimmten* Zweck zugeschnitten, einander stärker angeglichen, und das bedeutet, daß der Mensch zusammen mit seiner Sprache verarmt ...«[15] Was Feyerabend hier skizziert und beklagt, ist der allmählich einsetzende und dann immer mehr sich beschleunigende Abstraktionsprozeß, der für unsere »Tradition« so charakteristisch ist und in den sie ihren Stolz setzt; das Bilden allgemeiner Begriffe, mit dem Vernunftbegriff und der Idee der Wahrheit schließlich an der Spitze, indiziert er, mehr moralisch und ästhetisch als erkenntnistheoretisch, als Konformismus und Verarmung, so als seien sämtliche Bereiche dieser Tradition davon in Mitleidenschaft gezogen. Sofern Wahrheit von Feyerabend nun überhaupt noch in Betracht gezogen wird, scheint das jene vielberufene »konkrete« Wahrheit zu sein, eine Wahrheit gleichsam von Fall zu Fall, eine Art Situations-Wahrheit, wie sie seinem relativistischen Konzept wohl ansteht. »Die Idee«, erklärt er einmal auf einem Symposion, »daß es da so etwas wie ein allgemeines

---

[12] Feyerabend, Erkenntnis, S. 134.
[13] Ebd., S. 135.
[14] Ebd., S. 118, 134.
[15] Feyerabend, Methodenzwang, S. 359.

Übereinstimmen von Rede und Welt geben muß, diese Idee kam erst mit den Vorsokratikern auf, früher war man mehr daran interessiert, wie bestimmte Dinge in bestimmten Situationen passen. Nun kann man sicher alle diese Dinge in einen und denselben großen Hut werfen und den dann ›Wahrheit‹ nennen – aber damit verliert der Begriff Wahrheit seinen Inhalt. Denn dann heißt ja ›die Wahrheit suchen‹ nicht mehr, etwas Bestimmtes tun, sondern was immer man tut, ist Suche nach der Wahrheit.«[16]

Unmißverständlicher als anderswo erfährt man in dieser, wie ich meine, taschenspielerischen Verallgemeinerung, daß Feyerabend nicht unbedingt und nicht immer gegen Wahrheit überhaupt polemisiert, sondern gegen das, was er häufig »abstrakte Wahrheit« nennt. Er plädiert für Wahrheiten, nicht für »die« Wahrheit. Dabei fragt er weder sich noch seine Leser, ob sich »Wahrheiten« denken lassen, ohne daß zuvor oder zugleich so etwas wie die Idee der Wahrheit ins Bewußtsein gleitet. Hat sich erst einmal, phylogenetisch wie ontogenetisch, ein Begriff von »der Wahrheit« herauskristallisiert, dann ist er nicht mehr loszuwerden. Die Abstraktion braucht keineswegs störend zu sein oder realitätsverkümmernd, solange man sich bewußt ist, daß die Redeweise von »der Wahrheit« ein Kürzel ist, eine *façon de parler*, ein, meinetwegen verarmtes, Stück Sprache, kein Sein, und sie muß nicht unbedingt Ausdruck des Glaubens an die Entität einer absoluten Wahrheit sein. Insofern werde ich den Verdacht nicht los, daß sich Feyerabend bei seinen Attacken auf »die Wahrheit« mit bloßen Windmühlen eingelassen hat, daß er sich über pure Sprachkonventionen erregt, die niemandem wehe tun. Wir haben Schnaps, Wein und Bier, was brauchen wir da noch Alkohol – fragten sich schon die Bauern am Stammtisch. Und wenn er meint, mit solch abstrakten Begriffen wie dem der Wahrheit sei jene »typische menschliche Bestialität« in die Welt gekommen, also etwa Selbstgerechtigkeit, Wahrheitsbesitz und folgende Kreuzzüge im Zeichen der Wahrheit, so wird man ihm da nicht widersprechen wollen, wenn das auch mehr mit dem Gebrauch zu tun hat, den die Menschen von der Wahrheit machen, so wie sie von vielen Gü-

---

[16] Feyerabend, Erkenntnis, S. 259.

tern üblen Gebrauch machen; aber er sollte sich auch fragen, ob nicht durch die Wahrheit, die Idee der Wahrheit, eine Menge jener typischen menschlichen Bestialität aus der Welt herausgeschafft worden ist.

Auf den Einwand eines Diskussionsredners, Menschen, die miteinander reden wollten, müßten doch ein gemeinsames Ziel haben, zusammen »eine bestimmte Wahrheit« anstreben, keine dogmatische, verabsolutierte, entgegnete Feyerabend auf dem schon erwähnten Symposion: »Woran Sie zu denken scheinen, ist so etwas wie eine rationale Diskussion unter Studenten der Philosophie. Da ist schon ein gewisser Rahmen gegeben, eine Minimallogik, da sind gewisse gemeinsame Ziele, und unter solchen *sehr speziellen* Umständen kann man sagen, daß beide Parteien gemeinsam um die Auffindung der Wahrheit bemüht sind. Aber in der Gesellschaft, von der ich spreche, sind alle Traditionen gleichberechtigt, das heißt, es gibt keinen gemeinsamen Rahmen außer dem, den sich die Diskutanten für einen bestimmten und ganz konkreten Zweck *erst schaffen* – und ob dieser Rahmen die Wahrheit enthalten wird, das ist noch die Frage.«[17]

Wie sollte, um mit dem letzten zu beginnen, dieser zu einem bestimmten Zweck von den verschiedenen Diskussionsteilnehmern selbstgeschaffene Rahmen nicht die Wahrheit als regulative Idee enthalten – und die Lüge ausschließen? Was sollte anders ihre Diskussion, außer einer reinen Lautkundgabe, bewirken? Haben die Diskutanten sich erst einmal einen gemeinsamen Rahmen geschaffen und einen besonderen Zweck gesetzt, dann müssen sie dieselbe »Minimallogik« einhalten wie jene zur rationalen Diskussion angetretenen Studenten der Philosophie. Das ist nicht eine Sache allein der Logik, sondern der Ethik der Logik. Unter Lügnern und Irren wird erst gar kein »Rahmen«, kein »Zweck« und nicht jenes »Minimum« an Logik herzustellen sein, das den fraglichen Wahrheitswert enthalten muß. Je mehr Teilnehmer aus verschiedenen Traditionen an einem Diskurs teilnehmen, desto weiter wird freilich der zum besonderen Zweck geschaffene gemeinsame Rahmen ausfallen, und desto weiter, desto »abstrakter« wird

[17] Ebd., S. 258.

auch der diesem Rahmen inhärente Wahrheitsbegriff sein müssen. Damit bilden sich ganz von selbst Stufen der Abstraktion des Begriffs Wahrheit, die der Pluralismus geradezu erzwingt, und es ist dann nur die Frage, auf welche Abstraktionsstufe von Wahrheit Feyerabend seine Diskutanten festnageln will. Dabei wird er beiläufig feststellen müssen, wie abstrakt auch noch die Rede von den »konkreten« Wahrheiten ist.

Ich vermute, Feyerabend ist sich darüber im klaren, daß er sich mit jedem Satz, den er gegen »metaphysische Monstren wie ›die Wahrheit‹«[18] schreibt, ausschließlich an die Club-Mitglieder jener Intellektuellentradition wendet, denen eben dieses Monstrum Wahrheit, wenn nicht heilig, so doch unentbehrlich ist. Sie möchte er davon überzeugen, daß es »stimmt«, daß »zutrifft«, daß »der Fall ist« – um das Wörtchen mit den acht Buchstaben auszusparen –, was er über Monstrositäten wie die Wahrheit sagt und schreibt, und daß es »richtiger« ist, eine Position der Anti-Wahrheit oder der Null-Wahrheit zu beziehen, »falsch« oder »irrsinnig« hingegen, was andere, vorwiegend, wie er meint, kritische Rationalisten, seinem krassen Wahrheits-Relativismus oder Wahrheits-Nihilismus vorwerfen. Ob er aber mit Zustimmung oder Ablehnung seitens dieser Intellektuellenclique rechnet – er muß einen zumindest latenten Konsens zwischen sich und diesen unterstellen, ein gemeinsames Wahrheitskriterium etwa oder einen praktikablen Wahrheitsbegriff. Erst wenn er sich an Anhänger einer Tradition ohne Verpflichtung auf die »Wahrheit« wendet – sofern es heute eine solche Tradition gibt –, braucht er sich um dieses Element eines Konsenses nicht mehr zu kümmern. Dann könnte er ganz anders schreiben, reden und »argumentieren«. Aber das hat er uns bisher noch nicht vorgemacht, und so lange haben wir – und er selbst womöglich auch – keinen »Begriff« davon. Er müßte dann wohl auch von der traditionellen formalen Logik ablassen, gegen die er in der Tat in letzter Zeit, anders als früher[19], immer schärfer vor-

[18] Paul Feyerabend, Der wissenschaftstheoretische Realismus und die Autorität der Wissenschaften. Ausgewählte Schriften, Bd. 1. Braunschweig 1978, S. 248.

[19] Vgl. ebd., S. 117, 119, 120; siehe auch: Wie wird man ein braver Empirist? In: Erkenntnisprobleme der Naturwissenschaften. Hrsg. von Lorenz Krüger. Köln 1970, S. 333, Anm. 53.

geht. Am Prinzip des auszuschließenden Widerspruchs jedenfalls hält er, gelegentlich mit Berufung auf Hegels ›Logik‹, nicht mehr unbedingt fest, wenn er schreibt: »Es gibt eine Erfahrung, die richtig beschrieben wird durch die Aussage, daß sich *derselbe Gegenstand gleichzeitig und in derselben Hinsicht bewegt und nicht bewegt*. Die Regel, daß ein Widerspruch zwar fruchtbar sein könnte, aber doch beseitigt werden müsse, würde uns hier eine unrichtige Beschreibung einer Erfahrung vorschreiben.«[20] Es kann hier nicht darum gehen, diese Sätze kritisch zu analysieren, zu prüfen, ob sie »wahr« sind; sie fungieren an dieser Stelle lediglich als demonstratives Beispiel dafür, welche Konsequenzen sich aus der Abspaltung des Wahrheitsbegriffs auch für die Logik ergeben (oder umgekehrt: welche sich aus einer Transformation der formalen Logik für den Wahrheitsbegriff ergeben)[21]. Die Wahrheitsidee im übrigen aufzugeben, solange man noch um eine verbindliche Wahrheitsdefinition streitet – solange man sich noch nicht klar ist, was Wahrheit »ist« –, könnte sich als voreilig und leichtfertig erweisen.

Feyerabend glaubt indes mehrfach nachgewiesen zu haben, daß eine freie Gesellschaft sehr wohl ohne Bindung an »die Wahrheit« »blühen und gedeihen« kann; sein Beweismaterial besteht allerdings vorwiegend aus projektierten Mustergesellschaften oder aus von ihm entsprechend interpretierten alten und exotischen Gesellschaftsformen. Immer wieder beschwört er die homerische Welt als »wahre« Gegenwelt herauf: »Wie es dem griechischen Philosophen gelang, das reiche und flexible Begriffssystem Homers, des ›Erziehers aller Griechen‹, durch ihre eigenen trockenen Erfindungen zu ersetzen, ist immer noch ein Rätsel für die Ideengeschichte. Aber es ist klar, daß die Rede von ›Wahrheit‹ jetzt eine Ideologie impliziert, die von Intellektuellen

---

[20] Paul Feyerabend, Eine Lanze für Aristoteles – Bemerkungen zum Postulat der Gehaltvermehrung. In: Fortschritt und Rationalität der Wissenschaft. Hrsg. von G. Radnitzky u. G. Andersson. Tübingen 1980, S. 177.

[21] In dieser Richtung hat einzig Gotthard Günther intensiv und ein Leben lang geforscht. Siehe sein: Grundzüge einer neuen Theorie des Denkens in Hegels Logik. Hamburg 2. Aufl. 1978; und: Idee und Grundriß einer nicht-aristotelischen Logik. 2. Aufl. 1978. Günther gilt zwar als Außenseiter, aber das dürfte Feyerabend nicht schrecken.

für ihre partikularen Zwecke konstruiert worden ist. Und es ist auch klar, daß wir einer Wahrheit in diesem Sinne nicht zu folgen brauchen.«[22]

Ich will mich jetzt nicht darauf einlassen, ob es glücklich ist, vom »Begriffssystem« Homers zu sprechen – Feyerabends Nabelschnur zur Mutter Wissenschaftstheorie ist wohl doch noch nicht ganz durchschnitten –, ob es wirklich noch ein Rätsel ist, wie die griechischen Philosophen dieses »Begriffssystem« ersetzen konnten, ob die Rede von der Wahrheit von Intellektuellen »konstruiert« wurde; ich will vielmehr darauf hinweisen, daß Feyerabend, nach Art aller müden Abendländer, stets uralte oder exotische Lebenswelten als die »reicheren« gegen unsere Zivilisation setzt, daß er die Welt der Dichtung und Kunst gegen die des Denkens ausspielt, daß er uns – darauf kommt es an – als Alternativen suggeriert, was in Wirklichkeit Momente eines geistesgeschichtlichen und bewußtseinsmäßigen Prozesses sind, Momente, die wir durchaus in unser Bewußtsein integrieren, darin »aufheben« sollten, aber nicht als Gegenbilder anderen Momenten schroff konfrontieren. Feyerabend, so fürchte ich, unterläuft mit solchen Thesen seinen eigenen Pluralismus, indem er Präferenzen setzt, wo es auf Einheit des Widersprüchlichen ankäme, auf eine Diaphanität des Bewußtseins für alle geistesgeschichtlichen Phänomene, statt auf Regressionen zu von Feyerabend bevorzugten Momenten oder historischen Phasen. Und noch einmal gröber gefragt: Was geht es uns heute an, daß man in der homerischen Welt ohne die Idee der Wahrheit angeblich gut sein Auskommen fand? Die homerische Welt ist mit der unseren in kaum einem Detail vergleichbar, und es ist zumindest möglich, daß unsere auch bewußtseinsmäßig so unerhört komplizierte Welt der Idee der Wahrheit bedarf, um nicht zusammenzubrechen. Man mag es bedauern, daß diese unsere Welt einen solchen Status der Reflexion erreicht hat, aber ein Zurück gibt es nicht mehr.

Feyerabend fährt dann fort: »Das menschliche Leben wird von vielen abstrakten Ideen geleitet. Wahrheit in dem Sinne, um den es hier geht, ist nur eine von ihnen. Freiheit,

[22] Paul Feyerabend, Unterwegs zu einer dadaistischen Erkenntnistheorie. In: Unter dem Pflaster liegt der Strand. Bd. 4, S. 26f.

Glück, ungeprüfte Annahme der Befehle göttlicher Wesen, Glauben sind anders. Wenn die Wahrheit mit Freiheit oder Glauben in Konflikt gerät, haben wir die *Wahl*. Wir können Freiheit oder Glauben aufgeben, aber ebensogut auch die Wahrheit. Und da die Notwendigkeit einer solchen Wahl nur dann klar wird, wenn die Alternativen klar sind, folgt daraus, daß das Verfolgen von Unternehmungen, die der ›Wahrheit‹ entgegenstehen, nicht nur zulässig, sondern sogar erforderlich ist.«[23]

Die Wahrheit ist also, dies zunächst, doch eine der abstrakten Ideen, von denen unser Leben »geleitet« wird. Scheinbar ist nun wieder nicht von einer Preisgabe der Wahrheitsidee, sondern bloß von ihrer Relativierung die Rede. Denn andernorts hat Feyerabend ja hinlänglich Rhetorik aufgeboten, um uns zur Wahl der Freiheit auf Kosten der Wahrheit zu überreden. (Nebenbei bemerkt: Welche Idee ist vager als die des Glücks, welche abstrakter als die der Freiheit, in deren Namen die schlimmsten Bestialitäten begangen worden sind?) Schließlich konstruiert Feyerabend einen Konflikt: Freiheit oder Wahrheit. Ist das aber ein wirklicher Konflikt, eine Alternative? Wann und wo können Freiheit und Wahrheit so miteinander in Konflikt geraten, daß man ernsthaft vor der Wahl des einen oder anderen steht? Muß dazu nicht schon Wahrheit als etwas die Freiheit Restringierendes definiert werden und Freiheit als etwas, das sich mit der Wahrheit schlecht verträgt? Wenn zum Beispiel, wie es Feyerabend proklamiert, die »Illusion«, nicht aber die »Wahrheit« uns »frei« macht, dann hat er zumindest eine ganz besondere, höchst feyerabendliche Vorstellung von der Freiheit, die allerdings mit der Wahrheit in Konflikt geraten muß. Stellt man sich hingegen auf den Standpunkt, daß es die Illusion ist, die der Freiheit entgegensteht, dann nimmt sich das Verhältnis von Freiheit und Wahrheit wieder ganz anders aus, nämlich keineswegs als ein Entweder-Oder. Ich glaube also, Feyerabend stellt uns vor künstliche, falsche Alternativen, jedenfalls mit dem Exempel von Freiheit und Wahrheit. Anders scheinbar ist es im Falle von Wahrheit und Glauben. Man kann den Glauben wählen und die (Vernunft-)Wahrheit verwerfen – eine Men-

[23] Ebd., S. 27.

ge Menschen tut das; aber wenn Menschen die Wahrheit um des Glaubens willen verleugnen, dann tun sie das vielleicht nicht ohne ein schlechtes Gewissen gegenüber der Wahrheit. Davon legen die jahrhundertelangen Versuche ganzer Scharen von Theologen, philosophische oder wissenschaftliche Wahrheit mit Glaubens-Wahrheit in Einklang zu bringen, Zeugnis ab. Feyerabend glaubt auch hier offenbar kurzen Prozeß machen zu können.

Dennoch stimme ich ihm letztlich zu, wenn er es für erforderlich hält, die großen Ideen, insbesondere die Idee der Wahrheit, in Frage zu stellen. Es gibt in der Tat so etwas wie die »Tyrannei der Wahrheit«. Sie setzt dann ein, wenn die Suche nach Wahrheit Selbstzweck wird und der Wahrheitssucher in heiligem – tierischem – Ernst über Leichen geht. Gegenüber derartigen geistigen Ausschweifungen und gegen solche Wahrheitsapostel will uns Feyerabend allergisch machen. Und er lockt uns mit anderen Gütern, die *neben* der Wahrheit existieren und zweifellos ebenso erstrebenswert sind. Aber sie sind, meine ich, keine Alternativen zur Wahrheit – einfach darum nicht, weil die Wahrheit keine Alternative ist.
(1981)

Mit Beginn der achtziger Jahre bringen starke Turbulenzen den bis dahin dennoch verhältnismäßig überschaubaren Verlauf philosophischer Bewegungen in Deutschland, Europa und Amerika ins Schlingern. Auf einmal werden die merkwürdigsten Konsense möglich, die Lager überschneiden, kreuzen sich, die Familienähnlichkeiten mehren sich, anscheinend. Wittgenstein beispielsweise, der Wittgenstein der ›Philosophischen Untersuchungen‹, der von da an immer mehr ins Aphoristische, Fragmentarische, Enigmatische trieb, wird nun von seinen ehemaligen Verächtern sowie denen, die ihn vorher gar nicht kannten, als Schatztruhe entdeckt, in der für jedermann etwas zu holen ist. Neben dem bald wieder auferstehenden Heidegger wächst jetzt, ausgenommen in Frankreich zunächst, Wittgenstein zum Denker des Jahrhunderts heran. Alle verstehen ihn mit einem Mal, jeder legt ihn sich zurecht, wie Nietzsche wird er ein Mann für alle Jahreszeiten. Ein Denker, der sich selbst ein Rätsel war, von niederdrückender Skrupulosität, buchstäblich verbohrt, nun werfen sie sich auf ihn, die Professoren; es ergeht ihm wie Kierkegaard, der nichts mehr als das fürchtete. Was für ein Mensch dieser Wittgenstein war, das dringt aus seinen spärlichen Briefen bedrückender auf den Leser ein als aus seinen aphoristischen Grübeleien.

15. »In mir gärt alles«
Zu Ludwig Wittgenstein

Vielzitierte Sätze Ludwig Wittgensteins aus seinem einzigen zu Lebzeiten publizierten Buch ›Tractatus logico-philosophicus‹ waren lange Zeit diese: »Alles was überhaupt gedacht werden kann, kann klar gedacht werden. Alles was sich aussprechen läßt, läßt sich klar aussprechen« sowie der Schluß-Satz: »Wovon man nicht sprechen kann, darüber muß man schweigen.« Es dauerte eine Weile, bis man die Wahrheit dieser lakonischen Aphorismen, die von ihrem Urheber wie Gebote erlassen schienen, anzuzweifeln begann und herausfand, daß ihre eigene Klarheit eher trügerisch war. Tatsächlich ist das meiste, was Wittgenstein gedacht und gesagt hat, alles andere als klar, obwohl seine Sprache bis zur Dürre jeglicher Esoterik und Hermetik entkleidet ist. Rudolf Carnap erinnert sich, daß unter den Mitgliedern des »Wiener Kreises«, die sich von Wittgensteins Genius inspirieren ließen, oft langwierige Reflexionen darüber angestellt wurden, was der Philosoph meinte und wie seine häufig »dunklen Formulierungen« auszulegen seien. Gerade in seinen vermeintlichen Klarheiten erweisen sich Wittgensteins Schriften als kryptogrammatisch und schwer auslotbar, und wie bei kaum einem der großen Denker wirkt bei ihm alles Gesagte und Ausgesprochene nur als Verweis auf Verschwiegenes. »Ich wollte nämlich schreiben«, teilt er einmal Ludwig von Ficker, dem Herausgeber der Zeitschrift ›Der Brenner‹, mit, »mein Werk bestehe aus zwei Teilen: aus dem, der hier vorliegt, und aus alledem, was ich nicht geschrieben habe. Und gerade dieser zweite Teil ist der Wichtigste.« Das Unsagbare allein, das lediglich »sich zeigt«, war für Wittgenstein von wahrem Wert, und sein Schweigen darüber war, wie Allan Janik und Stephen

E. Toulmin in ihrem aufschlußreichen Buch ›Wittgenstein's Vienna‹ aufgedeckt haben, nicht das »höhnische Schweigen« der Wiener Neopositivisten, die jenseits der Faktizität nur metaphysischen Dunst sahen; es war das Schweigen eines Betroffenen. »›Absage an die Metaphysik‹! Als ob *das* was Neues wäre«, erregte er sich einmal über die Wiener Schule. Wittgenstein hatte folglich Skrupel, etwas zu Papier zu bringen, Gedachtes in Druck zu geben, wo es dann in kahlem Schwarz auf Weiß unverrückbar zu stehen käme, undurchlässig für das so beredt Verschwiegene. Auszudrücken, was er dachte, kam ihn meist schwer an; man fühlte, wie es Carnap schildert, »den inneren Kampf, der sich in diesem Augenblick in ihm abspielte, einen Kampf, bei dem er unter intensiver und schmerzlicher Anspannung, die sich in seinem höchst ausdrucksvollen Gesicht zeigte, vom Dunkel ans Licht durchzudringen versuchte«, und den Anwesenden schien es, »als käme ihm die Einsicht durch göttliche Inspiration«. Und nicht nur Carnap fand, daß Wittgensteins Einstellung zum Denken und zum Leben mehr die eines Künstlers oder auch »eines Propheten und Sehers« war als die eines Wissenschaftlers. Sein eruptives Denken konnte sich sonach nie und nimmer beim einmal Fest-Gestellten beruhigen, und wir wissen von Friedrich Waismann, einem der wenigen Vertrauten aus dem »Wiener Kreis«, dem Wittgenstein zeitweise diktierte – die meisten der postum veröffentlichten Werke Wittgensteins sind der Niederschlag von, im doppelten Wortsinn, Diktaten an Kollegen und Freunde –, »daß er immer wieder der Eingebung des Augenblicks folgt und das niederreißt, was er vorher entworfen hat«.

Das heraklitische Dunkel, die buchstäbliche Hintersinnigkeit der Philosophie Wittgensteins, ja deren »Verhexung« durch Sprache, die dieser grüblerische Aufklärer doch gerade bannen wollte, breiten sich verwirrend und verheißungsvoll zugleich noch auf jene rein sprachlogischen Partien seines Werkes aus, die doch eigentlich und sozusagen naturgemäß in reiner Objektivität sich selbst aussagen müßten, in diesem Falle aber nur mit dem Blick auf die Subjektivität ihres Autors verstehbarer werden. Nirgends nun drückt sich die Befindlichkeit, die existentielle Verfassung eines Autors unverstellter aus als in seinen Briefen.

Das trifft auch für Wittgenstein, der hinter seinem dichtge-
webten Gedankennetz in persona kaum zum Vorschein
kommt, in hohem Maße zu. Und so wie seine ansonsten
ziemlich kahlen Briefe einiges Licht auf die gehütete Privatheit des Philosophen werfen, so darf man sich davon wiederum erhellende Reflexe auf sein schwer zu durchdringendes Oeuvre erwarten.

Das Bild, das man sich bislang – oder das ich mir zumindest
bislang – vom Menschen Wittgenstein gemacht hatte, wandelt sich durch die Lektüre seiner Briefe doch erheblich im
Valeur[1]. Es wird düsterer, die Schatten überwiegen, während das Fragmentarische und Fragile des Daseins dieser
singulären Gestalt deutlicher hervortreten. Wittgensteins
Hang zum Tiefsinnigen, Mystischen offenbarte sich schon
früh. In einem Brief aus dem Jahre 1919 – da war Wittgenstein dreißig – schreibt Bertrand Russell an Lady Ottoline
Morrell, er sei erstaunt gewesen, als er herausfand, daß
Wittgenstein »ganz zum Mystiker geworden« sei. »Er ist tief
in mystische Denk- und Empfindungsweisen eingedrungen,
aber ich glaube …, daß er an der Mystik am höchsten das
Vermögen schätzt, ihn vom Denken abzuhalten.« Doch
Wittgensteins rastloses Denken war durch mystische Trü-
bungen damals wenigstens nicht einzudämmen. Seine Mystik war im übrigen die eines Mannes, der aus der Kälte
äußerster Rationalität kam, durch deren Prismen er unglücklicherweise immer auch sich selbst, sein Ich, sah.
»Vielleicht glaubst du«, schreibt er um Weihnachten 1913
an Russell, »daß es Zeitverschwendung ist über mich selbst
zu denken; aber wie kann ich Logiker sein, wenn ich noch
nicht Mensch bin!« Ein Zug von Hoffnungslosigkeit, Resignation, ja Zerrissenheit, die nach Carnap auch daher rühr-
te, daß Wittgenstein das Hohle vieler religiöser und metaphysischer »Wahrheiten«, von denen er emotional nicht lassen wollte, intellektuell durchschaute, geht durch alle seine
Briefe, die sein Inneres in ständiger, höchster Unruhe zeigen. Wendungen wie diese, die schon zu Beginn seiner Kor-

---

[1] Ludwig Wittgenstein, Briefwechsel mit B. Russell, G. E. Moore, J. M. Keynes,
F. P. Ramsey, W. Eccles, P. Engelmann, L. v. Ficker. Hrsg. v. B. F. McGuinness u.
G. H. v. Wright. Frankfurt a. Main 1980.

respondenz auftauchen, sind bezeichnend: »In mir gärt alles! – P.S. Ich glaube oft, daß ich verrückt werde.« Oder: »Einmal glaube ich, ich werde verrückt, so stark gärt es in mir; den nächsten Tag bin ich wieder ganz und gar phlegmatisch. Im Grunde meiner Seele aber kocht es fort und fort wie am Grunde eines Geisirs.« Nagende Zweifel an sich selbst, an seiner Begabung sind das stete, kontrapunktische Begleitmotiv zu diesen schrillen Melodien: »Was ich empfinde, ist der Fluch aller, die nur ein halbes Talent haben.« Ein andermal heißt es: »Ich wollte zu Gott, ich hätte mehr Verstand und es würde mir nun endlich alles klar; oder ich müßte nicht mehr lange leben!« Sechs Jahre später, 1919, liest man in einem Brief an den Freund Paul Engelmann, einen Schüler des damals tonangebenden Architekten Adolf Loos: »Wie weit ich heruntergekommen bin, ersehen Sie daraus, daß ich schon einige Male daran gedacht habe, mir das Leben zu nehmen ...« Diese Suizid-Stimmung klingt eigentlich nie ab und läßt ihn nicht zu sich selbst finden. 1937 teilt er Engelmann mit: »Ich bin jetzt auf kurze Zeit in England; fahre vielleicht nach Rußland. Gott weiß, was aus mir werden wird.«

Manches an diesen Selbstanklagen und Untergangsstimmungen hört sich vielleicht ein wenig aufgesetzt an und könnte als Koketterie im Umgang mit sich selbst ausgelegt werden. Aber wir wissen von vielen Seiten, daß Wittgensteins Verzweiflung keineswegs gespielt war und daß seine finsteren Gedanken nicht in jene romantisch-leidverliebten Verse Mörikes, des Dichters, den Wittgenstein hoch verehrte, zu übersetzen waren: »Aber, ach! mir kranken Blut, mir kranken Blut will nichts mehr gelingen.« »Kranken Blutes« war er zweifellos, der kakanische Philosoph, am Rande des Pathologischen womöglich, jedenfalls keine heitere Natur; seine Seele ging vielmehr, wie es vom Dichter Georg Trakl, zu dem sich Wittgenstein hingezogen fühlte, hieß, »nach dem Leiden«. All das ist in seinen Briefen unüberhörbar.

Es drückt sich ebenfalls in seinem unsteten, »fahrigen« Lebenswandel aus, seinen sprunghaften, launischen Entschlüssen oder auch Entschlußlosigkeiten. Man fühlt sich gelegentlich nachgerade an Rousseaus Unrast oder an den ständig umherziehenden Erasmus erinnert. Bis zu Beginn des Zweiten Weltkriegs treibt es ihn zwischen Österreich,

England und Norwegen, seinem Ferienland, fortwährend hin und her, er kann sich nicht klar werden, wo er bleiben soll und was er werden will. 1913 findet man ihn mit der Konstruktion eines Apparates zur »psychologischen Erforschung des Rhythmus« beschäftigt. Um diese Zeit experimentiert er, der gelernte Ingenieurwissenschaftler, auch mit Düsenmotoren. Musik war eine seiner Obsessionen, und ins Bild gehört auch, daß er einmal des Philosophen George Edward Moores Sohn Timothy, der eine Jazz-Combo leitete, am Klavier ausführlich Struktur und Entwicklung des Jazz sich erklären ließ. Ein Jahr nach dem Ersten Weltkrieg, den er als Kriegsfreiwilliger mitmachte, läßt er sich in Wien als Volksschullehrer ausbilden und nimmt in einem kleinen Dorf namens Trattenbach in Niederösterreich eine Stellung an. Schon am Ende des ersten Schuljahrs schreibt er an Engelmann, er sei jetzt »moralisch vollkommen tot ... Mein Leben ist eigentlich sinnlos geworden«. Seines ererbten, beträchtlichen Vermögens hatte er sich inzwischen »entledigt«. Einen Teil hatte er zur Unterstützung notleidender Künstler bestimmt – von diesen Zuwendungen hatte unter anderen auch Rilke profitiert –, den anderen Teil vermachte er seinen Geschwistern. Im Frühjahr 1926 gibt er, »nach schlimmen Auseinandersetzungen mit den Leuten in seiner Umgebung und der Schulbehörde«, wie die Herausgeber des Briefbandes es nennen, seine Schullehrerlaufbahn endgültig auf. Auch an Selbstanklagen fehlt es nicht. »Ich bin so dumm und so unanständig wie immer. Nichts rührt sich in mir, was auf eine bessere Zukunft hindeuten würde.« Engelmann eröffnet er, wie miserabel es ihm ginge: »Natürlich nur durch meine eigene Niedrigkeit und Gemeinheit. Ich habe fortwährend daran gedacht, mir das Leben zu nehmen und auch jetzt spukt dieser Gedanke noch in mir herum. Ich bin ganz und gar gesunken.« Er weiß indes, »daß Selbstmord eine Schweinerei« ist und alles läuft ihm nun darauf hinaus, daß er »keinen Glauben« hat.

Etwa seit dem Jahr 1924 – Wittgenstein arbeitet in den Ferien als Gärtnergehilfe im Stift Klosterneuburg – beginnt sich auch das Verhältnis zu den meisten seiner englischen Freunde abzukühlen. Aus einem Brief des frühverstorbenen Logikers Frank P. Ramsey an den Nationalökonomen John Maynard Keynes erfahren wir: »Mit Russell kann er sich nicht mehr unterhalten, mit Moore hat es Mißverständnisse gegeben, und dann bleiben wirklich nur noch Du und Hardy und vielleicht Johnson ... Ich mag ihn zwar sehr gern, doch ich bezweifle sehr, ob ich ihn länger als ein oder zwei Tage genießen könnte.« Wittgensteins Urteile über andere werden von nun an unverblümter und schärfer. Von Ficker ist ihm inzwischen »ein sehr fragwürdiger Mensch« geworden; Wilhelm Ostwald, in dessen ›Annalen der Naturphilosophie‹ nach vielen Fehlschlägen der ›Tractatus‹ schließlich, 1921, erscheint, nennt Wittgenstein einen »Erzscharlatan«, und das Vorwort, das Bertrand Russell ein Jahr zuvor für die zweisprachige englische Ausgabe des ›Tractatus‹ vorbereitet hatte, findet er ein »Gebräu, mit dem ich nicht einverstanden bin«.

Schon da, wo es um reine Sachfragen philosophisch-logischer Art geht – und die machen den größten Teil der Korrespondenz mit Russell aus –, verrät sich Wittgensteins Jachheit, sein brodelnder Seelenzustand. Der Ton seiner in recht schlichtem Englisch geschriebenen Briefe an Lord Russell, oder auch an Ramsey, ist oftmals gereizt und verschiedentlich geradezu barsch: »Eine Darstellung der allgemeinen undefinierbaren Symbole? O Herr! Das ist einfach zu langweilig!!! Ein andermal!« Und »ein andermal« schreibt er: »Es ist mir unangenehm, daß Du die Zeichenregel aus meinem letzten Brief nicht verstanden hast, denn es langweilt mich UNSAGBAR sie zu erklären! Du könntest sie auch durch ein bißchen Nachdenken selber finden!«

Bereits um 1914 glaubt Wittgenstein das so enge Freundschaftsverhältnis mit Russell abbrechen zu müssen: »Lieber Russell! Ich habe in der letzten Woche viel über unser Verhältnis nachgedacht und bin zu dem Schluß gekommen, daß wir eigentlich nicht zueinander passen ...« Den Verkehr mit Russell will er nun nur noch auf die Mitteilung »objectiv feststellbarer Tatsachen« beschränken – »alle anderen Themen führen bei uns zur Heuchelei oder zum Zank«. Dieser auf Deutsch geschriebene Brief wird Russell wohl empfindlich getroffen haben, auch wenn er die unbritische Heftigkeit des Österreichers zu tragen gelernt hatte. Doch er läßt es, wie die weitere Korrespondenz belegt, nicht zu einem völligen Bruch kommen. Zu dieser Zeit stand er noch ganz unter dem Einfluß seines einstigen Schülers und Freundes, dessen intellektuelle Brillanz und entblößende Kritik ihn damals, um 1916, so sehr verunsicherte, ja »paralysierte«, daß er in einem Brief an Lady Ottoline gestand: »Meine Triebkraft war zerbrochen ...« Erst mit dem Wittgenstein der ›Philosophischen Untersuchungen‹ löste sich Russell aus Wittgensteins Verzauberung; er fühlte sich, so formulierte er 1959 herb, nicht mehr im mindesten von einer Philosophie versucht, »die die geistige Faulheit in den Rang einer Tugend erhebt«. Allerdings hatte, zu seinem eingestandenen Verdruß, bereits im Cambridge der vierziger Jahre der Kult um Wittgenstein das Prestige Russells um einiges geschmälert. Wittgenstein erwähnt seinen ehemaligen Mentor zuletzt in einem Brief vom Dezember 1946 an Moore anläßlich einer Sitzung im Moral Science Club am Trinity College in Cambridge, diesmal in unverhohlen abschätziger Weise: »Unglücklicherweise (finde ich) war Russell dort und äußerst unangenehm. Wie geschmiert und oberflächlich, aber, wie immer, erstaunlich flink.« In Cambridge ist Wittgenstein, als Nachfolger Moores, seit 1939 Professor. Lieber wäre er aber, so kommentiert er seine Berufung dem englischen Studienfreund W. Eccles, »Schrankenwärter« geworden. 1947 gibt Wittgenstein seine Professur wieder auf.

Immer schon war Wittgenstein von der Idee besessen, nach Rußland zu gehen. In einem Brief an Engelmann erwähnt er einmal ihre eventuelle »Flucht« nach Rußland. Durch Vermittlung von Keynes besucht er im Frühherbst 1935 tatsächlich die Sowjetunion. Er hatte vor, dort Medizin zu studieren, um später »in Rußland zu praktizieren«. Über seine Eindrücke im kommunistischen Rußland verliert er in seinen Briefen bezeichnenderweise kein Wort; immer mit sich selbst befaßt, kümmert ihn die veränderte Gesellschaft dort allem Anschein nach kaum. Allmählich beginnt sich in Europa das Unheil zusammenzubrauen. Nach der Annektierung Österreichs durch Hitler ist Wittgenstein automatisch deutscher Staatsbürger und damit deutscher Jude geworden. Er muß sich jetzt um die britische Staatsbürgerschaft bemühen. Über die Zeit während des Zweiten Weltkrieges erfahren wir aus Wittgensteins Briefen nichts. Die Jahre von 1939 bis 1945 sind mit ganzen vier Briefen gewissermaßen übergangen. Der letzte Brief ist vom Dezember 1948 datiert, drei Jahre also vor Wittgensteins Tod.

In seinen Briefen erscheint Wittgenstein als ein völlig Unzeitgemäßer, ja Zeitloser, der dem, was er maßgeblich in Bewegung setzte, nämlich den modernen Positivismus mit all seinen Folgeerscheinungen für die gegenwärtige szientifische Weltauffassung, entrückt ist. (Lebte er noch, er müßte sich heute in der Situation des Zauberlehrlings sehen.) Daß er ein Erzkonservativer war, der sich von Spengler beeindrucken ließ und die heraufkommende technische Zivilisation und ihre Fortschrittsgläubigkeit haßte, wie neuere Untersuchungen namentlich von Wrights eröffnet haben, paßt durchaus ins zwiespältige, eigenbrötlerische Wesen Wittgensteins, von dem seine Briefe künden. Zweifellos sind auch seine Pläne einer »Flucht« ins – imaginierte alte – Rußland sowie sein Faible für Dostojewski und insbesondere Tolstoi als Symptome eines Überdrusses an der Lebensform westlicher Gesellschaften zu werten. In solcher Hinwendung zum geschichtslos Urtümlichen darf man getrost eine weitere »Familienähnlichkeit« mit jenem ganz anderen Sprachdenker sehen, Heidegger nämlich, den Wittgenstein übrigens durchaus zur Kenntnis genommen hat, wie wir nun dank der Gesprächsaufzeichnungen Friedrich Waismanns wissen. (Jean Améry mußte noch, im ›Merkur‹ vom Oktober 1976, vermuten, daß Wittgenstein Heidegger »gar nicht gekannt hat«.)

Sieht man einmal von der gelegentlichen Erwähnung der Schwester Wittgensteins ab, so fällt auf, daß sich in diesen Briefen eine rein maskuline Welt reflektiert. Das weibliche Element – wie auch das Politische – ist völlig ausgespart. Deshalb vielleicht sucht man in diesen Briefen vergeblich so etwas wie Wärme, Zärtlichkeit, Liebenswürdigkeit oder gar Liebe. Sie bieten eigentlich in summa nur zweckdienlich Oberflächliches, das indes hier und da aufreißt und das gärende, gequälte Innenleben darunter bloßlegt. Irgendwelche künstlerischen, stilistischen Maßstäbe, wie man sie an die tradierte Briefliteratur anzulegen gewöhnt ist, sind in diesem Falle unangebracht, schon darum, weil die Mehrzahl der hier präsentierten Briefe in Englisch geschrieben ist, also einem für Wittgenstein, wie er vielfach bekundet, letztlich doch fremden Idiom. Daß sie dennoch viel vom Menschen Wittgenstein preisgeben, ist erstaunlich genug. Übrigens hatte Wittgenstein ohne Zweifel ein Gespür fürs Poetische, sich aber darüber adäquat zu äußern, war ihm, jedenfalls in seinen Briefen, offensichtlich versagt. Ein Uhlandsches Gedicht findet er »wirklich großartig«, ›Nathan der Weise‹ »herrlich«, Albert Ehrensteins ›Tubutsch‹ ist ihm »ein Hundedreck« – nirgends fallen dem Sprachanalytiker Wittgenstein weniger abgegriffene, weniger triviale Epitheta ein.

Des öfteren schreibt Wittgenstein, er rechne kaum damit, je von einem wirklich verstanden zu werden. Gewisse Andeutungen lassen die Vermutung zu, daß er sich selbst kaum mehr verstand und aus dem Spiegelkabinett seiner stets präliminaren, tentativen Zettel-Philosophie keinen Ausweg mehr sah. Doch ungeachtet dieser Ausweglosigkeit im Denken und der von ihm selbst so empfundenen Verfahrenheit seines Daseins blieb er sich seines Wertes, seiner Originalität und Singularität wohl bewußt. Gerade sein Selbsthaß und seine Selbstquälerei mußten in ihm eine Egozentrik, eine Art Autismus festigen, dem die Umwelt schließlich in Bewunderung erliegt. In einem Brief des englischen Philosophen Alfred Jules Ayer heißt es: »Wittgenstein beschwert sich ständig darüber, daß er von jedermann, der über ihn schreibt, falsch interpretiert wird, und seine Anhänger reden einfach nur nach, was er sagt.« Die Anhänger, die ihm nachredeten – wohingegen er schon einmal notiert hatte, daß er »keine Schule gründen« kann, »weil ich eigentlich nicht nachgeahmt werden will« –, näherten sich ihm im übrigen wie einem Hohenpriester, einem Guru. So beispielsweise Moritz Schlick, das Schulhaupt des »Wiener Kreises«. Frau Schlick konnte an ihrem Mann, so erinnert sie sich, »mit Interesse die ehrerbietige Haltung des Pilgers beobachten. Er kehrte in einem hingerissenen Zustand zurück.« Wie letztlich Wittgensteins zwischen Logik und skrupulöser Ethik, Askese und Ekstatik schwankendes »Charakterbild in der Geschichte«, das uns seine Briefe schärfer erkennen lassen, zu interpretieren ist, hat Bertrand Russell in einem Satz hinterlassen: »Wittgenstein war vielleicht das vollkommenste Beispiel eines Genies, wie man es sich traditionellerweise vorstellt, das ich gekannt habe, leidenschaftlich, tief, angespannt und dominierend.« Und, so kann man ergänzen, dunkel, änigmatisch und in dem, worüber er gesprochen hat, grenzenlos ausdeutbar. Wittgensteins Charisma muß natürlich erregend auf eine Zeit wirken, die den großen Einzelnen durchs standardisierte Kollektiv ersetzt und sich in einer hergestellten, gegen ein mögliches Numinoses allseitig abgedichteten Realität eingerichtet hat – und die all dessen unendlich müde geworden ist. Dagegen bedeutet vor allem Wittgensteins hermeneutische Spätphilosophie der »Sprachspiele« und »Lebensformen« sozusagen einen Rückgewinn an Bodenlosigkeit, deren Sog als schwindelerregend und befreiend ineins empfunden wird. Zwar sollte uns Wittgensteins therapeutische Sprach-Logik von den philosophischen Verwirrungen befreien; er wollte ja, im Bild einer seiner charakteristischen Illustrationen, »der Fliege den Ausweg aus dem Fliegenglas zeigen«. Wie es Karl Popper ausdrückte, sieht es allerdings danach aus, als sei die Fliege, die nicht aus dem Fliegenglas heraus kann, »ein treffendes Selbstportrait Wittgensteins«. Doch gerade darin, im Scheitern des Genies beim Griff nach dem Äußersten, liegt anscheinend, neben der Provokation zu endloser Exegese, das »Geheimnis« der erstaunlich nachhaltigen Wirkung Wittgensteins in unserer Gegenwart.

Wittgenstein starb verhältnismäßig früh, mit 62 Jahren, im April 1951 in Cambridge. Nach allem, was wir nun über sein Leben wissen, ist es schon bemerkenswert, daß seine letzten Worte gewesen sein sollen: »Tell them I've had a wonderful life!«
(1980)

Wittgenstein hat zweifellos das Abgründige und Hinters-Licht-Führende der Sprache und des Sprachgebrauchs wie keiner vor ihm ausgelotet. Die Frage an ihn ist heute, warum wir mit einer Sprache ausgestattet sein sollen, die uns, auf einer bestimmten Ebene, ständig verhext und mit der wir folglich ganz unzureichend an die Welt angepaßt sind. Die Unzulänglichkeit unserer Sprache ist ja ein Apriori bei Wittgenstein, zu deren Behebung er unser Sprachverhalten umgepflügt hat. Die Zulänglichkeit der Sprache, die sich in der

Kommunikation wie im poetischen Ausdruck unentwegt manifestiert, und auf die er selbst bauen muß, solange er sich uns mitteilt, will er kaum mehr wahrhaben. Macht Wittgenstein alles noch schwieriger, als es schon ist? (Aber das tun ja überhaupt alle Philosophen). Wer viel fragt, geht viel irr, heißt es im Volksmund. In seinen ›Philosophischen Untersuchungen‹ unter der Nummer 261 entringt es sich ihm: »So gelangt man beim Philosophieren am Ende dahin, wo man nur noch einen unartikulierten Laut ausstoßen möchte.« Nach einem langen Gedankenstrich dann: »Aber ein solcher Laut ist ein Ausdruck nur in einem bestimmten Sprachspiel, das nun zu beschreiben ist.« Wittgensteins letzte Auskunft, daß wir uns endloser Sprachspiele bedienen, die ihrerseits alle möglichen »Lebensformen« ausdrücken – kommt diese Einsicht nicht dem Eingeständnis gleich, daß wir damit bloß ein wenig mehr wissen, wie wenig wir wissen? Wirft uns das nicht wieder an den Anfang zurück? »Das Höchste wäre«, meinte Goethe, »zu begreifen, daß alles Faktische schon Theorie ist ... Man suche nur nichts hinter den Phänomenen: sie selbst sind die Lehre.« Wie kommt doch diese »Rettung der Phänomene« Wittgensteins Aphorismus 654 der ›Philosophischen Untersuchungen‹ entgegen, der lautet: »Unser Fehler ist, dort nach einer Erklärung zu suchen, wo wir die Tatsachen als ›Urphänomene‹ sehen sollen.« Aber dann geht es weiter: »D. h., wo wir sagen sollten: dieses Sprachspiel wird gespielt.« Damit sind wir gleichsam wieder *vor* der Philosophie angekommen und rollen, späte Sisyphosse, den Stein erneut bergan. Endspiele, in der Tat, die schwächere Naturen in den Wahnsinn treiben könnten.

Außer dem Neuen, das es seit den achtziger Jahren möglicherweise gibt – oder wird überwiegend das Alte wiedergekäut, mit neuen Vokabularen verdaut? –, werden die Mittelgrößen des 19. und 20. Jahrhunderts wieder aufgewärmt, wofür man dann besonders schwärmt. Neben den Dauerbrennern Hegel und Nietzsche feiern in diesen Tagen ihre Auferstehung John Dewey, ehedem als platter Pragmatist verschrieen, Alfred North Whitehead, Herbert Mead, sodann der ehedem noch als uninspirierend langweilig abgeschobene Talcott Parsons (Handlungstheorien sind nun mal *up to date*), seit längerem schon Jean Piaget; Georg Simmel hat seine glänzende Wiederauferstehung fast schon hinter sich. Emmanuel Lévinas wird in seinem greisen Alter umstandslos als altbekannte Zelebrität vorgestellt. Sie und viele andere wurden kurz entschlossen als aktuell benannt. In manchen Fällen hatte man damals tatsächlich etwas übersehen, das erst jetzt im Schein einer neuen Zeit hervortrat. Ein Satz Adornos: »Philosophie, die einmal überholt schien, erhält sich am Leben, weil der Augenblick ihrer Verwirklichung versäumt ward«, scheint sich da bestätigt zu haben.

Wendigen Denkern ist zudem eingefallen, solche wieder aus der Versenkung geholte Autoren miteinander zu kuppeln, dabei Öl mit Wasser wundersam mischend. So bestaunen wir heute die »unmöglichen Vergleiche« der ungleichen Paare. Man erlebt den *thrill* einer neuen Version des *cultural clash*. Heidegger und Adorno, Dewey und Heidegger, Fichte und Wittgenstein, Heidegger und Wittgenstein, Heidegger und Davidson, ja, und Kundera und Dickens, Adorno und Rorty, Kant und Strawson – Paare, Passanten. Vieles ist bloß blendend, Erregung von Ärgernis und Erstaunen; häufig ist es aber auch interessant, wenn, Heidegger gemäß, Interessantes von Belang sein sollte.

Solche Usancen haben einen hemmungslosen Eklektizismus im Gefolge, einst ein Delikt, heute ein *delight*. Man bekennt ganz offen, daß man andere und anderes ausplündert, auch wenn aus dem Sammelsurium nichts Rechtes entsteht. In der Kunst, in der Literatur, in der Mode, im gesamten Dickicht unseres Kulturdschungels erhält man sich gegenwärtig von kurzlebigen Atavismen, von Zurechtgemachtem aus den zwanziger und dreißiger Jahren am Leben. Warum sollte das Recycling philosophischen Mülls da verdächtig sein? Und »wenn wir Toten erwachen«, werden wir sicher verblüfft sein, daß wir nicht gestorben waren.

Nun, die großen Fragen der Philosophie sind ja allem Anschein nach solche, denen der Wechsel der Gezeiten nichts anzuhaben vermag. Anders als in den Wissenschaften ist der Fortschritt in der Philosophie weiterhin strittig. Wie von altersher uns überkommene Krankheiten bedrängen uns die uralten Probleme jederzeit wieder, nur die offenbar stets unzulänglichen Mittel zu ihrer Behandlung wechseln. So kommt und geht und kommt zum Beispiel die alltagsverständige Vorstellung, die sich Realismus nennt, demzufolge es da draußen wirklich eine Welt gibt, und daß sie existiert, auch wenn sie nicht von uns wahrgenommen werden könnte. Die neuen Therapien zur Behandlung der Realismus-Krankheit kommen aus Amerika und England und sind natürlich in der sprachanalytischen Philosophie ausgetüftelt worden. So wurde auch die bis dahin naive ontologische Betrachtung der »Wirklichkeit« in die sprachanalytische Ebene der Bedeutungen von Begriffen projiziert, eine Ebene, die unterhalb des alten metaphysischen Vorverständnisses von Realität liegen soll. Eine neue semantische Spielart des Realismus ist aufgekommen, wie sie unabhängig und auch ganz verschieden voneinander Hilary Putnam in Amerika und Michael Dummett in England aufgebracht haben – eine »gewaltige Realismus/Antirealismus-Industrie«, wie Rorty schreibt –, gewiß mit dem erfreulichen Prospekt weiterer endloser Debatten über das älteste Thema der Welt. Es ist nicht Sache der Philosophie, sich durch Verweise auf vordergründige Realitäten in der Hingabe an die letzten Dinge irritieren zu lassen. Wenn aber rund um den Globus abscheulichste Gewalt an der Tagesordnung ist und Maßnahmen zur Eindämmung oder gar Beendigung massenhafter nationalstaatlicher Gewalttaten sich als ohnmächtig und auch lächerlich erweisen – angesichts einer solchen Welt in Aufruhr nimmt es sich wohl doch einigermaßen abseitig aus, wenn in der Philosophie die vernunftbedachtesten Köpfe der Kulturnationen sich über die Wirklichkeit oder Unwirklichkeit der Außenwelt erneut dieselben glauben zerbrechen zu müssen. Daß die urphilosophische Gretchenfrage der Realisten oder Antirealisten gerade jetzt wieder aufzuwerfen wäre, wird natürlich auch dadurch nicht viel schmackhafter, daß man sie mit den neuen Vokabeln Externalismus und Internalismus versieht. Für Externalisten gibt es eine fixe Gesamtheit geistesunabhängiger Gegenstände, dazu eine vollständige Beschreibung der Welt sowie eine Korrespondenzbeziehung zwischen Gedanken, Wörtern und äußeren Dingen, und darin besteht Wahrheit. Internalisten dagegen ist es nur im Rahmen einer Theorie oder Beschreibung sinnvoll zu sagen, aus welchen Gegenständen die Welt bestehen kann. Wahrheit heißt hier rationale Akzeptierbarkeit oder Kohärenz von Überzeugungen. Pluralismus ist folglich möglich.

Nun gibt es ja Krankheiten, die teils verschwinden, teils potentiell endgültig heilbar sind und keine Probleme mehr aufwerfen. Vielleicht gibt es so auch in der Philosophie Probleme, die gelöst oder lösbar geworden sind (zum Beispiel, weil sie sich als empirisch-wissenschaftliche Probleme, nicht als philosophische, entpuppten). Aber in der Philosophie ist, Popper hat es einmal seufzend gesagt, nichts so verhaßt wie lösbare oder gelöste Probleme. Als Beobachter gewinnt man heute mehr denn je den Eindruck, es gehe, in Abwandlung eines Diktums von Galilei, darum, alles zu problematisieren, was problematisierbar ist, und alles problematisierbar zu machen, was es noch nicht ist.

Die im Sonnenlicht liegende, grelle Straßenseite der Philosophie, ist zur Zeit bevölkert von aufgeregten Trendsettern. Sie warten darauf, daß alte oder ältere modische Versatzstücke hinreichend in Vergessenheit geraten sind, um sie dann als überwältigende Neuerung wieder anzubieten und zugleich in Frage zu stellen. »Brauchen wir eine ›Neue Mythologie‹?« wird beispielsweise gefragt, und zugleich behauptet, im letzten Jahrzehnt hätten wenige Themen »größere Resonanz gefunden« als die »Wiederaufrichtung mythisch-religiöser Sinnzusammenhänge«. Die aufgeworfene Frage, ob wir eine neue Mythologie brauchen, ist natürlich eine bloß rhetorische Frage, andernfalls wäre dem Autor nicht mehr zu helfen. Aber mit solchen Fragen als Buchtitel kann etwas in die Welt gesetzt werden, an das vorher niemand dachte, weil die Sache gar nicht existierte. Oder man denke an den »Kommunitarismus«, den man Ende der achtziger und Anfang der neunziger Jahre in den USA aufgebracht hat. Sofort stürzten sich die ewigen Mitmacher und die sich ewig als nonkonformistisch fühlenden Konformisten hierzulande auf ihn als auf den neuesten Chic und ereiferten sich auf Symposien mit fatalen Titeln wie »Gemeinschaft und Gerechtigkeit« darüber, ungeachtet der trüben Erfahrungen mit der Dichotomie von Gemeinschaft versus Gesellschaft, die in der »Volksgemeinschaft« endete.

Ein anderer Trick, Trends in die philosophische Welt zu setzen, besteht darin, das Besondere und Vereinzelte zum Allgemeinen zu befördern, immer mit dem Adjektiv »neu« davor. »Das neue (post-analytische?) Interesse an der präanalytischen Philosophie« wurde im Artikel einer deutschen philosophischen Fachzeitschrift bemerkt, als Signal für »gravierende Veränderungen«, die sich in der »angloamerikanischen sprachanalytischen Philosophie« in den letzten Jahren abzuzeichnen begännen. Was den Autor derartig auftrumpfen läßt, sind ein Aufsatz und vier Bücher, die er sich zur Rezension zusammengestellt hat, in denen von einigen erschöpften prominenten Autoren die Pragmatisten-Väter William James und Charles Sanders Peirce aufs neue bewertet werden. Einer der Autoren ist Karl-Otto Apel, dessen vor bald fünfundzwanzig Jahren erschienene Peirce-Kommentare wiederum bereits vor elf Jahren in einer amerikanischen Sammlung erschienen sind. Solch reichlich assoziative Aufreihungen zum Beleg neuer Interessen, neuer Wenden oder neuer Winde waren in den letzten Jahren gleichsam das tägliche Brot derjenigen, die das Ohr am holprigen Herzschlag der Zeit hatten und deren Zahl sich in diesen Jahren multipliziert hat.

Unter solchen Umständen gilt es neuerdings als ebenso verdienstvoll wie elegant, im Verlauf der Jahre möglichst vielen solcher Trends oder auch Ideologien angehangen zu haben. Sich viel geirrt zu haben, ist, weit davon entfernt, länger ein Makel zu sein, Verdienst geworden. Flexibilität und einen ausgeprägten, rasch wechselnden Schönheitssinn darf man dahinter vermuten, was ja wohl der Rigidität (und Langeweile), bei der Sache zu bleiben, vorzuziehen ist. Deshalb herrschte auch während der letzten fünf Jahrzehnte in Deutschland, in dem so viele Wechsel stattfanden und zwei Vergangenheiten hätten »bewältigt« werden sollen, über den verlorenen Sohn tausendmal mehr Freude als über den daheim gebliebenen. Diese fatale biblische Dialektik prämiert jetzt auch den fortgesetzt epistemologisch, ideologisch und politisch Irrenden.

Geisteswissenschaft und Philosophie, darin sind sich viele einig, sollen überdies heutigen Tags einen ästhetischen, weniger einen erkenntnistheoretischen Reiz ausüben. Es müssen Schocks von ihnen ausgehen, Neues (egal, ob bloß behauptet) und möglichst etwas der Rationalität Spottendes, sollen ein verunsichertes Publikum in Atem – und in Schach – halten. Der Ästhetizismus der Designer dringt durch die Poren auch philosophischer Dickhäuter. Wirklichkeit als »Simulation« oder »Chaos« – samt »Design« die zerebralen Aphrodisiaka der Saison –, so etwa hat die Dinge zu sehen, wer ganz vorne stehen will.

Auffällig in diesen Jahren am Ende des Jahrtausends ist demgegenüber die philosophische Hilflosigkeit vor Veränderungen, die Wissenschaft und Technik im Verein mit Ökonomie unentwegt bewirken und uns dadurch täglich vor Probleme von philosophischen Ausmaßen, wenn man so sagen darf, stellen, wie sie niemand voraussehen konnte. Die philosophische Reaktion darauf bleibt sporadisch. Statt dessen wird zum Beispiel der größte Teil akademisch-philosophischer Produktivität nach wie vor in die Interpretation historischer *problemata* investiert; Philosophie versteht sich in diesem Fall gleichsam freiwillig als historisch aufarbeitende Forschung. Natürlich versuchen die frustriertesten Interpretatoren aus diesem Trott auszuscheren und alten Problemen durch frische Rekonstruktion bislang ungeahnte Tragweiten abzugewinnen; aber wem gelingt das schon? Erfolgversprechender ist da schon die gewaltsame Dekonstruktion gewohnter und plausibler Ansichten, die man von den ganz Großen unter den Denkern hatte. Hier geriert man sich in der Philosophie wie auf der Bühne Peymann, Neuenfels, Grüber oder Peter Sellars, deren Regietheater mit den Texten und Libretti der – urheberrechts- und damit vogelfreien – Dramatiker umspringt wie die Katze mit der Maus.

Ganz im Parterre solch philosophischer Aufführungen läßt zum Beispiel Peter Sloterdijk das, was er unter Gnostik versteht, in naiver Unverblümtheit als Wegweiser für die Postmoderne wieder aufstellen. Und im »neuen« Interesse an Carl Schmitt zeigen sich Lust und Kalkül, mal wieder verwegen gegen den Strich zu bürsten, den Freund-Feind-Denker als verzweifelten Humanisten zu schminken und vom Faszinosum seines – längst ranzig gewordenen – Stils zu reden.

Das sind Spiele, weitab von allen Erkenntnisinteressen. Verspätet, wie immer, ist bei uns aufgekommen, was in Amerika vor Jahren unter dem Namen »Camp« die Intellektuellen beschäftigte: eine aus der homosexuellen Subkultur stammende Art von heiterer Ironie, die, hierzulande etwa bei Heinz-Ehrhardt-Filmen, dem Lächerlichen Gültigkeit zuschreibt. Susan Sontag hat das Phänomen als Sensibilität für *failed seriousness* oder als das »durchweg ästhetische Erlebnis der Welt« beschrieben.

In den letzten Jahren, den letzten Jahren wohl auch der Postmoderne, schien das ästhetische Bewußtsein in gewissen Kreisen hypertrophe Formen anzunehmen. Neben das Kognitive sollte Ästhetik als eigene Erkenntnisweise treten. Solche Ästhetisierung, heißt es, sei im übrigen schon bis in die Politik vorgedrungen. Dabei wurden freilich zu Phänomenen vergröbert, was bestenfalls Andeutungen einer etwas verschobenen Wahrnehmung sein mochten. Der Fernsehauftritt Genschers wurde als ästhetische Wirklichkeits-Simulation betrachtet. Doch ist es schließlich noch nicht dahin gekommen, daß, wie Joseph Beuys wollte, jeder Betrachter sein eigener Künstler und Weltenerzeuger ist. Vielleicht hat sich mancherorts immerhin eine verfeinerte Sinnlichkeit herausgebildet, welche die in Leerformeln erstarrte Rezeption von Kunst in Bewegung bringen könnte. Die ergiebigsten Versuche zur Wiederbelebung philosophischer Ästhetik werden überraschenderweise nicht mehr von Hermeneutikern, Heideggerianern oder kritischen Theoretikern (Adorniten) angestellt, oder, allgemeiner, vom Typ eins, dem literarischen Philosophen, sondern vom Typ drei, dem Wissenschaftsphilosophen. Nelson Goodman unter anderen hat mit seinen jüngsten Büchern neue Schneisen in die zugewucherte Ästhetik gelegt. Man kann wieder von einer Philosophie der Kunst sprechen.

Im März 1992 fand in Paris im Centre Pompidou ein kleines Kolloquium unter dem Titel ›Nelson Goodman et les langages de l'art‹ statt, veranstaltet von der Kunstzeitschrift ›Cahiers‹, einer Publikation des Nationalmuseums für moderne Kunst. Dieses Kolloqium war unter anderem deshalb bemerkenswert, weil es eine kleine Wende zumindest im Verständnis von Kunsttheorie unter Pariser Intellektuellen anzeigt: Bislang waren es ja fast ausschließlich französische oder deutsche Denker, die über Kunst und Dichtung zu befinden hatten und in deren Köpfen die altehrwürdigen metaphysischen Fragen nach dem »Wesen« des Kunstwerks Asyl fanden. ›Lire Goodman‹ heißt ein Buch, das nun im genannten Jahr in den Auslagen fast aller Buchhandlungen am Boulevard Saint-Germain zu sehen war. Der damals 84jährige Goodman vermißte, wie er dem Beobachter anvertraute, auf der Tagung keineswegs die tonangebenden Philosophierer vom Schlage Derridas oder Lyotards in Paris. Die französischen Veranstalter selbst legten auf deren Präsenz keinen sonderlichen Wert.

Dem Beobachter stellte sich um diese Zeit die Situation des Nachdenkens über Kunst, der modernen wie der transmodernen Kunst so dar:

16. Transformation der Kunst
und die Ästhetik der Analytischen Philosophie
oder
Lose Gedanken zum Zustand ästhetischer Zustände

Die zeitgenössische, moderne, postmoderne oder afterpostmoderne Kunst hat in ihren tentativen Verläufen zweifellos Grenzen erreicht, die ihre Selbstaufhebung anzeigen und jedenfalls nahezu völlige Maßstabslosigkeit auch in ihrer Bewertung bewirkt haben. Die Maßstabslosigkeit in der bildenden Kunst, die gemeinhin den Präzedenzfall bildet, ist das Resultat jener endzeitlichen Stimmung, in der beinahe alles, nein, wirklich alles, zur Kunst erklärt werden kann. Es kommt jetzt nurmehr auf den Blick des Betrachters, seine Sehweise, seine Selektion und sein entsprechend sensibilisiertes Bewußtsein an, um jedes beliebige, artefaktische oder Naturding als Kunstprodukt zu sehen, es sich selbst zu entfremden und es für sich und wenn möglich auch für andere zum Kunstwerk zu proklamieren. Der Riß in einer Mauer, der bizarr geformte Ast, ein toter Seehund, ein Schraubenschlüssel, aber nicht weniger ein neu betitelter Tizian oder ein in fremdes Ambiente verpflanzter Michelangelo werden so erstmalig oder erneut in der Veränderung zu Kunst, die, in unsere Museen und Galerien getragen, zu enormen Preisen gehandelt wird und ihre Urheber oder Inventoren namhaft macht. Wenn alles Kunst sein kann und jeder durch sein eingeübtes Auge selbst zum Künstler (de)generieren kann, dann müßte es freilich noch keinesfalls mit der Kunst ein Ende haben, im Gegenteil, das könnte erst der wahre Anfang sein. Denn der kleine Schritt über die Grenzen hinaus kann zu einer Bewußtseinskunst führen, zu einem entmaterialisierten, rein geistigen Geschehen oder actus, der die eigentliche Hervorbringung überflüssig macht. Längst schon wäre es ja an der Zeit, daß Christo kein Gebäude mehr verpackt, und de Maria kein Erdloch mehr bohrt. Es genügt, solche Projekte zu sagen, sie als Idee aufscheinen zu lassen. Das wäre die wirkliche Concept Art, die reine Begriffs-Kunst. »Stelle dir den Trump Tower in New Yorks Fifth Avenue blau angestrichen vor«, »Denke dir ein leeres Zimmer und in dessen hinterer Ecke zwei tote Fliegen«, »Dreh den Kopf ein wenig, und sieh, wie sich dann die Fahnenstange über die Straße neigt«. Es bedarf schon eines gewissen Mangels an Intelligenz oder Phantasie oder Geschmack, um dergleichen noch zu »machen«, zu »tun«, »herzustellen«. Einmal ein Gebäude verpackt zu haben, bedeutet ja, alle Gebäude verpackt zu haben. Wer erstmals Liebe auf Triebe reimte, war ein Genie, heißt es; wer's zum zweitenmal tat, war ein Trottel.

Ersichtlich wird daran nebenbei, daß alles, was mit Kunst zu tun hat, auf die Frage nach dem »Wie« sich erschließen läßt, nie nach dem »Was«. Das »Wie« erlaubt keine Abbreviaturen, Reduktionen, Quantifizierungen, es ist totales Quale. »Wie« ein Film ein »Was« erzählt, »Wie« ein Redner sein »Was« vorbringt, das ausschließlich ist die ästhetische Fragestellung, durch die selbst das »Was« als »Wie« gedeutet wird. Und wo kein »Wie« zu erfragen ist, findet mit Sicherheit nichts Künstlerisch-Ästhetisches statt.

Auf das »Wie« gibt es notwendige, aber keine hinreichenden Antworten zur Kunst. Es wird das Ästhetische freigesetzt, das aber noch nicht Kunst sein muß (sondern Design sein kann).·Redewendungen wie »zur Ästhetik der Gewalt ... des Widerstandes ... der Plötzlichkeit ... der Differenz« etc. wollen die ästhetische Seite, die ein jedes, auch »an sich« nicht ästhetisches Objekt hat, aufdecken, obwohl sie eher Gefühle, emotionale Zustände, Psychologisches also umschreiben. Der griechische Stamm des Wortes Ästhetik, *aist nomai,* wahrnehmen, empfinden, steht da im Vordergrund.

Daß durch die »Wie«-Frage in jedem Fall Emotional-Stimmungshaftes, das einen Grundstoff des Ästhetischen darstellt, erschlossen wird, läßt sich gut am Traum exemplifizieren. Beim wachen Nacherzählen sowohl der »latenten Traumgedanken« wie auch der »manifesten Traumtexte«, dem »Was«, ist das eigentlich Traumhafte (so wie etwas »traumhaft« schön ist), die Stimmung, das Daseinsgefühl, durch Farben, Valeurs, Kulissen und Szenen, Mischungen und Wandlungen zu einem »narrativ« unvermittelbaren Flair, einer unwirklichen Atmosphäre verdichtet, schon verflogen. Dies aber war das besondere, das »Wie«.

In den anderen Künsten, deren Gattungen sich gegen alle Auflösungsversuche erstaunlich resistent erwiesen haben, ist solche Radikalität im Ausschreiten und Ausmessen möglicher kunstjenseitiger Räume weniger augenfällig als in der Malerei oder Bildhauerei. In der zeitgenössischen Musik finden sich vielleicht noch einige ohrenfällige Beispiele dafür, die sich ins »Gesamtkunstwerk« des Environment oder des Happening einfügen. So etwa, wenn auf einem Musikfest als Kompositionsbeitrag ein Dach hämmernd gedeckt wird. Ansonsten sind vermutlich die möglichen Grenzen dessen, was als Musik noch wird auftreten können, von einem genialischen avantgardistischen Experimentator wie John Cage zumindest markiert worden – wobei dem Experiment in der Kunst natürlich eine völlig andere Funktion zukommt als in den Naturwissenschaften. Das, was nach Cage musikalisch versucht wurde, ist in der Regel Epigonales vom Schlage der perpetuierenden Liebe-auf-Triebe-Reimer.

Auf dem Feld der sogenannten sprachlichen Kunstwerke geschehen derartige Progressionen mählicher und schubweise, nicht zuletzt aufgrund der von Karl Bühler herausgestellten dreifachen Funktionalität der Sprache als Ausdruck, als Signal oder Auslöser, als Darstellung; Karl Popper hat sie um eine vierte, argumentative Funktion erweitert. Fast ist das, was im Dadaismus mit der Sprache angestellt wurde, auch heute noch vorderste Linie oder eben auch nur Wiederholung oder Imitation. Bestenfalls lassen sich die Versuche derjenigen, die sich, wie etwa Abraham Moles oder Max Bense, informations-ästhetischer Basen glauben versichern zu können, als Neuerung in der Poesie werten, ähnlich den Kunststücken der elektronisch erzeugten Musik, die sich indes in der Wiederholung der nämlichen Klänge abnutzt. Insofern hier immer noch mit Vorliebe von »Versuchen«, »Experimenten« und von »Avantgarde« geredet wird, zeigt sich im übrigen der eigentlich konservative, konventionelle Charakter dieser Künstler und Theoretiker. Sie stehen noch in der Tradition, gerade weil sie sich à tout prix von ihr absetzen wollen. Aussteht jedoch noch das Theaterstück, in dem schweigend auf völlig leerer, lebloser Bühne der Vorhang zwei Stunden lang, mit Ausnahme der Pause, aufbleibt, um das Nichts, die Stille »aufzuführen«. Und was die Inszenierungen des derzeitigen Regie- oder besser Regisseur-Theaters betrifft, so beschränken sich dessen Kühnheiten bei Licht betrachtet nur auf die Ausstattung. Aber man stelle sich Wagners ›Ring‹ neuinszeniert vor, und zwar einbezogen die Partitur, die Musik. Solche Eingriffe scheinen auch den Progressivsten nachgerade als blasphemisch. Hier genügt aber just keine bloße Imagination oder Bewußtseins-Kunst, hier wäre die Realisation noch das Kunstwerk.

Faktische und mögliche Entwicklungen der angedeuteten Art, die, sei es auf ein Ende, sei es auf einen neuen, unvorstellbaren Anfang von Kunst und Kunstverständnis hinauslaufen könnten, haben jedenfalls ihre immanente Logik, der man ehrlicherweise nicht ausweichen sollte. Es scheint so zu sein, daß bei solcher Konsequenz in artibus deren Theorie und Praxis, das Nachdenken über sie und das Machen ineinanderfallen. Ist erst einmal der ästhetische Blick, die Sicht des »Wie«, zum *common sense* in den Köpfen verankert, dann verwandelt sich Kunst in Alltäglichkeit. Der falsche Prophet Oswald Spengler sah dies beinahe richtig, wenn er für »die prachtvoll klaren, hochintellektuellen Formen eines Schnelldampfers, eines Stahlwerkes, einer Präzisionsmaschine ... den ganzen Stilplunder des heutigen Kunstgewerbes samt Malerei und Architektur« hingeben wollte. (Vermutlich war er von Marinetti inspiriert, der schon 1909 im ersten futuristischen Manifest entschied: »Ein Rennwagen ist schöner als die Nike von Samothrake.«) Nur sind uns heute bereits, rund 65 Jahre nach Spenglers Untergangsvisionen, Schnelldampfer, Stahlwerke, Präzisionsmaschinen unter unseren ästhetisierten Blicken viel zu artifiziell geworden, um sie nicht, wie einst Spengler gegen Malereien, für alle nur erdenklichen *objets trouvés* dranzugeben.

In der traditionellen Philosophie der Kunst, der sich heute noch, mit Baumgarten, Ästhetik nennenden Disziplin oder auch der sogenannten Kunstwissenschaft und Kunstgeschichte werden die vorhin beschriebenen konsequenten Bewegungen heutiger Kunst entweder ignoriert oder ridikülisiert. Man hält sich – soweit es nur geht – ans Erlernte, Bekannte, Anerkannte, »Klassische«. In den Seminaren wird im übrigen Kunst so traktiert, wie die Schullehrer mit der Sexual-Aufklärung verfahren: Hier ist von Fortpflanzung, von Biologie die Rede, von Erotik, Sex und Lust nicht die Spur; dort wird registriert, katalogisiert und reduziert (aufs Moralische, Nützliche, Soziale etc.), das gesuchte Kunst-»Schöne« kommt nicht vor. Mit Interpretation, Hermeneutik und Phänomenologik hat die traditionelle Ästhetik andererseits doch auch Subtilitäten, feine Differenzierungen und Diversifikationen ins Spiel gebracht, die einiges Licht auf die Standard-Kunst werfen, die Verschiebungen im Kunstbegriff und Kunstbetrieb aber nicht mitvollzogen. Sowie die Feinsinnigsten unter ihnen kein Fernsehgerät besitzen und gewisse Sektoren der modernen Lebenswelt ausblenden, so verwehren sie jüngeren und jüngsten Kunstbestrebungen den Eintritt in die Elite. Kunst bliebe, ginge es nach ihren Maßstäben, immer dieselbe.

Nun können traditionalistische Kunsttheoretiker darauf verweisen, daß dieselbe überkommene, unveränderliche, klassische Kunst (und Literatur und Musik) sich durchaus immer aufs neue zu bewähren hat, und umgekehrt, daß jede Zeit, jede Epoche sich diese immergleiche Kunst neu aneignen muß. Unter verändertem historischen Blickwinkel erscheint die einst vertraute alte Kunst womöglich fremd und neuartig. Deshalb auch können bedeutende Künstler, Maler, Musiker, Architekten in Vergessenheit geraten oder ihren Nimbus verlieren. Somit hätten die traditionelle Ästhetik und Kunstphilosophie vollauf zu tun und wären auch ohne permanente Innovationen mit Problemen allzeit versorgt. Allerdings wird dabei unterschlagen, daß auch der solcherart behütete weltweite Kunstbezirk im Laufe der Geschichte angefochten war, soweit Neuerungen darin Platz beanspruchten. Um den Preis des Lemurenhaften, des Stillstandes von Kunst und Leben also wird heute eine derartige konservative Kunstwissenschaft normativer Art gesellschaftlich durchgesetzt.

Übrigens fallen auch die überwiegenden soziologischen, sozialpsychologischen oder kulturpolitischen Erklärungsmodelle von Kunst unter die Rubrik traditioneller Ästhetik, denn deren Ergiebigkeit liegt eben auf soziologischem, psychologischem, kulturpolitischem Terrain. Solchen Unternehmungen gilt reine Ästhetik mit ihren Fragen nach der Geltung, nicht den Entstehungsbedingungen von Kunst, als theoretisches Pendant eines *l'art pour l'art* und eines puren Formalismus. Gleichwohl machen sich Kunstsoziologen oder -psychologen eloquent und suggestiv über alles auf dem Kunstmarkt Angebotene her – Literatur, Tanz und Musik eingeschlossen –, ohne sich viel Gedanken um eine Rechtfertigung zu machen, ob dergleichen Objekte irgendwie unter die Rubrik Kunst fallen. Aufdringlich bis zur Plage waren lange Jahre die psychoanalytischen Exegesen von Literatur (ähnlich den heutigen Literatursoziologien), die durch ihre Enthüllungen und Entlarvungen auch die Autoren selbst einzuschüchtern verstanden, an die ästhetisch-künstlerische Dimension der ihnen ausgelieferten Werke aber naturgemäß nicht einmal heranreichten. Die unüberbrückbare Kluft zwischen ästhetischem Wert (und ästhetischer Bewertung) und außerästhetischer, psychoanalytischer »Behandlung« von ästhetischen Objekten und Prozessen blieb den orthodoxen psychoanalytischen Kulturdeutern stets uneinsichtig.

Als einer der wenigen hat damals, Anfang der sechziger Jahre, Max Bense die Situation richtig eingeschätzt, wenn er in der Einleitung zu seinem Band ›Aesthetica‹ schrieb: »Ich finde nun, daß sich die Ästhetik noch immer in einem Zustand befindet, in dem der Mangel einer Terminologie Verständigung und Auseinandersetzung über Kunst erschwert, ja sogar verbietet. Seit über 2000 Jahren bringt man in großartiger Kontinuität Kunst hervor, aber jedes Gespräch über sie gelangt unweigerlich auf den Punkt, wo zugegeben werden muß, daß man nicht weiß, wovon man spricht. Der Rückzug der wissenschaftlichen Beschäftigung mit den einzelnen Künsten auf Fragen der Historie und der Kennerschaft ist ohne Zweifel eine Folge des unangemessenen Zustandes der Terminologien und Theorien der Ästhetik. Das weltanschauliche Geschwätz ist keine Kritik, die Ästhetik, fern jeder scheinheiligen These vom Verlust der Mitte, aber im Zentrum wissenschaftlicher Notwendigkeit und philosophischer Universalität, zur Voraussetzung hat.«

Bense trat mit seiner Ästhetik in gewissem Sinne die Flucht nach vorne an. Guten Mutes machte er sich an die Aufrichtung einer »qualitätsfreien Ästhetik«, die, anders als derzeit Nelson Goodman, als »Primäres« zeigen will: »Qualitätsfreie Ästhetik bemüht sich nicht um die Scheinfrage, ob ein Kunstwerk Qualität hat oder nicht, sie bemüht sich darum, zu zeigen, daß ein Gegenstand ein Kunstwerk ist ... Es muß klar gesagt werden können – und zwar in der Form der mehr oder weniger befestigten Theorie –, wann ein Gegenstand ein Kunstwerk ist.« Benses Theorie einer semantischen Definition von Schönheit kann hier natürlich nicht vorgestellt oder gar diskutiert werden. Anmerken möchte ich aber, daß es wiederum ein Zeichen merkwürdiger Selbstzufriedenheit ist, daß analytische Philosophen von geistesverwandten modernen Abhandlungen ästhetischer Probleme glauben, keine Kenntnis nehmen zu müssen. (Oder lassen sie sich etwa dadurch abschrecken, daß Bense – und andere Informationsästhetiker – Hegels Ästhetik weiterhin für ergiebig hält?)

Bense spricht von ästhetischen Prozessen, denn prinzipiell gäbe es nicht nur den Prozeß des Schöpfens, sondern auch den der Übertragung. Deshalb nennt er seine Ästhetik teilweise auch Ästhetik der Kommunikation. Es werden Informationen, ästhetische Zeichen, sowohl übertragen wie wahrgenommen, genossen, reflektiert. Diese Auffassung leitet sich wiederum ab von der Preisgabe einer gegenständlich-ontologischen Deutung des Schönen und der Kunst zugunsten einer funktional-semantischen Theorie. Betont wird die Verbindung von Machen und Verstehen. Nietzsches Spruch vom »interpretativen Charakter alles Geschehens. Es gibt kein Ereignis an sich« wird dazu von Bense angeführt. Die Wirklichkeit der Kunst wird ontologisch von ihm als »Mitrealität« umschrieben. »Mitrealität« ist ihm ein Korrelat für jenen ästhetischen Zustand, der durch den Begriff Schönheit bezeichnet ist. Schön werden aber, Benses Ästhetik zufolge, die Dinge und Zustände nicht durch ihr An-und-für-sich-Sein – Sonne, Mond, Rose, Duft usw. –, sondern durch die Zeichen, die man für sie findet, den Ton, den Vers, die Metapher, das Bild. Benses Ästhetik, hier wird es klar, beruht auf der Zeichentheorie, der Semiotik in einem spezifischen Sinn.

Bevor explizit vom Umgang der analytischen Philosophie mit Kunsttheorie und Kunstpraxis die Rede sein soll, ist es wichtig festzuhalten, daß sämtliche Theoretiker der Kunst, also Kunsthistoriker und Kunstwissenschaftler, Theater-, Musik- und Literaturwissenschaftler, sich unvermeidlich und meist unbedacht an überkommenen und übernommenen Maßstäben und Werturteilen orientieren. Sie lassen sich, wissentlich oder unwissentlich, ihren Gegenstand unbefragt vorgeben, denn dieser Gegenstand, das sogenannte Kunstwerk, verdankt sich gänzlich einem Akt der Wertung, den die Wissenschaftler qua Wissenschaftler nicht vollziehen. Im Bereich der Dichtung und Literaturwissenschaft ist diese eigentümliche Situation vielleicht augenfälliger als in der bildenden Kunst oder in der Musik. Nahezu ausschließlich sind es hier Zeitschriften- oder Zeitungskritiker, die neue literarische Produkte durch ihre wertenden Stellungnahmen, Rezensionen genannt, erstmals in die Sphäre sprachlicher Kunstwerke rücken (oder sie daraus verbannen). Kritiker von Profession, Journalisten, freischaffende Schriftsteller und Literaten sind es also ausnahmslos, nicht Literaturwissenschaftler oder Literaturhistoriker, Professoren, deren elaborierte Werturteile die Standards der nachfolgenden »wissenschaftlichen« Reflexionen über die jüngste Literatur setzen, Standards, die von Gelehrten als selbstverständlich übernommen werden. Auf dieser bequemen – freilich häufig schwankenden – Grundlage können die Wissenschaftler ihre dann bloß deskriptiven, wertneutralen oder ungerechtfertigt wertenden Auslegungen vornehmen. Eine Praxis des Umgangs mit Kunst, wie man sie sich als regulär denkt, ist damit auf den Kopf gestellt: Denn zu erwarten wäre, daß die in alltäglicher Praxis kritisch und evaluativ verfahrenden Berufsrezensenten ihre Kriterien und Maßstäbe sich von den Theoretikern und Kunstwissenschaftlern vorgeben ließen.

Auch dazu noch einmal Max Bense: »Die Annahme, daß es Kunstwerke gibt, und daß sie sich in jedem Falle mit solchen beschäftige, wird von der Kunstgeschichte ziemlich bedenkenlos und gedankenlos aufrechterhalten. Wenn es hochkommt, tut sie so, als könne man aus ihrer Geschichte erfahren, was Kunstwerke sind; man setzt die Denkwürdigkeit dessen, was man untersucht, voraus und leitet dann aus der Tatsache, daß man es untersucht hat, seine Denkwürdigkeit ab: die Schlange, die sich in den Schwanz beißt, zur Methode erhoben.«

Neben den journalistischen und literarischen Profikritikern haben natürlich bei der Kreation, sozusagen bei der Statuierung eines neuen Kunstproduktes auch das verständige Laienpublikum, die Galeristen und Kunsthändler, die Dramaturgen und Lektoren und die Verleger eine gravierende mäeutische Funktion. Sie alle verfahren in intuitiver Weise normativ, bewertend. (Es gibt die Ausnahme des Literatur- oder Kunstgeschichte-Professors als Kritiker.) So gesehen verdankt jedes Kunstwerk seine Existenz einem letztlich kollektiven, intuitiven, normativen und »geschmacklichen« Dekret. Die Analyse solcher Entscheidungen, solcher Begriffe und ästhetischer Sprachgebräuche erwarten wir von einer theoretischen Kunstwissenschaft oder philosophischen Ästhetik.

Einer aus der Formation der analytischen Philosophie, der allerdings dort eine singuläre Figur macht (außer Arthur C. Danto), Nelson Goodman, hat vorgeschlagen, die unergiebige traditionelle Frage »Was ist Kunst?« durch die andere zu ersetzen: »Wann ist Kunst?«. Aber auch Goodman übersieht nicht, daß die Rückfrage »Wann ist was Kunst?« nicht ungerechtfertigt ist. Ferner dringt er darauf, daß die Fragen »Was ist Kunst?« und »Was ist gute Kunst?« nicht vermengt werden. Aber auch bei dieser Differenzierung scheint er sich darüber im klaren zu sein, daß es sich um eine Strategie der Vermeidung handelt, der Vermeidung, die erste, unvermeidliche Ausgangsfrage dennoch zu stellen.

Auch mit dem Begriff der Innovation gelangt man nicht auf neutralen Boden, einem Begriff, den die Kunsttheorie auf dem langen Weg über die Brücke der Imitation gefunden hat. Innovation gilt jetzt als Maß ästhetischer Information oder Botschaft. Ein solches Maß scheint den Vorzug der Wertneutralität zu besitzen und sich rein deskriptiv verwenden zu lassen. Durch das vom Manierismus präferierte Moment der Innovation, damit auch des Unvorhergesehenen und Ungewohnten, sollen Staunen und Überraschung erregt werden. Dieser Kitzel des Neuen und Überraschenden kann aber ästhetisch durchaus verschieden gewichtet werden, und überdies ist alles Innovative als ein außerästhetisches Element zu indizieren und in Frage zu stellen.

In der Ästhetik der Kritischen Theorie, genauer in der Ästhetik Adornos, sind all die überaus sensitiven, ungemein subtilen und an den Kern rührenden Analysen überwiegend literarischer und musikalischer Kunstwerke, insofern sie als Kunst bereits in Geltung stehen, im Zugriffsbereich der beiden Fragestellungen Goodmans durchgeführt: »Was ist gute Kunst?« und »Wann ist Kunst?«.

Unter dem Blickwinkel der letzteren Fragestellung kann Adorno Probleme wie das Veralten avantgardistischer Kunst, etwa der Neuen Musik, sinnvoll angehen und womöglich lösen; immer jedoch unter der stillschweigenden Voraussetzung, daß es dabei berechtigter- und begründeterweise um Kunst geht.

Eine umfassende Theorie der Kunst hätte, neben der postulierten Historizität oder Periodizität der Kunst (oder unseres Kunstbegriffs), das verwandte Phänomen der Mode viel stärker zu berücksichtigen, als es gemeinhin geschieht. Denn die seit dem Ende des Krieges aufgekommenen und sich nun immer mehr beschleunigenden Wechsel von Stilen, Richtungen, Bewegungen, Auffassungen und auch Produktionsverfahren, die unentwegten Renaissancen und Wiedererweckungen und Nostalgien (etwas ist derzeit schon ein »Oldie«, was »historisch« gerade zwei, drei Jahre alt ist) ähneln sich modischem Wandel und Gebaren auffälliger denn je an. Am Phänomen der Mode läßt sich auch eindringlich studieren, mit welch erstaunlich subjektiver Selbstgewißheit kollektive Geschmacksurteile als verbindlich, überzeugend und, solange sie aufrechterhalten werden (eben die Saison lang), ins Schwarze treffend internalisiert werden. Natürlich stehen hinter den Innovationen der Mode, die sich in dialektischen Sprüngen vollziehen, handfeste merkantile, ökonomische Interessen, aufgrund deren »Schönheiten« des Designs per Beschluß abrupt »dekonstruiert«, außer Kurs gesetzt werden. Aber was bedeutet es auch für die Geschmacksurteile in der Kunst, wenn sich der Geschmack, der sich seiner so sicher zu sein scheint, von einer Saison zur anderen in die entgegengesetzte Richtung dirigieren läßt? Eine Erklärung dieser eigentlich beunruhigenden Tatsachen könnte vielleicht einiges Licht auf die Substanzverluste, das Absinken in die »niederen« Zonen der Unterhaltung, werfen, die etwa während der letzten zwanzig oder dreißig Jahre einst als so hochkarätig bewertete Dramatiker wie Anouilh, Giraudoux, Tennessee Williams, Christopher Fry, auch Eliot oder Sartre zu erleiden hatten, die derzeit zum Genre des gehobenen Boulevardtheaters gezählt werden.

Das Altern, das Veralten, die Entzauberung oder, brutaler, der Verfall des Künstlerischen ist natürlich drastischer noch am Beispiel des Films vorführbar – wobei dies »natürlich« ganz und gar nicht so natürlich ist, sondern allererst einer Erklärung bedarf. Filme scheinen, nach unserer bisherigen Erfahrung, einem nicht nur relativen, sondern fast absoluten Verfallsdatum zu unterliegen. René Clair hat einmal in einem Interview melancholisch erklärt, Filme seien niemals Kunstwerke, auch der vermeintlich künstlerische Film würde eines Tages als Kunstwerk verblassen. Tatsächlich ist ja der Film, ungeachtet aller potentiellen Phantastik und Irrealität, formal strenger als andere Künste dem historischen Realismus unterworfen. Und für einen Großteil der Betrachter oder Konsumenten ist der Film oder »das Kino« noch gar nicht erst in die Zone der Kunstwerke vorgedrungen.

Vom Absinken und modischen Welken von Kunstprodukten gilt allerdings auch das Gegenstück: der Aufstieg des bis dahin Poppigen, Sub- und Vulgärkulturellen ins Kunststratum, zumindest unter Connaisseurs. Diese »Verklärung des Gewöhnlichen«, nach Danto, erleben wir etwa im Falle der Jazz-Musik, in vielen Fällen der Trivialliteratur (Hammett und Chandler als bisherige »Krimi-Autoren« rangieren nun neben Hemingway oder Faulkner), ja selbst bei der Domäne der Comicstrips, und immer wieder beim Film. Hier gelten amerikanische und auch einige französische Gangsterfilme der vierziger Jahre, die man einst, zum Verdruß kulturbedachter Freunde, in wirklichen Vorstadtkinos nächtens sah, mittlerweile als seriöse Kunstprodukte oder, wenn der Bogen überspannt wird, als Kultfilme. Als Bedingung dafür, daß solche Transformationen nicht völlig inadäquates »Verständnis« finden und durchs falsche Bewußtsein gleichsam substantiell verzerrt werden, ist der intime Umgang über lange Zeitperioden, die äußerste Kennerschaft, einer Art Elite vonnöten.

So, gewissermaßen von den Rändern zum Zentrum dessen, was als Kunst verstanden wird, sich vortastend, scheint das Netzwerk einer philosophischen ästhetischen Theorie – denn um ein kompliziert vernetztes Gebilde kann es sich nur handeln – am ehesten sich konstruieren, rekonstruieren zu lassen. Und am Anfang einer solchen Theorie auf der Höhe der Zeit hat zweifellos das Eingeständnis zu stehen, daß ein normativer überhistorischer Begriff von Kunst, eine überdauernde Definition ihres »Wesens« nicht mehr zu haben sind. Dennoch sind Normen, Begriffe, Maßstäbe, Kriterien, die den Tag überdauern, unverzichtbar. Ohne solche Kriterien und Bewertungsgrundlagen wird alles und nichts zu Kunst oder das, was jeder einzelne dafür hält oder ausgibt (was freilich den Visionen mancher gegenwärtiger Künstler sehr nahe kommt).

In die traditionelle Bewertung der Kunst sind auch stets außerästhetische Momente eingegangen. Das wird vor allem bei Urteilen über Produkte der jüngsten bildenden Künste deutlich. Der Betrachter, der zwei alte Lazarettbetten, eine alte Badewanne, Latten von Baugerüsten oder Fettflekken an der Wand zu goutieren hat, ist nicht allein von der »Verrücktheit« derartiger Kreationen irritiert, sondern über das »freche« Selbstbewußtsein verärgert, mit dem jemand derartiges ihm als Kunst suggeriert. Doch was ihn daneben verstimmt und was ihm schon die klassische Moderne, etwa Picassos Stierköpfe aus verbogenen Fahrradlenkstangen, suspekt machte, ist, daß in diese Dinge keine Arbeit, keine Anstrengung investiert wurden. Etwas muß Arbeit, Mühe, Leistung (als Arbeit durch Zeit) in sich bergen, um als Werk, als Hervorbringung, als Schöpfung ästimiert und anerkannt zu werden. Auch Gott hat die Welt durch Arbeit erschaffen, die ihn am siebten Tag erschöpft hatte.

Damit hat der skeptische Betrachter so unrecht nicht, denn ihrerseits verlangen die Produzenten solch »arbeitsloser«, »art-fremder« Objekte vom Betrachter emphatisch die Arbeit der Aneignung, die Anstrengung der Erschließung des Sinns der Objekte. Eine solche Ästhetik der Aneignung, wie man das nennen könnte, stellt allerdings, gemessen an den übrigen Postulaten heutiger Antikunst, einen schwer zumutbaren Atavismus oder Anachronismus dar, worüber die »Macher« sich wohl keine Gedanken gemacht haben.

Es ist der analytischen Philosophie ohne Unterlaß vorgeworfen worden, daß sie für Kunst nichts übrig und Fragen der Ästhetik völlig vernachlässigt habe. Zuletzt und öffentlich in dieses Horn geblasen hat der englische Philosoph Roger Scruton. Völlige Gleichgültigkeit gegenüber C. P. Snows These der Zwei Kulturen, eine »stilistische Katastrophe der analytischen Philosophie« und ganz generell deren »Vernachlässigung der Ästhetik« kreidet er dieser modernen Philosophie an. Gewiß nicht ganz grundlos, und dennoch so pauschal als Urteil zu sehr von den zahlreichen verschulten Randfiguren auf dieser Bühne verdüstert.

In der gesamten analytischen Philosophie bestand nun eine allgemeine, anhaltende Abneigung gegen eine Beschäftigung mit solchen Disziplinen, Fakultäten oder auch Lebensbereichen, in denen Werturteile die entscheidenden Äußerungen ausmachten. Diese Abneigung fiel zusammen mit einem begreiflichen Überdruß an dem unendlichen Unmaß an Geistreichelei und haltlosem Geschwätz, das sich gewöhnlich als »Metaphysik des Schönen«, als Ästhetik, aber auch als »Metaphysik der Sittlichkeit oder Moral«, als Ethik also, ausbreitete. Nicht, daß die maßgebenden Protagonisten der analytischen Philosophie von Ethik und Ästhetik, von Moral und Kunst nicht viel gehalten hätten, wie unsinnigerweise immer noch kolportiert wird.

In der Ethik, unausdrücklich auch in der Ästhetik, vertreten die analytischen Denker, nicht viel anders als ihre neopositivistischen Ahnen, die Auffassung, daß moralische Urteile lediglich subjektive Wertgefühle ausdrücken und daß solche Ausdrücke, wie Fragen oder Wünsche oder Interjektionen, wie »Ach du lieber Gott!«, nicht als Sätze, Propositionen, Aussagen gelten, die als wahr oder falsch beurteilt werden können, wie eben wissenschaftliche Aussagen. Eine philosophische Ethik könne deshalb nur, wenn überhaupt, wissenschaftlich oder kontrollierbar betrieben werden als Analyse der Sprache und Sprachformen, in die sich solche gefühlsmäßigen Äußerungen kleideten. Eine inhaltliche Ethik, die wahre oder falsche Urteile liefert, hält man nach wie vor für wissenschaftlich-philosophisch unmöglich. Das alles gilt, nicht nur cum grano salis, ebenso für die Ästhetik. Deshalb kann gezeigt werden, daß diejenigen unter den Analytikern, die eine widerspruchsfreie und gehaltvolle

Philosophie der Kunst glauben vorweisen zu können, »am Ende unweigerlich wieder zu den alten Problemen« zurück müssen, »die die traditionellen Theorien auch schon nicht lösen konnten«, wie Lüdeking feststellt. Und in gewisser Hinsicht ist die Unmöglichkeit einer wissenschaftlichen Ästhetik eine triviale Feststellung, die von Philosophen, aber auch von allen anderen nicht völlig uneinsichtigen Menschen geteilt wird – wenn man allerdings das Wörtchen »wissenschaftlich« so auslegt, wie es heute analytische Philosophen tun. In einem gewissen Rahmen bleibt folglich Kants Kritik des Geschmacksurteils sinnvoll und ergiebig, und es gilt nach wie vor die Rede »De gustibus est disputandum«, solange man keine verbindlichen Begründungen daran festmacht. Das Reden über die schönen Dinge und Künste ist »nach allen Regeln der Kunst« weiterhin erlaubt, nötig, begrüßenswert und so weiter. Aber wer sich nicht daran beteiligen will, weil er das End- und Ziellose solcher Debatten scheut und weil er sich auf Bereiche beschränken will, die nach seinem Verständnis wissenschaftlich sich abhandeln lassen, den wird man nicht als Banausen, als Auf-einem-Auge-Blinden, als eindimensional beschimpfen dürfen. Denn auf ihrem anderen Auge, auf ihrer nichtanalytisch-philosophischen Seite, waren viele der großen »Positivisten« höchst kunstbewanderte, kunstverliebte Menschen und Zeitgenossen. Nur traten sie mit ihren derartigen privaten Neigungen nicht an die Öffentlichkeit, wie das die Philosophen anderer Couleur so gern taten. Wittgenstein etwa war ein durch und durch artistischer, musischer Mensch, Musik- (und sogar Jazzkenner), Film-Fan und Kritiker, Design- und Architektur-Praktiker und, wie man weiß, ein beachtlicher Schriftsteller, mit manchen heute erst beachteten Bemerkungen zur Ästhetik. Auch Carnap hatte literarisch-künstlerische Ambitionen, und der unlängst verstorbene Herbert Feigl war ein beachtlicher Musik-, namentlich Bruckner-Kenner. Und der kritische Verwandte der analytischen Philosophie, Karl Popper, erwog in seiner Jugend, Komponist zu werden und hat in seinen späteren Jahren so etwas wie Fragmente zu einer Ästhetik der Kunst und Musik niedergeschrieben, durch welche die alberne These von Kunst als Ausdruckskunst aufs schärfste verworfen und das Dringen und Drängeln auf Neuheit und Originalität als abwegig attackiert wird. Nicht unähnlich den Kunst-»Betrachtungen« Nelson Goodmans sieht Popper in Wissenschaft und Kunst das Gemeinsame im Problemlösen, ohne indes der Kunst, wie es häufig geschieht, Erkenntnisfunktionen zuzumuten. Als Literat wie als Lebenskünstler hat schließlich Paul Feyerabend der analytischen Philosophie noch ein ironisch-satirisches Licht aufgesteckt und den Geniekult *in artibus* als hohl decouvriert. In diesem Jahr hat sogar einer aus der streng formalistischen analytischen Schule, Franz von Kutschera, eine Revue der Ästhetik vorgelegt, des Titels: ›Ästhetik. Eine systematische Entwicklung ihrer Hauptthemen‹ von immerhin 583 Seiten.

Es wäre nun albern, die musischen Verdienste der diversen analytischen Denker aufzulisten, die ihnen zukommen, wenn sie gleichsam gerade nicht philosophieren, sondern sich wie der Mann von der Straße, privat, als Musenfreunde zeigen. Aber als letztes Wort in dieser Sache möchte ich doch darauf aufmerksam machen, daß die Schriften der wichtigen derzeitigen analytischen Philosophen nicht von der Trockenheit, Uninspiriertheit, Einseitigkeit, Blindheit oder Unlesbarkeit sind, wie uns das hierzulande immer noch weisgemacht wird. Ganz im Gegenteil, glänzende, witzige, attraktive wissenschaftliche Prosa, literarischen Stil, liest man heute in der englisch-amerikanischen philosophischen Literatur, von Quine über Goodman bis Donaldson, Putnam, Rorty, Smulyan, Dennett oder Dummett, Williams und Mackie; während etwa die derzeitige postmoderne französische philosophische Literatur, die sich bis zum Krampf literarisch-dichterisch geriert, öde, geistlos, abgeschmackt, unleserlich wirkt. Und schneller als gedacht beginnt solches Philosophüm ranzig zu riechen.

In der kritischen Revue von Karlheinz Lüdeking – ›Analytische Philosophie der Kunst‹ –, der übrigens selbst eine klare, scharfumrissene, oftmals bissige Prosa schreibt, erfährt der deutsche Leser zu seiner Überraschung und im Widerspruch zu der gewohnten Rede vom Mangel an »Ästhetik« in der analytischen Philosophie, daß seit Kriegsende zugleich mit massiven Attacken gegen die »traditionelle« Ästhetik – die in der Tat allenthalben, vorwiegend aber in Kontinental-Europa, offen oder heimlich alles Denken oder Urteilen über Kunst eingefärbt hat – in dieser analytischen

Philosophie eine Vielzahl der verschiedensten Versuche zu einer neuen, dem Status quo entsprechenden Definition oder Bestimmung von Kunst in weitestem Sinne unternommen wurde, freilich, wie Lüdeking meint und wie es wohl auch wirklich der Fall ist, mit frustrierendem Ausgang. Immerhin sind in der Ästhetik der analytischen Philosophie jene Fragen wieder aufgeworfen und jene Probleme wieder gestellt worden, die philosophischen »Diskursen«, die ernsthaft als Ästhetik auftreten wollen, unverzichtbar sein müssen, die aber von anderen philosophischen Schulen, je näher sie zur Kunst zu stehen vermeinen, aufgegeben und verdrängt wurden. Nach dem Motto: Wenn erst festgestellt werden soll, ob Rembrandt Kunst ist, dann passen wir, und wenn wir darüber Rechenschaft geben sollen, ob und warum es (noch) Schönheit gibt, verzichten wir. Fragen solch elementaren Zuschnitts überließ man dem naiven, platten »Positivismus«, gab indes selbst immer schon die Antworten und Deutungen des »Wesens« der Kunst, das stets außerästhetische, moralische Züge annahm. (Kunst hatte ja lange Jahrzehnte in den Augen der Traditionalisten, denen das *pulchrum* mit dem *verum et bonum* ein *unum* sein sollte, ohnehin eine dienende Funktion: Sie diente dem Volke, der Sittlichkeit, der Politik und manchem anderen).

Diese traditionelle Ästhetik nun, die ihre Maßstäbe und Wertvorstellungen als »objektive« zu kanonisieren verstand, ist durch hartnäckige Destruktionsarbeit analytischer Philosophen zunächst aus den Fugen geraten und dann zusammengestürzt. Lüdeking macht diesen Zusammenbruch am Fall der Theorie von Harald Osborne, der seit über dreißig Jahren seine traditionalistischen, essentialistischen Ansichten vertritt, ein »Wesen« der Kunst also dingfest machen will, das über die Zeiten Gültigkeit beanspruchen kann, plausibel. Daß Osborne ansonsten selbst der analytischen Philosophie nahesteht und seine Ästhetik auch in deren Stil vorträgt, tut nichts zur Sache; seine Thesen sind in nuce diejenigen aller Traditionalisten. Lüdeking formuliert sein Resümee so: »Das Ergebnis ... ist, daß offenbar jede Theorie, die dem essentialistischen Programm verpflichtet ist und das ›Wesen‹ der Kunst enthüllen will, unweigerlich in folgendes Trilemma gerät: Entweder erweisen sich ihre – notwendigerweise generalisierenden – Aussagen schlicht als falsch oder sie werden zu einem normativen Dogma verabsolutiert. Oder sie werden durch fortschreitende Bedeutungsverschiebungen bis zur völligen Sinnlosigkeit trivialisiert.« Illustriert nehmen sich solche Aussagen etwa so aus: Alle Kunst ist, erstens, hochkomplex; Höhlenmalerei ist nicht komplex und dennoch Kunst. An Rembrandt, zweitens, als dem Maßstab von Komplexität, ist alle Kunst zu messen. Dennoch ist, drittens, auch Beuys' »Fettfleck« hochkomplex. So überzeugend die analytische Ästhetik sich in der kritischen Auflösung traditioneller Kunstbetrachtungen erwiesen hat, bei der Aufrüstung eigener Theorien sei sie in Trivialitäten, Unzumutbarkeiten, Leerformeln oder schließlich sogar wieder in den alten, ausgetretenen Pfaden gelandet.

Die immer weiter ausufernde Schönheit des Häßlichen und Gräßlichen – eine epochemachende Entdeckung der Ästhetik von Rosenkranz mitten im 19. Jahrhundert –, so läßt sich konkret ergänzen, gleichwohl die anerkannte Präsenz des traditionell Schönen in unserer Zeit, der beschleunigte historische Wandel von Kunstauffassungen in eins mit der Simultaneität aller Welt-Kunst (im »imaginären Museum«), die offene Frage, ob es in der Kunst einen ihr nicht-äußerlichen Fortschritt geben kann, und endlich, ob, anders als Hegel sich das dachte, die Kunst ein Ende finden wird und heute vielleicht davor steht – solche Probleme, die einen heutigentags unvermeidlich beim Umgang mit Kunst bedrängen, haben sich allerdings auch durch die jahrzehntelangen, intensiven Bemühungen so vieler analytischer Philosophen – Virgil Aldrich, Monroe Beardsley, James Carney, Ted Cohen, Arthur C. Danto, George Dickie, Nelson Goodman, Isabel Hungerland, William Kennick, Peter Kivy, Frank Sibley, Peter Strawson, Morris Weitz, Richard Wollheim, Paul Ziff und, als quasi graue Eminenz dahinter, Ludwig Wittgenstein, um durch solches bloß auszugsweises *namedropping* ein wenig zu imponieren – nicht weichkriegen, doch immerhin in ihrer ganzen Tragweite, ja Ausweglosigkeit bloßlegen lassen. Was gegenwärtig übrigens an Bewertungen getroffen und an kunstkritischen Urteilen allenthalben und unentwegt gefällt wird – meist ganz ungeniert eingeleitet mit der Floskel »Ich finde« –, wird schon allein durch die riesige Nachfrage zumal der Medien massiv beeinflußt. Deren Ankündigungen und Deklarierungen beugt sich, durch Verteilung und Wiederholung, allmählich auch die unnachgiebigste Eigenständigkeit. Zum Beispiel kann wegen der immer unstillbarer werdenden Gefräßigkeit der Print- und der elektronischen Medien nichts an Geschriebenem, Gemaltem, In-Töne-Gesetztem mehr untergehen, verschwinden aufgrund gültiger, kritischer Selektionen über Jahrhunderte und Jahrzehnte. Wie Kunststoffe, die sich dem natürlichen Verfall widersetzen und dadurch die Naturzyklen bedrohen, bleibt nun auch das Miserable, Indiskutable, Abgeschmackte, sogar längst von allen Verworfene in der Kunst erhalten, wird zum unvergänglichen Unter- und Mittelmaß: Die trostlosen Filme, die sonst gottlob der völligen Vergessenheit anheimfielen, stehen mittels des Fernsehens und seiner Programmnöte wieder von den Toten auf; Literaturen, die durch alle Siebe des Geschmacks gefallen waren, verderben uns nun, infolge der unausfüllbaren Kapazitäten der Verlage, erneut Laune und Appetit; Musiken, die als verstaubt, hohltönend und nichtssagend abgetan waren, belästigen mit ihren ausgeleierten Tonfolgen weiterhin die Ohren der Menschheit, weil eingerichtete Radio-Sparten gefüttert sein wollen. Daß dieser Wust an Pseudo-Künstlerischem zusätzlich zum ständig und zuviel Neu-Produzierten in allen Branchen die Urteile à la longue verwirren, und die Urteilsfähigkeit indoktrinieren muß, liegt auf der Hand. (Nichts gegen die Präsenz des Artefaktischen zu jeder Zeit, solange es die Präsenz von Qualität bleibt – anders quillt es auf zur Verschmutzung der ästhetischen Umwelt, aus der man natürlich, als total ästhetisiertes postmodernes Geschöpf, wieder künstlerischen Honig zu saugen vermag. Aber wie lange?)

Die analytische Philosophie der Kunst, so findet Lüdeking, »enthielt die Verheißung einer Kunstphilosophie, die endlich nicht mehr der unsauberen und vom Gezänk gekennzeichneten Sphäre normativen Diskurses verhaftet war«. Aber diese Verheißung mit der verführerischen »Vorstellung, es müsse einen neutralen und deskriptiven Kunstbegriff geben«, dieses »unbefragte Dogma nahezu aller analytischen Philosophie der Kunst«, trog natürlich. Alle Entwürfe führen am Ende auf eine grenzenlose Verwendung des Kunstbegriffs, weil die Frage, was Kunst ist – die unvermeidliche Frage, die den Zusammenhang von Klassifizierung und Bewertung nicht mehr länger verhehlen kann –, weder »eine semantische noch eine empirische« ist, sondern eine Frage von »Wertentscheidungen, die uns sozusagen niemand abnehmen kann«. Die »unumgängliche Dürftigkeit der analytischen Philosophie der Kunst«, die Lüdeking schließlich konstatiert, ist wegen eben dieser gleichsam übermenschlichen Anstrengung »unumgänglich«, einen allgemeinen, rein beschreibenden Begriff von Kunst herauszupräparieren, der ja immer schon das Urteil »Dies ist Kunst« voraussetzen muß. Daß die Bemühungen um eine wissenschaftliche Ästhetik ein solches Ende nehmen mußten, sahen die älteren Analytiker, die Carnaps und Waismanns und Neuraths und Feigls, gewissermaßen voraus. Sie hatten auch nicht, wie Lüdeking allen Analytikern unterstellt, bei Geschichte und Geschichtlichkeit, die in die Rechnung eingehen müssen, ihren blinden Fleck. Im Gegenteil, weil sie historische Verläufe in Anschlag zu bringen hatten, sahen sie Wissenschaftlichkeit in ihrem strengen Sinne nicht mehr garantierbar – denn Historienschreibung war ihnen keine Wissenschaft – und folglich verzichteten sie auf Aussagen, Theorien über Kunst, die ja nur kontingent, partikular, peripher, also unverbindlich, sein konnten – wie es sich nun nach jahrzehntelangen Bemühungen analytischer Philosophie denn auch ergeben hat. Aufgrund der aller Ästhetik unverzichtbaren immanenten Wertproblematik wäre ein solches Ergebnis in der Tat voraussagbar gewesen, man hätte gewissermaßen den Gedankengang nicht erst durchspielen müssen. Wenn etwa Dickie mit seinem klassifikatorischen Kunstbegriff dabei anlangt, daß etwas deshalb ein Kunstwerk sei, weil es im Museum steht – ein durchaus konsequenter Gedankenpfad –, dann berücksichtigt er pünktlich die jüngste historische Situation der Kunstpraxis, kann aber gleichwohl kein Kriterium dafür nennen, wann und warum irgendein Gegenstand den Status von Kunst, den »ästhetischen Zustand«, mit Bense, erlangen kann – denn diese Ernennung wäre nichts anderes als ein ästhetisch evaluativer Akt.

Die ästhetischen Etüden der analytischen Philosophie der letzten rund fünfzig Jahre beruhen, wie es sich gehört, auf der Möglichkeit der Beschreibung eines Sprachgebrauchs. Solche sprachanalytischen Untersuchungen könnten aber, wie Lüdeking im Einklang mit der traditionellen Ästhetik glaubt feststellen zu können, »für die Philosophie der Kunst tatsächlich nicht viel Einsicht erbringen, weil der Kunstbegriff semantisch weitgehend leer« ist – eine weitere Umschreibung dafür, daß Kunst mit Wertung beginnt und durch Wertungen existiert.

De gustibus non est disputandum, hieße demnach die *ultima ratio* in Angelegenheiten der Philosophie der Kunst und der Theorie der Ästhetik? Nun, disputieren kann und soll man darüber – bis man an die Grenze stößt, die »Beliebigkeit« heißt. Dann allerdings sollte man aufhören, schweigen, schauen, lesen, hören und so fort. Wer dennoch bohrend tiefer ins »Mysterium« von Kunst und Kunst-Machen dringen will, dem ist etwa mit Goethes Diktum, man solle nur nichts hinter den Phänomenen suchen, sie selbst seien die Lehre, auch nicht sonderlich gedient. Eher mag er Trost finden darin, daß es in anderen Zonen des Theoretischen auch nicht viel besser zugeht, so beispielsweise in der psychologischen Intelligenzforschung, wo die »operationalistische« Definition von Intelligenz heißt: Intelligenz ist, was die Intelligenztests messen, bis auf weiteres. So nehme man Zuflucht bei dem ästhetischen Pendant dazu: Kunst ist, was ambitionierte Liebhaber ins Museum, Theater, in die Buchhandlung stellen, bis auf weiteres.

Doch solch resignativer Pragmatismus ist natürlich keine endgültige Ruhestellung, er kann die Reflexion nicht wirklich abschalten. Läßt man sich hingegen weiterhin auf Versuche zur Rekonstruktion des Kunstbegriffs ein, so findet man womöglich heraus, daß in der Domäne, die, wie vage auch immer, mit Wortzeichen wie Kunst belegt wird oder mit dem Merkmal des Ästhetischen, alle bis dahin zugelassene Unmittelbarkeit, alle Naivität aufgezehrt ist. So wie die Kunst archaisch einst als ein Für-sich gar nicht existierte, gar kein Begriff und auch keine Idee war, so ist sie jetzt, am Ende ihres langen Erwachens, nur mehr Begriff und Idee. Die Konnotationen, die Anmerkungen und Propositionen zum Artefaktischen, die Diskurse und die hellwachen Reflexionen über Kunst sind nunmehr selbst die Kunst oder zumindest ihr Teil. Bense schon ließ die Rezeption konstitutiv für das »Wesen« (Mitsein) des Kunstwerks sein. Die moderne Kunst ist damit in der Tat über sich selbst hinausgelangt –

deren Protagonisten übrigens, in ihren Sujet-Welten (Landschaften, unentwegte Stilleben und Akte) bei den noch Gegenständlichen (Picasso, Braque unter anderen), vielleicht mit Ausnahme Légers, gewollt antimodern, »archaisch« sich gerierten. Erst bei völliger Ungegenständlichkeit tritt das »ins Bild«, was bei Lyotard modern genannt wird. »Modern nenne ich die Kunst, die ihre ›kleine Technik‹, wie Diderot sagen würde, darauf verwandte, zu zeigen, daß es ein Nicht-Darstellbares gibt. Sichtbar zu machen, daß es etwas gibt, das man denken, nicht aber sehen oder sichtbar machen kann: Das ist der Einsatz der modernen Malerei.« Wenn das stimmt, dann gehört die moderne Kunst zweifellos der Vergangenheit einer noch relativ glücklichen Naivität an.
(1989)

Eine der bemerkenswertesten, weil, wie der Beobachter meint, erklärungskräftigsten philosophischen Kunsttheorien der letzten Jahrzehnte enthält das Buch ›The Transformation of the Commonplace‹ (Die Verklärung des Gewöhnlichen) des in New York lebenden Philosophen der analytischen Richtung, Arthur C. Danto.

Das Programm seiner Ästhetik und deren Kernsätze besagen, daß mit Andy Warhols Brillo-Kartons – Brillo ist eine Marke von Spülschwämmen – die haltbaren Definitionen für Kunst tatsächlich abgeschlossen sind, »und daß die Kunst in gewisser Weise an ein Ende gelangt ist ... in dem Sinne, daß sie zu einer Art von Bewußtsein ihrer selbst übergegangen und wiederum in gewisser Weise zu ihrer eigenen Philosophie geworden ist: ein Sachverhalt, der in Hegels Geschichtsphilosophie angekündigt war«.[1] Mit Objekten wie den Brillo-Kartons wird auch affirmativ zu Ende geführt, was Walter Benjamin in den modernen Reproduktionstechniken als Abbau des »Auratischen«, des kontemplativen Kultwertes des Kunstwerks, um der politischen Dimension der Kunst willen in Kauf nahm. Das Philosophisch-Werden, das Sich-zu-ihrem-eigenen-Gedanken-Drängen der Kunst findet sich vielleicht noch näher der Sicht Dantos in Hegels

---

[1] Die Verklärung des Gewöhnlichen. Frankfurt a. M. 1984, S. 12f.

›Phänomenologie‹, wo es im Abschnitt über Religion heißt: »In solcher Epoche«, des sich seiner selbst gewiß gewordenen Geistes, »der über den Verlust der Welt trauert«, »tritt die absolute Kunst hervor; früher ist sie das instinktartige Arbeiten, das, ins Dasein versenkt, aus ihm heraus und in es hinein arbeitet, nicht an der freien Sittlichkeit seine Substanz und daher auch zum arbeitenden Selbst nicht die freie geistige Tätigkeit hat. Später ist der Geist über die Kunst hinaus, um seine höhere Darstellung zu gewinnen – nämlich nicht nur die aus dem Selbst geborene *Substanz,* sondern in seiner Darstellung als Gegenstand *dieses Selbst* zu sein, nicht nur aus seinem Begriff sich zu gebären, sondern seinen Begriff selbst zur Gestalt zu haben, so daß der Begriff und das erzeugte Kunstwerk sich gegenseitig als ein und dasselbe wissen.«[2] Das Ende der Kunst, von dem Danto spricht, ist zugleich gemeint als Erfüllung der Kunst, und der englische Ausdruck *the end (of art)* hat, wie im älteren Deutsch, etwa bei Schillers ›Was heißt und zu welchem Ende studiert man Universalgeschichte‹ (Schillers Ästhetik versucht übrigens von einer nicht philosophisch gewordenen Kunst zu retten, was zu retten ist) die Konnotation von »Ziel«, »Zweck«, »Erfüllung«. Die so an ihr Ende gekommene Kunst, meint Danto, ist also nicht zum Stillstand gekommen, sie geht sozusagen weiter in die Breite. Kann es allerdings dann noch »Revolutionen«, entscheidende »Innovationen« im Reich der Kunst geben? Die nun sich ihrer selbst gewiß oder philosophisch gewordene Kunst, die, wie heute von Max Benses Informationsästhetik bis zu Stanislaw Lems Literaturtheorie bestätigt wird, ohne die Sphäre der Interpretation und den Rezipienten nicht existiert (und deren Werke, das sagte schon Goethe in den ›Maximen und Reflexionen‹ 167, zerstört werden, »sobald der Kunstsinn verschwindet«), kommt indes womöglich zu spät, insofern die Philosophie sich bereits hinter sich selbst gebracht hat. Wäre die vergebens philosophisch gewordene Kunst dann eine Gestalt abgestorbenen Lebens?

Wie auch immer, die heutige bildende Kunst, sofern solche Rubriken noch etwas taugen, hat jedenfalls den philosophischen Gedanken sich zu eigen gemacht und ästhetisch

---

[2] Hegel, Werke 3, S. 514.

transformiert. Von der gegenwärtigen Literatur kann man das nicht sagen. Die letztlich doch aufregenden Gedankenabenteuer der modernen Wissenschaften wie der heutigen Wissenschaftstheorien haben in der deutschen Literatur keinerlei Reflex gefunden; hier steht man noch auf der Seite schulmäßiger Gesellschaftskritik oder antirationaler Welthaltung. Die Literatur dieser Zeit ist dadurch äußerst trivial geblieben und steht unendlich unter dem Niveau abstrakter Gedankenkompositionen in der Philosophie. Stanislaw Lem hat verschiedentlich gezeigt, daß auch die Literaturtheorien einer falschen Integrierung des Wissenschaftlichen erlegen sind. Und Botho Strauß hat 1992 mit dem Bändchen ›Beginnlosigkeit‹ das Gehirn als erogene Zone und die Wissenschaften für sich entdeckt – natürlich vorwiegend in Gestalt der postmodernen Ikone Maturana – und in einem peinlichen Gebilde der Literatur Denken beizubringen versucht.

In den letzten Jahren wollten Hellhörige ein neues Bedürfnis nach Metaphysik, eine trotzig-reaktionäre Re-Metaphysizierung philosophischer Fragestellungen bemerkt haben. Nicht nur unter den Nachfahren des Neopositivismus in der amerikanischen analytischen Philosophie war Metaphysik lange kein Gesprächsthema mehr, auch in anderen Regionen der Philosophie mochte in den vergangenen zwei Jahrzehnten eigentlich niemand mehr in Metaphysikverdacht geraten. Metaphysik kann dabei, in grober Kennzeichnung, vorkantisch und auch wieder nachkantisch, als Versuch gelten, die Grenzen der Erfahrung denkend zu überschreiten und eigen-sinnig bei diesem Unterfangen sich auch noch als philosophische Wissenschaft zu fühlen. Die positivistische Kritik an diesem Verlangen nach der »Hinterwelt« steht, wie schon gesagt, quer zur Metaphysikkritik Heideggers, in der dieser das traditionelle Spekulationsspektrum umgekehrt als eine vom Seinsdenken abgekommene, hernach sich in Wissenschaft verirrende Fehlform wahrer Philosophie kennzeichnete. Er meinte, alle Metaphysik, einschließlich ihres positivistischen Gegners, spräche die Sprache Platos. Für Kritiker traditioneller Metaphysik als erfahrungsverachtende Begriffsdichtung ist wiederum Heideggers metaphysikkritisches Seinsdenken der krasse Fall einer ad absurdum zu führenden, oder besser zu ignorierenden Metaphysik.

Dem menschlich-allzumenschlichen Bedürfnis nach Metaphysik ist freilich durch Kritik seiner Ausgeburten im Grunde nicht beizukommen, und in der spezifisch deutschen, deutsch-idealistischen und später lebensphilosophischen Tradition hat dieses Bedürfnis sich ja tief und fest eingenistet. Vor etwa fünfzehn Jahren war man schon einmal genötigt, auf das metaphysische Rumoren zu reagieren, wenn es auch kaum noch als Herausforderung rationaler Weltorientierung ängstigte.

Was jetzt als Rückkehr zur Metaphysik, im nicht-heideggerschen Sinn, indiziert und moniert wird, ist vielleicht nur peripher, jedenfalls aber weitaus harmloser, nämlich etwas überwiegend Akademisch-Philosophisches, anders also als die Gefährdungen und Anödungen durch die Wellen aggressiver Irrationalismen und scharlataneser Irritation neuesten Datums. Dabei spukt allerdings Heidegger im Hinter- oder, in Frankreich, sogar im Vordergrund mit umher. Sein erneutes, in Frankreich nie verloren gegangenes Renommee kommt jetzt vorwiegend von der mißlungenen politischen Bewältigung der ersten deutschen Vergangenheit, wie man die NS-Phase im Unterschied zur jetzt zu bewältigenden zweiten deutschen Vergangenheit, der DDR-Phase, nennen könnte. Wie, nebenbei bemerkt, Heidegger in Frankreich gelesen und verstanden wird, bedürfte weit ausholender Überlegungen. In wieviele falsche Kehlen Hegel und vor allem Freud dort geraten sind, sorgt schon seit einigen Jahren für ungetrübte Skandale, an denen sich die Intellektuellen delektieren. Heidegger zu übersetzen – er selbst befand ja die romanischen Sprachen von Haus aus schlecht geeignet fürs Philosophieren – ist nahezu unmöglich; das gilt vor allem für die späteren Werke, aber auch im Fall des schon 1936 begonnenen, erst 1989 in die Gesamtausgabe aufgenommenen Bandes ›Beiträge zur Philosophie (Vom Ereignis)‹, den die Herausgeber »mit Fug und Recht« als zweites Hauptwerk des Denkers bezeichnen. Rundheraus gesagt ist das ein schlimmes Buch, vielen sicherlich als um so hohler sich erweisend, je radikaler und hintersinniger es auftrumpft. Es brächte wenig, daraus besonders gespreizt-platte Wortbohrungen zu zitieren, verbissene Onomatopöien, die Gedanken rein durchs Lautgeklingel evozieren sollen – welche »Gedanken«? Geziehen würde man, »aus dem Zusammenhang« zu reißen, und tatsächlich würde man ja auch damit der Sache und dem Mann nicht gerecht. Die Gefahr, in eine Art Raserei zu verfallen, Unausdenkbares zu denken, Unsagbares zu sagen, Wortloses zu Wort kommen zu lassen und was dergleichen unter Philosophen beliebte Wendungen mehr sind – Metaphysik zu »dekonstruktionieren«, ohne selbst in Metaphysik zu verfallen, wie Derrida das plante –, hatte Heidegger, so kann man sagen, gesucht und anscheinend ohne neurophysiologische und psychische Schäden überstanden. Er war jedenfalls einzigartig, er war er selbst. Ausdrücklich sagt er am Beginn seiner ›Beiträge zur Philosophie‹: »Niemand versteht, was ›ich‹ hier *denke:* aus der *Wahrheit des Seyns* ... das *Da-sein* entspringen lassen ...

Und der erste, der es einstmals begreifen wird, braucht ›meinen‹ Versuch nicht ...« Und die Frage nach der Wahrheit des Seins, sagt er, »ist und bleibt *meine* Frage und ist meine *einzige,* denn sie gilt ja dem *einzigsten* ...« Ermessen läßt sich schon aufgrund dieses Allerpersönlichsten, eigentlich nicht mehr Mitteilbaren, welcher Sorte von Philosophieren der Freibrief ausgestellt wird, wenn es weniger Begabte, weniger Einzigartige dazu drängt, dem Meister nachzueifern und Ähnliches zu Papier zu bringen. (»Wovon man nicht sprechen kann, darüber muß man schreiben – legen sie sich Wittgensteins Schlußwort zurecht.) Diesem war klar, daß seine »einzigste« Frage dem Zeitalter »als das nutzloseste Gerede erscheinen« mochte. Den Epigonen ist womöglich solche Einsicht verwehrt. Wenn der Meister aber unentwegt sich verlauten läßt, »die Seinsfrage ist der Sprung in das Seyn, den der Mensch als Sucher des Seyns vollzieht«, wenn ihm zufolge »wir Jetzigen ... nur die eine Pflicht« haben, »jenen Denker vorzubereiten«, wenn er »für die Seltenen« spricht, »die den höchsten Mut zur Einsamkeit mitbringen, um den Adel des Seyns zu denken und zu sagen von seiner Einzigkeit« – was anders ist das als das längst schal, ja lächerlich gewordene Künderpathos der frühen zwanziger Jahre, oder verspäteter Nietzsche; doch wie meilenweit entfernt von Nietzsches ehrlich eruptivem Pathos! Und wie erscheint das Seyn schließlich zu einer Art Substanz verdichtet, ja zu einem Über-Ding verhärtet!

Unzeitgemäßer eigentlich denn je hat Nietzsche in Deutschland, in Frankreich und auch bei einigen postanalytischen Philosophen, wenn solche Verkürzungen einmal erlaubt seien, ein neues, übermächtiges Ansehen errungen. Aber die regenerierte Nietzsche-Hochschätzung lag schon lange in der Luft. 1969, als man noch in der Moderne lebte, glaubte der Beobachter Nietzsche bereits ante portas zu entdecken. 1981 war dann der »Gekreuzigte« zweifellos wieder Heros oder Opfer des Zeitgeistes.

17. Nietzsche – unzeitgemäßer denn je
Über seine mögliche Wiederkehr

God is dead
Nietzsche
Nietzsche is dead
God
Amerikanisches Graffiti

Nietzsche dachte, schrieb, litt für die Wenigen, die Allerwe-
nigsten und am Ende wohl nur für sich selber. »Wer auf
eigenen Wegen geht, begegnet Niemandem« – das war
nicht bloß aus dem Ressentiment geboren. »Niemals zu den
Massen« wollte er reden, nur den ausgesuchtesten Ohren
sich mitteilen. (Im Schatten des Wahnsinns erst phantasierte
er von Millionenauflagen seiner Bücher.)

Wer von Floskeln wie »wir Erkennenden«, »wir freien
Geister« sich ins Vertrauen gezogen fühlt, wer beglückt mit
dem Kopf nickt, wenn gefragt wird: »hat man mich verstanden?«, zählt wahrscheinlich schon zu den Vielzuvielen.
Denn natürlich fürchtete Nietzsche mehr das Verstanden-
werden als das Mißverstandenwerden. Der »erste tragi-
sche Philosoph« jenseits des Pessimismus, der Halkyoniker
mit den – vorgeblich – »leichten Füßen«, der nach der glei-
ßendsten Mittagshelle dürstende Dionysiker hielt sich
schließlich für zu boshaft, um an sich selbst zu glauben.

Zu Nietzsches Sätzen hat man stets die Gegensätze hin-
zuzudenken, zu seinen kritischen »Wahrheiten« das andere
ihrer selbst zu suchen, will man ihm auf der Spur bleiben.
Nicht weglesen darf man über seine Versicherung, seine
Philosophie, das, was ihn bis in die Wurzeln seines Wesens
»malträtierte«, sei »nicht mehr mitteilbar«. (Dies Widersinnige teilt er, unter den Denkern unserer Epoche, nur mit
Wittgenstein, dessen Sätze man ja endlich als unsinnig
durchschauen und hernach wie Leitern wegwerfen sollte.)
Der Wahrheitssucher ohne Pardon schätzte die Maskerade,
forderte Ehrfurcht vor der »Maske«, die ihm zur Vornehm-
heit, zur »feineren Menschlichkeit« gehörte. (Aber, als nie
auskurierter Wagnerianer, verachtete er »den Schauspieler«). So schrieb er, wie er sagte, Bücher, um zu verbergen,
was er bei sich barg – »Wüsten« etwa. Und in der Zeit

seiner äußersten Klarsicht überfiel es ihn, seine geschriebenen und »gemalten« Gedanken, die einmal »so bunt, jung und boshaft, voller Stacheln und geheimer Würzen« waren, daß sie ihn »niesen und lachen« machten, seien schon bereit, »zu Wahrheiten zu werden: so unsterblich sehn sie bereits aus, so herzbrechend rechtschaffen, so langweilig.«

Nietzsche als »Lektüre«, sein Denken in »Volksausgabe«, sein Leben »erzählt«, seine Idiosynkrasien, sein Umsichschlagen zur »Gesellschaftskritik« aktualisiert, dergleichen – »hat man mich verstanden?« – sollte ihm nicht antun, wer seine erschreckende Erscheinung nicht zum »Philosophen« verharmlosen will. Mit höhnischer Überheblichkeit hat er sich vom »philosophischen Arbeiter«, vom »wissenschaftlichen Menschen«, vom »Gelehrten« – der er, als Philolog, auch einmal war – distanziert. Philosophie »als Kritik und kritische Wissenschaft – und gar nichts außerdem« – genau das also, was sie heute überwiegend ist und sein will – nannte er »eine kleine Schmach«. (Selbstverständlich hat er auch, in seiner dummerweise »positivistisch« genannten Phase, das Gegenteil davon gesagt.) Denkend entäußerte er sich bis zur Erschöpfung. Alles Versteckspielen – »das Eine bin ich, das Andere sind meine Schriften« – hat er sich selber unentwegt verdorben. Kaum je hat ein Philosoph seine Privatheit so ungetarnt veröffentlicht, seine Gedanken so ausgelebt, sein Leben so ausgedacht wie Nietzsche. Darin war er, rücksichtsloser als Kierkegaard, der erste, vielleicht der einzige »existentielle« Denker. Eine »Lehre«, die eine Nachfolge finden könnte, ist daraus nicht zu deduzieren. Und wenn es nach ihm beinahe die »Rangordnung« bestimmt, »wie tief Menschen leiden können«, wie unfaßbar ist er uns da geworden, die wir zum Streben nach Glück gleichsam verfassungsmäßig angehalten sind.

Woran Nietzsche gelitten hat, was ihn zum Schluß glauben ließ, mit ihm, mit seinen »schwersten Gedanken« könne er »die Geschichte der Menschheit in zwei Stücke zerbrechen« – also doch so etwas wie seine Philosophie –, darüber kann man heute nur noch die Schultern zucken, das hat, mit Habermas zu reden, »nichts Ansteckendes« mehr. Die überkommenen Werte, die »Herdenmoral« um- und abzuwerten, jenseits von Gut und Böse zu existieren – und jenseits von Schuld und Gerechtigkeit (Walter Kaufmann), jenseits von Freiheit und Würde (B. F. Skinner) und durchaus diesseits des Lustprinzips – das ist ja nun nicht mehr tollkühner Entschluß weniger »freier Geister«, das ist geradezu die Herdenmoral unserer Tage. Es ist unser »Nihilismus«. Der »europäische Nihilismus«, wie ihn Nietzsche als Folge einer Dekadenz des Vitalen heraufkommen sah, war ihm das historische Bewußtsein, die »Vernünftelei«, namentlich aber die »verlogene« bürgerlich-christliche Moral, die mitleidimprägnierte Ethik der Schlechtweggekommenen, die »Sklavenmoral« aus dem Ressentiment; darin sah er Ermüdung, Schwächung der Instinkte und »buddhistische« Verneinung des Lebenskräftigen.

Gegen diesen »Nihilismus« setzte er die »höchste Kunst« des »Jasagens zum Leben«, die – ganz und gar nicht darwinistische – »Höherzüchtung der Menschheit«, von der Morallosigkeit der »blonden Bestie« zur Moralfreiheit des »Übermenschen«. Die »schonungslose Vernichtung alles Entarteten und Parasitischen«, die er, im ›Ecce homo‹ einer »neuen Partei des Lebens« dabei zuweist, trifft die »Moral selbst als décadence-Symptom«; dumpf-buchstabengetreues Ablesen konnte freilich solch drastische Passagen ins Biologistisch-Handgreifliche eindeutschen und Vernichtungslager »philosophisch« damit rechtfertigen.

Otto Flake hat 1944 in seinem sehr vernünftigen, aber noch etwas zu sehr am Wortwörtlichen hängenden Nietzsche-Essay den sächsischen Denker kurzschlüssig mit dem Hitlerstaat assoziiert, wenn er vom Ende »des Systems« und dem – damals hundertjährigen – Jubiläum »seines Philosophen« spricht. Flake hatte allerdings vor Augen, wie der »Übermensch« – als »Vormensch« freilich – breitbeinig die Erde betrampelte, wüstes Zerrbild jenes lachenden Tragikers, den Nietzsche anvisiert hatte. Nietzsche, der »erste Psycholog«, war in den Dimensionen großer Politik oder epochalen Wandels keineswegs der unbeirrbare Diagnostiker und Hellseher, als der er gemeinhin immer noch gilt; da war er vielfach ein Träumer von fast Karl-May-hafter Weltfremdheit. Und seine »Götzen-Dämmerung« hatte längst schon eingesetzt, der Tod Gottes, von dem Zarathustra den »Hinterweltlern« so gestelzt glaubt künden zu müssen, war schon ein offenes Geheimnis. Während Nietzsche seine trüben Gedanken eines Willens zur Macht noch um- und umwälzte, begannen die Power-Eliten der Welt bereits Politik danach zu treiben, verbrämt mit ein wenig christlich-sozialer Herdenmoral.

Horkheimer versuchte 1937 in der ›Zeitschrift für Sozial-forschung‹ Nietzsche ins Lager der kritischen (marxisti-schen) Theoretiker herüber zu interpretieren, und auch Tho-mas Mann zitierte in seiner glänzenden Nietzsche-Studie jene bekannten, vereinzelten, mit Nietzsche zu reden »herz-brechend-rechtschaffenen«, Sätze, in denen er einmal dem Arbeiter, dem Sozialismus, wenn man so will, das Wort re-det; er, der bei jeder Gelegenheit seinen Abscheu vor dem »Socialismus«, dem »Democratismus«, der »Preß- und Frechheitsfreiheit«, dem Pöbel der »Zeitungsleser« bekun-det hat. Nein, auch für den Sozialismus oder die Demokra-tie – als Wege zum höchsten Glück der größten Zahl – läßt sich Nietzsche nicht mit Beschlag belegen. Dazu müßte man willkürlich das Webmuster seines Denkens – das bei allem Phasenwechsel sichtbar bleibt – auflösen.

Diesem Muster eingewoben ist der fahle Ungedanke von der »Ewigen Wiederkunft des Gleichen«. Nietzsches »ab-gründlicher Gedanke« soll das sich endlos streckende Werden ins Zyklische umbiegen und ihm dadurch ein Quasi-Sein verleihen. »Die ewige Sanduhr des Daseins wird immer wieder umgedreht.« Um solch ewige Wiederkehr hinzunehmen, wie, fragt Nietzsche, müßte man sich selber und »dem Leben gut werden!«. Es wäre dies die unbeding-teste Weise eines Ja-Sagens zum eigenen Dasein in all sei-nen Äußerungen und Verstrickungen. Insofern der »Wille zur Macht« diese Lebensbejahung ausdrückt, verwandelt er sich in Ergebenheit, ins Nicht-mehr-Wollen eines *amor fati*. Kenntlich wird damit, worauf Hannah Arendt in ihrem letz-ten Buch noch einmal hinwies: auf des Willensphilosophen Nietzsches »Verwerfung des Willens«, sofern er frei, unge-bunden sein will.

Doch auch dies verstiegene Gedankenexperiment einer ewigen Wiederkunft wird heute niemanden weder überwäl-tigen noch schockieren, dazu ist es zu blaß, zu lebensfern. Nietzsche war sich selber nie klar, ob er ihm empirischen Gehalt zukommen lassen sollte. Spät bekennt er allerdings einmal, der tiefste Einwand gegen die Idee der ewigen Wiederkunft sei ihm »immer Mutter und Schwester« gewesen.

Nietzsches gehämmerte Lehre vom gewissenlosen, geistfeindlichen Übermenschen, sein lebensphilosophischer »Irrationalismus«, wie man das vorwitzig genannt hat, sind, selbstverständlich, Produkt äußerster Reflexion, neben dem »Leben« stehender spiritueller Tortur; so wie der Dionysiker Nietzsche sich apollinisch in Zucht hielt, das »vollkommene Buch« beispielsweise reiflich erwog, bis in die Wortwahl, den Stil, die Form: »Überwindung der Demonstration; absolut persönlich«, »alle Probleme ins Gefühl übersetzt, bis zur Passion«, »das Werk auf eine Katastrophe hin bauen« (so notiert in den ›Nachgelassenen Fragmenten‹ aus dem Jahre 1887).

Kultiviert, stilisiert ist schließlich noch sein Deutschenhaß. Daß er, der Deutsche (von angeblich polnischer Herkunft) allem, was deutsch ist, in seinen »tiefsten Instinkten« so fremd sich fühlte, »so daß schon die Nähe eines Deutschen meine Verdauung verzögert«, versteht sich, wenn man das Urdeutsche, ja Teutonische in Nietzsche durchschaut. Nietzsches Werk, sein Lebenswerk, ist, ungeachtet seines rabiaten, ans Masochistische grenzenden Wahrheitsdrangs doch auch in hohem Maße ästhetisches Konstrukt, zuletzt raffinierteste Selbstinszenierung. Das heißt auch: An der »Bewußtheit als Krankheit«, die er allenthalben diagnostizierte, litt er selbst am heftigsten – und vielleicht ist er daran zugrunde gegangen.

Nietzsches Denk-Passion war, bis zum Wahn, ein dialektisches Tänzeln in Widersprüchen, die sich möglicherweise aufheben, wenn man sein Werk im ganzen betrachtet und wenn man es chronologisch liest: Man muß wissen, wann was geschrieben wurde ...

Nietzsche, der Unzeitgemäße, bleibt unzeitgemäßer denn je. Die Nietzsche-Renaissance ist ein Mißverständnis. Auffällig ist allerdings die Zahl meist biographischer Publikationen, die das kolossale Unternehmen einer kritischen Gesamtausgabe pünktlich flankieren. Das könnte als Nietzsches Wiederkunft mißdeutet werden. Vermutlich handelt es sich um Koinzidenzen oder angezettelte Konjunkturen. Fast alle dieser Porträts wollen das Denken Nietzsches durch eine sorgfältige Bestandsaufnahme seiner bürgerlichen Lebensumstände plausibel machen ... Man meint, gestützt auf einen einzigen Nietzsche-Satz, Nietzsche dem Denker beizukommen, wenn man wacker allen Spuren seines Erdendaseins nachgeht.

Andersherum stimmt es eher: Was Nietzsche gedacht hat, das macht sein Leben aus. Am besten ist man immer noch beraten, Nietzsche, den bezwingenden, unvergleichlichen Sprachmeister, selber zu lesen ... In dem zähen Bemühen, uns den Außenseiter Nietzsche nahezubringen, ihn eines – linksseitigen – »Erkenntnisinteresses« für würdig zu erweisen, geht allerdings unter, wie weltenfern unser Erkenntnisinteresse zu dem Nietzsches geraten ist, der nämlich den Philosophen zum »Befehlenden und Gesetzgeber« erhob, Erkennen als »Schaffen« bestimmte.

Und jener andere Nietzsche, der aristokratische, boshafte, selbstquälerische Ent-Decker, der in die verstecktesten Ecken und Winkel des Allzumenschlichen leuchtete – und der eigentlich allzeit »aktuell« war –, kommt in all dem abgedruckten Vermischten kaum zum Vorschein. Vielleicht ist dieser trübe Befund dadurch zu erklären, daß sich aus Nietzsches existentiellem Denken nirgends so etwas wie Theorie abstrahieren läßt; daß es womöglich gar nicht mehr die Inhalte, die Gedanken selbst sind, die unser Interesse an Nietzsche immer neu beleben, sondern die Leidenschaft, die Ergriffenheit dieses Denkens oder gar nurmehr dessen Stil, die endlich verzweifelt fuchtelnde Sprach- und Denkgebärde dieses Menschen, der aus menschenleerer Einsamkeit am vernehmlichsten immer zum einzelnen spricht und vom einzelnen, nicht von Kollektiven, gehört wird.

Nietzscheaner fühlt sich gleichsam jeder auf eigene Faust. Dabei treibt natürlich die Nietzsche-Interpretation die süßlichsten und giftigsten Blüten. Ungerührt von Nietzsches Ironie hatte beispielsweise Gottfried Benn den Denker zum »Traum« verklärt. »Wir gehn keinen Schritt mehr«, stammelte der Dichter 1950, »ohne Anbetung dieses Traums.« Rund dreißig Jahre später fiel einem der jüngsten unter seinen Verächtern, dem *nouveau philosophe* André

Glucksmann, zum »Meisterdenker« Nietzsche das Folgende ein: »Er sagt alles, das 20. Jahrhundert muß ihn nur wortwörtlich lesen, auf sein Wort hören und die Laterne der Gulags an seiner Redlichkeit entzünden.« Ihn »wortwörtlich« lesen – böser könnte das 20. Jahrhundert nicht noch einmal auf den »Grübler und Rätselfreund« Nietzsche hereinfallen.
(1981)

Daß er den Nihilismus heraufredete und einem unbändigen »Leben« huldigte, daß er einen sozusagen persönlichen Anti-Humanismus predigte, daß er metaphysische Hinterwelten verspottete und doch auch ein Anti-Antimetaphysiker war, daß er den Historismus, damit den Relativismus als verzehrende Sucht erspürte, daß er ein volldeutscher Verächter des Deutschen war – all dies Seherische und Widersprüchliche und verzweifelt Erdachte und Erspürte hat sozusagen in jeder Saison seine schaudernden Bewunderer. Das Aphoristische und Unsystematische verlockt überdies, wie im Fall Wittgenstein, zum eigenen improvisierenden Grübeln über Ewigkeits-Themen. Und Nietzsches Sprachzauber, wer erliegt ihm nicht, zu gewissen Zeiten! Die neueste Wiederkunft Nietzsches wird man demnächst im östlichen Deutschland erleben; dort unter anderen hatte ihm ja Georg Lukács das Grab geschaufelt.

Heidegger, Nietzsche, Freud, Hegel, Marx, gelegentlich, um nicht provinziell zu erscheinen, der sentenziöse späte Wittgenstein – in dieser Besetzung spielt das philosophische Theater seit gut eineinhalb Jahrzehnten in Frankreich gleichsam vor vollem Hause. Der schärfste Kritiker dieser Aufführungen, Luc Ferry, sieht darin nur »epigonale Auswüchse«, die sich der Hingabe an deutsche Meisterdenker verdanken. Versetzt mit einigen eigenen Gedankensträhnen ist dort drüben in der Tat ein bis dahin nicht gekannter postphilosophischer Teig entstanden, der gleichwohl »weltweit«, vor allem in Kalifornien, versteht sich, und bei der damaligen *American cultural left,* aufgegangen ist. Jacques Derridas »grammatologische« Spekulationen zur Schrift, in Differenz zur unmittelbar »präsenten« Stimme, und sein daran geknüpftes Programm metaphysischer Dekonstruktion aus den sechziger Jahren, des Titels ›L'écriture et la différance‹ (Die Schrift und die Differänz), stehen bei allen Verrenkungen, sich von der kritisierten philosophischen Tradition abzusetzen, in dieser Tradition, wenn auch als bunte Vögel. Zur antiplatonischen Hypostasierung der Schrift, des Geschriebenen, auf Kosten der Stimme und des Gesprochenen, die das Gegenwärtige, die Präsenz begünstige, imaginiert er eine ganze »Metaphysik der Präsenz«, die es abzubauen gelte. In sehr vielen philosophischen und literarischen Texten, behauptet er, werde »immer wieder gesagt, daß die lebendige Rede mehr wert ist als die Schrift. Der Buchstabe ist tot, die Rede hingegen ist lebendig.« Aber das Gegenteil ist doch der Fall. Wir leben in einer Schriftkultur, die dem gesprochenen Wort und der lebendigen Rede, trotz der Talkshow-Schwemme, weniger denn je traut, und in der, wie schon der Volksmund sagt, nur der bleibt, der schreibt. Von »Phonozentrismus«, oder verwirrender von »Logozentrismus« (*logos* dann also als gesprochene Rede) als Monopolisierung des Gesprochenen zu reden, stellt die Dinge auf den Kopf.

Aber es sind ja nicht diese letztlich noch argumentativen Schriften Derridas, die so ärgerlich machen, daß Cambridge ihm den Ehrendoktor verweigerte – mit Begründungen, die in einigen Punkten freilich an den Prozeß des Sokrates gemahnen –, sondern jene spätere Schreibe, die ihn über literarische und philosophische Maßstäbe hinaustreiben läßt. Derrida will anscheinend nun schon dadurch seinen Rang beweisen, daß er in keiner Weise mehr referierbar ist; ein Prädikat, auf das seit Heidegger und Adorno gewisse orakelnde Philosophen, die sich für originäre Denker halten, erpicht sind. Von rührender bis ärgerlicher Hilflosigkeit und Konfusion sind folglich in neuesten Nachschlagewerken die Interpretationsversuche an den Derridaschen Schriften.

Derrida ist wohl just deshalb für viele, die ohne Guru offenbar nicht leben mögen, der bewunderte Postphilosoph oder Poststrukturalist – was er nicht sein mag – geworden, der, wie sie meinen, über die Aporien, Paradoxien und fatalen Selbstbezüglichkeiten hinaus sei. Richard Rorty feiert so Derridas zweibändige Schrift ›Die Postkarte. Von Sokrates bis an Freud und jenseits‹ als nicht einzuholenden philosophischen Bewußtseinsstand. Derrida macht in dieser Schrift seinem poetischen Ehrgeiz Luft, was verheerende

Folgen hat. Noch in der albernsten Anspielung aber sehen seine Bewunderer den raffiniertesten Denkkünstler am Werk, noch aus der verschmiertesten Allegorik wollen sie Poesie saugen. Rorty ist höchst angetan von Derridas »Rückzug in private Phantasie«, und die erste Hälfte von dessen ›Postkarte‹, bezeichnet als ›Envois‹ (Lieferung), entringt ihm den Superlativ: »Die unglaubliche Dichte von ›Envois‹ – eine Dichte, die wenige andere Schriftsteller und kein einziger Philosophieprofessor der Gegenwart erreicht haben ...« Ja, da muß man nun doch etwas aus Derridas ›Postkarte‹ zitieren, und da kann man hineingreifen, wo man will, so oder so ähnlich liest es sich: »... ich bin noch nicht wieder zu mir gekommen von dieser offenbaren Katastrophe: Platon hinter Sokrates. Dahinter ist er immer gewesen, dachte man, aber nicht so. Ich, ich habe es immer gewußt, und sie auch, die beiden meine ich. Was für ein Paar. Sokrates kehrt *le dos* zu Platon, der ihn hat schreiben machen, was er wollte, indem er so tat, als empfange er es von ihm. Diese Reproduktion wird hier als *post card* verkauft, hast Du gesehen, mit *greetings* und *address* ...« Durch gut siebenhundert Seiten solch fader Geistreicheleien hat man sich durchzuarbeiten, im Wechsel mit lyrischen Ergüssen wie : »Den 5. Juni 1977 Du gibst mir die Worte, Du erlöst sie, eins nach dem anderen befreit, die meinen, indem Du sie gegen Dich kehrst und sie an Dich richtest – und ich habe sie nie so sehr geliebt, die gewöhnlichsten ganz rar geworden, nie auch so geliebt, sie zu verlieren, sie im Vergessen zu zerstören in eben dem Augenblick, in dem Du sie empfängst, und dieser Augenblick würde fast allem vorausgehen, meiner Sendung, mir selbst, sie im Vergessen zu zerstören, vor mir, damit sie nur ein einziges Mal stattgehabt hätten ...« (S. 19).

Philosophie hat sich da, für den Beobachter, verkehrt zu dem, was Rorty als eine Möglichkeit, seine Möglichkeit nennt, Derrida zu sehen: »ein privater Schriftsteller, der zum Vergnügen von uns Insidern schreibt ..., die dieselben ziemlich esoterischen Dinge so spaßig oder schön oder bewegend finden wie er ...« Normalität ist da schon, so findet der Beobachter, erträglicher als zur Normalität gewordene Exzentrik.

Derrida selbst sagt in einem Gespräch, es läge »in der Logik der *déconstruction*«, die »Normen und Formen des

Schreibens selbst, des Textes, zu überschreiten und zu verändern. Solange man innerhalb der klassischen Form des Buches bleibt, ohne die überkommenen Mittel des Schreibens und der Beweisführung in Frage zu stellen, so lange bleibt man im Hergebrachten, in der institutionellen Rhetorik, in der klassischen Normativität, ganz gleich wie neu der Inhalt des Buches ansonsten auch sein mag«. Und ihm ist daran gelegen, »die Mechanismen nicht nur des Satzbaus, der Zitierweise und der Seitengestaltung zu verändern«, es geht ihm auch um die Dekonstruktion »der vorgegebenen Form ›Buch‹«. Und mit seiner Wortschöpfung »Differänz«, als Andersheit, Abtrennung, Verzögerung meinte er ja schon eine andere Logik; »die«, so erläutert er, »ist weder dialektisch noch beruht sie, wie die etablierte, auf dem Gegensatz (und natürlich auch nicht auf der Identität)«. Was so herbeigesehnt wird, käme etwa dem gleich, im herkömmlichen, zweidimensionalen Fernsehen die Dreidimensionalität von Laserbildern demonstrieren zu wollen. Aber so wenig man dies zuwege bringen kann, oder sich das dritte Geschlecht oder den sechsten Sinn vorstellen, ja kaum denken kann, so armselig sind die Visionen einer radikal alternativen Logik oder ein der üblichen Sprache sich verweigerndes Schreiben geblieben.

Die Raserei, alles von Grund auf abzureißen, um etwas »ganz Anderes« – was, das kann man natürlich noch nicht sagen – an seine Stelle zu setzen, selbst das Buch, das Schreiben, das Lesen total umzukrempeln, um den Preis, nicht mehr verstanden zu werden – das verrät ein pubertäres Elitebewußtsein und einen infantilen Drang, bis zur Erschöpfung über den eigenen Schatten zu springen. Diese Form von Revoluzzertum ist es, die die Philosophie allmählich lächerlich oder verächtlich macht. Tatsächlich, findet ein »Formalist« wie Stegmüller, gibt es kaum ein philosophisches Problem, »das sich nicht zu einer Art von Paradoxie verschärfen ließe«. Derridas Geschriebenes ist aber nicht die Paradoxie, sondern mehr der unartikuliert ausgestoßene Laut, den Wittgenstein sich verkniffen hat.

Das meinten wohl auch neunzehn prominente Philosophen, darunter Willard van Orman Quine, David Armstrong, Rudolf Haller und Hans Albert, die sich in Leserbriefen an die Londoner ›Times‹ gegen die Verleihung der

Ehrendoktorwürde der Universität Cambridge an Derrida wandten, ein Akt philosophischer Selbstkontrolle gewissermaßen.

Ein anderer französischer Denker, Michel Foucault, der sich zögernd nur als Philosoph sah, primär als eine Art Historiker und Archäologe des Kulturellen, hat ebenfalls nicht zuletzt über amerikanische Intellektuellenkreise, kaum bei Philosophen zunächst, den Ruf einer Jahrhundertgestalt erlangt. Von sich reden als einem Kommenden machte Foucault unbegreiflicherweise schon durch seinen Werkplan, den er in der Antrittsvorlesung am Collège de France im Dezember 1970 unter dem Titel ›L'ordre du discours‹ (Die Ordnung des Diskurses) vorlegte. Das Ganze ist eigentlich eine Liste von Typen, über etwas oder von etwas zu reden. Durchbrochen werden sollen dabei gewisse Ausschließungen und Verbote – etwa im Bereich der Sexualität, der Geisteskrankheit, der Politik –, die die öffentlichen »Diskurse« restriktiv in ihrer Form festlegen und dadurch Macht ausüben. Noch der Wille zur Wahrheit wird als Wille zur Macht enttarnt. Der nachgerade paranoide Eifer, mit dem der »Wahnsinn« gegen die »Vernunft« – das sind Foucaultsche Termini – in Schutz genommen wird, schlägt sich auch im Stil nieder, der von Foucault-Fans als hochpoetisch, seinen Gegnern als Wortsalat klassifiziert wird. Hayden White, ein scharfsinniger Interpret des Narrativen, der historischen Erzählform, die er, in den Fußstapfen von Benedetto Croces ›Die Geschichte auf den allgemeinen Begriff der Kunst gebracht‹, der kausal-naturwissenschaftlichen Erklärung an die Seite stellt, ist hingerissen von Foucaults »Historiographie des Antihumanismus«, aus der er mit peinlicher Sorgfalt die folgenden Redefiguren herausliest: »Paradox, Oxymoron, Chiasmus, Hysteron-Proteron, Metalepse, Prolepse, Antonomasie, Paronomasie, Antiphrase, Hyperbel, Litotes, Ironie usw.«. Foucaults Diskurs, versichert White, »strebt nach der Auflösung des Diskurses selbst« – wie könnte es anders sein! »Deshalb nenne ich ihn katachretisch«, was ja bedeutet »schlechtes Wortbild«, »Mißbrauch eines Wortes«. So raffiniert ist das. »Kein Diskurs für ›Normalbürger‹«, ergänzt White. Deshalb doch noch, für uns Normalbürger, eine Stilprobe aus Foucaults ›Die Ordnung des Diskurses‹: »Das unendliche Gewimmel der Kommentare ist vom Traum einer maskierten Wiederholung durchdrungen: an seinem Horizont steht vielleicht nur das, was an seinem Ausgangspunkt stand – das bloße Rezitieren ... Die offene Vielfalt und das Wagnis des Zufalls werden durch das Prinzip des Kommentars von dem, was gesagt zu werden droht, auf die Zahl, die Form, die Maske, die Umstände der Wiederholung übertragen ...« Genau so geht es den ganzen Vortrag über; eine Lesequal, hinter der keine Belohnung wartet, nichts, nicht einmal ›Spiele der Wahrheit‹, wie sich bezeichnenderweise ein Sammelband zu ›Michel Foucaults Denken‹ nennt[1]. Der Wahnsinn wurde ganz und gar nicht aus dem »Diskurs« ausgesperrt – nein, er triumphiert. »Oubliez Foucault!«, mit Baudrillard, und gleich auch »Oubliez Baudrillard!«.

Der Antihumanismus kündigt sich bei Foucault in seinem Buch ›Die Ordnung der Dinge‹ mit dem Schlagwort vom »Tod des Menschen« an, etwa zugleich mit dem Gerede vom »Tod des Subjekts«, das wie eine Krankheit ausbrach und sich zur Seuche auswuchs.

Alt-behavioristisch wurde das Ich bloß geleugnet, weil es sich aller Objektivierung entzöge. Ebenfalls aus einer völlig anderen Richtung kommt die wissenschaftstheoretische Kritik an der Subjektivität in der Philosophie unseres Jahrhunderts etwa von Russell bis Karl Popper, der beispielsweise an einer Erkenntnis »ohne erkennendes Subjekt«, also, scheinbar platonistisch, an selbständiger, objektiv gewordener Erkenntnis einer Welt festhält. Die zu unterdrückende »subjektive Meinung« vor allem in den Wissenschaften bestätigt ja Subjektivität, eben indem sie sie in gewissen Fällen ausschalten möchte.

Dreifach anders geht nun die Rede vom Tod des Subjekts oder vom Untergang des Subjekts: Die einen, die sich darauf einließen, beklagten oder bestritten den Untergang oder Tod des Subjekts (zum Beispiel Manfred Frank, der die feinen Unterschiede zwischen Ich, Individuum, Person und Subjekt vor dem Verwischen bewahren möchte). Metaphorisch gesprochen gibt es allerdings so etwas wie ein Verschwinden der Subjekte oder der Iche oder der Einzelnen hinter Parteien, Verbänden, ungreifbaren Kollektiven, ein Sichverlieren in der Anonymität delegierter Prozesse, Zuständigkeiten

[1] Hrsg. v. F. Ewald und B. Waldenfels. Frankfurt a. Main 1991.

und Verantwortungen in Wirtschaft, Politik und der verwalteten Welt überhaupt. Von der Ohnmacht des Subjekts zu sprechen wäre durchaus sinnvoll und nicht übertrieben.

Andere diagnostizierten hingegen genüßlich den letalen Ausgang oder betrieben selbst den »Prozeß gegen das Subjekt« und trachteten »die Philosophie unmenschlich zu machen«, wie Jean-François Lyotard oder Foucault oder, in anderem Sinn, Louis Althusser. Und oft steckt absurderweise hinter einem blanken Anti-Individualismus, der sich in Polemiken gegen einen angeblich modernen »hypertrophen Individualismus« ausließ und vielfach aus marxistisch-kollektivistischer Uniformierungswut genährt wurde, so etwas wie die Vision eines Post-Individualismus; hier setzt dann die dritte Redeweise vom Tod des Subjekts ein, die von der Überwindung, Aufhebung und Transformation der Subjektivität oder des Subjekts in Intersubjektivität kündet; ›Jenseits des Subjekts‹, wie ein Buch des »schwachen Denkers« Gianni Vattimo heißt, ist dann der Mensch – wer ist das dann? – endlich von seinem harten Kern befreit, aus dem heraus die bösen, gesellschafts- und naturzerstörenden Mächte ihre Herrschaft ausüben.

Eine Entwertung des Subjekts als Person und Individuum ist daneben durch jene *façon de parler* geschehen, die, im Taumel neuer kybernetischer Perspektiven, »den Menschen« als informationsverarbeitendes System bestimmte und den Begriff der Information zu einem mystischen Zwitter zwischen Geist und Materie aufbauschte. Im Lauf der Jahre haben sich für geistige, kognitive Tätigkeiten analog zur einstigen Mechanisierung von Lebensprozessen informationstheoretische Neuprägungen eingeführt, so daß aus dem Gedächtnis ein Datenspeicher, aus der Erinnerung der Zugriff zum Speicher wurde, und ganz generell das Denken mit Informationsverarbeitung gleichgesetzt wurde. Diese unterkühlte Terminologie befreit zwar von der alten Apotheotik des Geistigen, löscht aber damit zugleich das kreative Individuum aus. Information wird heute, in immer komplexeren Modulen fertig verarbeitet, gleichsam in die Leihgehirne zu vergleichenden, persönlichen Datenbanken geschoben und »Wissen« damit total entpersönlicht. Wie sich Information als »erfahrungsfreies« Wissen »ohne Kenntnis seines Werdens« an die Stelle erworbenen Erfahrungswissens setzt, dem ist Jürgen Mittelstraß in einem bemerkenswerten Essay nachgegangen[2].

Der Antihumanismus, eine für Intellektuelle so schrecklichschön klingende Metapher, in der die Humanismuskritik Heideggers nachhallt, meinte schließlich etwas Harmloses, im Grunde »Humanistisches« hinter der schaurigen Wortkulisse: eine Menschlichkeit, die die unmenschlichen Verkehrungen im Namen des Humanismus und selbst des Individualismus und der Vernunft abschafft; eine Dialektik der Aufklärung, die, wie Foucault 1983 zugab, hätte er sie gekannt, ihm »viele Umwege der letzten Jahre« (so sein Interpret Ralf Konersmann) »erspart« hätte. Gewundener, unleserlicher und in gewisser Weise sogar anachronistischer als die derzeitige französische Philosophie war lange keine mehr. Ihr gegenüber gibt es nur eine Entscheidung ohne dialektische Vermittlungstricks: Man läßt sich auf sie ein, versinkt im Moor der Worte, oder man tut sie ab als in vielerlei Hinsicht inhuman. Solche Wahl, schreibt Georg Henrik von Wright bei ähnlicher Gelegenheit, sei gewissermaßen in Anführungszeichen existentiell. »Es ist die Wahl eines Standpunktes, der sich nicht weiter begründen läßt.«[3] Begründen nicht, meint dagegen Popper, aber der Mythos des Standpunktes (*the myth of framework*) läßt sich seiner Ansicht nach durch Kritik aufbrechen. Ist die Unhintergehbarkeit des Standpunktes aber wirklich nur ein Mythos?

Was zur französischen Philosophie der jüngsten Zeit zu sagen ist, sagt André Gides Bernard in den ›Falschmünzern‹, nämlich daß er »gegen den Geist der Sorglosigkeit, der spielerischen Selbstgefälligkeit, der tändelnden Ironie, kurz: gegen das, was vielfach ›französischer Geist‹ genannt wird und was uns im Ausland gelegentlich einen so beklagenswerten Ruf verschafft hat«, aufbegehre. »Ich habe gesagt, daß man darin nicht einmal das Lächeln Frankreichs, sondern höchstens seine Grimasse erblicken dürfe; daß der wahre Geist unseres Landes ein Geist der Forschung, der Logik, der Hingebung, der geduldigen Erkenntnis sei.«

[2] Jürgen Mittelstraß, Der Verlust des Wissens. In: Leonardo-Welt. Frankfurt a. Main 1992.
[3] Erklären und Verstehen. Frankfurt a. Main 1991.

In Deutschland hat sich kaum ein anderer so weit und so distanzierend mit den französischen Modeströmungen eingelassen wie Jürgen Habermas. Mit Hilfe großflächiger und dadurch hinreichend unscharfer Epochenbegriffe wie »die Moderne« und provoziert durch den noch verwascheneren Slang von der »Postmoderne«, trat er den französischen Antirationalisten als Verfechter einer universellen Rationalität und über Wasser gehaltenen Vernunft entgegen. Dem Beobachter spiegelte sich Habermas' Kritik an der gleichwohl bewunderten Antiphilosophie und der verlorenen *clarté* der Nachbarn jenseits des Rheins so: Was den Beobachter damals verwunderte, war die Rolle des Apologeten der Rationalität, in der Habermas, dem vormals selbst eben dies bestritten wurde, den französischen Irrationalisten entgegentrat. Und schwerfällig schien dem Beobachter dieses Buch darum, weil auf dem Umweg über die Kritik an den französischen Neostrukturalisten und Postmodernen das eigene Programm einer »Universalpragmatik«, die am Ende einer aus vielerlei Quellen genährten Sprachphilosophie oder Philosophie der Rede steht, überzeugend gemacht werden soll. Dazu hat er seine Gegner auf das Podest gehoben, allzu häufig als »genial« markiert, damit man auch ja merkt, wen er da niederringt. Aber schon diese Hochschätzung war und ist für viele die erste Fehleinschätzung, die Überschätzung zeitgenössischen, auch modischen französischen Räsonnements. Alles in allem erschien es dem Beobachter dieses Diskurses, als sollte die Dialektik der ›Dialektik der Aufklärung‹ aus ihrer Aussichtslosigkeit in eine andere, übergreifende Dimension gerettet werden. Beängstigend erschienen ihm die Riesenschritte, mit denen dabei die Bewußtseinsgeschichte »der Moderne« durchmessen wurde und der selbstgewisse hermeneutische *drive*, der in die vorgesehene Richtung zwang.

18. Pathologie der Moderne
Jürgen Habermas versucht, die Dialektik der Aufklärung fortzuführen

I.

Die Moderne, die Marx in der Lokomotive versinnbildlicht sah, muß sich als schlechthin neue Zeit, ohne Rückgriffe und Vorbilder ihrer selbst vergewissern. Hegel glaubte diese neue Zeit mit dem Allzweck-Begriffspaar »Entzweiung« und »Versöhnung« – einer Version von »Fall« und »Erlösung« – in Gedanken fassen und ihr den Weg weisen zu können.

Die Entzweiungen, etwa von Wissen und Glauben, Intellekt und Leben, die ein wachgewordenes Selbstbewußtsein, hernach eine zersetzende, später instrumentell genannte Vernunft angerichtet hätten, sollten gleichwohl durch die nämliche, aber sozusagen total vernünftig gewordene, später emanzipatorisch genannte Vernunft aufgehoben, »versöhnt« werden. Die damit gesetzte Selbstbeziehung der Vernunft – erinnernd an den durch Beelzebub auszutreibenden Teufel – beschreibt ein Reflexionsmuster, das die modernen, monadischen Subjekte ins Uferlose zu treiben droht.

Alle bis auf den heutigen Tag metakritisch durchgespielten Programme einer Kritik der Vernunft durch Vernunft, einer sich über sich selbst aufklärenden Aufklärung scheinen so im Bodenlosen, in Aporien sich verlieren zu müssen. Die entfesselte abendländische Rationalität bildet aus sich heraus anscheinend kein Totum und kein Zentrum mehr, an dem sie ihr Genügen, ihren Halt fände. Augenscheinlich hat sich die Moderne zu einem automatisch abschnurrenden sozio-ökonomischen und technologischen Modernisierungsprozeß verselbständigt, der Sachzwängen unterliegt und keines sinnstiftenden Bewußtseins mehr bedarf.

Unter diesen Auspizien haben überwiegend französische Intellektuelle, in Regression freilich auf deutsch-irrationales Gedankengut bei Nietzsche und Heidegger, dem Prinzip Vernunft den Rücken gekehrt und sich von der Veranstaltung der Moderne samt der ihr eingeschriebenen Dialektik der Aufklärung verabschiedet. Sie glauben im Jenseits einer »Nachaufklärung« oder einer »Posthistoire« oder »Postmoderne« Fuß gefaßt zu haben und von hier aus, neukonservativ oder anarchistisch, dem Lauf der Dinge zuschauen zu können. Von diesen postmodernen Neostrukturalisten vor allem hat sich Jürgen Habermas erklärtermaßen zur demonstrativen Fortführung des Programms einer zweiten oder dritten Aufklärung provozieren lassen.

In dem unerhört dicht gesponnenen, stoffgespickten, konzentriert gedachten, aber auch begriffsverwirrenden, nicht leicht zu lesenden Band ›Der philosophische Diskurs der Moderne‹ versucht Jürgen Habermas

erstens die Notwendigkeit und Logik dieses Diskurses und Gegendiskurses der Moderne mit und über sich selbst aus Prinzipien einleuchtend zu machen;

zweitens vorzuführen, wie die jüngsten Aussteiger aus diesem Diskurs sich, nicht anders als die bornierten Aufklärer, in Widersprüchen verfangen und die Problematik der Moderne bloß unterlaufen;

drittens zu überzeugen, daß Rationalitätskrisen nur rational zu bewältigen sind – »nicht ein Zuviel, sondern ein Zuwenig an Vernunft« diagnostiziert Habermas am abendländischen »Logozentrismus«, einer Neuformulierung seines alten Vorwurfs der halbierten Rationalität der Positivisten.

Jetzt aber kann er mit seinem vor fünf Jahren abgeschlossenen *opus magnum,* seiner gut elfhundertseitigen Theorie kommunikativer Rationalität, dem Zweifelnden winken. Der ›Diskurs‹-Band steht offensichtlich im Sog dieser großen ›Theorie des kommunikativen Handelns‹, auf sie hin weist er ständig über sich hinaus.

Zum mächtigen Orgelton des ›Diskurs‹-Buches sind in dem Bändchen ›Die Neue Unübersichtlichkeit‹ die frechen Flötentöne in politischer und ästhetischer Tonart notiert. Hier kann man sich von den ermüdenden philosophischen Verrätselungen im ›Diskurs‹-Buch bei umgangsdeutschen Illustrationen auffrischen. Gleich im Eröffnungsaufsatz über ›Moderne und postmoderne Architektur‹ ist mit hoher Bildschärfe projiziert, was andernorts durch hermetische Begriffe verstellt ist; in »Bemerkungen« oder »Interviews« unter der Rubrik ›Klarstellungen‹ läßt sich tagespolitisch-polemisch hören, was im Habermasschen Theoriejargon vielfach bis zur Unverständlichkeit formuliert ist.

II.

Die »Gleichsetzung von Glück und Emanzipation mit Macht und Produktion hat das Selbstverständnis der Moderne von Anbeginn irritiert«. Dementsprechend, so ist zu schließen, befindet sich gegenwärtig eine ganze Generation auf Identitätssuche. Die Moderne – dem Wort haftet das Air gestriger Moden an – sieht sich in die Auseinandersetzung sowohl mit sich selbst als auch mit ihren Verächtern verwickelt, eine Situation, für deren Kennzeichnung Habermas auf die französische Modevokabel vom »Diskurs« nicht verzichten mochte.

Zu Beginn seines philosophischen »Diskurses« erinnert er daran, daß seit Max Weber der okzidentale Rationalismus als Markenzeichen der Moderne galt, nämlich in Gestalt der – naturwissenschaftlichen: das vergißt Habermas zu sagen – Entzauberung der Welt, wie sie mit der bürokratischen Ausdifferenzierung staatlicher und wirtschaftlicher Branchen (Macht und Geld) sowie der Verselbständigung von Wissenschaft, Kunst und Moral bis hin zur Durchrationalisierung alltäglicher Lebenssphären kapitalistisch *fait accompli* wurde.

Unter dem Stichwort »Modernisierung«, so meint nun Habermas, sei in den letzten Jahrzehnten diese Webersche Fassung der Moderne folgenschwer verallgemeinert worden. Danach machten die nunmehr globalen, sozio-kulturellen Wandlungen aller Art den die Moderne charakterisierenden Begriff eines abendländischen Rationalismus entbehrlich. Zugleich erlaube der evolutionsartig verselbständigte Fortschritt von nun an scheinbar die Distanz postmoderner Beobachter, von denen die Neokonservativen der »gesellschaftlichen Modernisierung« akklamierten, während sie die »kulturelle Moderne« für überlebt erklärten.

Der blind aufs Wachstum setzenden technischen Intelligenz, so darf man das grob übersetzen, stellt Habermas die aufklärerische Vernunft der Intellektuellen entgegen. Aus deren Reihen indes rekrutiert sich, so Habermas, ein verzweifelter Anarchismus, der, auf Vernunft pfeifend, der gesamten Moderne den Laufpaß gibt. Aus diversen Prämissen werden von Habermas, auf einer halben Seite, Schlüsse durcheinander gezogen, die, in solcher Abbreviatur, schwer überprüfbar bleiben.

Wieder und wieder versucht Habermas klarzumachen, daß das unvollendete Projekt der Moderne nur durch und aus sich selbst vollendet werden kann und muß. Die Zerstörungen, die Aufklärung und Vernunft unleugbar auch verschuldet haben, das Schäbige, das mit der Moderne zweifellos in die Welt gekommen ist, müssen durch diese selbst auch wieder getilgt werden.

Diese Strategie wird in der Architektur augenfällig, wo sich, wie Habermas schreibt, »alle in der Kritik an der seelenlosen Behälterarchitektur ..., den brutalen Nachkommen der Bunkerarchitektur, der Massenproduktion von Satteldachhundehütten« einig seien. Enthüllt sich aber, so fragt Habermas, »in den Scheußlichkeiten das wahre Gesicht der Moderne – oder sind es Verfälschungen ihres wahren Geistes?«.

Die verschiedenen Grade der Distanzierung von der Moderne, die einander entgegengesetzten Motive der Kritik an ihr, die sich dadurch politisch demaskierenden Gruppierungen tauchen in den beiden hier vorgestellten Büchern in einem unübersichtlichen Gedränge von Etikettierungen auf, das sich jedoch gottlob auf die zwei Pole des postmodernen »Neokonservativismus« und des postmodernen »Anarchismus« zusammenziehen läßt. Habermas argwöhnt, daß beide, die (rechten) Neokonservativen, wie die (linken) Anarchisten, im Namen eines Abschieds von der Moderne eine gegenaufklärerische »Komplizenschaft« eingegangen sind und sich als Nachaufklärer und Postmoderne lediglich tarnen. Dieser zu Beginn des ›Diskurs‹-Buches *suspense* verheißende Verdacht findet aber im Verlauf der weiteren Untersuchungen keine wirkliche Verschärfung, geschweige denn eine Bestätigung, und auch in dem Bändchen ›Die Neue Unübersichtlichkeit‹ wird von der erwähnten Komplizenschaft nur geraunt.

Den deutschen anti-intellektualistischen halbseitig modernen Neokonservativen (etwa der Ritter-Schule) wie den französischen, anarchistischen, einst avantgardistisch-sozialistischen Postmodernen – Signaturen, die im Text immer wieder ineinander verschwimmen – tritt Habermas, als dritte, praxisphilosophische Kraft, mit dem Versprechen entgegen, den Weg der Moderne zu Ende zu gehen und eben dadurch deren Verunstaltungen aus der Welt zu schaffen.

Dazu gelte es allerdings gewisse überkommene philosophische Verklammerungen aufzusprengen, in denen, nach Habermas, auch die Prediger einer Postmoderne ahnungslos eingeengt blieben. Womit wir bei Hegel sind.

III.

Von jetzt an trifft der Leser der philosophischen Nabelschau der Moderne Habermas überwiegend bei Referat, Exegese und Rekonstruktion gewaltiger essayistischer und rhetorischer Fremd-Stoff-Massen. Auf die Frage in dem Bändchen ›Die Neue Unübersichtlichkeit‹, ob er dieses »Sprechen in anderen Zungen«, diese »ungeheure Rezeptionsbereitschaft« brauche, um sich selbst zu »artikulieren«, erwidert Habermas, er mache sich diese fremden Zungen auf »brutale Art und Weise« zu eigen, eigne sich andere Theorien an – »warum nicht?«.

Hegel, so beginnt Habermas, erklärt die Moderne als Epoche des endgültigen Bruchs mit der Vergangenheit, als neueste, zukunftsoffene Zeit, die sich folglich allein aus sich selbst verstehen wolle und müsse. Ihr soll die Hegelsche Philosophie Hebammendienste leisten, die indes bald – Habermas übergeht das – als Urheberrechte geltend gemacht werden.

Zur Bewunderung von Habermas stößt Hegel auf den Begriff der Subjektivität, einem der schlimmsten Schwammworte der Philosophie, als Grundstein der Moderne, den bereits Kant ahnungslos gelegt habe. Hegel, so erläutert Habermas, meine mit Subjektivität die Freiheit und das Sich-selbst-Wissen des Subjekts, ferner die Freisetzung individueller Kräfte zum Zweck der Selbstverwirklichung.

Mit dem (der Subjektivität eingeschriebenen) Wissen der Reflexion, dem Denken des Denkens, ist die Vernunft als beherrschende Kraft aller Lebensbereiche wach geworden. Ihre Differenzierungen, Trennungen, »Entzweiungen« lassen bis dahin geeinte Daseinssphären zerfallen, vermeintlich natürliche Ganzheiten oder übergreifende Bindungen, wie die Volksreligion, sich auflösen. Wissen und Glauben, Leben und Kunst, Geist und Natur, Mensch und Staatsbürger treten als sich verselbständigende »Positivitäten« auseinander und die Vernunft selbst, die Hegel gleichwohl als versöhnende »Macht« sich einbildete, hat sich hypertroph

»in falsche Identitäten« auseinandergesetzt und zur rein zweckrationalen, »instrumentellen« Teilvernunft absolutiert.

»Das Leben«, »die Liebe« und schließlich auch die Philosophie, so muß Hegel erkennen, vermögen die Religion als versöhnende Macht nicht zu ersetzen; sie, die Philosophie, ist eine dem Volk, dem alltäglichen Leben bereits entfremdete, priesterschaftsartige Institution geworden, und der Staatsphilosoph Hegel selbst will sie und die als wirklich deklarierte Vernunft sowie die als vernünftig beschiedene Wirklichkeit aus dem bloß »Empirischen«, den tagespolitischen Querelen der Zeit, heraushalten. Aus der Ferne seiner zum »absoluten Geist aufgeblähten Rationalität« habe der alte Hegel, so findet Habermas, dem Verlangen nach tages- und zeitkritischer Selbstvergewisserung der Moderne das Verständnis versagt.

Gegenwärtig, so schließt Habermas, befänden wir uns in der gleichen Lage wie Links- oder Junghegelianer, die ein »geschichtlich aufgestapeltes Vernunftpotential« – die »vernünftige« Vernunft, so ist anzunehmen – am ehesten zu bewahren und zu nutzen gewußt hätten.

Hegels Rede von der Entzweiung, Reflex auch früher »Krisenerfahrungen«, erscheint bei Marx als Diktum von der entfremdeten Arbeit. Arbeit (Praxis) des herstellenden Subjekts rückt jetzt an die Stelle der Reflexion (Theorie) des erkennenden Subjektes. Die Widersprüche der Bewußtseinsphilosophie sind damit nur auf eine andere Ebene verschoben. Weil Marx im Muster der subjektabhängigen Geist-Philosophie befangen bleibe, dominiere die rein zweckrationale Vernunft eine zur Emanzipation bestimmte praktische Vernunft. Auch das von solcher Geistphilosophie abgelöste »Paradigma« der Produktion, in dem ohnehin menschliches Handeln zu bloßem Herstellen verkürzt wird, verliere, empirisch beim Wort genommen, mit dem »historisch absehbaren Ende der Arbeitsgesellschaft« seine Überzeugungskraft.

Weil er ihr so nahesteht, weil er ihr die Impulse zum Weitermachen verdankt, deshalb fällt Habermas' folgende Kritik an der resignativen »Dialektik der Aufklärung« von Adorno und Horkheimer insgesamt so erstaunlich kalt aus. Beide, so ist im fünften Kapitel des ›Diskurs‹-Buches zu lesen, seien in »hemmungsloser Vernunftskritik« geendet. Und vielleicht trifft die Frankfurter Schulhäupter auch, worauf Habermas in anderem Zusammenhang, in dem Bändchen ›Die Neue Unübersichtlichkeit‹, hinweist, daß nämlich schon bei ihnen »der Kreuzzug gegen eine zur Totalität aufgespreizte, instrumentelle Vernunft ... selber totalitäre Züge« annahm.

IV.

Im Diskurs-Geschehen fungiert nun Nietzsche als »Drehscheibe«, als »eigentliche Herausforderung«. Darauf aufmerksam gemacht, er habe 1968 »lakonisch« vermerkt, von Nietzsche gehe »keine Ansteckung mehr aus«, erwidert Habermas nun noch lakonischer: »Da habe ich mich geirrt.«

Nietzsche wird so vorgestellt, als habe er ganz planmäßig auf das Scheitern einer aufklärerischen Vernunftkritik mit einem Schwenk ins ganz andere, in den Mythos, reagiert. Gleichwohl gebe es bei Nietzsche nicht den Ruf zurück zu den Ursprüngen, vielmehr komme mit ihm das Zeitalter am schmerzhaftesten zu Bewußtsein. Aber Nietzsche weicht vor der total gewordenen Vernunftkritik ins Ästhetische, in die Kunst aus und findet im »Geschmack« ein Erkenntnisorgan *sui generis*. Von da aus kritisiert er die Vernunft als Folge einer »Perversion des Willens zur Macht«. Nietzsches Kritik der Vernunft ist somit von der Art, wie sie Habermas später der Postmoderne insgesamt ankreidet.

Überdauert habe, so schließt Habermas, zum einen der skeptische Wissenschaftler Nietzsche, dem Bataille, Lacan und Foucault nachgefolgt seien; zum anderen der artistische, man kann sagen der eigentlich »postmoderne« Nietzsche, der Dionysier, auf dessen Spuren man Heidegger und Derrida treffe.

Auch für Heidegger scheint mir, gemessen an seiner Präsenz im Buch ›Der philosophische Diskurs der Moderne‹, zu gelten, was Habermas »revisionistisch« zu Nietzsche äußerte. Die fraglose Aufwertung Heideggers kommt wohl nicht zuletzt von dem Meinungsdruck der neuen französischen Intelligenzija.

Selbstverständlich ist Heideggers Metaphysikkritik in den Augen von Habermas auch nur eine »Unterwanderung«

der Problematik der Moderne, verbunden mit einer krassen Abwertung der objektivierenden Wissenschaften. Aber Habermas wittert in Heideggers Seinsdenken doch auch etwas vom Paradigma der Intersubjektivität, dem sprachlichen Miteinander-Handeln nach dem Muster seiner eigenen Theorie. Die Überwindung der Subjekt-Objekt-Spaltung durch Heideggers Grundmodus des »Immer-schon-in-der-Welt-Seins« ist ihm Indiz dafür. Allerdings entwerte Heidegger selbst seinen Fund, indem er eine solche Verfassung der alltagspraktischen Lebenswelt als bloßes Gerede des »man« herabsetze.

Mit dem Blick auf die derzeitige Nietzsche- und Heidegger-Nachfolge in Frankreich rückt endgültig die Postmoderne ins Bild, als betäubende Komposition aus Expressionismen, Redeschaum, Utopismen und philosophischen Restposten, die Habermas – freilich auf die Enquete einer französischen Zeitung – zu dem Statement hinriß: »Während der letzten ein bis zwei Jahrzehnte sind ... von Paris mehr produktive Anstöße ausgegangen als von irgendeinem anderen Ort.«

Flüchtig nur können hier Habermas' kritische Referate einer Kollektion Pariser Postmoderner inspiziert werden. Dabei kann man sich übrigens nur schwer des Eindrucks erwehren, Habermas habe sie sich zu Figuren seines spezifischen Diskurses zurechtpräpariert. Sie alle sollen Renegaten sein. Als ihr Wahn gilt, sich außerhalb des – uneinholbaren – Geschehens der Moderne zu wissen, und zwar aufgrund neuer, gewissermaßen, unvernünftiger Grund-Sätze der »Versöhnung«, seien dies das antibürgerlich »Heterogene« Batailles, die abgehobene »Antiwissenschaft« Foucaults, das kreative »Imaginäre« des Castoriades oder die »Urschrift« von Derrida.

Die ästhetisch-anarchistische, vom Sozialismus enttäuschte französische Postmoderne – deren Herold Jean-François Lyotard verwunderlicherweise im ›Diskurs‹-Buch kein Platz eingeräumt wird – scheitert für Habermas grundsätzlich daran, daß sie der zunächst zur Vernunft befreienden, alsdann geradezu solipsistisch einzwängenden Bewußtseins- oder Subjektphilosophie nicht entkommt.

Bei aller – politisch motivierten – Sympathie für die Gegendiskurse der »anarchistischen« Franzosen registriert

Habermas doch mit einem gewissen Verdruß die »Symbiose aus Unverträglichem« und die gegenüber der Empfind-
lichkeit für »sublime Vergewaltigungen« (zum Beispiel im
gelegentlich »genial« genannten Werk Foucaults) unsensi-
blen Einebnungen oder, simpler gesagt, den Unwillen dieser Autoren, dem sogenannten Fortschritt auch lichte Seiten
zuzugestehen.

V.

Vom Vorbildlichen der Moderne, ihrem »normativen Gehalt«, will Habermas im letzten zwölften Kapitel (Vorlesung) seines ›Diskurs‹-Buches handeln (einer Moderne, der
meiner Meinung nach noch vieles andere eingeschrieben
ist und für deren heutiges ästhetisches Bewußtsein etwa die
»Stromlinie« ein Insignum darstellt). Doch unversehens
kommt ihm hier schon der zuletzt noch in einem Exkurs trak-
tierte Niklas Luhmann in die Quere.

Luhmann ist der *coole* Sozial-System-Ingenieur, in dessen
»methodischem Antihumanismus« Menschen gewissermaßen nicht mehr vorkommen. An die Stelle der Vernunft tritt
das System, womit Vernunftkritik zum alten Eisen gehört.
Luhmann, so formuliert Habermas, ersetzt »das selbstbezügliche Subjekt durch das selbstbezügliche System«, dem
ein Selbst nicht gegeben ist. Er finde so den Beifall der
allein auf technische Machbarkeit setzenden Neokonservativen.
(1986)

Lästige Stereotypen waren die politischen Strafmandate, die
Habermas vergab. Da baute er sich »die Neokonservativen«
auf, die er den ökonomisch-technologischen Fortschritt pro-
pagieren läßt, kulturell aber als Reaktionäre hinstellt. Nicht
einmal tendenziell genügen solche Stereotypen soziologischen Ansprüchen. In den USA beispielsweise stehen Konservative um Hilton Kramers ›The New Criterion‹ expressis
verbis für die Moderne und den Modernismus in Kunst und
Kultur. Habermas aber suggeriert, daß ausschließlich Sozialdemokraten oder Linke auf Seiten der kulturellen Moderne
zu finden seien. Diese These von technologisch-ökonomi-
scher Progressivität versus gesellschaftspolitischer Konser-

vativität hat er vielleicht von Walter Benjamin übernommen; nur daß Benjamin die technologische Fortschrittsgläubigkeit just den Linken, der Sozialdemokratie, ankreidet: Der »vulgärmarxistische Begriff der Arbeit nämlich will nur die Fortschritte der Naturbeherrschung, nicht die Rückschritte der Gesellschaft wahrhaben.« Wo sich, nebenbei, Kunst parteipolitisch der Sozialdemokratie annäherte, sank sie regelmäßig zu moralisierendem Spießertum ab. Denn auf der parteipolitischen Linken wollte man stets »engagierte« Bücher »im Dienste« der guten Ideologie geschrieben haben. Da hielten es andere längst mit Oscar Wilde: »So etwas wie ein moralisches oder unmoralisches Buch gibt es nicht. Bücher sind entweder gut oder schlecht geschrieben. Das ist alles.«

Vor allem das in diesem »Diskurs« ohne scharfe Umrisse skizzierte Paradigma der »Subjektphilosophie«, von der in dieser Weise ja zuvor niemand gesprochen hatte, blieb fragwürdig, weil ein so wolkiges »Subjekt«, das ja altmodischerweise noch mit klassischen Begriffen wie Person oder Ich oder Individuum assoziiert wurde, auf einmal an der Krise, an der Misere »der Moderne« schuld sein sollte, wo man doch dachte, daß ein Verdienst der von Habermas verteidigten individualistischen Moderne gerade darin läge, den Menschen aus allen möglichen bewußtseinsmäßigen Kollektiven, auch religiösen, freigesetzt zu haben.

Genau diesen Widerspruch, daß doch »die Emanzipation der Subjektivität den Grundzug der Moderne ausmacht« und nicht zu sehen ist, »ob und wie eine Verteidigung der Moderne mit einer Verabschiedung des Subjekts zu vereinbaren sei«, hat Jean Grondin in seiner Kritik an Habermas aufgedeckt, en passant mit der Ausleuchtung der noch offenkundigeren Ungereimtheiten, daß ja die beschworene Intersubjektivität ohne die Subjektivität nicht zu haben ist. »Das kritische Potential der Kommunikation«, so resümiert Grondin hier, »geht verloren, sobald man meint, dafür der Subjektphilosophie den Abschied geben zu müssen. Die Kommunikation läuft dann Gefahr, zu einem Absoluten und damit zu einer neuen mythischen Gestalt zu werden.« Grondin, dem der neudeutsche Slang ebenso wie der neofranzösische Jargon geläufig ist, ohne ihnen aufzusitzen, hat die wunden Punkte von Habermas' Versuch der Rettung des

»Projekts« – welch ein Großspruch! – der Moderne bloßgelegt, dem durch das Megakonzept einer »kommunikativen Vernunft« aufgeholfen werden soll. Die ist im übrigen an sprachliche Repräsentation gebunden, und da wiederum die Sprache per se sozial, »kommunikativ« ist – Wittgensteins Privatsprachen-Argument – und ein Apriori der »Kommunikationsgemeinschaft« darstellt (Apel), ist Intersubjektivität einer bestimmten Dimension ja schon gegeben und braucht durch keine Überwindung hergestellt zu werden. Auch Heideggers »In-der-Welt-Sein« meint, über das Sprachliche hinaus, als Existential, diese Entgrenzung der Subjektivität.

Anzumerken traut sich der Beobachter noch, daß die mit einem gewissen Anspruch auf Unhintergehbarkeit, geradezu »transzendentalistisch« eingeführte Intersubjektivität in den fünfziger und sechziger Jahren als ein auch von Philosophen zu respektierendes Kriterium verantwortlichen Sprechens und »Kommunizierens« ausgemacht wurde, das von »Transzendentalisten« schnell als pragmatistisch-platt abgeschmettert wurde und natürlich als wie auch immer verstandenes Wahrheitskriterium gar nicht in Frage kam. Innerhalb von Habermas' Kommunikationstheorie soll nun aber der intersubjektive Konsens nicht bloß Resultat, sondern tatsächlich der Bestätigungsgrund für Wahrheit sein. Das hätten sich die alten Empiristen so nicht einfallen lassen.

Habermas' über sich selbst hinausgewachsenes Gesamtwerk besticht mehr und mehr allein schon durch seine Quantität. Seiner zusammen mit ›Vorstudien und Ergänzungen‹ auf 1770 Seiten auflaufenden ›Theorie des kommunikativen Handelns‹ schickte er zuletzt – von den übrigen zahlreichen Publikationen nicht zu reden – etwa 500 Seiten ›Faktizität und Geltung. Beiträge zur Diskurstheorie des Rechts und des demokratischen Rechtsstaats‹ nach. Der Hegel/Marxsche Sockel ist nie unter ihm ganz zerbröckelt. Von seinen Reststützen aus sieht er, was andere den Zusammenbruch des Marxismus nennen, als »Bankrott des Staatssozialismus«.

Daß er sich mit nahezu allen relevanten zeitgenössischen philosophischen Strömungen, Lehren, Trends und Figuren, ja, herumgeschlagen und dabei gravierende Themen durchgespielt hat, macht ihn zu einer einzigartigen Erscheinung in der zeitgenössischen Philosophie.

Das späte Spiel mit Wahrheitsmasken weist auf einen Zug der Philosophie am Ende des Milleniums hin, den man auch die Preisgabe der Wirklichkeit nennen könnte oder, effektvoller, den »Tod des Objekts«. Wirklichkeit, das andere Ufer von uns aus, die Tatsachen, die Dinge, sind uns nicht mehr erreichbar. Wir bleiben in der Sprache »zu Hause« und leben pragmatisch in der aus ihr zurechtgewobenen Wirklichkeit, der wir mit Worten immer mal wieder andere bunte Tapeten aufziehen. Ein »interner Realismus« à la Hilary Putnam will alle Aussagen über die Wirklichkeit, über die Welt, nur in Beziehung auf eine jeweilige Theorie gelten lassen, eine fertige Welt da draußen soll es indes nicht geben. Inwieweit war da Kants Transzendentalismus schon eine Art »interner« Realismus und erst recht Carnaps Freiheit der Sprachwahl?

In der Tat war der Boden auch der mittlerweile historisch gewordenen, dabei so unhistorischen analytischen Philosophie für einen Denker von der Farbe Rortys noch zu heiß transzendentalistisch, in dem Sinne, wie er einmal schreibt, daß »der logische Empirismus uns wirklich half, die Metaphysik zu überwinden, aber nicht durch ›logische Analyse der Sprache‹, sondern indem er zeigte, daß es eine solche Analyse nicht geben könne«.

Heute, in ihrer vielleicht tatsächlich postanalytischen Phase, scheint die amerikanische Philosophie, die sich mit einigen ihrer Exponenten Europa-interessierter gibt, auf deutsches Denken mehr Einfluß auszuüben als früher. Dafür kann der derzeit eigenwilligste, wenn auch sicher nicht gewichtigste amerikanische Denker einstehen, der den ästhetisierten Umgang mit der Philosophie, das Spiel mit neuen Worten in höchst eindrucksvoller Weise in seinen Büchern praktiziert: Richard Rorty. Natürlich scheiden sich an Rorty die Geister; die einen halten ihn für einen Brückenbauer zwischen amerikanischer analytischer und neopragmatistischer Philosophie auf der einen und europäischer, französischer wie deutscher, hermeneutisch-transzendentalistisch-seinsdenkerischer Tradition auf der anderen Seite, oder auch zwischen individualistisch-liberalistischem Denken dort und gesellschaftskritischem, eher kollektivistischem hier; andere sehen in ihm einen Mann, der auf allen Hochzeiten tanzt, Philosophie auf selbstgemachte Richtungs- und Schulbegriffe bringt und vermengt, was nicht zu vermengen ist. Rortys Anfänge waren vergleichsweise trocken. Der folgende kritische Blick auf sein sicher auch heute noch grundsätzliches Buch ›The Mirror of Nature‹ läßt aber schon hervortreten, was später im Mittelpunkt stehen wird:

19. Die Philosophie ist tot – es lebe die Philosophie
Richard Rorty hinter den Spiegeln

Der Gedanke, daß Philosophie in unseren Zeiten mit Anstand sich nurmehr als Therapie ihrer eigenen Prioritätssüchte durchhalten könne, ist, ungeachtet Wittgensteins neuerlicher Popularität, längst verblaßt. Im hiesigen engen Kulturkreis gelten positivistische »Denkverbote« als lächerlich, und mit der Heraufkunft jener, die man rechtens die neuen deutschen Philosophen nennen kann, ist das Unhintergehbare wieder gefragt und Letztbegründung Pflichtfach ernsthaften Denkens. Die Unbeirrbarkeit, mit der hierzulande Philosophie somit als Postament aller Kultur restituiert werden soll, ist auch in der angelsächsischen Welt nicht ohne Nachhall geblieben, zumal mit der rein geographischen Entgrenzung die nationalen Schulen aufeinander abfärben und eine gewisse Promiskuität der Gedanken und Personen zum internationalen Betrieb gehört. So setzen beispielsweise auch amerikanische Philosophen alles daran, Philosophie als Sachwalterin des abstrakt Geistigen wie als Urquelle reiner Erkenntnis zu retten; allerdings mittels eines sehr anderen, sprachanalytischen Instrumentariums, so daß etwa das derzeitige gleichförmige Reden von Pragmatik nicht darüber hinwegtäuschen darf, daß den amerikanischen empiristischen Pragmatismus, etwa den Quines, von der Transzendental-Pragmatik, wie sie Apel inauguriert hat, buchstäblich Welten trennen.

Solch unverdrossenem oder neuerwachtem philosophischen Zutrauen, sich unbezweifelbarer Erkenntnis versichern zu können, hat jetzt der Princeton-Professor Richard Rorty einen Stoß versetzt, indem er den abgeschobenen Gedanken einer Philosophie als Therapie ihrer selbst, ihrer hochfliegenden Intentionen, wieder ins Spiel bringt. Unter dem Titel ›Der Spiegel der Natur‹[1] gerät diese Kur zu einer ans Mark gehenden Kritik, die die jüngste amerikanische Philosophie in ihre äußersten Konsequenzen treiben will und, eher beiläufig, der neudeutschen Transzendentalphilosophie den Boden entzieht. Das alles freilich mit einem für den Mitteleuropäer irritierenden Ausgang. Denn am Ende seiner Eingriffe, die das Prinzip rationaler Vergewisserung wie ein Relikt, ein funktionslos gewordenes Organ bloßstellen, gähnt keineswegs philosophische Leere, bricht nicht die philosophielose, die schreckliche Zeit herein; vielmehr setzt jetzt, mit der Ablösung der »normalen«, nach Erkenntnisfundamenten grabenden philosophischen Tradition erstmals ein anscheinend wirklich menschenwürdiges Philosophieren ein, das Rorty »alternativ« oder, in Thomas Kuhns unvermeidlicher Diktion, »revolutionär« oder »nichtnormal« nennt und hernach auf den gefälligen Begriff einer »bildenden Philosophie« *(edifying philosophy)* bringt. Für diese kommende Ära weiß Rorty auch schon Schrittmacher, gestrige »Helden« namhaft zu machen, nämlich, in einem Atemzug, Wittgenstein, Heidegger und Dewey. Jeder der drei habe auf seine Weise der Suche nach vermeintlichen Grundlagen der Erkenntnis abgeschworen und Erkenntnistheorie wie Metaphysik den Rücken gekehrt; vom Wahn der Konstruktion einer systematischen, womöglich wissenschaftlichen Philosophie hätten sie sich – und uns – zu einer therapeutischen Gesinnung, einer nachkantischen Daseinsbetrachtung und Lebensform befreit. Bildende Philosophie, so liest man bei Rorty, hat dem zweifelhaften Anspruch, »Fach« und »Forschungsdisziplin« zu sein, entsagt, sie ist es zufrieden, »Stimme im Gespräch« zu bleiben. Durch das »freie und müßige Gespräch« wird »mit hundertprozentiger Sicherheit« der »nichtnormale Diskurs«, also ein Begriffs- und Terminologie-Zwängen enthobenes Reden, hervorgebracht. Die bildende Philosophie, so führt Rorty sein ähnlich schon von Feyerabend angeschlagenes Thema durch, »sucht nicht eine objektive Wahrheit zu finden, sondern sie sucht das Gespräch in Gang zu halten«, und die Protagonisten der künftigen Philosophie – unter de-

---

[1] Der Spiegel der Natur. Eine Kritik der Philosophie. Frankfurt a. Main 1981.

nen unversehens auch Marx und Freud, Sartre und Gadamer auftauchen – richten ihr »moralisches Interesse« gänzlich »auf die Fortsetzung des abendländischen Gesprä-
ches, nicht darauf, daß den traditionellen Problemen der
modernen Philosophie ein Platz in diesem Gespräch reser-
viert bleibt«.

Rorty überläßt es dem Leser, sich vorzustellen, was in
diesem fortgesetzten abendländischen Gespräch gesprochen werden mag. Dem verwunderten deutschen Leser namentlich wird die Rede vom Gespräch, vom »echten Gespräch« einfallen, die während der beiden ersten Nach-
kriegsjahrzehnte umging und gegen deren pathetische
Hohlheit berechtigterweise jene sprachanalytisch-»positivistische«, szientistische Philosophie auftrat, aus deren nachfolgenden Schulen Rorty kommt. Das also, was man einst
einer Therapie dringend für nötig hielt, will Rorty nun als
Therapeutikum empfehlen.

Dieses Ziel einer starre Wahrheiten verflüssigenden, des
Geschichtlichen sich innewerdenden Philosophie als Lebensform, Sprachspiel und sozial eingebundene Stimme im
Gespräch, wie es Heidegger, Wittgenstein und Dewey angeblich im Auge hatten, will Rorty mit den Mitteln der wissenschaftstheoretischen, analytischen Philosophie, der
Quine, Sellars oder Putnam die sublimste Gestalt gegeben
haben, erreichen, denn im Denken dieser letztgenannten
Akteure beobachtet er bereits eine »immanente Dialektik«,
die, macht man sie nur ein Stück weiter mit, im post-analyti-
schen Stadium münden muß und jene Spiegelmetaphorik,
die Rorty als eine Art philosophischer Erbsünde indiziert,
hinter sich läßt. Sein Buch ergeht sich folglich über weite
Strecken in der Auseinandersetzung mit den analytischen
Lehren, deren gemeinsamen Irrtum er darin sieht, daß sie
die überkommene, zeitlos sich wähnende Erkenntnistheorie
durch den Rückgriff auf Sprache retten möchten und dadurch im Bild des Geistigen als eines Spiegels der Natur
befangen bleiben.

Moderne Philosophie ist primär Theorie der Erkenntnis,
und zwar unter einem Blickwinkel, der ihr, ungeachtet aller
Transformationen, von einer bestimmten Tradition aufgedrängt wurde. Mit Kant, prägender noch seit dem cartesia-

nischen Dualismus von Materie und Geist, rekapituliert Rorty, verselbständigte sich die Auffassung von der eigentümlichen menschlichen, immateriellen Natur als Geist, Vernunft oder Bewußtsein und von der Philosophie als der musterhaften Zugangsart zu dieser Sphäre des »Mentalen«, in der sich die Wirklichkeit abbilden sollte. Von Rorty auf eine griffige Formel gebracht, soll es »unsere gläserne Natur« sein – ein Topos aus Shakespeares ›Maß für Maß‹ –, in der sich die »Welt« fängt, oder anders: das philosophierende Bewußtsein reflektiert als »Spiegel der Natur« getreu die Realität. (»Gläserne Natur« und »Spiegel der Natur« sind indes so differente Bilder, daß mit ihrer synonymen Verwendung mehr Verwirrung als Klarheit geschaffen wird.) Philosophie, auf Erkenntnistheorie reduziert, ist demnach bis auf den heutigen Tag damit befaßt, diesen Spiegel immer blanker zu polieren, auf daß »die Natur« unverfälschter denn je darin aufscheine. Unsere gesamte Kultur, meint Rorty, hätte sich anders entfaltet, wäre sie nicht dieser Spiegelmetapher aufgesessen. Dabei suggeriert er unentwegt, philosophisches Denken hätte ursprünglich an dieser Metapher sich infiziert, um hernach erst theorieartige Begründungen dafür zu suchen; ein Rückblick auf die neuere Philosophiegeschichte läßt jedoch durchaus die Ansicht zu, daß am Anfang relativ abstrakte Überlegungen standen, für die man später, wie in so vielen Fällen, ein einleuchtendes Bild fand.

Auch Rorty ist sich wohl im klaren darüber, daß man nicht einfach eine Metapher aufzugeben hat, um die »cartesisch-kantianische Problematik« loszuwerden, sonst hätte er keine vierhundertseitige Analyse geschrieben. Der mögliche, diskussionswürdige Sachverhalt hinter der Metapher provoziert wie eh und je die Frage nach dem Zustandekommen untrüglicher, objektiver Erkenntnis, aus der die Annahme einer dualen Struktur der Wirklichkeit als Natur und Geist, Physikalischem und Spirituellem folgt – oder auch hypothetisch dieser Frage vorausgeht. Von dieser Fragestellung, von dieser Annahme will uns der erkenntnistheoretische Behaviorist Rorty mit dem Hinweis auf »die Erfindung des Mentalen« kurieren. Er »widerlegt« dergleichen Probleme nicht, er »verabschiedet« sie (wie schon die alten Neopositivisten sich von »Scheinproblemen« trennten), indem er Relationen wie Ich und Welt, Innen und Außen, Subjektivität und Objektivität als unbestimmbar, als bloße sprachliche Konventionen, als Reflexe also der Spiegelmetaphorik beiseite schiebt.

Das wird besonders eindrucksvoll an einem Gedankenmodell vorexerziert, in dem »Personen ohne mentale Zustände« als *dramatis personae* auftreten[2]. Rorty schildert den Besuch irdischer Philosophen bei fernen extraterrestrischen Antipoden, die, neurophysiologisch hochgebildet, Schmerzempfindungen erschöpfend in einer rein physikalischen Terminologie glauben ausdrücken zu können. Wenn sie Schmerzen empfinden, etwa durch Berührung heißer Herdplatten, sprechen sie von gereizten C-Fasern in ihren Gehirnen. Natürlich wollen die terrestrischen Besucher wissen, ob die Antipoden neben dieser Reizung ihrer C-Fasern noch ein »Gefühl«, also eine phänomenale, mentale Qualität wahrnehmen. Denn worum es ihnen – und Richard Rorty – selbstverständlich geht, ist, Licht in das Dunkel des altehrwürdigen Leib-Seele-Problems zu bringen. Erwartungsgemäß kommt es zu einer Patt-Situation: die Antipoden, sofern sie Materialisten sind, befinden über ihre Landsleute, »sie glauben Gefühle zu haben, aber sie haben keine«, wohingegen die terrestrischen Denker alter Schule den Antipoden unterstellen, »sie haben Gefühle, ohne es zu wissen«.

Von der scharfsinnig und ungemein einfallsreich geführten, die härtesten Thesen maßgeblicher amerikanischer Analytiker durchhechelnden Diskussion kann hier deren Ausgang nur unvermittelt mitgeteilt werden. Rorty bringt das Problem zum Verschwinden, indem er ihm, behavioristisch, alles Problematische abstreift. Er findet, daß mit der Vorstellung zweier ontologischer Bereiche, eines mentalen und eines physikalischen, kein rechter Sinn mehr zu verbinden ist, daß wir es dabei mit einer abgenutzten, von der Spiegelmetaphorik gegängelten Sprache zu tun haben. So

[2] Offenbar mag kaum einer der jüngeren amerikanischen Philosophen auf derartige Fiktionen verzichten: Hilary Putnam spielt mit »Gehirnen im Tank« und »rationalen Nazis«, Robert Nozick führt seine »Erlebnismaschine« vor, Jonathan Bennett zitiert »die Simpel und die Arroganten«, und selbst John Rawls experimentiert mit »Urzuständen«.

aus der Welt geschafft, nimmt er dem Leib-Seele-Problem freilich kaum seinen Stachel, und Rorty kann, trotz seines viel raffinierteren analytischen Bestecks, schwerlich beanspruchen, Überzeugungskräftigeres dagegen vorgebracht zu haben als seine physikalistischen Mentoren aus den zwanziger Jahren.

Jedenfalls fällt, nimmt man Rortys therapeutische Maßnahmen ernst, ein Schatten auf alte Konzepte wie Vernunft, Bewußtsein, Geist, und unsere Einsicht in die Natur, und das, was wir vermeintlich über Erkenntnis, den mentalen Spiegel, wissen, wird zweifelhaft. Die Rationalität, die unserer Kultur eingewoben schien, verliert im Zuge der Sinnentleerung zweier ontologischer Dimensionen ihren Rang, und Wahrheit insbesondere geht ihrer entscheidenden Bindung verlustig. Man wird von nun an, so kündigt Rorty schon einleitend an, »Wahrheit nicht mehr als ›genaue Darstellung der Wirklichkeit‹, sondern – in einer Formulierung von William James – als dasjenige verstehen, ›was zu glauben für uns besser ist‹«. Fällt das Objektive am Wahrheitsbegriff, dann wird auch die »Natur« um uns herum zu etwas Ungreifbarem und wir bleiben mit uns selbst zurück: »Unsere Gewißheit wird eine Funktion des Miteinandersprechens von Personen sein, nicht ihrer Interaktion mit einer nichtmenschlichen Realität.« Die Art von Pragmatik oder Pragmatismus, die das von Rorty so aufgegebene Terrain einer Person-Natur-Relation verschmerzbar machen soll sowie die Realität, die von jetzt an die »nichtmenschliche« zu substituieren hat, gründen, das ist unschwer zu erraten, in der Gesellschaft, in der Gemeinschaft, die auch »als die Quelle epistemischer Autorität« gilt. Eine derartige »Sozialisierung« des Erkenntnisbegriffs hat sich Rorty zweifellos von dem einen seiner drei Großdenker vormachen lassen, nämlich von John Dewey, aber unversehens ist er damit auch in den Dunstkreis des Apriori der Kommunikationsgemeinschaft deutscher Hermeneutiker geraten, namentlich Karl-Otto Apels, dem er doch am Schluß seines Buches das »Dubiose« seiner Unternehmungen vorhält.

Dennoch will Rorty die »epistemische Autorität« der Gemeinschaft unter keinen Umständen als etwas Letztbegründendes, als archimedischen Punkt der Erkenntnis anerkannt wissen. Er meint es, im Anschluß an Sellars und Quine, simpler, alltäglich pragmatischer: »Wir können das Erkennen als die soziale Rechtfertigung von Meinungen verstehen, wir brauchen es daher nicht als die Genauigkeit von Darstellungen aufzufassen«, und danach, in formelhafter Verkürzung, wie sie als Motto dem Buch vorangeschrieben sein könnte: »Setzen wir Kommunikation, das Gespräch zwischen Personen, für Konfrontation, das Gegenüberstellen von Personen und Sachverhalten, so können wir uns des Spiegels der Natur entledigen.«

Solch allgemeinere, aufs Soziale gewendete Formulierungen dürfen uns nicht vergessen machen, daß Rorty es auf ein Element des traditionellen Philosophiebegriffs abgesehen hat, dessen Eliminierung uns empfindlicher reagieren läßt als die Verabschiedung einer bloßen Metapher. Angegriffen wird die Wahrheitsdefinition als Übereinstimmung von Gegenstand und Intellekt, wie sie von Tarski wieder zu Ansehen gebracht wurde und für die namentlich Popper emphatisch sich einsetzt. Wahrheit in dieser Bedeutung will Rorty mit vielfach abgewandelten Redeweisen, deren argumentative Potenz noch unter Beweis zu stellen wäre, den Boden entziehen. Erkenntnis, heißt es einmal, sei als »Relation zwischen Personen und Propositionen« aufzufassen oder, genauer: »... der Drang zu sagen, Behauptungen und Handlungen dürften nicht bloß mit anderen Behauptungen kohärieren, sondern sie hätten darüber hinaus noch mit etwas zu korrespondieren, das unabhängig von dem ist, was Personen sagen und tun, kann mit gutem Grund als *der* philosophische Trieb schlechthin bezeichnet werden.« Von diesem Trieb also – dem nach Wahrheit, wie man sie bis dahin verstand – will uns Rorty endgültig heilen, und zwar mit einem anderen Trieb, sprich Wunsch: dem »Wunsch nach Bildung«.

Dem im Laufe der Jahrhunderte großgezogenen Typ des Weisheitssuchers, der dank seines immer präziser geschliffenen Bewußtseinsspiegels die Natur im Mentalen sich offenbaren läßt, der, Fachphilosoph nun, fundierte Einsichten in wissenschaftsähnlichen, genormten und »normalen Diskursen« vorträgt und endlich sich zum Schiedsrichter über alle Kultur aufgeworfen hat – dieser Figur widmet Rorty im dritten und letzten Teil seiner Philosophiekritik einen ungerührten, gelegentlich ironischen, jedenfalls aber aufatmenden Abschiedsgruß. Ihm erscheint dessen Gestalt im Fokus historisierender Betrachtung schon so verblaßt wie das Bild des mittelalterlichen Priesters; und die zeitgenössischen philosophischen Fragen sind ihm nurmehr verständlich als »Episoden einer bestimmten Station in einem Gespräch ..., das einmal nichts von diesen Fragen wußte und das womöglich wieder einmal nichts von ihnen wissen wird.« »Statt sich die Weisheit«, so animiert uns Rorty, »als die Liebe zum Argumentieren zu denken, kann man sie beispielsweise als die zur Teilnahme an einem Gespräch notwendige praktische Klugheit sehen.« In dürreren Worten: der wissenschaftliche Philosoph geht ab, auftritt der Hermeneutiker (das erste Kapitel des letzten Teils heißt ›Von der Erkenntnistheorie zur Hermeneutik‹), freilich beileibe nicht als Berufsdenker, der wieder nach Erkenntnisgründen schürft, sondern als lebensgewandter, gebildeter Gesprächspartner. Rorty läßt sich auf das, was er unter dem Schlagwort »bildende Philosophie« als revolutionäre Alternative zur bis dahin betriebenen, nach Heidegger bloß objektivierenden, nach Rorty nun auch noch halt-losen Philosophie sich ausgedacht hat, nicht näher ein, aber man ahnt, was das sein soll: etwas wie eine im Dialog sich einstellende Selbstfindung und Horizonterweiterung, ein beiläufiges und lustvolles Sich-Aneignen der Güter der Kultur und sonach eine Art Steigerung der Persönlichkeit – ein Ideal, wie ich schon andeutete, auf das der breite Strom deutschen und teilweise auch französischen Denkens nach Kriegsende sich zubewegte, freilich weit davor im Vagen und wohlfeil Erbaulichen zerrann. Ähnliches, fürchte ich, stünde der von Rorty entdeckten bildenden Philosophie bevor, auch wenn er glaubt, dem individualistisch-egoistischen Impetus einer solchen Gentilhomme-Philosophie, sozusagen gesprächsweise, mit Dewey ein soziales Korrektiv aufdrängen zu können. Dieser Pragmatiker sah im übrigen, wie Rorty selbst notiert, »im Ideal ästhetischer Steigerung« die Erfüllung.

Von der bildenden Philosophie erwartet sich Rorty allerdings noch anderes als etwa die Fortsetzung des Philosophierens mit sozialeren oder ästhetischeren Mitteln, mehr auch als lediglich ein Abführmittel für verstopfende, irreführende Metaphern. Einzig sie scheint ihm nämlich resistent und überlegen genug zu sein, unser aller Furcht vor der Wissenschaft, dem »Szientismus« oder »Naturalismus«, zu bannen; und umgekehrt ist sie ihm gegen die Gefahren, die ihr selbst durch ein an naturwissenschaftlicher Wahrheitssuche orientiertes Denken drohen, hinreichend gefeit, weil diese Meta-Philosophie – und jetzt verläuft Rortys Gedankengang nahezu zirkulär – zuverlässig den »nichtnormalen Diskurs« erzeugen wird, jenes Ins-Blaue-Sprechen also, das sich jeglicher Verwissenschaftlichung entgegenstellt. Die Furcht vor der Wissenschaft gründet ja in der Tat letztlich darin, daß wir mit ihren Fortschritten uns selbst mehr und mehr erkannt, berechenbar finden, folglich vorhersehbar und am Ende zu einem Ding werden. Die Möglichkeit, »daß es etwas Neues unter der Sonne gibt, daß das menschliche Leben poetisch ist statt bloß kontemplativ«, wäre damit ausgeschlossen. Lösen wir uns jedoch vom naturwissenschaftlichen Naturalismus – und damit vom Dualismus der Spiegelmetapher, also auch vom lästigen Mentalismus –, dann, so glaubt Rorty, gilt auch das Gegenteil, dann ist keine unserer Handlungen, Theorien, keiner unserer Gedanken voraussagbar und die Selbsterkenntnis des Menschen wird ihn keineswegs zum bloßen An-Sich erniedrigen. Es blieben nämlich so viele mögliche Wahrheiten über ihn offen, wie es »inkommensurable Vokabulare« gäbe, die sich nicht auf den üblichen szientistischen Jargon reduzieren ließen; hier ist der Mensch Objekt von Beschreibungen, dort bleibt er deren Erzeuger.

Ein solch inkommensurables, mit der »normalen« Wissenschaftssprache nicht unbedingt unverträgliches, aber abseits ihres Soges sich bildendes Vokabular wäre es, was nach Rortys Überzeugung das ungebundene, »alternative« Gespräch speiste und der bildenden Philosophie ihre Würde verliehe, einer Philosophie, welcher der Ehrgeiz, das für alles Denken zeitlos gültige Begriffskonstrukt zu errichten, gänzlich fremd sein müßte. Bildende Philosophie beginnt ihr Gespräch – oder, als neue Eule der Minerva, ihren Flug – nach der Absonderung der Dichotomie von Geist und Natur, nach der Aufhebung der »Trennung zwischen dem Menschen und anderen Gegenständen«, und sie ist dem Drang überhoben, da begreifen zu wollen, wo den Wissenschaften die Begriffe fehlen. Ihr inkommensurabler Wortschatz läßt sie vielmehr allen szientistischen, erkenntnistheoretischen Determinationen immer schon voraus sein. Ein heiteres, unreglementiertes, poesiedurchtränktes Plaudern also ist es, was uns der Philosoph Richard Rorty für die post-philosophische Zeit verspricht.

Rortys Verkündigung einer Resurrektion der Philosophie – denn das ist es eben auch, was er vorträgt – hinterläßt, trotz allem Witz, allen erstaunlichen gedanklichen Hakenschlägen, einen faden Geschmack. Er kann nicht verzichten, wo es, seinen eigenen rigorosen Analysen zufolge, eigentlich zu verzichten gälte, er möchte, um sein Idiom zu benutzen – to eat the cake and have it. So speist er uns mit einem Surrogat ab. Denn es ist nicht plausibel, daß der philosophische Status quo durch bildendes Philosophieren zu überholen sei, daß Theoretisieren auf Befehl angehalten werden könnte. Mir scheint, Rorty fällt ein gut Stück auf der Bewußtseinsspirale zurück und beschwört, unwillentlich, prä-philosophische Zustände herauf. »Das Gespräch« freischweifender Art hat es ja doch zu allen Zeiten gegeben, vor, neben und nach der Philosophie, und in den günstigsten Fällen verdichtete es sich zu jenem inneren Dialog, der nach Platon philosophisches Denken bedeutet. Im übrigen ist der Gespräche, neologistisch »kritische Diskussionen« genannt, derzeit kein Ende, und so wäre es wohl auch »politisch klüger«, um eine Wendung Rortys zu gebrauchen, deren Inkommensurabilität unter die Kontrolle der Vernunft zu bringen. Daß offensichtlich die planlosen Gespräche (Heideggers »Gerede«) die Dämme der Rationalität aufweichen und allenthalben den Irrationalismus eindringen lassen, beunruhigt hingegen Rorty nicht im geringsten.

Doch selbst da, wo diese Bedrohung nicht besteht, muß sich »das freie und müßige Gespräch« über kurz oder lang in zwangsläufigen Regulationen festfahren und sich derart um seine Unvergleichbarkeit bringen. Das Anti-Gespräch, so ließe es sich auch nennen, stößt schließlich an seine Grenzen, denn man darf bezweifeln, ob den Sterblichen unzählige inkommensurable Vokabulare gegeben sind. Mit seiner »Fortsetzung des abendländischen Gesprächs« träumt Rorty – träumend, zugegeben, noch scharfsinnig und analytisch brillant – den uralten Traum von einem »ganz anderen« Denken.

Sozusagen in einer Art Hang zum Gesamtkunstwerk überfrachtet Rorty dabei seine Philosophiekritik mit den divergierendsten Themen und Motiven; er spinnt zu viele Gedankenfäden, die schwerlich miteinander zu verknüpfen sind. Daß beispielsweise, integriert im bildenden Gespräch, Rortys »existentialistische« Doktrinen, wie er seine Entwürfe schließlich abgekürzt nennt, »mit dem Behaviorismus und Materialismus ... zu vereinbaren sind«, wird allein den überzeugen, der zuvor die bildende Philosophie als Alternative schon hingenommen hat.

Zum Schluß setzt Rorty – ein weiterer Faden, den man ins Gewebe einziehen soll – noch allem, buchstäblich, seine Moral auf. »Die ganz besondere Arglist des Philosophen« sei es, »an die Stelle moralischer Entscheidungen Pseudoerkenntnisse zu setzen.« Das klingt, soweit man es verstehen kann, verdächtig nach einer Aufforderung zu blindem Dezisionismus, oder so, als sollte von nun an Erkennen durch Moralisieren, durchs Erbauliche *(edifying)*, ausgewechselt werden. Daß die »Anstrengung des Begriffs«, der Versuch zu erkennen, die Suche nach Wahrheit ethisches Verhalten bedingen und produzieren, daß dahinter die radikalste moralische Entscheidung stehen muß, davon weiß der »gebildete« Philosoph Rorty uns nichts zu sagen. Der Aufwand, mit dem Rorty eine endgültige Alternative zur problematischen philosophischen Erkenntnistheorie schmackhaft machen will, scheint mir vergeblich – das alles läuft auf die altbekannte Alternative zwischen einer literarischen, essayistischen und einer systematischen, wissenschaftlichen Philosophie hinaus. Mag sein, daß uns Rorty die Wahl zwischen diesen beiden existierenden Philosophemen etwas qualvoller gemacht hat; womit man, verschärft, wieder einmal in die Lage von Buridans Esel versetzt wäre, der bekanntlich, unentschieden zwischen zwei Heuhaufen, verhungerte. Doch womöglich sind beide Heuhaufen immer nur Stroh gewesen – das wäre immerhin eine neue Einsicht in die Situation der gegenwärtigen Philosophie.
(1983)

Zehn Jahre später hat sich Rorty endgültig von der Masse arrivierter Philosophen in der Welt abgehoben. Er ist, in

Amerika wie in Europa, einer der ganz wenigen, vielleicht sogar der einzige Denker derzeit, der in den Schlinggewächsen der Ideen sich zurechtfindet und die einander abstoßendsten Gedankengebilde zusammenzudenken und kritisch aufeinander zu beziehen vermag. Seine eigene »Philosophie« ist darüber immer provozierender geworden, er selbst immer mehr Schriftsteller, Goethe naherückend, der ja meinte: »Alles Gescheite ist schon gedacht worden; man muß nur versuchen, es noch einmal zu denken.«

20. Der freischwebende Allzweck-Philosoph
Selbsterschaffung als Ziel: Richard Rortys »liberale Utopie«

Richard Rorty lehrte lange Jahre an der Princeton University, bevor er 1982 einen Ruf an die Universität von Virginia annahm. Von den derzeit prominenten amerikanischen Philosophen ist er wahrscheinlich derjenige, der den Stand europäischer und deutscher Theorie-Diskussionen am besten kennt. Er war ein Jahr am Wissenschaftskolleg in Berlin und zuvor Gastprofessor in Frankfurt, von dessen »Schule« er sich mit respektvoller Sympathie distanziert.

Der noch nicht 60jährige Rorty gibt sich unendlich geduldig, wenn ihm, der ganz gut Deutsch spricht, auf einem Empfang ein deutscher Kollege auf Pidgin-English zusetzt.

Seine Erscheinung steht jedenfalls in einigem Kontrast zu seinen selbstironischen, durch Schocks zum Nachdenken anstiftenden Texten, die, anders als die meist einschläfernden Schriften so vieler deutscher Geisteswissenschaftler, den Leser fesseln und aufregen. Wann er ernst macht, und wann er gleichsam nur Gedankenkulissen hin und her schiebt, das ist nicht immer leicht auszumachen. Sofern sie ihn kennen, erscheint Intellektuellen hierzulande Rortys Pragmatismus als leichtfertig, seine Werbung für den American way of life als zynisch oder naiv. Aber, wie ein Frankfurter Philosoph bei Gelegenheit einmal herausfand, »Rorty meint das natürlich alles ganz anders«.

Einer meiner Freunde wollte immer eine Art Heidegger und zugleich Drummer im Orchester Count Basie werden. Die Extreme sollten in ihm zusammenkommen. Bloß Heidegger oder nur Drummer in einer Jazzband, das kann jeder werden, meinte er. (Er ist Steuerberater geworden.)

Der großköpfige Superman, der spirituelle Übermensch, der die Gegensätze umarmt, ist auch der Anti-Fachmann. Xenophon, zu dessen Lebzeiten das Wort Philosophie noch kein Begriff war, soll ähnlich seinen Lehrer Sokrates als »talentierten Amateur« bezeichnet haben. Philosophiekritiker wie Richard Rorty, so hieß es unlängst, sollten bedenken, ob nicht der von ihnen anvisierte Intellektuellen-Typ schon in der Antike vorweggenommen sei.

Dieser Typ, der sich Alfred Webers Label von der »freischwebenden Intelligenz« ganz zu eigen gemacht hat und der, spiegelverkehrt zum Experten, immer weniger von immer mehr und bald nichts von allem weiß, leidet allerdings zeitweise unter Insuffizienzgefühlen. Ihn davon zu befreien, ist nichts so angetan wie Rortys philosophische Antiphilosophie. Sein Wunschtyp ist so offen wie Musils »Mann ohne Eigenschaften«, ein Querbeet-Denker aus Passion, der auf Argumente nichts mehr gibt. Er ist mit allen pragmatistischen Wassern gewaschen, von allen antimetaphysischen Hunden gehetzt, ein rastlos nach Selbstverwirklichung Trachtender, der Rationalität, Vernunft und auch die zweite Aufklärung hinter sich, unter sich weiß. Um ihn mit Hilfe Rortyscher Vokabeln auf einen langen Nenner zu bringen: Er ist der stockindividualistische, amerikanisch-liberal-demokratische, ironisch-ästhetische, pragmatische »Allzweck-Intellektuelle« der postphilosophischen Kultur. Er hat seinem Selbst zudem das Image eines singulären, bislang nicht dagewesenen Typs von amerikanischem Philosophen zu schaffen vermocht, der die esoterischsten analytischen Theorien in sich aufgehoben, den alten Pragmatismus überraschend verjüngt hat und gleichzeitig »kontinentalen«, europäischen Denkern von Kant, Hegel und Nietzsche über Heidegger und Wittgenstein bis zu Habermas und Blumenberg, Foucault und Derrida Positionen zuweist, die ihnen bis dahin niemand, der nicht als philosophierender Rhapsode gelten wollte, zugedacht hätte. Alle, ab einem gewissen Rang, haben irgendwann sein Ohr, alle vermag er gleichsam in Fertigteilen in seinen Text zu montieren. Rorty fordert dazu heraus, in ihm den Erstling einer kommenden Spezies von Überdenkern zu erkennen,

die einmal die liberale phantastische Kultur bevölkern
soll.

Rorty entwirft einen Spätgeborenen, der viele Züge des derzeitigen Kultur- oder Literaturkritikers aufweist. Noch leichter als jener gleitet der neue Allzweck-Intellektuelle »ge-
schwind von Hemingway zu Proust zu Hitler zu Marx zu
Foucault zu Mary Douglas zur derzeitigen Lage in Südost-
Asien zu Gandhi zu Sophokles. Er ist ein *name dropper,* der
solche Namen benutzt, um sie auf Beschreibungsmuster,
Symbolsysteme, Sehweisen zu beziehen ... Er ist derjenige,
der Ihnen erzählt, wie all die Arten, Dinge in Zusammenhang zu bringen, zusammenhängen.« Aber er erzählt uns
nicht, wie alle *möglichen* Arten, Dinge in Zusammenhang
zu bringen, zusammenhängen *müssen,* das heißt, er weiß
von keinem außerhistorischen, archimedischen Punkt, er ist
nicht mehr länger ein Philosoph, großgeschrieben (ein
»Metaphysiker«), bestenfalls ein *philosoph,* kleingeschrie-
ben (ein »Pragmatiker«). In dem amerikanischen – im Deutschen zu albernen Wortspielen reizenden – Sammelband
›After Philosophy‹ bezeichnet ihn Rorty ausdrücklich als Be-
wohner von C. P. Snows literarischer Kultur. Ein weiterer
Name derjenigen, die in der »liberalen Utopie«, wie es nun
auch heißt, ihr Wesen treiben, ist – Verbeugung vor dem
Feminismus – »Ironikerin« oder ironistischer Theoretiker.
Der oder die besitzen die Tugend, sich selbst nicht so ernst
zu nehmen, und sie werfen die Leiter der Theorie nach Gebrauch weg.
    Der neue Intellektuelle zieht die »Erzählung«, den Roman
vor und bemüht sich um »ehrenhafte Bedingungen für eine
Kapitulation der Philosophie vor der Dichtung«. Der »Kul-
turheld eines liberalen Gemeinwesens« wäre, nach Rorty,
der Dichter, nicht der Krieger, der Priester oder der »wahr-
heitssuchende, der ›logische‹, ›objektive‹ Naturwissenschaftler«. Phantasie, nicht Rationalität, »die Begabung,
anders zu sprechen, nicht die Begabung, gut zu argumentieren«, führen den gewünschten kulturellen Wandel herbei,
der, einmal vollzogen, »der Wahrheit« keinen Platz mehr
läßt, weil die Freiheit ihn einnimmt.
    Mit dem Aufspüren des Kontingenten, durch Zufall Ent-
standenen in den Sphären der Öffentlichkeit, des Staates,

des Individuums und der Sprache wird unsere Welt endgültig »entgöttert«. Wir selbst konstruieren unseren Geist, wir sind – Sartre sprach von der Vorrangigkeit der Existenz vor der Essenz – frei. Freiheit liegt schon in der Erkenntnis der Kontingenz der Welt.

»Der Vorrang der Demokratie vor der Philosophie« heißt das in einer Variante von Rortys »Jargon«, seinem »attraktiv gemachten« Vokabular, das uns für sein liberales Utopia weich machen soll. Dessen Bewohnern ist es erlaubt, »so privatisierend, ›irrationalistisch‹ und ästhetizistisch zu sein wie sie mögen«, solange sie anderen damit nicht schaden. Private Autonomie und Vervollkommnung stehen in dieser Gemeinschaft ausgemachter Individualisten obenan, wobei die andere Domäne des Öffentlichen, die des Politischen mit ihren Fragen nach Gerechtigkeit, bestenfalls berührt wird. Im ausgesprochenen Gegensatz zu mitteleuropäischen Vereinigungsmetaphysikern besteht Rorty auf der Unvereinbarkeit, dem »Riß« zwischen Privatem und Öffentlichem und erklärt die Desiderate von »Selbsterschaffung« und »Solidarität« als »für alle Zeit inkommensurabel«.

Die kleingeschriebene *philosophie,* die die liberalen ironistischen Intellektuellen dabei in ihren Hinterköpfen haben, macht sie historistisch bis auf die Knochen. Sprache, Bewußtsein, Kultur mitsamt ihren »überhistorischen Wahrheiten« werden als sich wandelnde Produkte von Zeit und Zufall durchschaut; die Freiheit der liberalen Ironiker ist die Erkenntnis solcher »Kontingenz«. Daß es eine noch zu entdeckende letzte Sprache, ein privilegiertes Vokabular gebe, dem sich die Welt, die Natur endlich erschlösse, halten sie für Märchen.

Werden Sprachen von uns geschaffen, dann sind, da sie an der Sprache hängen, auch Wahrheiten menschliche Produkte, und dann läßt sich die Geistesgeschichte sinnvoller als die Geschichte einander ablösender Sprachspiele, Vokabulare, Metaphern lesen, die – und das ist für die Praxis der neuen Intellektuellen entscheidend – nurmehr miteinander vergleichbar sind, nicht mehr, wie in den abgelebten »Metaphysiken«, mit etwas jenseits der Sprache, etwa der »Welt« oder einem Ding namens »Tatsache«. Dieses Denken in die Tiefe, zu den »Gründen«, könnte man als vertikales Denken bezeichnen, dem die Rortyschen Intellektuellen nun ein gleichsam horizontales, auf den Level des Sprachvergleichs sich beschränkendes Denken vorziehen. Oder in Rortys Illustration: »Weil es über Vokabulare hinaus nichts gibt, was als Entscheidungskriterium zwischen ihnen dient, ist Kritik eine Sache der Betrachtung dieses Bildes und jenes Bildes, nicht eine Sache des Vergleichs beider Bilder mit einem Original. Nichts kann als Kritik einer Person dienen, nur eine andere Person, nichts als Kritik einer Kultur außer einer alternativen ...«, und so sind auch »Bücher im Kontext anderer Bücher ... einzuordnen«, ein »Kontextualismus«, wie man das schwerfällig nennen kann, auf den sich ja Theater-, Musik- oder Literaturkritiker immer schon verließen.

Derart *down to earth* und in eine von Philosophen entgötterte Welt versetzt, benutzt Rortys Allzweck-Intellektueller, an Wittgenstein sich haltend, die Sprache wie ein Werkzeug, mal als Säge mal als Brecheisen. Die Sprache »stellt« nichts »dar«, ist kein Medium zwischen »drinnen« und »draußen«; sie erschafft etwas, vor allem das eigene Ich. »Selbsterschaffung« durch andere Wörter, durch Neubeschreibung der eigenen Person wie der überlieferten Schriften ist das Leitmotiv der Geschöpfe Rortys, der selbst so mit den tradierten Texten von Denkern und Dichtern verfährt wie Peter Sellars mit den Opern Mozarts. Er geht soweit, uns die »Geschichte der Wissenschaft, Kultur und Politik als eine Geschichte von Metaphern, nicht von Entdeckungen« plausibel zu machen. Ja wir sollten uns, meint er, »die Geschichte der Menschheit als Geschichte einander ablösender Metaphern« vorstellen und somit auch als Auswechseln von Werkzeugen. »Selbsterschaffung« läßt sich als Beispiel einer neuen »pragmatischen« Metapher gegen die überholte »metaphysische« von der »Identitätssuche« anführen: Hier soll man etwas *entdecken,* was irgendwie schon da ist, dort etwas *machen,* was es noch nicht gab. Fast gelingt es ihm, plausibel zu machen, daß das Neue Vokabular, außer *stupore* zu erregen, als neues Werkzeug dienlich sei. Aber ist ein brandneues, schickes Vokabular wirklich eine Art neues Werkzeug oder nur das jüngste Design eines alten Hammers, mit dem da weiterphilosophiert wird?

Im Gemeinwesen Rortys soll die Rhetorik herrschen, keinesfalls die Logik. Unserer verwissenschaftlichten wird eine

»poetisierte«, der »vernünftigen« eine »ästhetisierte« Kultur vorgezogen, in der »alles erlaubt ist, sofern es um Worte im Gegensatz zu Werken, um Überzeugungskraft im Gegensatz zu Gewalt geht«. Fortschritt besteht in der Möglichkeit, »interessante Dinge zu tun und interessante Personen zu sein«. Das »leichtfertig Ästhetische« seiner Ansichten entgeht ihm nicht, und er stellt sich genüßlich vor, »wie tief zuwider« Philosophen wie Habermas seine Werbung für eine poetisierte Gesellschaft sein muß. Doch das sind »Metaphysiker«, die sich von der Idee eines überzeitlichen, universal Geltenden nicht freimachen konnten und weiterhin vorm Gespenst des Relativismus erschrecken.

Kontingenz – über deren Dominanz Rorty sich übrigens ausdrücklich mit dem Gießener Skeptiker Odo Marquard einig weiß – herrscht auch im Bereich des Öffentlichen, im Gemeinwesen. Eine liberale Gesellschaftsordnung, die eine ästhetisierte, »poetisierte« statt einer rational-aufklärerischen sein sollte, braucht demgemäß eine »verbesserte Selbstbeschreibung«, keine Philosophie, kein »Sortiment von Grundlagen«. Und Bereiche, so heißt es nun schon sehr im Sog des matten modischen Zeitgeistes, an »der Vorderfront der Kultur«, die die »Phantasie der Jungen anregt, nämlich Kunst und politische Utopie«, sollten im Zentrum unserer Aufmerksamkeit stehen.

Für die auf Selbsterschaffung konzentrierte liberal-ironistische Gemeinde sind Philosophen wie Nietzsche, Heidegger, auch der existentialistische Sartre oder der bloß noch in Anspielungen faselnde Derrida die Helden, so antiliberal und womöglich politisch gefährlich einige davon auch sein mochten. Auch Heidegger, so weiß es Rorty, trieb die Sorge um, daß die Vokabulare vergangener Philosophen »ihn zum Sklaven gemacht hätten«, ihn beutelte »seine panische Angst, daß es ihm vielleicht nie gelingen werde, sich selbst zu erschaffen«. Wie kann ich es verhindern, fragt sich dieser Heidegger, bloß »eine neue Fußnote zu Platon zu sein«? Proust, will Rorty in einem zähen Stück Hermeneutik zeigen, hatte es leichter, er errang Autonomie, indem er einen Bildungsroman über sich selbst schrieb und den Geschmack schuf, der über ihn richten würde.

Die herkömmliche Redeweisen derart verfremdenden Tuis (Brechts boshaftes Kürzel für die Intellektuellen) aus

Rortys Feder sind unentwegt dabei, »das Neue gegen das Alte auszuspielen« (seit es das Wahre und das Falsche nicht mehr gibt), sich selbst neu zu beschreiben. Als »Sozialleim« ist ihnen einzig die Irritabilität durch »Grausamkeit« geblieben, ein Wort, das Rorty als Chiffre für das *omnium malorum* einbringt. Die Empfindsamkeit gegenüber den alltäglichen Grausamkeiten, vor allem der eigenen, zu schärfen, ist die kleine Portion an politischem Engagement, die sich der transphilosophische Tui im liberalen Gemeinwesen zuteilt. Solche Sensibilisierung *schafft* Solidarität, die ebensowenig *vorgefunden* wird wie die Wahrheit.

Die liberale Ironikerin — um Rortys feministische Wendung aufzunehmen — ist schließlich der Meinung, daß ihresgleichen »nicht durch eine gemeinsame Sprache, sondern durch Schmerzempfindlichkeit mit der übrigen Species humana« verbunden ist. Und wenn's auch elitär klingt, Solidarität ist nur im bemessenen, »einsam provinziellen« Kreis derer zu schaffen, die »zu uns« gehören, wobei »wir« jedenfalls etwas Begrenzteres sind »als die Menschenrasse«. Aber »wir« — man denkt an Ortegas ›Der Intellektuelle und der andere‹ — sollten uns darum kümmern, »auch Menschen aufzunehmen, die wir bis jetzt zu den ›sie‹ gezählt haben«. Um uns derart moralisch aufzurüsten, hält Rorty Roman, Kino, Fernsehen oder Comics für effektivere Medien als Predigt und Abhandlung. Die Gefahr des Überdrusses am Überfluß der Vokabulare, in der seine poetisierte liberale Utopie ja ständig schwebt, sieht er nicht. Merkwürdigerweise sieht er auch nicht, daß die Dichtung, der er so suggestiv das Wort redet, von seinen egomanischen Intellektuellen eigentlich als Magd ihrer Selbstsüchte mißbraucht wird.

Wenn Richard Rorty einer großgeschriebenen wissenschaftlichen Fach-Philosophie jetzt lächelnd den Abschied gibt (*rorty* heißt im Englischen auch »lustig«), dann bringt er alle möglichen Möchtegern-Philosophenkönige gegen sich auf, die sich von Hegel versichern lassen: »Wenn der Geist einen Ruck macht, sind wir Philosophen auch dabei.« Nun, der Weltgeist hat jetzt einen Ruck gemacht, aber es war kein Philosoph dabei, der hätte zerquetscht werden können. Davon ungerührt, verkündete kürzlich ein deutscher Philosoph, Heideggers Geist sei schon rettend bis in die

Vorzimmer Gorbatschows gedrungen. Für Rorty und seine empfindsamen Pragmatiker ist das Rettende, wie er einmal ohne zu zucken schreibt, vielleicht schon »hinter Heideggers Rücken aufgegangen – in Amerika«.
(1991)

Bei Rorty wird mit pragmatistischer Devise der augenblickliche philosophische Rückzug aus der Wirklichkeit offen kundgetan und den verführerischen Reden von Wahrheit und Vernunft, wie bei Feyerabend, öffentlich abgeschworen. Die alte Position von hüben das Subjekt und drüben die Tatsachen wird lachend aufgegeben, Erkenntnis auf das Erfinden neuer Vokabularien beschränkt. Wege der Innenwelterzeugung. Freilich erinnert diese Absprengung der immer schon Ärger machenden Objektivität an den guten Rat der Gräfin Mizzi beim Abschied vom Grafen Poldi: »Steigen's net in den letzten Waggon, Poldi. Bei a'm Unfall trifft's den immer am meisten.« »Ja bitt'schön, Mizzi, warum hängen's denn den letzten Waggon net ab?«

Was, um Rortys willen, sollen neue Vokabulare beschreiben oder »leisten«? Drei Möglichkeiten bieten sich an: erstens, immer dasselbe, nur etwas anders; zweitens, etwas anderes als immer, aber was? drittens, sie »beschreiben« nicht und nichts und »leisten« schon überhaupt nichts; sie beschreiben nicht einmal eigene Hirnzustände oder deren mentale Derivate oder Parallelen, denn das wäre etwas, etwas Objektives.

Rorty sieht sich natürlich auch über den von Gustav Bergmann so genannten *linguistic turn* und die darin verankerte Verheißung, die Grenzen der Sprache und damit die Grenzen der Erkenntnis »vom Lehnstuhl aus« zu finden, hinaus; aber die linguistische Wende war, meint Rorty, nicht fruchtlos. »Im Gegenteil, die Ersetzung von ›Gedanke‹ oder ›Geist‹ oder ›Vernunft‹ durch ›Sprache‹ erlaubte es den Philosophen, die Angewiesenheit von Erkenntnis und Kultur auf begriffliche Rahmenbedingungen, Paradigmen und Bilder ernster zu nehmen, als man solche Relativität bisher nahm.« Der Vergleich mit Philosophen auf anderen Fährten, namentlich sogenannter Intentionalisten, drängt sich auf. Auch sie glauben, über den *linguistic turn* hinweg zu sein, aber in der entgegengesetzten Richtung, nämlich hinter ihm zurück.

Wie fast immer bei Innovationen oder Proklamationen neuer Trends wird das Novum gleichsam wie in Trance fraglos hingenommen, und je öfter seine Novität behauptet wird, um so echter scheint sie zu werden. Die Sprache ist Basis und unhintergehbare, ja apriorische Letztvoraussetzung aller Denkbewegungen, hieß es seit Wittgenstein: Die Grenzen der Sprache sind die Grenzen meiner Welt. Der Geist, das – intentionale – Bewußtsein, das bis zur Sprachwende Plattform aller Ausflüge in die Welt hinein war, war damit auf den zweiten Platz philosophischer Voraussetzung verwiesen worden. Daß dies der Stand der Philosophie in der zweiten Hälfte des 20. Jahrhunderts sei, wurde bis dato von niemandem ernsthaft in Frage gestellt. Bis mit dem renovierten Begriff der Intentionalität vor allem John Searle die grundlegende Funktion der Sprache für die Weltdarstellung relativierte. Als einer der ersten hat Karl-Otto Apel sich und andere darauf hingewiesen; ihm erschien Searles Buch ›Intentionalität‹ von 1983, »in dem die ›philosophy of language‹ auf eine ›philosophy of mind‹ zurückgeführt werden soll, als Dokument einer erstaunlichen Wende«, nach der Ergänzung, wie Apel erklärt, des *linguistic turn* durch den *pragmatic turn*. Apel, für den gleichwohl »die Weltrepräsentation durch Sprache« »eben nicht hintergehbar« ist, hat, nach Meinung des Beobachters, die vergessene oder unterdrückte Frage nach der Priorität von Bewußtsein oder Sprache vor neuen Horizonten erstmals im deutschen Sprachbereich explizit gemacht. In seiner Untersuchung zu Husserl und Quine hat auch Michael Sukale das Intentionale oder das Bewußtsein oder das Denken neben der Sprache gegen Quine neu zu institutionieren versucht[1]. Kaum daß der »Tod des Subjekts« beschlossene Sache schien, soll es einen *re-turn* zum Bewußtsein, zum Geist geben, initiiert von amerikanischen analytischen Philosophen: Der Beobachter liest es freilich doch auch wie Parodie, wenn neuestens mit dem Geist auch die Realität heimgeholt werden soll. Man pocht nun darauf, wie Manfred Frank mitteilt[2],

---

[1] Intentionalität und Verstehen. Frankfurt a. Main 1990.
[2] In: Merkur 46 (1992) 5.

»daß die Überzeugung von vor- und außersprachlichen Entitäten dringend rehabilitiert werden müsse«. Solche, wie es scheint, immer kurzfristiger aufeinanderfolgenden Wechselbäder – raus aus der *philosophy of mind*, rein in die *philosophy of mind* – machen schon beim bloßen Zuschauen schwindeln. Frank erledigt übrigens das Gerücht einer von deutschem Geist angebahnten Wende in der amerikanischen Philosophie sowie die müde Meinung, man hätte hierzulande nun genug an analytischem Philosophieren geleistet, und bekennt, daß »mir die Beschäftigung ... besonders mit der ›Philosophy of Mind‹ einen Nutzen bringt, dessen Ende ich nicht absehe und an dessen Stelle nichts tritt, was ich im zeitgenössischen oder jüngstverstorbenen Deutschland lesen oder lernen kann«.

Searle wurde berühmt durch seine Theorie der Sprechakte, deren Vorform er von John Austin übernahm. Austins Antwort auf die sich selbst gestellte Frage ›How to do things with words‹ (Wie man Sachen mit Wörtern macht, frei übersetzt) war die Entdeckung »performativer« Akte, »illokutionärer« – und des weiteren »perlokutionärer« – Sprechhandlungen wie fragen, versprechen, befehlen, erschrecken, überzeugen, zu etwas überreden, auf dem Standesamt »ja« sagen und dergleichen. Erstaunlich ist, daß unter den nie so ganz befriedigenden Beispielen für solche Sprechhandlungen die Sprache des Mimus, das Theater, das Drama, als das Sprechhandlungsgeschehen par excellence, nirgends auftaucht.

Seine *philosophy of mind* sieht Searle als Fortsetzung seiner Sprachphilosophie, die jetzt »ein Zweig der Philosophie des Geistes« wird. Searle, ein brillanter und klarer Autor, macht sich allerdings den Begriff der Intentionalität, fern von Brentano und Husserl, ganz für den Eigenbedarf zurecht. Sie ist nicht dasselbe wie Bewußtsein, und er will sie erklären ohne das übliche Adjektiv »gerichtet« auf etwas. Es gibt dennoch den Unterschied zwischen dem intentionalen Zustand und dem, worauf der Zustand gerichtet ist. Aber ist ein »Zustand« gerichtet? Überzeugungen und Wünsche beispielsweise, sagt er, seien zwar »intentionale Zustände, aber sie beabsichtigen (sie ›intendieren‹) nichts«. Wieso, fragt sich jeder Beobachter, wird mit Wünschen nichts beabsichtigt, verlangt, eben gewünscht? Bei vielen von Searles subtilen Wortklaubereien hört man nicht auf zu fragen, in welchen

349

Fällen, existentiellen oder rein theoretischen, es denn um alles in der Welt von Bedeutung wäre, nicht zu wissen, ob beispielsweise Wünsche intentional in einem spezifischen Sinne sind oder nicht. Was für eine Sorte von Sprachspiel ist es, die sich da breitmacht? Wenn man anfängt, alle Worte, alle Begriffe so lange um und um zu wenden, bis sie ihren »Gebrauchswert« verloren haben, muß dann nicht schließlich jede Kommunikation, jede Poesie, jeder Gedanke verstummen?

Zurück in die jüngste Geschichte. Die amerikanische, seit langem analytisch genannte Philosophie, hat einiges von ihrer Rigidität aufgegeben, weniger übrigens unter dem Einfluß oder gar Druck europäischer Denkimpulse als aus eigener Einsicht und Selbstüberwindung vorangegangener Standpunkte – ein »Paradigmenwechsel«, wie ihn den Heutigen der Vater der amerikanischen Philosophie, Rudolf Carnap, ja mehrfach vorgemacht hatte. Auch ist die Öffnung gegenüber europäischen Strömungen nicht so sperrangelweit, wie es Rüdiger Bubner mit Genugtuung glaubte feststellen zu können. Auch Rorty hält sich, als Neopragmatist und Liberalist, an den amerikanischen, pragmatistischen *way of philosophy,* der ohne transzendentale Umleitungen, jedenfalls in der analytischen Philosophie, auskommt. Bei älteren Denkern, namentlich dem jetzigen Nestor der amerikanischen Philosophie, Willard van Orman Quine, gibt es ebenfalls keine Zugeständnisse an »mentalistische« Standpunkte. Der Naturalist Quine glaubt mit Dewey, »daß Wissen, Geist und Bedeutung Teile derselben Welt sind, mit der sie sich befassen, und daß sie mit derselben empirischen Gesinnung, die die Naturwissenschaften belebt, untersucht werden müssen. Es gibt keinen Platz für eine erste Philosophie.« Und er hält es für einen »schädlichen Mentalismus«, wenn man »die Semantik eines Menschen«, über das hinaus, »was in seinen Dispositionen zu beobachtbarem Verhalten enthalten sein könnte«, irgendwie in seinem Geist festgelegt ansieht.

Bei Quine, bei Putnam, bei Davidson, bei Daniel Dennett und auch noch bei Rorty ist heute, trotz allem Interesse am Europäischen, vielleicht mehr denn je von der frühen amerikanischen Losung Los-von-der-Alten-Welt zu spüren, wie sie von Emerson oder Thoreau ins Bewußtsein der Neuen

Welt gerufen wurde. Es hört sich immer noch erfrischend an, wenn Emerson predigt: »Unser Zeitalter ist rückwärtsschauend. Es baut die Gräber der Vorväter. Es schreibt Biographien, Historien, Kritik. Die vorangegangenen Geschlechter sahen Gott und Natur von Angesicht zu Angesicht; wir sehen durch ihre Augen. Warum sollten nicht auch wir uns einer ursprünglichen Beziehung zum All erfreuen? Die Sonne scheint auch heute. Neue Länder sind da, neue Menschen, neue Gedanken.« Eine tiefe melancholische Sehnsucht kann uns Späteste, uns Posthistorische, die historistisch ihre Unschuld verloren haben, erfassen bei jenen oder diesen »naiven« Ausblicken: »Nun wollen wir leben ... Und weder Griechenland noch Rom, weder die drei Einheiten des Aristoteles noch die Heiligen Drei Könige von Köln, weder die Sorbonne noch die Edinburgh Review haben uns was dreinzureden.« Gewiß, wer die Geschichte vergißt, ist dazu verdammt, sie zu wiederholen. Aber man muß auch in ihr man selbst bleiben. Genau die gegenteilige Bestrebung, nämlich jedes Problem geradezu unterwürfig durch dicke Wolken von Geschichten und geschichtlichen Autoritäten zu sehen, Eigenes allein durch Fremdes ausdrücken zu wollen, kennzeichnet heutzutage den größten Teil philosophischer Produktionen. »Nur *ein* Ding ist besser als Tradition: Leben!« rief Thoreau, ein Wahlspruch, dessen auch »wir Hermeneutiker« uns manchmal nicht zu schämen brauchten.

Weil sie außerhalb akademischer Kreise kaum gelesen wird (und sicherlich auch ein langes Einlesen voraussetzt), gilt die amerikanische analytische Philosophie, in der ja der logische und mathematische Geist immer noch die Essenz darstellt, als trocken, humorlos, stilistisch belanglos, verglichen vor allem, so ist die Meinung, mit dem *esprit* der jüngsten französischen literarphilosophischen Schöpfungen. Das Gegenteil ist allerdings wahr. Die großen amerikanischen philosophischen Autoren sind witziger und brillanter im klassischen, attischen Sinne als die sich so literarisch abplagenden französischen Autoren. Texte von Quine sind auf dem höchsten heute denkbaren Abstraktionsniveau, zugleich Muster an Klarheit, aber auch an trockenem Witz und überraschenden, lapidaren Verbildlichungen des Bildlosen. Quine ist ein Schriftsteller hohen Grades, der mit der Alltagssprache auskommt, wie es schon Bergson riet und tat. Quine zeigt, wie gut und nach Art der fröhlichen Wissenschaft sich in Englisch philosophieren läßt.

Andererseits kann der Beobachter schwer darüber hinwegsehen, daß im Zentrum der maßgebenden amerikanischen – und auch englischen – Philosophie dieser Tage mit sprachanalytischen, bedeutungstheoretischen Mikrolysen das Problem- und Sinnverständnis sowie die Geduld des Lesers auf eine harte Probe gestellt werden. Man ist, um wenigstens den Zungenschlag solchen Denkens vernehmbar zu machen, aufs Zitieren angewiesen. Da skizziert zur Exposition seiner Kritik ein Kollege Donald Davidsons intentionalistische Theorie so: »Das absichtliche Handeln ist ein Handeln, das sich in angemessener Weise erklären läßt, indem man sich auf die Handlungsgründe des Betreffenden beruft. Die Gründe, durch die absichtliche Handlungen erklärt werden, sind geeignete Paare von Wünschen (und sonstigen Proeinstellungen) und Überzeugungen des Handelnden. Wenn man *aus* einem bestimmten Grund handelt, wird die Handlung durch ein geeignetes Wunsch-Überzeugungs-Paar *verursacht*. Nehmen wir etwa an, daß ich absichtlich zur Tonhalle gehe, weil ich Pavarotti singen hören möchte und glaube, daß mein Zur-Tonhalle-Gehen eine Möglichkeit dazu ist. Da ich *aus* diesem Grund handele, *verursachen* die Proeinstellung und die Überzeugung meine Handlung.« Mit solch verblüffenden Feststellungen scheint eine neue Art von Scholastik sich durchgesetzt zu haben, deren Aufwand die Bearbeitung gewichtigerer und auch interessanterer Probleme immer weiter hinausschiebt. Zuerst müßten doch wohl, so kommt freilich der überlegen lächelnde Verweis, die wildverzweigten Würzelchen freigegraben sein, bevor man sich an die großen Fragen machen könne. Das hört sich plausibel an, aber so wenig die Hirnforscher heute glauben, mit immer mehr Daten über die Detailfunktionen des Gehirns verschaffe man sich ein Verständnis höherer, kognitiver Prozesse, so gering erscheinen die Chancen, daß unser Selbst- und Weltverständnis durch philosophisches Ziselierhandwerk von Spezialisten »richtiger«, weiter, verständiger wird.

Manche Texte des Engländers Peter Strawson etwa verblüffen dadurch, daß nach unzähligen alltagssprachanalytischen Winkelzügen unerhörte Trivialitäten zum Besten gegeben werden. Da wird mit logischen Kanonen auf philosophische Spatzen geschossen. Und auch in den ungemein insiderischen, man möchte sagen rücksichtslos auf einen kleinen Kreis amerikanischer Meisterdenker abgestimmten Aufsätzen Donald Davidsons fällt es häufig schwer zu erkennen, wieso sie ihren Autor – der nur Aufsätze geschrieben hat (das »nur« ganz und gar nicht pejorativ verstanden) –, wenn auch spät, so berühmt gemacht haben. Daß es zumindest nicht leicht ist, allein den darin aufgeworfenen Problemen so großes Gewicht beizumessen, hat sich allerdings nun doch schon etwas herumgesprochen.

»Laß dich nie dazu verleiten, Probleme ernst zu nehmen, bei denen es um Worte und ihre Bedeutung geht«, warnte Karl Popper[3], und seine Skepsis, ja sein »Abscheu« vor der Reglementierung der Philosophie durch Sprachanalyse (von Wittgenstein bis zur heutigen amerikanischen Richtung) wird begreiflich, wenn man Jahrzehnte vor dem Horizont solchen Philosophieverständnisses gelebt hat. Der unüberwindbaren Allegorik der Sprache, die alle Definitionen gleichsam in der Luft läßt, das eine Unklare durch das andere Unklare ersetzt (in schlechter Dichtung: Der Mond gleicht einem bleichen Käse – Der Käse liegt wie ein bleicher Vollmond auf dem Teller), wollte Heidegger entfliehen. Deshalb schreibt er Sätze nieder wie »Das Sein ist es selbst« – nicht schlechter als »Ich bin der ich bin« – oder »Das Nichts nichtet«, die Quine vielleicht doch in seiner wie auch immer eigen-sinnigen Absicht mißversteht[4].

Was den Beobachter an der zeitgenössischen amerikanischen analytischen Philosophie außerdem ein wenig irritiert – bei Quine wie bei Davidson –, das ist ihr vorgebliches, ganz selbstverständlich vorgetragenes Expertenwissen vom Spracherwerb. Aber hat der Philosoph im Lehnsessel den empirischen Linguisten, Forschern »vor Ort«, etwas voraus?

Die amerikanische Philosophie, so hört man es auch heute noch, sei ungeachtet all ihrer Wandlungen, durch den Physikalismus der immigrierten Wiener Positivisten methodologisch und ideologisch den Naturwissenschaften als Ideal verhaftet geblieben. Davon kann heute, wenn überhaupt, so

---

[3] Ausgangspunkte. Meine intellektuelle Entwicklung. Hamburg 1979, S. 20.
[4] Wort und Gegenstand. Stuttgart o. J., S. 236.

einfach natürlich nicht mehr die Rede sein, nach Jahrzehnten wissenschafts-theoretischer Untersuchungen, durch die sich für jeden deutlich herausstellte, daß in den Naturwissenschaften auch nur mit Hypothesen-Wasser gekocht wurde, von Gesetzen nur bedingt, von »Gewißheiten« überhaupt nicht mehr gesprochen werden kann.

Nur noch in ganz wenigen Fällen haben naturwissenschaftliche Theorien unmittelbar inspirierend auf die Philosophie eingewirkt: einmal in den sogenannten kognitiven Wissenschaften und der Erforschung der (künstlichen) Intelligenz AI; nachhaltiger aber seit kurzem durch den Evolutionsgedanken in der sogenannten evolutionären Erkenntnistheorie, die allerdings in manchen Philosophenkreisen noch nicht angekommen ist, geschweige denn bei der sogenannten breiteren Öffentlichkeit.

Die evolutionäre Erkenntnistheorie formierte sich in den letzten beiden Jahrzehnten aufgrund von Gedankengängen Poppers, des Psychologen Donald Campbell, später in Österreich des Biologen Rupert Riedl und in Deutschland maßgebend durch Gerhard Vollmer. Ein früher Aufsatz von Konrad Lorenz zu Kants Apriorismus war einer der wichtigsten Auslöser dieser »kopernikanischen Wende« in der Philosophie, als die sie gelegentlich euphorisiert wurde. In ihrer Konsequenz kommt die evolutionäre Erkenntnistheorie zu dem Schluß, daß die Wirklichkeit, die Welt an sich, sehr wohl von uns erkannt werde, da anderenfalls die Gattung Mensch die Auseinandersetzung mit der Umwelt nicht überlebt hätte; der Mensch wäre von der Wirklichkeit der Dinge an sich ausgestoßen worden, wenn er nur nach den Spielregeln einer für ihn allein gültigen, transzendentalen Erfahrungswelt des Scheins gehandelt hätte. Goethes weitergeholtes »Wär' nicht das Auge sonnenhaft« meinte genau das. Die von Kant postulierten Formen der Anschauung und Kategorien des Verstandes, so differenzieren die evolutionären Erkenntnistheoretiker, gälten zwar ontogenetisch *a priori*, von der Erfahrung des Individuums unabhängig, phylogenetisch aber seien diese Formen und Kategorien *a posteriori*, also im Zuge der Entwicklung der menschlichen Art *entstanden*. »Die Vernunft«, noch einmal verallgemeinert, ist ein Produkt der Anpassung und keineswegs vom Himmel gefallen. Das ist zweifellos ein hochinteressanter, auf Empirie sich einlassender Entwurf mit dem Versprechen weitreichender Änderungen unseres Weltverständnisses. Und es ist ein Entwurf, der eine Interaktion von Wissenschaft und Philosophie, auch im Sinne etwa von Quines »naturalisierter Erkenntnistheorie«, nicht nur zuläßt, sondern voraussetzt.

Die Reaktion in der deutschen Philosophengemeinde war wohl schon darum entrüstete Abwehr, weil sich da Empiriker – Biologen, Verhaltensforscher – in philosophische Angelegenheiten mischten, die doch tunlichst von der Erfahrung verschont bleiben sollten. Von konservativ-katholischen Philosophen wurde rasch ein intimes Kolloquium einberufen, auf dem unter dem Stichwort ›Evolutionstheorie und menschliches Selbstverständnis‹ von allen Teilnehmern, erstaunlicherweise auch dem wissenschaftsorientierten Wolfgang Stegmüller, die aufmüpfige Hypothese verworfen wurde – keineswegs mit schlechten Argumenten. Aber die Veranstaltung glich einem Tribunal, auf dem die Angeklagten keine Stimme hatten, ja nicht einmal (vor)geladen waren.

Anderwärts ist indes die evolutionäre Erkenntnistheorie ernster genommen und unvoreingenommen kritisch untersucht worden. Die umfassendste Studie hat Eve-Marie Engels vorgelegt. Sie stellt vier Hauptmißverständnisse bei der Kant-Auslegung der evolutionären Erkenntnistheorie fest. Das eine findet sie im falschen Verständnis des Kantschen *a priori*-Begriffs beziehungsweise seiner Verwechslung mit dem Wort »angeboren«, was auf die Verwechslung von Genese und Geltung hinauslaufe. Kant habe ja nicht vom »Entstehen der Erfahrung« reden wollen, »sondern von dem, was in ihr liegt«. Die Diskrepanz zwischen dem »historisierten« Apriori bei Lorenz und der Kantschen Frage liege also auf der Hand.

Aber im Fall der Evolutionstheorie dürfte die sonst so strikt zu beachtende Dichotomie von Genese und Geltung nicht so fraglos hinzunehmen sein. Daß Schiller bei der Niederschrift des ›Don Carlos‹ seine Schreibtischschublade aufzog, um am Duft der dort gelagerten faulenden Äpfel sich zu inspirieren, ist für das ästhetische Urteil über den ›Don Carlos‹ völlig belanglos. Hier herrscht strikte Trennung von Genese und Geltung. Aber der Begriff der »Anpassung« in der Evolutionstheorie ist sozusagen eine zweigliedrige Relation aus Subjekt und Umwelt, und nur im Zug der Interaktion, gleichsam mit der Genese, entsteht die Geltung, oder gewagter: die Genese ist in diesem Fall die Geltung; oder: die Genese zeigt, warum die Geltung gilt. Aber jetzt hat sich der Beobachter wieder einmal gefährlich dem Kompetenzbereich der Profis genähert – und bricht ab.

Ebenfalls nicht ohne Folgen für die Zukunft der Philosophie – sofern sie denn eine hat – wird wohl das neue interdisziplinäre Konglomerat der sogenannten kognitiven Wissenschaften sein, die das Erbe der Kybernetik angetreten haben, auch was die großen Erwartungen angeht, die man einst an die Kybernetik als »Brückenwissenschaft« knüpfte, und die sie nicht erfüllt haben.

Der Beobachter hat sich schon mehrfach unversehens zur Kritik verleiten lassen, was ihm *per definitionem* nicht zukommt. Denn Beobachten ist nicht Unterscheiden. In einer anderen biologischen Einmischung in philosophische Angelegenheiten werden solche Differenzen eingeebnet. Die biologische Lehre von der Autopoiesis, die hier gemeint ist, hat besonders in der deutschen Soziologie ihre Spuren hinterlassen, in den Theorien von Niklas Luhmann. Anfangs gab sich Luhmann noch skeptisch und ironisch gegenüber dem neu aufgekommenen konstruktivistischen »Paradigma«. »Man wird darüber belehrt, daß man nichts sehen kann, was man nicht sehen kann«, stellte er zweideutig fest; »man wird über Sachverhalte unterrichtet, die man immer schon gewußt hat – aber in einer Weise, die das Gewußte in ein neues Licht versetzt ...« Und ein andermal: »Und die letzte Mode in der Erkenntnistheorie heißt ›Radikaler Konstruktivismus‹«, der Name für ein Theorien-Konglomerat, in dem, vereinfacht ausgedrückt, Erkenntnis als konstruktive Realität erschaffende, nicht als abbildende Tätigkeit gilt. Später ist Luhmann dieser »letzten Mode« erlegen. Er will allerdings ganz und gar Theoretiker sein, so wissenschaftlich, so dünnluftig theoretisch, daß es einen fast rührt. In diesem edlen Bemühen strandet er jedoch immer wieder auf den seichten Dünen des Trivialen, ein Ergebnis, das demjenigen Derridas nicht nachsteht. Aufschlußreich sind bereits die von Luhmann zitierten primären Gewährsleute, außer Maturana und Varela beispielsweise Gotthard Günther, der Kognitivist Heinz von Foerster oder der »Geheimtip« George Spencer Brown mit seinen religiös getränkten Form-Phantasien. Die Art freilich, Imponier-Fußnoten, also solche ohne Not und ergiebigen Bezug, connaisseurhaft zu verstreuen, erheitert bei der Lektüre Luhmannscher Werke; etwa: »Im übrigen finden wir uns hier in der Welt des späteren Wittgenstein.«[5]

Über die Luhmannsche Soziologie ist die Kunde von der Autopoiesis unausweichlich auch in den innersten philosophischen Zirkel vorgedrungen. Der alerte Peruaner Humberto R. Maturana, bei dem viele schon längst die Aura des okzidentalen Baghwans verspüren, hat aus dem Griechischen sich das schöne Wort Autopoiesis, Selbstherstellung, Selbsterzeugung, zusammengereimt, als Ausdruck für die zirkuläre Organisation vorwiegend lebender Systeme. In der »Kybernetik erster Ordnung«, der »alten«, gab es den Ausdruck »Selbstorganisation«. Die »Neokybernetik« benötigt klingendere Termini. Lebende Systeme, so hört es sich autopoietisch an, produzieren nur wieder sich selbst und Teile ihrer selbst, nicht, wie etwa eine Maschine, etwas anderes als sich selbst. Allerdings gibt es heute Maschinen, die autopoietisch sich selbst kopieren. Eine Erklärung lebendiger Prozesse wird suggeriert, wo in Wahrheit mehr oder weniger eine Binsenweisheit mit neuen Worten ausstaffiert wird. Der Motor solcher Reproduktion bleibt dabei nach wie vor im Dunkeln. Zum *Wie* der Selbstreproduktion ist nichts gesagt; auch nichts Widerspruchsfreies darüber, daß zur Selbstproduktion der »Stoff« aus der Umwelt bezogen werden muß; eine subjektunabhängige Wirklichkeit kommt nämlich in diesem Modell nicht vor.

Sodann führt Maturana in seine empirische Theorie menschlicher Wahrnehmungsprozesse einen »Beobachter« ein – letztlich nichts anderes als das alte Ich oder Selbst oder Bewußtsein, dessen vorzügliche Tätigkeit, »Operation«, das »Unterscheiden« sei. »Eine Beobachtung ist in erster Linie eine Unterscheidung, die von einem Beobachter ausgeführt wird«, so steht es im Glossar zu den Texten Maturanas. Sieht man einmal vom hohlen Ton dieses Satzes ab, so beruht er als dünnblütige Proposition auf begrifflicher Willkür: eine Beobachtung ist keineswegs in erster Linie eine Unterschei-

---

[5] Zur Lage der Soziologie. In: Zeitschrift für Soziologie 20 (1991) 2, Fn. 15.

dung; sie ist eine Beobachtung, und das heißt, ein noch unterscheidungsloses Feststellen, Verfolgen einer Bewegung, ununterschiedene Wahrnehmung zuallererst. Fürs Unterscheiden haben wir eben deshalb das Wort »unterscheiden«, im Lateinischen einerseits das *observare, spectare* und andererseits *discernere, distinguere,* in Maturanas spanischer Muttersprache die Ableitungen daraus. Nach dem Beobachten mag das Unterscheiden kommen, aber beobachten ist niemals unterscheiden. Im Griechischen ist, wie man schon sah, die für die Philosophie nötige Unterscheidung von Beobachten und Unterscheiden ganz klar: unterscheiden heißt hier *krinein,* und es ist ein Vorgang, eine »Operation« weit abgehoben vom bloßen, wie auch immer theorieimprägnierten im Prinzip aber neutralen Beobachten, *theorein* oder *skopein.* »Kritik« ist die aus dem *krinein* abgeleitete hohe Kunst des Unterscheidens. Diese Dinge auseinanderzuhalten erfordert keinerlei spezifische, etwa informationstheoretische Kompetenz oder philosophisches Expertenwissen: Allein behutsamer Umgang mit Worten und ihren Bedeutungen sowie alltägliche Praxis sind dazu vonnöten. Wenn das nun die elementaren Grundsteine einer Theorie sein sollen, wie steht es dann um den Bau in den oberen Stockwerken? »Unser Ausgangspunkt«, schreibt wiederum der von solchen Dekreten, die wie orphische Urworte geschrieben stehen und die Zuhörer düpieren, ergötzte Luhmann, »liegt bei einem extrem formalen Begriff des Beobachtens, definiert als Operation des Unterscheidens und Bezeichnens«, und weiter und toller: »Die erste Unterscheidung ist die Beobachtung selbst, unterschieden durch eine andere Beobachtung ...« Nein, das wäre schon die zweite, reflexive. Und noch einmal: »Beobachten ist, wir wiederholen es immer wieder, Erzeugen einer Differenz mit Hilfe einer Unterscheidung, die das damit nicht Unterscheidbare außer acht läßt«. Abgesehen vom falschen Deutsch – man unterscheidet nicht »damit« – häufen sich hier die Tautologien – Erzeugen eines Unterschieds durch Unterscheidung – und »trotz des Abstraktionsgrades des Begriffs ›Beobachten‹«, worauf Luhmann am meisten stolz ist, kommt keine gehaltvolle Aussage zustande. Man hat den Eindruck, Maturana, vor allem aber Luhmann, wollten alte transzendentalphilosophische, geradezu Fichtesche oder auch Hegelsche (Reflexion der Reflexion in sich als der beobachtete Beobachter) Versatzstücke neu bemalt als empirische Erklärungsmodelle verkaufen, wie Luhmann ja früher selbst einsah[6]. Selbstbeobachtung, so lautet die Lehre ferner, bedeute »die Einführung der System-Umwelt-Differenz in das System«, das sich damit erst konstituiere. Und systemtheoretisch gibt es für Luhmann von nun an eigentlich nur mehr »Kommunikation«, genauer »Kommunikation von Kommunikation«, die indes, das ist der Grundwiderspruch seines Systems, vom Sinn des Kommunikativen entleert ist. Der Beobachter sieht hier übrigens – im genauen physikalischen Wortsinn – Interferenzen in den Systemen von Luhmann und Habermas. *Die* Vernunft, die kommunikative, anstelle von Subjekten in diesem; bloße, entindividualisierte Kommunikation in jenem.

Maturanas, viel weniger noch seines Schülers Francisco Varelas »radikal konstruktivistische« – die Vokabeln werden austauschbar, denn was hat nicht schon alles »konstruktivistisch« geheißen –, tatsächlich aber eklektizistische Konstruktionen haben, bis jetzt, an der Peripherie der Philosophie nur geringe Wirbel verursacht. Ihr Anspruch, eine empiristisch begründete, ontologiefreie Erkenntnistheorie liefern zu können, in der die »Realität« nicht vorkommt und unser »reales« Hirn eine bloß kognitive Welt konstruiert, wie es heißt, ist bisher noch nicht ernst genommen worden. Falls auch Erkenntnissysteme bloß autopoietische Leerläufe sind, die geschlossene Welten erzeugen, was bedeutet dann die »Erkenntnis«, daß autopoietische Systeme nur sich selbst erkennen? Wäre eine solche Feststellung ihrerseits zirkulär und ohne »jenseitigen« Gegenstandsbezug?

Wir erkennen keine Welt, wir erfinden die Welt – mit solch großspurigen Kurz-Schlüssen aus einigen einzelwissenschaftlichen Daten und Befunden auf den epochalen Umsturz im Weltbild, macht der radikale Konstruktivismus sich nicht mehr zulässiger philosophischer Naivität verdächtig. Hinter Kant zurückfallend, scheint er in vielen seiner Dekrete einem radikalen subjektiven Idealismus, der sich empirisch beglaubigt dünkt, auf den Leim gegangen zu sein.

---

[6] N. Luhmann, Soziologische Aufklärung 5. Konstruktivistische Perspektiven. Opladen 1990. Zit. nach: S. J. Schmidt (Hrsg.): Kognition und Gesellschaft. Frankfurt a. M. 1992.

Allerdings liegt auch der späte, zum alten harten Kern der analytischen Philosophie gehörende Nelson Goodman im Trend einer Potenzierung des Subjekts zum Weltenbauer. »Sozusagen« aus »Beschreibungsweisen«, »nicht aus einer Welt oder aus Welten« bestehe »unser Universum«, erklärt er in seinem Buch mit dem deutlichen Titel ›Ways of Worldmaking‹[7] rundheraus. Rundheraus? Eben doch nicht. In dem »sozusagen« versteckt und verrät sich zugleich das penetrant Metaphorische solcher Redensarten, in denen »Wirklichkeit und Künstlichkeit« ineinander überzugehen scheinen. Zweideutig ist auch der Ausdruck »unser Universum«; ist damit metaphorisch der Raum unserer geistigen Emanationen und Produktionen gemeint, dann ist es trivial festzustellen, es bestehe nicht aus Welten sondern aus Beschreibungsweisen; ist indes mit »unser Universum« die objektiv uns gegebene Welt gemeint, dann ist die Rede von der Welterzeugung nachgerade blasphemisch.

Das Changierende in Goodmans Thesen ergibt sich wohl auch daraus, daß er zwischen Kunst und Wissenschaft als Modi der Entdeckung und Wissenserweiterung keinen großen Unterschied mehr machen will.

Da, wo an den Randzonen der Wissenschaften deren Bewohnern, manchmal normalen Naturwissenschaftlern, die Natur so kommt, mit Woyzeck zu reden, wo der philosophische Gaul mit ihnen durchgeht, entstehen in der Regel Monstren und Zwitter. Der Beobachter schlägt für diese Art des Umgangs mit der Wissenschaft die Bezeichnung *fiction science* vor. Eine der jüngsten »Umwälzungen« aus dieser Zone ist überraschenderweise mathematischen Ursprungs. Theorie der Fraktale nennt sich diese Beschäftigung mit »komplexen dynamischen Systemen«, leichtfertiger, aber verführerischer natürlich, auch »Chaostheorie«, die »dritte große naturwissenschaftliche Revolution im 20. Jahrhundert«, wie einige Schwärmer schon übertreiben. Der Professor für praktische Mathematik, Benoit Mandelbrot, von dem bis dahin auch Mathematiker kaum etwas wußten, blätterte »an einem Winternachmittag 1975«, im lateinischen Wörterbuch seines Sohnes und blieb beim Adjektiv *fractus*, »gebro-

[7] Nelson Goodman, Weisen der Welterzeugung. Frankfurt a.M. 1984, S. 15 u. 127.

chen, zerklüftet, bizarr«, hängen und prägte danach das Schlüsselwort *fractal* für das, was er unter vertrackten Gebilden und gewissen dynamischen Prozessen meinte, etwa: zackige Gebirgskämme, zerfranste Küstenlinien, Protuberanzen, Sternhaufen oder auch umgerührte Milch im Kaffee, Ölflecke. Allerlei Schlängelndes, Wuscheliges, Wolkiges, also bis dato als schmutzig-unberechenbar Beiseitegeschobenes. Computergefertigten Verbildlichungen solch chaotischer Abläufe oder Algorithmen wird eine außerordentliche Schönheit zugeschrieben, so daß hier gleichsam Natur, Mathematik und Kunst in geradezu antiker oder mittelalterlicher Unio vereint zu sein scheinen. Doch schon der unbekümmerte Umgang mit dem Schönheitsbegriff in der Kunst sollte Verdacht erregen, und wenn man dann die verschnörkelten, regelmäßig sich selbst wiederholenden, meist urtierchenhaften oder verhäkelten Gebilde von der Ästhetik sesselschonender Filetdeckchen betrachtet, scheint bestätigt, daß hier zumindest Kunst- und Naturschönes unbedarft durcheinandergeworfen werden. Es ist vor allem eben diese visuelle Repräsentation oder Illustration der ›Fraktalen Geometrie der Natur‹ – so der Titel von Mandelbrots Hauptwerk aus dem Jahr 1982, das er als »wissenschaftlichen Essay«, als »Beispielsammlung« oder als »Manifest« bezeichnet –, die derzeit so vielen den Kopf verdreht, Mandelbrot selbst freilich am wenigsten.

Fraktale Geometrie und Chaostheorie verstehen sich auch gern als »neue Sprache«, die die alte Sprache der Geometrie Euklids um all das vernachlässigte Nicht-Gradlinige, Krumme in der Natur bereichert. Aber ist außer intellektuellem Fiebern, erbaulichen Lichtbilder-Abenden und der ständigen Beteuerung des ungeheuer revolutionären Charakters dieses »Manifestes«, das Mandelbrot selbst auch als Sammlung von schon bekannten Bausteinen bezeichnet, bisher etwas wissenschaftlich Greifbares herausgekommen? Übrigens wurde von Max Bense schon Anfang der siebziger Jahre der jetzt von der Chaostheorie reklamierte Mathematiker Felix Hausdorff wiederentdeckt, dessen philosophisches Manifest von »Chaos und Kosmos« sprach.

Philosophisch müssen fraktale Mathematik und Chaostheorie letztlich wohl mit der Paradoxie oder vielleicht sogar Aporie leben, Unberechenbares berechnen, Ordnung im

Chaos sehen zu wollen, das dennoch »chaotisch« bleiben soll. Auf Fragen dazu erwiderte der eloquente, witzige und nicht an mangelndem Selbstbewußtsein kränkelnde Mandelbrot in einem Gespräch mit dem Beobachter: »Sie haben vollkommen recht. Der Begriff des Chaos wird in der Tat sehr ungenau verwendet ... Ich habe den Begriff jedoch nicht erfunden, also bin ich auch nicht dafür verantwortlich, weder im positiven noch im negativen Sinn. Wie alle erfolgreichen Begriffe ist auch der Terminus Chaos leicht irreführend.«

Für die Alten war das Denken ausschließlich dem Geordneten, Kosmischen gewachsen. Fraktale Mathematik müßte auch eine entschiedene Antwort auf die alte Dichotomie von Determinismus-Indeterminismus liefern können, wie es übrigens Popper früh in einem Aufsatz mit dem bezeichnenden, »fraktalen« Titel ›Über Wolken und Uhren‹ (englisch schöner ›Of Clouds and Clocks‹) unternommen hat. Ein wenig erinnert die Chaostheorie an die Beschwörung des Irrationalen etwa zur Zeit der Lebensphilosophie oder des Biologismus: Philosophen versuchten den Irrationalismus rational, wie anders, zu rechtfertigen; so schrieb der Philosophieprofessor Richard Müller-Freienfels Ende der zwanziger Jahre das Standardwerk dieses Typus, eine ›Metaphysik des Irrationalen‹.

Fraktale Geometrie, so kann man vielleicht resümieren, sieht im klassischen Bestreben nach Reduktion des Komplizierten auf das Einfache – beispielsweise auf die euklidischen Figuren und Dimensionen – das ängstliche Wegsehen vom Monströsen, Nichtlinearen, Verworrenen, den gebrochenen Dimensionen, die in der Natur überwiegen. Fraktale Geometrie hingegen will ein Wollknäuel gerade nicht auf die Handlichkeit einer Kugel reduzieren, sondern in den je nach der Entfernung des Betrachters oszillierenden Dimensionen zwischen der Nulldimensionalität des Punktes von weitem oder der Dreidimensionalität als Kugel aus der Nähe oder der Eindimensionalität verschlungener Fäden aus größerer Entfernung die verwirrende Komplexität des Wollknäuels bewahren oder allererst sichtbar machen. Die »effektive Dimension« des Knäuels bewegt sich gleichsam zwischen den klassischen Dimensionen und drückt sich in Bruchzahlen aus. Diese – gebrochene – Dimensionalität wird von Mandelbrot als eine Art qualitativer Maßstab verwendet: Die Küstenlinie von England, das andere Musterbeispiel, wird immer länger und schließlich unendlich, je nachdem, ob sie ein Mensch abwandert, eine Ameise entlang läuft oder ob schließlich atomare »Maßstäbe« angelegt werden. Quantität, so weiß es die fraktale Theorie, ist ein relativer Begriff. Aber wenn die Küstenlinie Englands letztlich unendlich ist, ist es auch die von Irland oder von Nordamerika. Sind Küstenlinien, auf einem begrenzten Globus, ununterscheidbar gleich? Mandelbrot führt an diesem kritischen Punkt sein »qualitatives« Maß der effektiven fraktalen Dimension ein, also daß Maß der zwischen den ganzzahligen Dimensionen hin und her changierenden gebrochenen »Dimension«. (Zum Zentralbegriff des Fraktalen kommen noch Momente wie Selbstähnlichkeit und Iteration hinzu). Der Begriff der Dimension scheint nun aber metaphorisch geworden, und die Definition von »fraktal« ziemlich zirkulär, etwa: Fraktal sind durch Skalenänderung gebrochene Dimensionen; gebrochene Dimensionen sind fraktal. Oder mit etwas Zynismus: Die Küstenlinien von England und Amerika sind – unendlich – gleich lang? Früher hieß das paradox, heute nennen wir's fraktal; so fraktal wie schon »Achilles und die Schildkröte«.

In allen Schriften zur Geometrie des Fraktalen oder der Theorie des Nichtlinearen ist das immer wieder Überraschende die Mischung aus Trivialem (Relativität der Quantität) und Überraschendem (Umschalten auf »qualitative« Komplexitätsmaßstäbe). Ob sich die Überraschung lange halten wird, sollte man eher mit Skepsis betrachten und dabei an die vielen neuen Wissenschaftsmodelle denken – von den Lerntheorien mitsamt ihren Lehr- oder Lernmaschinen bis zur »New Math« – die in den letzten zwanzig Jahren den Bach aller modischen, so »kreativen« Bewegungen hinuntergegangen sind.

Radikale Konstruktivisten und Chaostheoretiker lassen sich, in gewisser Weise als Erben früherer Dialektiker, über die »Fruchbarkeit« des Paradoxen, Chaotischen (Rolle des Widerspruchs in der Dialektik) oder den »kreativen Zirkel« unendlicher Selbstbezüglichkeiten (die »unendliche Selbstbestimmung«, das »Wahre und Wirkliche ist die in sich kreisende Bewegung« bei Hegel) aus. Daß man – wirkliches –

Chaos und Zirkularität, die immer öde sind, überwindet, kann bestenfalls kreativ oder fruchtbar sein. Man begrüßt ja auch nicht den Verbrecher als gut oder nützlich, nur weil er uns dazu zwingt, Gesetze gegen das Böse zu schaffen.

Natürlich ist es jedem Wissenschaftler der »normalen Wissenschaften« unbenommen, sich so gut er kann, aber nicht mit allen Mitteln, als Schrittmacher der »revolutionären Wissenschaft« mit den gehörigen Paradigmenwechseln darzustellen. Aber was in den letzten beiden Jahrzehnten von Physikern, Biologen, Psychologen oder Mathematikern an (populären) Sachbüchern mit weiten spekulativen Ausblicken geschrieben wurde – bis zu Marvin Minsky und zu Hans Moravecs Auferweckung Toter durch Datenakkumulation –, hat sich jeweils schon nach ein oder zwei Jahren von selbst erledigt. So sind Philosophie und Wissenschaft stellenweise weiter voneinander abgerückt, und eine »wissenschaftliche Weltauffassung«, wie sie dem Wiener Kreis als Ideal in einer sozialen Demokratie vorschwebte – als einzige Ideologie vielleicht, die in solcher Staats- und Gesellschaftsverfassung erlaubt wäre –, ist mit der Big Science als vermarkteter Produktivkraft in die blaue Ferne schöner Illusionen entrückt. Aus den Wissenschaften selbst kommen jetzt vielfach die Mystizismen, Remythisierungen, altfränkischen Metaphysizismen, sie stellen die Gurus, Spekulanten und womöglich Scharlatane. Das Forum einer Wissenschaftszeitschrift veranstaltete eigens eine Tagung unter dem Titel ›Schul-, Para- und Pseudo-Wissenschaft‹, auf der die neuesten Para-Wissenschaften noch gar nicht zur Sprache kamen. Schwer zu fassen sind Pseudowissenschaften schon darum, weil sie sich stellenweise immer wieder mit den »wirklichen« Wissenschaften überlappen. Im übrigen soll gar nicht geleugnet werden, daß durch einen Hauch von Scharlatanerie die Pseudo-, Para-, Pata- und Guru-Wissenschaften heilsam aufstörende Wirkungen auf die akademisch »seriösen« Disziplinen ausüben können, zumeist da, wo weniger riskiert wird, weil noch ein Ruf zu ruinieren ist. ›Wozu Pseudowissenschaften gut sind‹, das hat sich zum Beispiel der evolutionäre Erkenntnistheoretiker Gerhard Vollmer gefragt und zu beantworten gesucht.

Die nicht zu unterschätzende Komik oder das Lächerliche der Parawissenschaften, die eine schwüle philosophische

Subkultur gedeihen lassen, wird aber vom Ärgerlichen über-
wogen. Der folgende Text greift einen besonderen Fall heraus, an dem sich das Allgemeine verrät:

21. Nebelwerfer als Aufklärer
Anderes Denken, beispielsweise nach Art des Fritjof Capra

> Die Abstraktion kann für phantastische
> Geister gefährlich werden.
>
> Gustave Flaubert

»Und dann erzählte mir Don Juan, er habe bei mir, am
Anfang meiner Lehrzeit, mit Kraft-Pflanzen gearbeitet – und
zwar gemäß einer Empfehlung der neuen Seher. Diese hätten aus Erfahrung und durch ihr *Sehen* gewußt, daß Kraft-
Pflanzen den Montagepunkt aus seiner normalen Position
losrütteln könnten. Die Kraft-Pflanzen hätten auf den Montagepunkt im Prinzip die gleiche Wirkung wie die Träume:
die Träume setzten ihn in Bewegung, aber die Kraft-Pflanzen bewirkten eine weitere, und im Maßstab größere Verschiebung. Der Lehrer nutze also die desorientierende Wirkung einer solchen Verschiebung, um beim Schüler die Vorstellung zu bestärken, daß die Wahrnehmung dieser Welt
nie eine endgültige sei.«
   Mit solch absurder Lektüre hypnotisiert der zur Kultfigur
zurechtgemachte Carlos Castaneda, der »Zertrümmerer«
steril gewordener westlicher Rationalität, seit Jahren ein
Millionenpublikum, darunter eine gehörige Anzahl verwirr-
ter, heilsuchender Intellektueller, für die das »westliche
Denken« nichts mehr hergibt (denen diskursive Gedankenfolgen immer schon die Peristaltik verdarben). Mir erscheinen die infantilen Phantasmen dieser Satzhülsen wie die
ärmlichen Alltagsträume eines, der im Wachzustand ohne
Einfälle lebt. Solcherlei Mystik, wie sie heute sich auch in
den Wissenschaften breitmacht, mit Voltaire als »Alchimie
der Religion« abzutun, wäre zu milde. Wie sie hier literarisch und anderwärts im philosophischen Gewande auftritt,
gleicht Mystik mehr einer Art intellektueller Sporttaucherei;
in ihrer Substanz ist sie schon seit längerem zum Sektiereri-
schen herabgewürdigt.

Nicht erst seit der Antike sind rational akzentuierte Phasen der Kultur von irrationalen flankiert worden (oder womöglich umgekehrt: gelegentliche rationale Phasen durchsetzten die überwiegend irrationale zivilisierte Geschichte der Menschheit), sondern gewiß schon mit dem »ersten Gähnen der Vernunft«, wie Nietzsche es festgehalten hat, trat auch die Widervernunft auf den Plan. Wobei sogleich vorzumerken ist, daß uns keine hinlänglichen Kriterien zur präzisen Trennung solcher Dichotomien-Komplexe (in die auch das altbekannte Apollinische und Dionysische, Klassik und Romantik und dergleichen mehr gehören) zur Verfügung stehen.

Drastischer als in aller bisherigen Geschichte mußte in unserer Epoche die Reaktion auf die fraglos lebensdominierende wissenschaftliche Rationalität ausfallen, zumal eben diese Rationalität immer unbedenklicher und unbedachter als Ursache sämtlicher Zivilisationsschäden denunziert wird. Von technischer Rationalität gilt es seit geraumer Zeit »wegzudenken«, hin zu einer Öko-Gesinnung, zu einer grünen Welt, die einst die heile genannt worden war. »Umdenken«, »geistige Wende«, »neues, anderes Denken«, das sind die Schlagworte eines Irrationalismus und Mystizismus, dem freilich, außer daß alles »anders« zu werden hat, nichts Neues eingefallen ist.

Vor zehn Jahren hat bereits, unbeachtet von linksgerichteten Propagandisten des Irrationalen, der Renovator des Konservatismus, Gerd-Klaus Kaltenbrunner, in einem Band unter dem Titel ›Die Suche nach dem anderen Zustand‹ von befugten Autoren die Frage nach einer ›Wiederkehr der Mystik?‹ – so der Untertitel – beantworten lassen. Kaltenbrunner selbst zeigte sich im Vorwort völlig überzeugt davon, »daß sich allenthalben eine Wende zum Mystischen abzeichnet«. Und wie das heutzutage so zu sein pflegt: Wenn sich etwas »abzeichnet«, wenn etwas einen Trend zeigt, wenn etwas irgendwohin tendiert, dann hat man es, kraft der Faktizität der Ereignisse, auch schon als rechtens und richtig hinzunehmen, ja mitzupropagieren.

Erst sechs Jahre später, 1981, nutzte auch der »deutsche Castaneda«, Hans Peter Duerr – den man als tüchtigen Gelehrten von seinem Idol tunlichst unterscheiden sollte – die neue Wende und brachte gleich zwei dicke Bände von rund

1200 Seiten auf den Markt, die unter dem Titel ›Der Wissenschaftler und das Irrationale‹, fünfundsechzig Autoren aus allen Weltgegenden versammeln, um das Irrationale in Philosophie, Psychologie, Ethnologie und Anthropologie – so rational wie möglich – zu diskutieren und großenteils als ein reicheres Denken oder eine ursprünglichere, poetischere Lebensart zu feiern, wie man es eingangs des zweiten Bandes in dem Aufsatz von Paul Feyerabend ›Irrationalität oder: Wer hat Angst vorm schwarzen Mann?‹ lesen kann.

Irrationalität als Gaudi, als freches Zungenblecken gegen die sauertöpfische Vernunft und den trockenen Verstand ist gleichsam die Satire zum tragödienhaften, bekennenden Irrationalismus, der, vielfach in der spezifischen Gestalt der Mystik, den Verstandeshorizont glaubt überspringen zu können, um ganz andere Welten im Flug solchen Transzendierens zu Gesicht zu bekommen. Irrationalität verliert in diesem Fall weitgehend den aggressiven Charakter einer Anti-Bewegung, sie schreibt sich vielmehr einen unabhängigen, höheren Integrations- oder Determinationsgrad zu, nämlich in der Bedeutung von a-rational, was rationalitätsfrei oder übers Rationale hinaus heißen soll, wie es der selige Jean Gebser, der vergebliche Künder eines kommenden aperspektivischen Zeitalters, so gut gemeint hatte.
Der sozusagen gründliche, der radikale und polemische Irrationalismus, wie er wohl in Indien am kompromißlosesten – und gefährlichsten – ausgedacht und praktiziert wurde und wird, läßt sich von rationalen Rücksichten nicht beirren. Dennoch gehört auch die indische Irrationalität zur Philosophie als Theorie, sie ist kanonisierte Lehre mit Lehrsätzen und Kodizes. Wie stets, so sieht sich noch der rigideste Irrationalismus zu seiner Selbstdarstellung auf rationale Kategorien angewiesen, eine Peinlichkeit, die heutzutage bei uns mit Wittgensteins Bild von der Leiter, die man nach dem Aufstieg von sich stößt, kaschiert werden soll. Der Irrationalismus in der indischen Philosophie ist jedoch in seinen Absichten und Zielsetzungen hinreichend rigoros – um das rationalitäts-verdächtige Wörtchen »konsequent« zu vermeiden. Da weiß man nämlich wenigstens, daß auf der Seite des Subjekts die Alternative zum Denken Nicht-Denken heißt, so wie sich auf der Objektseite die Welt dabei ins

Nichts auflöst. Der »andere Zustand« ist einer der Zustandslosigkeit.

Aber die rationalen Schuppen fallen einem von den seherischen Augen meist erst am Abend eines langen Lebens, dort hinten in Indien. Hier im Westen soll das, nach dem Willen hiesiger Vermittler östlicher Weisheiten, gewissermaßen in Abendkursen in ein paar Semestern geschehen – oder nach Lektüre moralisierender Bestseller.

Bevor ich mich auf die Symptomatik eines vulgären, vernebelnden, predigenden Irrationalismus einlasse, scheinen mir noch einige Bemerkungen zum Verhältnis von Rationalität und Irrationalität angebracht. Man könnte es funktional nennen, denn je strenger und enger der Begriff der Rationalität ausgelegt wird, um so weiter dehnt sich das Feld des Irrationalismus. Gelten, behavioristisch, nur Verhaltensbeobachtungen als wissenschaftlich-rational, dann werden Begriffe wie Geist, Ich, Freiheit oder Würde in die Irrationalität abgedrängt. Ein liberaleres Rationalitätsverständnis, das etwa Introspektion und Intuition als Erkenntnisquellen akzeptiert oder dialektische Gesetze des Geschichtsverlaufs beglaubigt, schmälert das Terrain des Irrationalismus um einiges. Eine politisch-demokratische Rationalität, die mit Mehrheiten rechnet und die auf die Vagheit ihrer obersten Begriffe (Parolen und Slogans) dringen muß, kokettiert nicht unbedingt mit dem Irrationalen, sondern praktiziert einen anderen Typ von Rationalität als den wissenschaftlichen. Innerhalb der wissenschaftlichen Rationalitäten erkennt man eine, wenn man so will, zur Irrationalität mehr und mehr abfallende Skala von der Mathematik bis zur Soziologie oder Kunstgeschichte (Kunstwissenschaft).

Aber ein entscheidendes Kriterium, ein Maß oder eine Grenze für Rationalität ist nicht auszumachen (eine Schwierigkeit, die den Irrationalismus nicht bedrückt). Zur Diskussion steht ferner, ob ein sogenanntes Begründungsproblem der Rationalität besteht, ob es lösbar ist oder ob ein Lösungsversuch zirkulär endet, und ob eine Entscheidung für Rationalität notwendig irrational sein muß oder ob schon die Idee eines solchen Sich-entscheiden-Müssens abwegig ist.

Das Bewußtsein solcher Problemlagen sowie die kritische Reflexion darauf, dies sind zweifellos Kriterien einer Rationalität, die sich ohne schlechte Laune ihrer Unzulänglichkeiten gewahr bleibt. Nur ein klassischer, antiempirischer Rationalismus fällt in seiner metaphysischen Anmaßung am Ende mit der Irrationalität sturer Dogmatik in eins.

Schließlich ist noch im Verhältnis von Rationalität und Irrationalismus zwischen einem formalen und einem thematischen Aspekt zu unterscheiden. Schopenhauer war, um es anschaulich zu machen, ein Philosoph des Irrationalen, aber durchaus kein irrationaler Philosoph. Weiter abwärts, im Abhub einer Lebensphilosophie à la Ludwig Klages etwa, färbt das Irrationale schon den Stil und trübt die Gedanken. Und während Georg Lukács den Irrationalismus »zwischen den Revolutionen« und im »Imperialismus« der »Zerstörung der Vernunft« bezichtigt, setzt er selbst im Dienste einer Ideologie die Vernunft außer Kurs. Als Spät-Surrealismus erscheint das Irrationale augenblicklich in manieristisch-hermetischer Hohlform bei den Autoren der modischen postmodern-poststrukturalistisch-posthistorischen Bühne in Frankreich. Bei Foucault beispielsweise sickern die Irrationalismen – als emotional-subjektivistische Partikel – in die Darstellungsform des Mediums Sprache, die so seitenweise zur Ausdrucksform sich verkehrt, zum Megaphon krasser Subjektivität wird. Der Artist und Philosoph Jean-François Lyotard redet von einer »neuen Situation«, bestehend in »dem Vermögen, unerhörte, beispiellose Sätze zu bilden und aneinanderzureihen«, worum er sich redlich bemüht. Rudolf Carnaps – stets falsch kolportiertes – Diktum, Metaphysiker seien Dichter ohne dichterische Begabung, bestätigt sich da noch einmal aufs trefflichste.

Von dem 1966 verstorbenen Wissenschaftsphilosophen Philipp Frank stammt der bis vor kurzem wahre Satz, die Erkenntnisse der Physik von gestern seien die Axiome der Philosophie von heute. Wahr ist freilich auch, daß die Metaphysik von vorgestern die Bausteine für die heutige Philosophie der Physiker liefert. Und die schlechte Philosophie guter Physiker – beginnend mit Max Planck und Einstein – wird derzeit unterboten von der miserablen Philosophie mittelmäßiger Physiker.

In der Naturforschung, namentlich in der Physik, heute Bedeutendes zu leisten, herauszuragen aus der Masse fleißiger Wissenschaftszwerge (aus der »normalen« Wissenschaft), das ist allerdings sehr schwer und gelingt nur ganz wenigen. Öffentliches Aufsehen erregen kann man hingegen als Naturwissenschaftler leicht, wenn man, den Nimbus des »Exakten« nutzend, über Gott und die Welt und die Umwelt etwas zum besten gibt.

Unglücklicherweise hat man während der vergangenen zwei Jahrzehnte den Naturwissenschaftlern außer Fachidiotentum mangelndes historisches Bewußtsein und fehlendes weltanschauliches Engagement vorgeworfen. Jetzt rächen sich viele von ihnen, indem sie schreckliche Bücher schreiben, darunter immer häufiger solche, die religiös-mystische Lehren des Hinduismus, Buddhismus oder Taoismus mit den hermeneutisch präparierten Grundsätzen der modernen theoretischen Physik in Analogie setzen, um dem wissenschaftsgläubigen Laien die somit wissenschaftlich abgesegnete östliche Innenschau und Verlöschenslust als der Weisheit letzten Schluß zu oktroyieren.

Maßstäblich für die mystischen Botschaften hiesiger Naturwissenschaftler ist der aus Wien stammende und in Berkeley lehrende Fritjof Capra geworden. In seinen Büchern ›Das Tao der Physik. Die Konvergenz westlicher Wissenschaft und östlicher Philosophie‹ und neuerlich ›Wendezeit. Bausteine für ein neues Weltbild‹ hat er zwar nicht seine Zeit, wohl aber deren modische Heimsuchungen, wenn auch nicht auf den Begriff, so doch auf den Slogan gebracht. Der amerikanische Originaltitel ist weniger bombastisch – ›The Turning Point‹ –, meint aber dasselbe, was alle Kulturphilosophen, alle Rufer in der Wüste zu allen Zeiten von sich gaben: Die Menschheit lebt in einer tiefen, in einer epochalen Krise, es ist fünf vor zwölf, und wenn man sich nicht endlich besinnt, wenn man nicht gänzlich anders und umdenkt (nach Maßgabe des jeweiligen Rufers), dann wird die Katastrophe hereinbrechen.

Auch Fritjof Capra kann sich darauf verlassen, daß schon Wörter wie »anders«, »neu«, »Umdenken«, »Qualität«, »Wende« und immer wieder »Krise« sich in den Köpfen seiner Leser so festsetzen und gären, als hätten sie, die Leser, wirklich inhaltsvolles und praktikables Wissen gelie-

fert bekommen. Tatsächlich handelt es sich jedoch um Leerformeln, Satzhülsen, freche Äquivokationen und Tautologien, mit denen er die Sinn-Suchenden aus seinem philosophischen Tante-Emma-Laden bedient. Zum Beispiel so:
»Die neue Sicht der Wirklichkeit, von der wir in den vorangegangenen Kapiteln gesprochen haben, beruht auf der
Erkenntnis, daß alle Phänomene – physikalische, biologische, psychische, gesellschaftliche und kulturelle – grundsätzlich miteinander verbunden und voneinander abhängig
sind. Sie transzendiert die gegenwärtigen disziplinären und
begrifflichen Grenzen und wird in neuen Institutionen zur
Anwendung kommen. Im Augenblick gibt es noch keinen
theoretisch oder institutionell ausreichenden Rahmen, den
man nutzen könnte, um ein neues Paradigma auszuformulieren. Doch entwickeln bereits viele einzelne und Gemeinschaften neue Denkformen und organisieren sich nach neu-
en Prinzipien, wodurch langsam die Umrisse eines solchen
Rahmens entstehen.«

Die »neue Sicht der Wirklichkeit« beruht zunächst einmal
auf der »Erkenntnis«, daß »alles« mit allem zusammenhängt. Woher Capra diese Erkenntnis zugeflogen ist und ob
sie sich begründen läßt, erfährt man nirgends. Man hat es
hinzunehmen. Im Dunkeln bleibt ebenfalls, wie alle gesell-
schaftlich-kulturellen und wissenschaftlichen »Phänomene«, welche das auch sein mögen, voneinander abhängen.
Sonst könnte sich ja auch herausstellen, daß hier Banalitä-
ten nach Art des Satzes »Es gibt alles mögliche« supponiert
werden. Daß dieser interdependente Mischmasch natürlich
wieder einmal alle »disziplinären« Grenzen sprengen soll,
war zu erwarten; wie die neue Erkenntnis aber die »begrifflichen Grenzen« sprengt, wäre wissenswert. Begriffe sind
Begrenzungen, dazu sind sie erdacht; entgrenzt man sie,
dann entsteht semantischer Dunst, und just keine »neue
Sicht«. Natürlich gibt es für Capras Erkenntnisse noch keine
Institution; aber auch noch keine Theorie. Ist demnach die
neue Erkenntnis, auf die sich die neue Sicht der Wirklichkeit
stützt, selbst nichts Theorieartiges? Wenn aber doch, wohin
dann mit dem Paradigma, das doch, nach Thomas S. Kuhns
Willen, so etwas wie das Grundmuster oder den Kern einer
Theorie darstellen soll? Warum und wie ist Capras Paradigma noch »auszuformulieren«? Und wenn das alles noch

dahinsteht, woher kommen dann plötzlich die »neuen Denkformen« und die »neuen Prinzipien«, nach denen sich sogleich die einzelnen und die Gemeinschaften – wer ist damit gemeint? – organisieren sollen? Sind die neuen Denkformen Produkte der neuen Erkenntnisse und Paradigmen, oder bedingen sie diese und in der Folge die neue Wirklichkeitssicht?

Aber das sind vom bloßen Verstand diktierte Fragen, um so lästiger, als »im Augenblick« ja noch kaum die Umrisse eines »Rahmens« für all das viele Neue auszumachen sind. Und die neuen Denkformen, man ahnt es schon, sind eher sich auftuende schwarze Wortlöcher, in denen sich irgendein dungwarmes Gefühl der Verbundenheit mit der Natur, ein arrangiert-mystisches Sicheinsfühlen einnisten kann. »In seltenen Augenblicken unseres Lebens haben wir das Gefühl, in Resonanz mit dem ganzen Universum zu sein. Derartige Augenblicke können sich unter den verschiedensten Umständen ergeben – wenn man beim Tennisspielen den perfekten Ball schlägt oder beim Skifahren die perfekte Spur findet, inmitten eines sexuellen Orgasmus, bei der Betrachtung eines großartigen Kunstwerkes oder in tiefer Meditation. Diese Augenblicke eines perfekten Rhythmus, wenn alles in vollkommener Ordnung erscheint und mit größter Leichtigkeit getan wird, sind großartige spirituelle Erfahrungen, in denen jede Form des Getrenntseins oder der Aufsplitterung transzendiert wird.«

Daß es in vielleicht gar nicht so »seltenen Augenblicken« im Leben fast eines jeden Erfahrungen, Gefühle der hier angedeuteten Art gibt, das mag ja sein. Aber es sind ebenso triviale »Erfahrungen« wie andere Alltagserlebnisse auch, und es besteht kein Anlaß, sie zu »spirituellen« Zeugnissen einer mystischen Union aufzumotzen. Es sind, vor allem, Gefühle des »Als-ob«, Erlebnisse des »Wie-wenn«, und ein Urteil darüber, ob sie in irgendeiner Weise so wirklich sind wie andere oder gar »wirklicher«, ist nicht zu erlangen. Übrigens dürfte es genügend Menschen geben, für die das Erlebnis der Distanz, des Gegenüber, des separierten Ichseins (ganz und gar nicht der »Aufsplitterung«), das ja dialektisch die Bedingung wirklichen Zusammenseins oder Sicheinsfühlens wäre, beglückender und redlicher ist als das Aufgehen in anderem, die brünstige mystische Vermählung mit dem All und noch mit dem Tennis-racket.

Da, wo man vom Physiker Capra ein paar Argumente, Begründungen oder empirische Daten sich wünschte, wird man oft genug mit privaten Impressionen abgespeist. Diese Hilflosigkeit kommt nicht von ungefähr, denn dem verblasenen Holismus, dem Pochen auf Ganzheit und Allheit und der dem Numinosen sich anbiedernden Rationalität fehlt jegliche sprachlich-semantische Dimension. Man versetze sich in die Lage eines Patienten, der bislang keine Therapie finden konnte und nun Fritjof Capras Ansichten von »Ganzheit und Gesundheit« empfohlen bekommt. Er liest: »Der erste und wichtigste Schritt im Rahmen einer ganzheitlichen Therapie wäre es, dem Patienten so weit wie möglich Art und Umfang seines inneren Ungleichgewichts bewußt zu machen. Dazu muß man seine Probleme in den größeren Zusammenhang rücken, aus dem heraus sie entstanden sind. Dieses wiederum macht eine sorgfältige Erforschung der vielfachen Aspekte der Erkrankung durch den Therapeuten und den Patienten nötig. Allein schon die Erkenntnis, daß es diesen Zusammenhang gibt – das Gewebe untereinander verknüpfter Einflüsse, die zu der Störung führten –, wirkt in hohem Maße therapeutisch, da sie Besorgnis vermindert, Hoffnung und Selbstvertrauen steigert und so die Selbstheilung in Gang bringt. Eine wichtige Rolle spielt bei diesem Prozeß die psychologische Beratung – die für die allgemeine gesundheitliche Betreuung Zuständigen sollten therapeutische und psychologische Grundkenntnisse besitzen.«

Wenn man diese Auslassungen, in denen längst übliche Praktiken zu nichtssagenden verbalen Allgemeinplätzen hergerichtet und dann als eigene Postulate für eine neue Medizin unterschoben werden, als Exempel der sich konkretisierenden »Wendezeit«, der neuen Denkformen, Weltsichten und Paradigmen wertet, dann besteht die Wende in der Psychotherapie recht und schlecht darin, daß dem Patienten zur Betreuung »Zuständige« zur Seite stehen, die möglichst »therapeutische und psychologische Grundkenntnisse« besitzen.

Capra hat sich allerdings für sein Panorama die Krücke einer These konstruiert, an der er emsig durch alle Dimensionen gegenwärtigen wissenschaftlichen und kulturellen Daseins humpelt. Diese Quasi-These heißt: Wir alle sind in einem hinfälligen mechanistischen Weltbild befangen, das uns namentlich Newton und Descartes aufgedrängt haben und von dem wir bisher nicht losgekommen sind. Dieses kombiniert mechanistisch-dualistische Weltbild stellt uns die Natur und selbst die Tiere als Maschinen vor, zeigt das organische Ganze in seelenlose Teile zerhackt und die All-mutter Natur in Materie und Geist gespalten. Die analytische Denkmethode des Descartes, um einen Capraschen Einfall dazu vorwegzunehmen, »war es, die es der NASA ermöglichte, einen Menschen auf den Mond zu schicken«, sowie der kartesianische Dualismus von Geist und Materie, noch toller nun, »riesige Industriezweige in die Lage versetzt« hat, »Produkte zu verkaufen – vor allem an Frauen –, die uns zu Besitzern des ›idealen Körpers‹ machen sollen«. Lange vor der Geburt dieses Descartes muß, so ist zu folgern, sein zersetzender Geist schon in Ägypten oder bei den Etruskern umgegangen sein, um insbesondere die Frauen zu Konsumsklavinnen und Körperfetischistinnen zu erniedrigen.

Capra übersetzt, wie alle, die Descartes nicht selbst gelesen haben, das Cogito in dessen berühmtem Satz ausschließlich als Denken im Sinne des rational-logischen Kalküls oder dessen, was man heute kognitive Prozesse nennt. »Unter Denken«, schreibt indes Descartes gleich am Beginn seiner ›Prinzipien der menschlichen Erkenntnis‹, »verstehe ich alles, was derart in uns geschieht, daß wir uns seiner unmittelbar aus uns selbst bewußt sind. Deshalb gehört nicht bloß das Einsehen, Wollen, Einbilden, sondern auch das Wahrnehmen hier zum Denken.« Capra aber, unwissend-unschuldig, haut munter weiter auf Descartes ein: »Wie sehr unsere Kultur das rationale Denken bevorzugt, wird in knappster Form an der berühmten Feststellung von Descartes deutlich: ›cogito ergo sum‹, ›ich denke, also bin ich‹. Dieser Satz ermutigte den Menschen der abendländischen Kultur, sich eher mit dem rationalen Verstand als mit seinem Organismus zu identifizieren. Wir werden sehen, daß die Auswirkungen dieser Spaltung von Geist und Körper in unserer gesamten Kultur spürbar sind. Indem wir uns allein auf unseren Verstand verlassen, haben wir vergessen, wie wir mit unserem ganzen Körper zu ›denken‹ vermögen und wie wir ihn als Vermittler nutzen können. So haben wir uns von unserer natürlichen Umwelt isoliert und vergessen, wie wir mit einer Vielfalt von Organismen kommunizieren und kooperieren können.«

Nicht eine dieser abgedroschenen Redensarten und nicht eines dieser wohlfeilen Klischees trifft. In unserer körperversessenen Sportkultur spielt der Verstand nur bei Profis eine entscheidende Rolle, und viele würden allzugerne auch noch mit dem ganzen Körper denken, wenn es sich bei diesem »Denken« – das Capra auch nur in Gänsefüßchen nennt – nicht um eine bloße Metapher handelte. Ansonsten sind die meisten Menschen unserer Zivilisation vom Gebrauch ihres Verstandes ohne Hilfe anderer noch weit entfernt – sonst würden sie nicht millionenfach Bücher von der hier behandelten Sorte kaufen. Vielmehr geben Gefühle, Emotionen, Leichtgläubigkeit und Wunschdenken in den meisten Lebensbereichen den Ton an. Deshalb ist es beispielsweise immer noch utopisch, daß sich Politiker vor Wahlen einmal argumentativ statt fast ausnahmslos mit Wort-Stimulantien öffentlich äußern könnten. Schließlich, daß wir uns von unserer natürlichen Umwelt »isoliert« hätten – doch wohl nun nicht das Lamento der zwanziger Jahre über die »großen Städte«! oder die schickere Blut- und Boden-Version, von der das alles gar nicht zu weit weg ist. Wir haben, seit einiger Zeit, leichtfertig unsere natürliche Umwelt mißbraucht, aber willentlich von ihr isoliert hat sich kein vernünftiger Mensch. Frühere und exotische Kulturen hingegen haben in ihrer angeblich so rustikal-naturwüchsigen Unmittelbarkeit »die Natur« nichtsdestoweniger bedenkenlos ausgebeutet (beispielsweise für den Schiffsbau) und sie sich unterschwellig als das bedrohliche Andere imaginiert, das man durch magisch-mantische Praktiken zu beschwichtigen, ja zu hintergehen trachtete.

Der Mechanismus oder das mechanistische Weltbild von Newton und Descartes, das Capra dem Denken heutiger »normaler« Wissenschaftler fast aller Disziplinen, aber auch den normalen Zeitgenossen unterstellt, bei denen es wohl aus einem kollektiven Unbewußten in ihre täglichen Vorstellungen aufsteigt –, dieses mechanistische Weltbild ist natürlich schon seit geraumer Zeit allenthalben außer

Kurs. Die hochgradige technische Komplexität, die diffizile Vernetzung und Verflechtung allein der ökonomischen und sozialen Strukturen oder Schichten unserer Lebenswelt werden indes als so opak, ja geradezu als neue Verzauberung erlebt, daß irrationales Verhalten oft genug die Resonanz darauf ist, wie es ähnlich Friedrich August von Hayek analysiert hat.

Jeder Gymnasiast lernt seit mehreren Generationen, daß die Newtonsche Theorie nur mehr als Sonderfall einer umfassenderen Theorie Geltung hat – allerdings in unserer gewöhnlichen Umwelt noch die besten Dienste tut. Und von der Effektivität statistischer und wahrscheinlichkeitstheoretischer Gesetzmäßigkeiten sind heutzutage auch diejenigen überzeugt, die nicht gerade Quantenphysik studiert haben. Unsere gesamte gegenwärtige technisch-zivilisatorische Industriewelt hält ja täglich jedem vor Augen, wie unzeitgemäß ein altehrwürdig mechanistisches Weltbild wäre: elektronische Medien, Computer und Mikroprozessoren, Biotechniken, eine Welt des Unsichtbaren, Ungreifbaren, aus Feldern, Energien, Wellen und Strahlen, und auch die Astronautik, die uns die Relativität vieler Begriffe sinnlich-handfest vorstellt, haben mit der von Capra apostrophierten Mechanistik eines groben Maschinen-Determinismus nicht mehr das geringste zu tun. Und in der Psychologie wird seit einem Dreivierteljahrhundert nicht mehr vom »Charakter« als einem statischen, dinghaften Gebilde gesprochen, sondern von der »Persönlichkeit« als etwas Dynamischem, Prozessualem. Wer ferner heute, mit Descartes, Tiere als bloße Maschinen betrachten und behandeln würde, geriete nicht nur mit der Verhaltensforschung in Konflikt. (Einzig in seiner Kritik der Wirtschaftswissenschaften, in der es keinerlei »Theoriendynamik« zu geben scheint, möchte man Capra beipflichten. Von den Leersätzen, die er als Verbesserungsvorschläge mitteilt, braucht man indes nicht Notiz zu nehmen.)

Den größten Sprung nach vorn im »neuen Denken« hat seiner Meinung nach die Psychologie gemacht, selbstverständlich dort in den obskuren »transpersonalen« Therapien oder »Spektrum«-Theorien nach Art von Ken Wilber oder Stanislav Grof. Grundsätzlich da, wo ein Wissensgebiet oder eine Disziplin ins Scharlataneske ausufert, ist Capra zur Stelle; und schon Wörter wie »Ganzheit« oder »transpersonal« in den Mund zu nehmen oder aufs Papier zu schreiben, versetzen ihn in Erregung und lassen ihm zur Realität werden, was lediglich in seiner erhitzten Einbildung, seinem »neuen Denken«, existiert. So geblendet entrinnt er auch nicht der Konfusion einer Identifizierung von mechanistisch und rational. Die Protagonisten der modernen Physik, die Capra als Überwinder des mechanistischen Weltbildes herbeizitiert, waren ja rational-empirische Denker hohen Grades; in eben dieser Eigenschaft nötigt sie Capra zu Kronzeugen seines neuen Wunschdenkens. Er mißbraucht sie darüber hinaus, indem er sie mit unspezifischen, generellen Statements zitiert und ihre Philosophie, ihre Meta-Physik, nicht ihre Physik, für sein mystizistisches Entertainment ausnutzt. Und dann kann er schreiben: »Als Physiker ist es mir eine besondere Genugtuung zu sehen, daß die Weltanschauung einer modernen Physik nicht nur alle anderen Wissenschaften stark beeinflußt, sondern daß sie auch das Potential besitzt, therapeutisch und kulturell einigend zu wirken.«

Die »Weltanschauung« der modernen Physik – das ist eben jene Physikalismus-Neuauflage, jene antiquierte und depravierte Sinngebungs-Philosophie von Physikern, die im Prinzip nicht mehr Aufmerksamkeit beanspruchen darf als die Ideologien anderer Berufsgruppen. Mit dem Weltanschauungsbegriff überhaupt so unbedarft hier aufzuwarten, verrät die Befangenheit Capras in Denkmustern einer Prämoderne, einer abgesunkenen Weltbild-Philosophie. Dennoch hätte es auch in seiner intellektuellen Reichweite liegen können, daß sogenannte Weltbilder oder präskriptive totale Weltsichten den Einzelwissenschaften, insofern sie sich methodisch und sachlich auf die Erklärung ausgewählter Segmente der Realität beschränkt haben, versagt sein müssen. Daß Capra vom Reflexionsstand philosophisch-wissenschaftstheoretischer Diskurse und Diskussionen offensichtlich keinerlei Kenntnis hat, verschafft ihm das gute Gewissen, mit dem er seine sowie die »neue Weltsicht« seiner Gewährsmänner und Gewährsfrauen – denn den Feminismus hat er, auf der Höhe aller Moden, selbstverständlich »berücksichtigt« – uns aufdrängt.

Für seine Vereinigungsprognosen von moderner physikalischer Weltanschauung mit dem Buddhismus, Hinduismus oder Taoismus kann er sich dennoch nicht ganz zu Unrecht auf große Vorbilder berufen wie Heisenberg, Niels Bohr, Eugene Wigner, den Einstein-Schüler David Bohm, auch Pascual Jordan und vor allem Carl Friedrich von Weizsäkker; sie alle erwiesen dem fernöstlichen Mystizismus (oder dessen Derivaten) ihre Reverenz, so daß ein Kritiker wähnte, »daß heutzutage die Gegenaufklärung aus einem Max-Planck-Institut kommt«. Diese Annäherungsversuche von Physikern, die sichtlich die Atemnot infolge dünnster Luft auf dem äußersten Abstraktionsniveau mit metaphysisch-religiösen Aufschwüngen kompensieren, münzt Capra – und mittlerweile ein Dutzend seines Schlages – als Konvergenz der Stationen westlicher Naturtheorie mit den Spruchweisheiten asiatischer Gurus aus. Dafür kommt ihm die sogenannte Kopenhagener Interpretation der Quantenmechanik als Modellfall wie gerufen. Derzufolge ist ja die beobachtete Natur im Mikrobereich uns nicht als solche, objektiv, zugänglich, sondern nur als »Teil eines Wechselspiels zwischen der Natur und uns selbst«, wie Werner Heisenberg es ausgedrückt hat. Das Subjekt, der Beobachter, ist namentlich im Interpretationsrahmen der Heisenbergschen Unschärferelation, in den Meßvorgang dergestalt einbezogen, daß seinetwegen die Bestimmung von Ort und Impuls eines Elementarteilchens beeinflußt und gestört ist. Objektives und Subjektives, so läßt sich dieses Verhältnis deuten, gehen nahezu ineinander über. Diese – subjektivistische, wie Kritiker sagen – Interpretation eines maßgeblichen Teils der Physik, zu der auch die problematische Deutung des Lichtes »komplementär« als Welle und Korpuskel zählt, führt Capra einmal als das »immer noch anerkannteste Modell« ein, muß aber wenige Seiten weiter einschränken: »Die Kopenhagener Deutung der Quantentheorie wird nicht universell akzeptiert«, ja, so muß man hinzufügen, sie ist heute womöglich umstrittener denn je. Gemäß dieser Interpretation ist, hören wir Heisenberg, »die Welt in dieser Weise als ein kompliziertes Gewebe von Vorgängen« zu betrachten, »in dem sehr verschiedenartige Verknüpfungen sich abwechseln«, eine »Sicht« der physikalischen Welt, so vielsagend, daß sie mancherlei Assoziatio-

nen wachruft, vielerlei Implikationen zuläßt. Capra atta-
chiert und parallelisiert sie flugs mit einem Spruch des Ma-
hajana-Buddhisten Nagarjuna, der da lautet: »Dinge leiten
ihre Natur und ihr Sein von gegenseitiger Abhängigkeit her
und sind nichts in sich selbst.«

Die Differenz zwischen beiden Sätzen, deren Gleich-
klang oberflächlich zunächst verblüffen mag, liegt darin,
daß der eine, der Heisenbergsche, sich auf ein nach lang-
jährigen rational-begrifflichen und empirischen Anstrengungen errungenes, vorläufiges Wissen stützen kann, das
nachprüfbar geworden ist; während der Spruch des Nagarjuna – beliebig viele ähnliche ließen sich aus orien-
taler wie aus okzidentaler Philosophie und Mystik heraus-
picken – nur eine Behauptung, ein mit Herrschaftsgebärde
erlassenes Dekret ist, ein willkürlicher Einfall oder, in Musils Worten zur Mystik, »ein zufälliges Ins-Schwarze-Treffen
beim Ins-Blaue-Reden«; eine Weisheit kurzum, die sein
Verkünder einfach gar nicht »wissen« konnte, sofern der
Ausdruck »wissen« noch irgendeinen Sinn bergen soll.

Um es jedem sinnfällig zu machen, wie die moderne Teil-
chenphysik, genauer ihre Deutung als Subjekt-Objekt-Ver-
mengung, zum namenlosen All-Einen, wie Lao-tse sein Tao
»nannte«, drängt, schreckt Capra nicht davor zurück, eine
Buchseite mit physikalischer Symbolschrift einer solchen mit
indischen (Hindi?) Schriftzeichen gegenüberzustellen, solcherart »Parallelen« suggerierend. »Meine Darstellung der
modernen Physik ... ist durch meine persönlichen Meinungen und Zuneigungen beeinflußt«, gesteht er einmal. Nachdem Capra seiner Abneigung gegenüber der Werturteilsfreiheit mit ein paar unüberlegten Sätzen Ausdruck verliehen hat – warum nicht auch die oberflächliche Ähnlichkeit von Schriften als innere Verwandtschaft von Gedanken
ausspielen; zum Taoismus, der über die Jahrhunderte zum
wüsten Aberglauben herabsank, steht kaum etwas im Widerspruch. Und schließlich: »Am Ende des Bewußt-
seinsspektrums gehen die transpersonalen Spektralbänder
in die Ebene des kosmischen Bewußtseins über, auf der
man sich mit dem ganzen Universum identifiziert ...«

Am Tiefpunkt des gegenwärtigen Irrationalitätsgefälles
sind wir auf jene populäre, autodidaktische und konfuse

Variante gestoßen, die, neben den sublimeren Spielarten, am Rückfall in die neuverschuldete Unmündigkeit Anteil hat. Traumwelten werden da kindisch beschworen, kunterbunte Kulissen als Gegenwelten aufgestellt, die »Wiederverzauberung der Welt« herbeigeredet. Aber eine Wiederverzauberung der Welt würde uns, nach dem großen Fressen vom Baum der Erkenntnis (das viele immer noch für sündhaft halten), nur eine Art »magischen Zirkel« bescheren und jene banalen Tricks, mit denen die Castanedas und Capras ihr Publikum düpieren.

Dem ewig wiederkehrenden Ruf nach säkularer oder gleich millenarer »Wende«, nach dem »ganz anderen Denken«, dem Denken »mit dem ganzen Körper« folgt man nur um den Preis, den Kopf, den Verstand darüber zu verlieren. (1985)

Randwissenschaften enden auffällig oft über der schlüpfrigen Klippe der Afterphilosophie im Demi-Religiösen. Sie haben uns, nicht zu vergessen, auch die Esoterikschwemme beschert. Adorno sprach zuvor schon »vom kitschigen Exorzismus kunstgewerblicher Weltanschauung ..., wie dem erstaunlich konsumfähigen Zen-Buddhismus«[1]. Der orientalische Fundamentalismus oder die neue Religiosität in Rußland sind dagegen wilde, bösartige Wucherungen, weniger Ausdrücke neuer Frömmigkeit; wegen ihrer Heilsansprüche und ihrer politischen Gewaltsamkeit sind sie eine der bedrohlichsten Erscheinungen der jüngsten Zeit. Das müßte die Philosophie dazu bringen, sich noch einmal mit aller ihr heute zur Verfügung stehenden *raison de finesse* der Religionskritik zu widmen. Aber Religionskritik ist erstaunlicherweise in der kontinentaleuropäischen Philosophie der letzten Jahrzehnte verstummt. In Amerika hat sie sich vehement in der Theologie abgespielt, in Deutschland war sie, etwa nach der Entmythologisierungsdebatte, kein Thema mehr für Philosophen sowohl linker wie liberaler Provenienz. Hans Albert machte die Ausnahme mit seinem polemischen Bändchen ›Theologische Holzwege‹, bis dann, aus England zu uns dringend, John L. Mackie postum für ein

---

[1] Negative Dialektik. Frankfurt a. Main 1975, S. 74.

leichtes Aufflackern des theologiekritischen Feuers sorgte.
Mackie, der ja auch ausgiebige und anspornende Untersuchungen zur Ethik angestellt hat, brachte die zweifellos
scharfsinnigste rationale Kritik an Religion beziehungsweise
Theologie seit Jahrzehnten vor. Wolfgang Stegmüller sah
übrigens in Mackies Rückwendung auf die großen traditionellen Probleme der Philosophie und ihrer Sachanalyse, weniger ihrer Sprachanalyse, die jüngste, begrüßenswerte Re-
gung analytisch philosophischer Selbstbesinnung auf alte
Fragen. Mackie übergeht nun, auch in seiner bei uns noch
nicht wirklich »angekommenen« Ethik, den aufwendigen
formalen, technischen Apparat, wie er in rund sechzig Jahren von den feinsten Geistern analytischer Philosophie konstruiert und auch eingesetzt wurde. Da fragte sich angesichts
der von Stegmüller gepriesenen, von solchen Formalismen
freien Arbeiten Mackies, der Beobachter schon damals, wozu dann der »positivistische«, »wortklauberische« Aufwand
nötig gewesen sei, wenn man bei entscheidenden Fragen nun
auch ganz gut ohne ihn zurecht kommt. Zu Mackies Religionskritik notierte der Beobachter seinerzeit:

22. Mit dem atheistischen Rasiermesser
Abschließendes zur Sache mit Gott von John L. Mackie

Religionskritik ist allem Anschein nach kein Thema mehr,
das auf- und abgeklärte Intellektuelle reizen oder gewohn-
heitsgläubige Kirchenanhänger in Unruhe versetzen könnte. In den vergangenen zwanzig Jahren konnte man den
Eindruck gewinnen, Religion selbst sei – in der westlichen,
christlichen Welt – zu einer komfortableren Form des Unglaubens abgerichtet oder jedenfalls zu einem Komplex eh-
renwerter, ausgedienter Verhaltensmuster neutralisiert
worden. Die christliche Theologie, voran die protestanti-
sche, hat seit Kriegsende so viele Konzessionen gemacht,
sich so sehr arrangiert und adaptiert, daß sie eigentlich
kaum noch etwas vorzuweisen hat, auf das sie verzichten
könnte. Schon Mitte der fünfziger Jahre schrieb Heidegger
in einem Brief: »Die heutigen Theologen meinen, sie müßten ihre Geschäfte mit der Psychoanalyse und der Soziologie machen.« Später, im Gefolge des politischen Klima-

wechsels in der Bundesrepublik Ende der sechziger Jahre, suchten die Theoretiker beider Konfessionen den sogenannten Dialog mit ihrem gottlosen Erbfeind, dem Marxismus; wohl auch als »Entgegenkommen« dafür, daß die neomarxistischen Linken so sorgsam alles Christliche, inklusive des C vor den Unionsparteien, von ihren gesellschaftskritischen Rundumschlägen verschont ließen. Die hatten offensichtlich ihre Glashaus-Situation in dieser Sache erfaßt: Die Verdikte, unter die marxistische Ideologie den christlich religiösen Glauben fallen ließ, hätten diese als Prophetie und Semi-Evangelium selbst eingeholt. Mit demselben Lächeln, so ließe sich sagen, mit dem jetzt John Leslie Mackie »Das Wunder des Theismus« fixiert, sollte »Das Wunder des Marxismus« nicht beredet werden dürfen.

Natürlich hatte es seit 1945 einige Herausforderungen religiösen Empfindens und theologischer Selbstgewißheit gegeben. Sartres ostentativer Atheismus beispielsweise erschreckte viele Gut-Gläubige, wenn er auch nie zum öffentlichen Ärgernis wurde. Das erregte – schon während des Krieges in den USA – eher der Freigeist »Bertie« Russell, »the Devil's minister to men«. Für eine leichte Erhöhung des gesellschaftlichen Blutdrucks sorgten dann bei uns Karlheinz Deschners ungeschlachte Überfälle auf Christentum und Kirche oder Gerhard Szczesnys unverblümte Gedanken über ›Die Zukunft des Unglaubens‹. Mehr bewegten indes die Gemüter innerchristliche oder innerkonfessionelle Auseinandersetzungen, ob sie nun durch desakralisierende Impulse ausgelöst wurden wie Bultmanns Entmythologisierungs-Kampagne oder aus intellektuellen Insubordinationen von Theologen wie Karl Rahner oder jüngst Hans Küng hervorgingen. Die Polemik eines außenstehenden Kritikers Küngs, nämlich Hans Alberts mit seinem Buch ›Das Elend der Theologie‹, ist bezeichnenderweise von der Öffentlichkeit, die es anginge, so gut wie nicht registriert worden.

Von einer Religionskritik vergangener Zeiten und namentlich etwa der David Humes, die uns jetzt dank John L. Mackie – der seinerseits eine Art neuer Hume auf diesem Felde genannt zu werden verdient – erstmals hell zu Bewußtsein gebracht wird, ist das alles aber unendlich weit entfernt. Es sieht eben doch so aus, als seien alle Möglichkeiten religiöser Dispute und Diskurse ausgereizt und jegliches Interesse an dergleichen Topoi vom neuen Schlag- und Stichwort Gesellschaft – und augenblicklich von den Bewußtseinsgeschichten vom Geschichtsbewußtsein – absorbiert. Von gebildeten Verächtern der Religion kann anscheinend gar nicht mehr die Rede sein; die Gebildeten bringen vielmehr täglich das »Opfer des Intellekts« um des lieben Friedens mit sich und der anderen willen.

Doch mit der verbreiteten Ansicht, es sei »altmodisch, überholt und ›irrelevant‹, sich noch mit den traditionellen Glaubenslehren im buchstäblichen Sinn auseinanderzusetzen« – so lange, könnte man hinzufügen, nach dem »Tod Gottes« –, verfährt Mackie kurz angebunden mit dem Hinweis auf die Unausweichlichkeit solcher Fragen, die die bedeutendsten Denker zu den gewichtigsten Überlegungen getrieben habe.

Dagegen, daß das Engagement für den Glauben oder das Interesse an Fragen der Religion rapide dahinschwinde, steht im übrigen der Tatbestand, daß global, im Okzident und im Orient, Religiosität, in welch abstrusen Manifestationen auch immer, nachgerade flutartig ansteigt und im Nahen Osten Massenbewegungen heraufbeschworen hat, die außer Kontrolle zu geraten drohen. Religionskritik ist unter solchen Auspizien von erneuter Aktualität und akuter Bedeutung, und John L. Mackies umfangreiches Buch ›Das Wunder des Theismus‹[1] kann als das glänzendste, überraschendste und überzeugendste Beispiel einer solchen Kritik auf der Höhe der Zeit gelten, das schon jetzt einen leichten Wirbel in die religionsphilosophische Windstille gebracht hat. An den Universitäten von Frankfurt und München haben Seminare zu Mackies Analysen dessen Rang als einen der bemerkenswertesten angelsächsischen Philosophen, wenn auch erst postum – Mackie starb 1981 in Oxford im Alter von 64 Jahren – bestätigt.

Mackies Buch ist eine schwere Lektüre, zugleich aber von durchdringender, äußerster Klarheit. Schwierig im Nachvollzug sind die unerhört stringenten, jedoch verzweigten

[1] Das Wunder des Theismus. Argumente für und gegen die Existenz Gottes. Stuttgart 1985.

und vieladrigen Argumentationsstränge, die die »Sachen selbst« offenbar erzwingen. Die Sprache macht sich indes auf die Probleme hin durchlässig, spreizt sich nicht, wie es heute bei uns der Schick befiehlt, vor Mini- und Pseudo-Problemen unerträglich auf.

Das Argument ist die allgegenwärtige, für diesen Stoff keineswegs selbstverständliche Form und meisterhaft exerzierte Denkfigur der Abhandlung. Explizit macht Mackie die Notwendigkeit der Argumentation namentlich am Fall moderner protestantischer Theologie, die kardinale inhaltliche Aussagen des Theismus auf jeweils »persönliche« Gottesbeziehungen und damit auf etwas unverbindlich Intentionales, auf Dinge lediglich in den Köpfen, herunterspielen will. Welchen Wert, so fragt dagegen Mackie, hätte eine »persönliche« Beziehung zu einem nur erdachten Gott? Die theistischen Erklärungen müssen demnach, wollen sie ernst genommen werden, buchstäblich bedeutend sein und zugestandenermaßen zugleich nicht unmittelbar verifizierbar. »Daraus folgt, daß alle Überlegungen hinsichtlich ihrer Wahrheit oder Falschheit Argumente beinhalten«. Werden Argumente, deduktive wie induktive, verworfen – als nicht hinreichend, als zu rationalistisch oder »logozentrisch«, wie das derzeit heißt – und andere Informationsquellen wie Offenbarungen, intuitive Gewißheiten, Autoritäten und Ähnliches vorgeschoben, dann redet man sich in einen Zirkel hinein, denn nun stehen diese Quellen zur Diskussion – solange überhaupt Religion sich der Diskussion stellt.

Damit ist angedeutet, wo gleichwohl die Schwierigkeiten moderner Religionskritik liegen: darin, daß eine rationale, argumentative Rechtfertigung und Begründung des theistischen Glaubens, speziell des christlichen, dessen Anhängern längst als müßig erscheint, und daß sie gewissermaßen in interesselosem Wohlgefallen, in unbedachter Gläubigkeit ihrer Religion anhängen wollen. Da verstummen dann dem Schein nach alle Fragen.

So kann man als Schwerpunkte im Buch von Mackie jene Kapitel sehen, die schon in den Überschriften die unvergleichbaren, vermeintlich unantastbaren Positionen zeitgenössischer Theologie kenntlich machen: im zwölften Kapitel zumal mit dem paradoxalen Frage-Titel ›Religion ohne

Glaube?‹ werden jene jüngsten Konzepte visitiert, die durch Eliminierung wörtlich verstandener Glaubenssätze die Religion gegen lästige Befragungen abschirmen möchten. Davor wurde im zehnten Kapitel das Ausweichen auf eine eigen-sinnige, exklusive »religiöse Erfahrung« vereitelt und im elften, ›Glaube ohne Begründung‹, Pascals Argument der Wette zerlegt, des hochgeschätzten William James' Glaubenswille und Experimentierglaube problematisiert und insbesondere Kierkegaards religiöses Engagement um des Engagements willen als »intellektuelles russisches Roulett« abgewiesen. ›Ersatz für Gott‹, als dreizehntes Kapitel, rechnet mit der Substituierung eines objektiven, »schöpferischen«, zeugenden Wertes an sich ab, anstelle des »alten« personalen Gottes; und im letzten, vierzehnten Kapitel, in dem gleichsam die Augen gezählt werden, wird mit Hilfe einer Kollektion schaumiger Zitate Hans Küngs theologischer Modernismus als »leer«, »überflüssig« und »einfach falsch« erledigt und die Berechtigung der Redensart vom Theismus als »Bollwerk gegen die Bedrohung durch den Nihilismus« bestritten; zugleich räumt Mackie ein, daß auch eine agnostische, humanistische Ethik nicht den Himmel auf Erden garantiert.

Zentrum und Drehscheibe des gesamten Werkes ist das neunte Kapitel, in dem mit bohrenden Fragen zum ›Problem des Übels‹ der wundeste aller wunden Punkte eines jeglichen Theismus offengelegt wird – also die Doktrin von einem allmächtigen, allwissenden, allgütigen personalen Schöpfergott, der die Welt in Gang hält. Diese Crux des Theismus setzt zudem den Skeptiker in die Lage, zum Gegenangriff überzugehen, Gegenbeweise zu führen statt sich auf Widerlegungen zu beschränken. Am Problem des Übels, so formuliert es Mackie im Rückblick auf die erste Hälfte seines Buches, werde deutlich, »daß dem traditionellen Theismus nicht nur jede vernünftige Grundlage fehlt, sondern daß er auch positiv widervernünftig ist, weil einige seiner zentralen Aussagen einander widersprechen«.

Im ersten Teil des Buches, in den Kapiteln eins bis acht, arbeitet Mackie mit kaum mehr gekannter Intensität und unter oftmals überraschenden Aspekten die traditionellen Gottesbeweise mitsamt ihren gewichtigsten Einwänden auf. Noch einmal werden die überlieferten, naiv und raffiniert zugleich anmutenden Disputationen ganz ernst und strikt beim Wort genommen, freilich um ihren theistischen Gehalt – den ontologischen, den kosmologischen, den teleologischen, den aus der Moral oder aus der Faktizität des Bewußtseins hergeleiteten Gottesbeweis – als verwelkt und nicht wiederbelebbar zu erweisen. Denn vielbeachtete, bis zum *Time*-Report im April 1980 verbreitete Wiederbelebungsversuche an den altehrwürdigen Beweisgängen und ihren theodizeistischen Meisterdenkern – wie Descartes, Anselm von Canterbury, Berkeley, Leibniz, Clarke, Newman, Sidgwick und auch Kant (dessen Rechtfertigung Gottes aus der Moral nicht weniger als seine Kritik am Theismus sich unter Mackies atheistischem Messer erstaunlich schwächlich ausnehmen, während Humes Theismus-Kritik als richtungsweisend herausgestellt wird) – hat es durchaus, und zwar mit modernstem Rüstzeug, gegeben. Von solchen »Revisionisten« geht Mackie namentlich auf den englischen Religionsphilosophen Richard Swinburne und den amerikanischen Theologen Alvin Plantinga ein.

Plantinga glaubt, mit Hilfe der Tricks modaler Logik (in der Aussagen über Möglichkeit und Notwendigkeit analysiert werden) die »philosophische Theologie vor der Kritik Humes und Kants« retten zu können – Kant hier zitiert in der unbestrittenen Wertschätzung als religionskritischer Denker generell. Ein wenig maliziös klingt das Urteil über Plantinga, das Mackie seiner desillusionierenden Inspektion voranstellt: »So wird vielleicht einmal St. Alvin seinen Platz an der Seite von St. Anselm einnehmen; zumindest wäre es für ihn nicht schwierig, nach dem Erfolg, den er (in Humes Worten) bei der Umkehrung aller Prinzipien des Verstandes so vieler vernünftiger Leser gehabt hat, dem Erfordernis der Wunderwirkung für eine Heiligsprechung zu genügen.« Während Plantinga sich der Revitalisierung des ontologischen Gottesbeweises annimmt, bietet Richard Swinburne zeitgemäße Varianten der kosmologischen und teleologischen Argumente für die Existenz Gottes. Auch Swinburnes Gedankenflüge bringt Mackie zum Absturz, aber er nimmt diesen Autor von seiner einleitenden Philippika gegen heutige theologische – oder bloß noch quasitheologische – Vordenker aus: »Die Klarheit und Fairneß der meisten« der in der ersten Hälfte des Buches »zu Wort kommenden Autoren (zu denen sowohl Swinburne als auch die Klassiker gehören) heben sich wohltuend ab von der Verschwommenheit und dem Schwanken zwischen miteinander nicht zu vereinbarenden Auffassungen, durch die einige moderne Theologen sich der Kritik zu entziehen suchen.«

Fairneß, in Gestalt von manchmal nachgerade selbstmörderisch erscheinenden Zugeständnissen an theistische Thesen, ist eine andere, auffällige und ungewöhnliche Geste in diesem Buch. Mit ihr hängen freilich die erwähnten Schwierigkeiten seiner Lektüre unmittelbar zusammen. Denn diese Geste macht es, nachdem der argumentative Kern theistischer Texte bloßgelegt ist, nötig, über Schichten von eingeräumten Voraussetzungen und ihren möglichen, sich verästelnden Konsequenzen die während solcher Operationen zurückgestellten Hauptfragen nicht aus den Augen zu verlieren – eine Anstrengung, bei der einen leicht der Schwindel packt, wenn man nicht annähernd über die Konzentration und Geistesgegenwart des Autors verfügt.

Diesem hier leider nur abstrakt nachzeichenbaren Modus der Mackieschen Gedankenführung entgeht kaum ein wesentlicher Aspekt des »Wunders« des Theismus, obwohl er selbst die Auswahl der Autoren »einigermaßen willkürlich« nennt. Aber das kann nur heißen, daß viel mehr Originalität auf diesem Felde nicht (mehr) zu finden ist.

Selbstverständlich ist der Titel ›Das Wunder des Theismus‹ (auch im Original ›The Miracle of Theism‹) als ironische Verkehrung theistischer Wundergläubigkeit zu verstehen. Mit Hume, der im ersten Kapitel zu diesem Begriff konsultiert wird, meint Mackie, »die christliche Religion könne von keinem vernünftigen Menschen geglaubt werden, ohne daß man darin ein Wunder sehen müßte«.

Es gibt die Angst der hellsichtigen Hüter des Arkanums vor der Berührung des Glaubens durch die Vernunft; nicht, weil die Vernunft den Glauben irritieren, sondern weil sie ihn bestätigen könnte. Wittgenstein, auf den mittlerweile auch die Theologen – beispielsweise der von Mackie vorgestellte englische Kongregationalist D. Z. Phillips – als eine Art positivistischen Kirchenvater gestoßen sind, sprach davon, daß »die ganze Geschichte zerstört würde, sobald es Beweise gäbe«, und daß Religion zum Aberglauben werde, wenn sie auf eine Ebene mit der Wissenschaft rücke. Hinter solchen Berührungsängsten verbirgt sich der unausrottbare Drang, religiösen Überzeugungen einen besonderen Status einzuräumen, oder, wie Phillips, für sie eine andere »Grammatik« von »Wahrheit« zu reklamieren. Läßt man sich darauf ein, dann, so macht Mackie uns schrittweise klar, »verlieren wir allen festen Grund unter den Füßen und versinken hilflos im Morast«. Bei Phillips, dem Mackie immerhin den Mut zu einer realistischen, trostlosen Moral zugute hält, findet er eine »starke Neigung zu einem verkappten Atheismus auf der theoretischen Seite«. Im Fall Küng kommt er ebenfalls zu dem Schluß, »daß auch seine Auffassung vom Atheismus nicht allzu weit entfernt zu sein scheint«. Damit stünde auch Küngs Bindung der Moral an den religiösen Glauben auf dem Spiel; denn wo dieser schwindet, entwertet sich desgleichen die Moral. (Vorher, im Kapitel sechs, macht Mackie uns zu Zeugen, wie Kant, indem er die Autonomie der Moral zu behaupten und gleichwohl den Theismus zu retten sucht, in eine ausweglose Situation geriet.) Moralisch, so konzediert Küng, mag gelegentlich sogar einmal ein Agnostiker handeln – eine Konzilianz, für die sich der Atheist Mackie so revanchiert: »Selbst ein *gläubiger* Mensch kann ein wirklich menschliches, d.h. humanes und in diesem Sinne moralisches Leben führen.«

Die Bilanzen der einzelnen Untersuchungen, die Mackie jeweils am Schluß der Kapitel zieht, sind für die theistischen Argumente und Strategien verheerend, Mackie unterhöhlt, unterminiert, »untergräbt« sie – das ist seine Vokabel –, läßt sie in Selbstwidersprüchen zergehen oder demonstriert ihre Haltlosigkeiten; all das mit neuartigen oder zumindest neu geschärften Argumenten, deren Einschnitte am Corpus noch des ältesten Theismus bis dahin kaum wahrgenommene (Innen-)Seiten bloßlegen. Am Ende seines Buches hingegen wägt er, nachgiebig, nurmehr die Wahrscheinlichkeiten der »kumulativen« argumentativen »Gesamtgewichte« von Theismus und Atheismus gegeneinander ab, mit dem matten Ergebnis, »daß weitaus mehr gegen die Existenz eines Gottes spricht als dafür«. Wollte dieser schlaue, besonnene Aufklärer, daß das Reden und Schreiben über Gott und die Welt weitergehe, wissend, daß Philosophen

wie Theologen mehr als den Teufel dies scheuen: gelöste
Probleme?
(1986)

Religionskritik, Theologiekritik im klassischen, nun schon
wieder postanalytischen Stil stieß begreiflicher-, dennoch
überraschenderweise auf die Ablehnung konservativer oder
auch neokonservativer Zeitbeobachter, zum Beispiel Hermann Lübbes, der in den feinnervigen »Phänomenologien«
seines Buches ›Religion nach der Aufklärung‹[2] im Zusammenhang mit dem Theodizee-Problem meint, das sei kein
Problem des religiösen Lebens, sondern »exklusiv ein Semi-
nar-Problem«, weshalb er »die bis in die analytische Philosophie der Gegenwart hinein endlos repetierten formal
denkbaren Lösungsmöglichkeiten des Problems« nicht erneut erörtern möchte; die formale Repetition entdeckt er
»exemplarisch« in Mackies Aufsatz ›Evil and omnipotence‹.
»Religion«, so resümiert Lübbe einmal in dem erwähnten
Buch, »ohne deren Kritik der Aufklärungsprozeß nicht zu
denken ist«, gehöre »nach der Aufklärung zu den Bedingungen ihrer Erhaltung«. Auch wenn man sich fragen muß, ob
»die Aufklärung« denn schon stattgefunden habe und jetzt
schon vorbei sein soll, klingt Lübbes Abneigung nicht un-
sympathisch, einfach weil man der endlosen theologischen
Haarspaltereien müde geworden ist. Vielleicht ist es hingegen jetzt an der Zeit, Religionskritik kategorial als Kritik des
Glaubens überhaupt, des Glaubens um jeden Preis, vorzu-
tragen, um den nur zugedeckten Fanatismen der großen und
kleinen, alten und ganz neuen Konfessionen und religiösen
Gruppen vorzubeugen.
Denn die Debatten um Glauben und Wissen – gehören sie
endgültig der Vergangenheit an? Überläßt man die der
Theologie, ignoriert sie als Philosoph? Religion, auch Theologie, sind jedenfalls hierzulande keine Herde heutiger Phi-
losophie-Debatten. Es geht jedoch alle an, wenn zum Beispiel Hans Küng wieder einmal darauf beharrt, ohne Gott
sei alles sinnlos. Umgekehrt, kann ihm jeder sagen, geht es
auch, blickt man auf die Welt: Mit Gott ist alles sinnlos.

[2] 2. Aufl. Graz 1990.

Aber das sind, wie gesagt, nicht unbedingt philosophische Topoi.

Wenn man die Philosophie im Laufe der letzten fünfzig Jahre unter Signalworte rubrizieren wollte, dann ergäbe sich chronologisch: »Sein« oder »Existenz«, gefolgt von »Sprache«, dann von »Gesellschaft«, und heute vielleicht »Ästhetik« und »Ethik«. Was die Ethikschwemme betrifft, der man sich derzeit zu erwehren hat, so deutet allerdings vieles darauf hin, daß sie bei uns größtenteils Reflex der jahrzehntelangen Diskussionen in der englischen und amerikanischen Philosophen-Community ist.

Seit längerem haben analytische Philosophen ihre Abstinenz gegenüber Fragen der praktischen Philosophie aufgegeben und sich direkt auf die Probleme der Begründung moralischen Handelns, der Werte und Normen eingelassen. »Metaethik« nannte man die lange Zeit durchgehaltene indirekte Einstellung gegenüber der Ethik, die lediglich die formale Struktur normativer, deontischer Sätze analysieren wollte, und die sich für Wertfragen und moralische Entscheidungsprobleme als unzuständig erklärte. Ethische Sätze, heißt es, haben zwar emotive Bedeutung, ansonsten aber sind sie nonkognitiv, besitzen keinen Erkenntnisgehalt. Die Berührungsangst ist größtenteils überwunden, das Lager der Metaethiker außerdem gespalten, aber, wie um ganz sicher zu gehen, ist in der angelsächsischen und namentlich skandinavischen Philosophie eine deontische Logik *under construction,* die die logische Natur von Aussagen – und Handlungen – des Sollens und der Verpflichtung klären soll. Diese Logik normativer Aussagen ist aber so abstrakt, so meilenweit entfernt von moralischen Fragen, daß für sie, wie im Fall mancher Bereiche der theoretischen Mathematik, eine Anwendung nicht in Sicht ist. Sie bleibt, bemerkt der »Neoaristoteliker« Hans-Georg Gadamer einmal, »dem praktischen Wissen das Entscheidende schuldig«.

In diesen Jahren des Zerfalls von Nationen und des weltweiten, seuchenartig wieder ausgebrochenen Nationalismus scheint für die Vernünftigen die Entscheidung zwischen moralischem Universalismus (von »Makroethik« sprach man eine Zeitlang) und ethischem Partikularismus, Relativismus, Nationalismus oder Ethnozentrismus in einer gleichwohl schrumpfenden, leider auch uniformer werdenden Welt

nicht schwer zu fallen; doch die dem Partikularismus parallel laufende Uniformierung des Globus verlangt nach einem
Ort »jenseits des sterilen Gegensatzes« (Habermas) von
Universalismus und Partikularismus in Fragen der Ethik,
den eine »Diskursethik« erreichen will. Ein anderer rigider
Dualismus, nämlich der von der Strenge wissenschaftlicher
Ist-Sätze und der Beliebigkeit ethischer Soll-Sätze ist ohnehin aufgeweicht, seit klar ist, daß die vorbildhafte Strenge
der Wissenschaft eine Illusion und all unser Wissen »Vermu-
tungswissen« ist. Hinter dem vermeintlichen – wirklich? –
Dualismus, so denkt man sich das, stößt man vielleicht am
Ende der Diskurse auf Moralprinzipien, denen alle zustim-
men können und die rationaler Überprüfung standhalten,
weil sie, wie die Urheber der Theorie betonen, die »kommunikative Vernunft« zur Quelle haben. Die Diskursethik gibt
sich radikal und rigoros, will wieder *ab ovo* beginnen, tabula
rasa machen, gesellschaftlich hingenommene Normen und
Sitten hinterfragen und dem »strukturellen Konservativismus« in Sachen Ethik den Garaus machen. Nun, solcher
Radikalismus ist nicht so neu, wie man tut, und er gehört
vielleicht zum »Auftrag« der Philosophie. Aber es ist ein
gefährlicher Auftrag, wie uns die Weltgeschichte gelehrt haben sollte. Der bei uns immer noch nicht angekommene
große Liberale Isaiah Berlin glaubt nicht an den Kontrast
zwischen universalen Prinzipien und kulturellem Relativismus. »Keiner Kultur«, sagte er 1992 in einem Gespräch,
»fehlen die Begriffe von gut und schlecht. Mut zum Beispiel
wird, soweit wir sehen, in jeder uns bekannten Gesellschaft
bewundert. Es gibt prinzipiell universale Werte. Das ist eine
empirische Tatsache der Menschheit, etwas, das Leibniz
vérites du fait, nicht vérites de la raison nannte«.[3]
Wenn sich Neoaristoteliker auf die Tugendlehre des Stagi-
riten stützen, müssen sie nicht unbedingt sich jeder Theorie-
reflexion widersetzen, wie ihnen das unterstellt wird. Denn,
erinnert uns Martha Nussbaum[4], ethische Reflexion rangiert
im Aristotelismus selbst als höchste unter den Tugenden.
Und die Tugenden sind allerdings durch einen langen Prozeß der Habituation, der Eingewöhnung, geformt, »aber der

---

[3] The New York Review of Books, 28. 5. 1992.
[4] Virtue revived. In: The Times Literary Supplement, 3. 7. 1992.

Prozeß der Eingewöhnung ist kein intellektloser Vorgang«, er erfordert »die Kultivierung der Fähigkeiten, Unterscheidungen zu treffen sowie eine Menge komplexer kognitiver Aktivität«.

Die Überzeugung von der Unaufgebbarkeit rationaler Begründung ethisch-moralischen Handelns geht manchmal mit einer Kritik einher, die Skeptikern sogleich moralisch kommt. In einem fulminanten Vortrag hat Herbert Schnädelbach 1986 nach der »Tendenzwende«, aber drei Jahre vor der Weltwende, mit dem übernommenen Schlagwort »Neoaristotelismus« ethische Gegensätze für politische Polemik scharf gemacht.

Mit dem Aristoteles der »Polis-Ethik«, den Schnädelbach kurzerhand zum »Schutzpatron der ›Tendenzwende‹« nominiert, haben hiesige »Neoaristoteliker« (zum Beispiel Odo Marquard mit seinem ›Abschied vom Prinzipiellen‹), ohne sich indes auf den großen Denker zu berufen, nur eines vage gemeinsam: Sie glauben, wie dieser, daß moralisches Urteilen und Handeln letztlich außerhalb der Reichweite rationaler Erkenntnis und Letztbegründung liegt und mehr eine Sache lebenskluger praktischer Wägungen und Entscheidungen gemäß reflektierter sittlicher Gegebenheiten ist, was für den Diskursethiker Habermas letztlich der »Abkoppelung der praktischen Vernunft von der theoretischen Erkenntnis« gleichkommt.⁵ Man steht damit wieder vor der in mancher Hinsicht obsoleten Dichotomie, wie sie zuletzt und am rabiatesten vom logischen Empirismus bis in die analytische Philosophie hinein festgesetzt wurde.

»Der Fundamentalkonservatismus dieses Ethikkonzeptes«, so weiß es Schnädelbach, und schon das Wort »konservativ« ist bei ihm ein Verdikt, »zeigt sich an den beiden wichtigsten polemischen Konsequenzen, die es notwendig zeitigt: an der Kritik der Utopie und der Zurückweisung ethischer Letztbegründung«. Nun, wenn Kritik und Zurückweisung »fundamentalkonservative« Polemik ist, wenn »Utopie« und »Letztbegründung« sakrosankt sein sollen, dann ist es mit der Philosophie weit gekommen.

Theorie-Diskussionen zur Ethik oder praktischen Philosophie sind schon darum so frustrierend, weil man dabei

---

⁵ Erläuterungen zur Diskursethik. Frankfurt a. Main 1991, S. 81.

stets den Abgrund vor Augen hat, der zwischen Theorie und Praxis, Sein und Sollen, Wissen und Tun gähnt. Deshalb klingt auch der Ruf nach einer »neuen Ethik« so falsch. (Allerdings könnten in nicht zu ferner Zukunft gentechnische Manipulationen der mentalen und physischen Natur des Menschen möglich werden, die uns in gänzlich unentscheidbare Wertkonflikte und Normenbegründungsverfahren stürzen. Freilich wäre dann auch die Philosophie ratloser denn je zuvor.) Haben wir nicht hinreichende ethische Prinzipien, wissen wir nicht um »moralische«, humane Kompromisse? Wir brauchen ja auch nicht bei jeder andersartigen Situation gleich die Verfassung zu ändern. Und wenn es die vollendete Theorie der Ethik gäbe – wäre die Menschheit dann besser dran, weil alle »das Gute« tun, das »gute Leben« führen würden? Ist uns ein Neo-Sokratismus, der auf dem Glauben fußt, daß aus der Einsicht das gute Handeln so zwingend folgt, wie in der Logik der Schluß aus Prämissen, und daß umgekehrt »das Böse« Folge des Nichtwissens sei, heute verschlossen? Einem Neosokratismus kommt Habermas nahe, wenn er den »zwanglosen Zwang des besseren Arguments«[6] ins Spiel bringt, und noch näher, wenn er die Richtigkeit von Normen »in Analogie zur Wahrheit eines assertorischen Satzes« sehen will[7]. Aber wie weit trägt diese »Analogie«? Überdies wird die »kognitive Dissonanz«, die man, nach Leon Festinger, auch moralische Konfliktsituation nennen könnte, in der Praxis durch geschickte Einstellungsänderungen so umgangen, daß sich nichts ändern muß. »Wer begriffen hat und nicht handelt, hat nicht begriffen«, kehrt eine tibetanische Mönchsweisheit die Sache um und macht sie sich damit leicht. Und wenn moralische Imperative entsprechende Reaktionen unausweichlich wie nach dem Reiz-Reaktions-Schema auslösten – dann gäbe es keine Moral, weil die dazu notwendige Freiheit verschwunden wäre. B. F. Skinner wollte genau diese Situation durch ein konditioniertes Verhalten ›Jenseits von Freiheit und Würde‹, wie der damals wie heute provozierende Titel seines Buches hieß, herstellen, auf das man sich hierzulande erst gar nicht eingelassen hat.

---

[6] Ebd., S. 123.
[7] Ebd., S. 11.

Hin und wieder hört man noch vom abstrusen Desiderat einer »Verwirklichung« der Philosophie – Adorno bemühte gern eine Philosophie, »die nicht verwirklicht ward«. Dahinter steckt ein Theorie-Praxis-Verständnis und eine Vorstellung von Philosophie gemäß dem Verhältnis von Noten zur Musik. Aber in der – theoretischen – Philosophie sind die Noten die Musik! Gilt das auch für die praktische Philosophie? Ein Diskursethiker wie Habermas ist davon überzeugt, »daß wir hinter das von Kant erreichte Niveau der Ausdifferenzierung der Begründungsproblematik von der Problematik sowohl der Anwendung wie der Verwirklichung moralischer Einsichten nicht zurückfallen dürfen«[8]. Freilich werden etwa die »inhaltlichen« Konflikte »nicht vom Philosophen, sondern vom Leben erzeugt«.[9] So wie ja auch die wesentlichen philosophischen Fragen nicht, à la Rorty, durch die Sprache und nicht durch die »Philosophen« sich stellen, sondern die »Welt« sie uns aufdrängt; das »philosophische Rohmaterial stammt unmittelbar von der Welt und unserer Beziehung zu ihr, und nicht von irgendwelchen Schriften der Vergangenheit«, wie Thomas Nagel es ausdrückt[10]. Doch Nagel kommt uns andererseits mit dem alten Vers von der Inferiorität unserer moralischen Konstitution. »Es ist offensichtlich«, erklärt er in ›Blick von nirgendwo‹[11], »daß wir uns in einem noch sehr primitiven moralischen Entwicklungsstadium befinden.« Von welcher Warte aus wird da geurteilt, mit welchem Maßstab gemessen? Welche »Natur« des Menschen vorausgesetzt? Vorausgesetzt wird damit, daß etwa Wertkonflikte dereinst nicht mehr auftauchen, oder daß sie sich prinzipiell und aus sich heraus lösen lassen, oder wir alle so gut geworden sind – gut in beiderlei Hinsicht –, daß es stets faire Kompromisse geben wird; ein ethisch-moralisches Nirwana also letztendlich.

Skeptisch, resignativ auch, sind Ernst Tugendhats schwere Gedanken zur Ethik und ihren Begründungsdiskussionen, die Tugendhat allenthalben in Sackgassen enden sieht. Einer seiner letzten Aufsätze (1989) zum Thema hat den Titel ›Die

---

[8] Ebd., S. 24; ausführlicher zum »Gefälle zwischen Urteil und Handeln«: S. 27.
[9] Ebd., S. 21.
[10] Was bedeutet das alles? Stuttgart 1990, S. 5.
[11] Frankfurt a. M. 1992, S. 320.

Hilflosigkeit der Philosophen angesichts der moralischen Schwierigkeiten von heute‹. Er hat sich auch insofern die skrupulösesten Gedanken zur Ethik gemacht, als er über die Jahre seine Befunde immer aufs Neue als unbefriedigend, unzulänglich wenn nicht verworfen, so doch relativiert hat. Welcher Philosoph unserer Tage gesteht sich das so öffentlich ein? Dabei hat er allerdings auch die Brüchigkeit all der anderen derzeit konkurrierenden Ethik-Entwürfe, die vertragstheoretischen wie die utilitaristischen und auch die diskursethischen von Apel und Habermas, aufgedeckt, so daß der Eindruck, trotz des bewundernswerten Aufwandes an Scharfsinn wieder vor einem Patt zu stehen, unabweislich wird. Sollte man dann nicht eine geradezu »transzendentale« Hilflosigkeit in diesen Fragen zugeben?

Zu den eifernden Theoriediskussionen des Praktischen, die einem vermeintlichen Prinzipienwissen um das Gute oder Regeln des Handelns dienen sollen, verhält sich die »angewandte«, »praktische Ethik« wie das Tun des Guten zum Guten. Mit dem fast tautologieverdächtigen Wortpaar von der praktischen Ethik kommt auch ein so heißes Eisen wie die Euthanasie zur Sprache. Angesichts unheilbarer und tödlicher neuer Krankheiten, die beim Embryo oder im Säuglingsalter auftreten, oder aber im Falle der immer lauter werdenden Forderung nach einem humanen Sterben sieht sich die Ethik und mehr noch das Ethos, die herrschende Moral, vor bislang zurückgedrängte Herausforderungen gestellt. In Deutschland gerät man bei diesem Thema, eingedenk einer furchtbaren Vergangenheit, in eine aggressive Abwehrhaltung. Schlimme Erfahrungen mußte hier der australische, der analytischen Philosophie nahestehende Professor Paul Singer machen, als er darüber diskutieren wollte. Ob man Singers Thesen zur Euthanasie ablehnen oder annehmen sollte, stand gar nicht zur Frage – man verbot ihm, und uns, vielfach unter Androhung von Gewalt, deren bloße Diskussion und Prüfung. Hier ist nicht der Ort, auf diese unglaublichen Vorkommnisse einzugehen, über die es mittlerweile schon eine beachtliche Literatur gibt. Was hier aufzuzeichnen ist, sind die Schlüsse, die Singer aus seinen Erfahrungen an deutschen – und österreichischen – Universitäten bei der Beschäftigung mit prekären, aber unaufschiebbaren ethischen Themen zieht. ›Wie man in Deutschland zum

Schweigen gebracht wird‹, heißt das verbitterte Resümee seines Artikels in der ›New York Review of Books‹[12]: »In Deutschland und Österreich... braucht man zur Arbeit in angewandter Ethik derzeit Mut, und noch mehr Mut, etwas zu veröffentlichen, das wahrscheinlich ins feindliche Blickfeld derjenigen gerät, die die Debatte aufhalten möchten...« Das zur Moral der Moral-Diskurse in Deutschland.

Im Rund- und Rückblick über die vergangenen fast fünfzig Jahre eines eigentlich nicht mehr zu überschauenden, philosophischen Wildwuchses glaubt der Beobachter dennoch drei Phasen darin ausmachen zu können.

In der *ersten,* etwa bis in die endsechziger Jahre anhaltenden Phase, sieht man einige wenige nebeneinanderherfließende, zähe Strömungen, die ungeachtet aller plötzlichen Wirbel noch aus der Quelle der Tradition sich speisen.

Die *zweite* Phase läßt sich als Epoche einer massiven Ideologisierung kennzeichnen. Unter den deutschen Intellektuellen in der Nachkriegs-Bundesrepublik entfremden sich allmählich einst einander Befreundete oder Nahestehende. (Man traf sie noch vereint beispielsweise in den von Gerhard Szczesny Anfang der sechziger Jahre herausgegebenen ›Club Voltaire. Jahrbücher für kritische Aufklärung‹). Dann wurde aus Entfremdung Gegnerschaft, aus Gegnerschaft schließlich im ideologisierten und politisierten Klima bare Feindschaft.

Die *dritte,* gegenwärtige Phase ist die wachsender Konfusion, wobei man das Wort im lateinischen Doppelsinn von sowohl »Zusammenmischen« wie »Verwirrung stiften« verstehen muß. Alles geht mit allem, alles geht auch gegen alles, und alles muß ein gerüttelt Maß an Entertainment enthalten. »Und die Welt hebt an zu singen, triffst du nur das Zauberwort.« Die ästhetische, mit Worten spielende Geste des Philosophierens ist gefragt; etwas muß aufregend, nicht unbedingt wahr sein. Philosophie soll so spaßig und zeitvertreibend sein wie die gesamte sonstige psychedelische Industrie es uns besorgt. Das ist die Zeit der philosophischen Endspiele.

Einen bleibenden, bedrückenden Eindruck hat aber die zweite, überstandene Phase der siebziger und achtziger Jahre

[12] 15. 8. 1991.

hinterlassen. In ihr geschah die Verschuldung philosophischen Denkens an die Großideologien der Epoche, allen voran die marxistische Ideologie. In Deutschland fand in diesem Jahrhundert zweimal die widerstandslose Übereignung der Geisteswissenschaften an politische Ideologien statt. Über die erste haben einige Monographien aufgeklärt[13], von der zweiten wollen vor allem die Betroffenen wenig reden, und den unbetroffenen Zeitzeugen graut allmählich vor einer weiteren »Vergangenheitsbewältigung«. Daß man die Vergangenheiten vergleichen könne, vergleichen dürfe, wurde von linken Philosophen und ihren Mitlinken bei Strafe des Faschismusverdachts untersagt. Die Nazi-Verbrechen müßten als unvergleichlich im Gedächtnis bleiben. Genau dieser Ansicht ist auch der Beobachter. Aber er glaubt, daß sich die Unvergleichbarkeit einer Sache erst schlüssig *nach* einem Vergleich herausstellt. Und daß bei aller Unvergleichbarkeit im Prinzipiellen Vergleiche im Detail sich unabweislich aufdrängen zwischen Nazismus und Sowjet-Kommunismus. Das kann nicht wahrhaben, wer glaubt – wie einst auch der Beobachter –, daß die Kämpfer gegen den Nazismus, bloß weil sie gegen ihn kämpften, auf jeden Fall schon das Gute wollten. Aber das ist ein Irrtum. Wenn zwei Gangsterbanden sich bekämpfen, bleiben beide auf der Seite des Bösen, auch wenn die eine Bande der anderen den Garaus macht.

Die Versprechungen des Marxismus im Verein mit seiner damit radikal kontrastierenden Praxis haben sich, wie Werner Becker noch einmal feststellt, »mit schrecklichen Folgen als die abwegigsten und dennoch massenwirksamsten Illusionen dieses Jahrhunderts herausgestellt«. Wie diese Illusion Glaubensinbrunst, intellektuellen Rausch, Persönlichkeitsbild und Antihumanismus erschreckend fusionierte, dafür ist im Extrem der Fall des einst tief katholischen Marxisten Louis Althusser symptomatisch, ein Fall, der tödlich enden mußte. Aber selbst ein von Grund auf liberaler, amerikanischer Philosoph wie Hilary Putnam war zu Beginn der siebziger Jahre dem Marxismus aufgesessen, den er polemisch gegen den Liberalismus pries. In einem Symposion-Beitrag unter dem Titel ›Liberalismus, Radikalismus und die

[13] U. a. W. P. Haug (Hrsg.), Deutsche Philosophen 1933. Hamburg 1989.

derzeitige »Unruhe«‹ schrieb er unter anderem, daß eine
Philosophie vonnöten sei, »der es darum geht, radikale
Theorie mit radikaler Praxis zu vereinen... ich glaube, daß
Marx die Grundlagen zu einer solchen Philosophie gelegt
hat... ich hoffe, daß Sie sich an der radikalen Aufgabe, un-
sere Welt zu erneuern, beteiligen – der wahren Aufgabe der
Philosophie«.[14]

Es wäre naiv anzunehmen, Anhänger von Heilslehren
oder Kampfphilosophien dieses Kalibers wären ein für allemal desillusioniert, die »Massen«, und eben auch die Massen
der Intellektuellen und der Philosophen, endgültig gefeit gegen rational verbrämte Prophetien und Heilsversprechun-
gen. Der französische Historiker und Linksintellektuelle
Emmanuel Le Roy Ladurie, der nun Frankreich »einer ter-
roristischen Diktatur, der von Robespierre und Saint-Just«,
zeiht und als »das Ursprungsland des Kommunismus« bezeichnet, versuchte in einem ›Spiegel‹-Gespräch das Rätsel
zu lösen, warum sich die Crème der französischen Intellektuellen – Gide, Camus, Sartre, Malraux, Aragon, Romain
Rolland, Bataille, Picasso, um nur einige zu nennen – der
kommunistischen Ideologie trotz ihrer offensichtlich unmenschlichen und grotesken Erscheinungen viel zu lange
verschrieben hatte. Man hat diese Erscheinungen, erklärt Le
Roy Ladurie, »ignoriert«. Und einem anderen ehemaligen
Kommunisten, dem Historiker François Furet, stimmt Le
Roy Ladurie völlig zu, wenn er schreibt, vom Kommunismus bleibe »keine Idee, die für eine Veränderung der Gesellschaft brauchbar« wäre, er sei »eine nutzlose Katastrophe«
gewesen. Und nicht das Absterben, vielmehr die Verlebendi-
gung des Staates zum totalen Gewaltapparat war die Praxis
der Theorie.

Liberale Gesellschaftsentwürfe hatten es dagegen schwer,
zumal prinzipiell in der westlichen Welt verwirklicht
scheint, was sie vorschlugen. Aber die Prinzipien ließen sich
durchsichtiger machen.

John Rawls' ›Theorie der Gerechtigkeit‹, die Gerechtigkeit
als »Fairness« bestimmte, nämlich als faire Bedingung bei
der Wahl einer Gesellschaftsform von Menschen in einem
fiktiven »Urzustand«, war ein aufsehenerregendes Modell

[14] In: Metaphilosophy 1 (1970) 1.

der siebziger Jahre, konstruiert nach dem Muster der alten Vertragstheorien. Rawls' höchst fiktiv-hypothetischer Entwurf, der sich als liberalistisch versteht, galt anderen, zum Beispiel Popper, in seinen Folgerungen als zu sozialistisch. Mehr dem liberalen Geschmack entsprach des jungen Robert Nozicks etwa gleichzeitig veröffentlichtes Buch ›Anarchie, Staat, Utopie‹, das die Funktionen des »Molochs« Staat auf wenige Funktionen minimalisierte und auf die Unterschiede zwischen den Menschen mehr Gewicht legte als auf Gleichheiten. Nozicks Gegenbild zu Rawls' Gerechtigkeitstheorie registrierte der Beobachter damals in einem kurzen Seitenblick so:

23. Wider das Staatsdenken
Zu Nozick

Ein junger Professor der politischen Philosophie von Harvard will uns mit ungemeinem Scharfsinn klarmachen, daß nicht mehr als ein winziges Quentchen Staat zu rechtfertigen sei, und daß dieser »Minimalstaat« obendrein noch einem Utopia entspricht, für das wir uns alle begeistern könnten.

Die Menschen gründen – nach Nozick – eine Art Schutzgemeinschaft gegen Gewalt, Diebstahl, Betrug oder zur Durchsetzung von Verträgen. Diese Firma verselbständigt sich – mit Zustimmung ihrer »Kunden« – und wird schließlich zur vorherrschenden Schutzgemeinschaft. »Jeder weitergehende Staat verletzt die Rechte der Menschen.« Faktisch hält diese Schutzgemeinschaft ein Monopol. Aber dieses Monopol ist, entgegen den Bedenken der Anarchisten, moralisch vertretbar; es besitzt keine anderen Rechte als diejenigen, die der einzelne zuvor schon hatte. Es erscheint als absichtsvolles Gebilde, das aber wie von einer »unsichtbaren Hand« (Adam Smith) zu diesem zweckvollen Ziel geführt wurde. Durch spontane Gruppenbildung, Vereinigungen zum gegenseitigen Schutz, Arbeitsteilung, Marktverhältnisse entsteht aus anarchischen Zuständen der Minimalstaat.

Bedarf es aber nicht zur gerechten Verteilung der Güter doch eines größeren staatlichen Apparats? Nozick stützt mit argumentativem Aufwand die Verteilungsgerechtigkeit nicht, wie üblich, auf bestehende »Strukturen«, moralisches Verdienst oder Herkunft, sondern auf zwei »historische« Grundsätze: wie einmal Besitz erworben wurde, und wie er auf andere übertragen wird. Ob eine Verteilung gerecht ist, hängt demnach davon ab, wie sie zustande gekommen ist. Andere Formen der Verteilung sind illegal; die Umverteilung durch Besteuerung von Arbeitsverdiensten etwa »ist mit Zwangsarbeit gleichzusetzen«. Zur Freude des Steuerzahlers schließt Nozick: »Entzieht man jemandem den Verdienst von x-Arbeitsstunden, so ist das, als zwänge man ihn, x-Stunden für andere zu arbeiten.«

Ist das ein Plädoyer für die Großverdiener? Eher noch eine Begründung für das Recht auf rechtmäßig erworbenen Besitz. Manche nehmen ja auch Risiken auf sich; andere glauben, von denjenigen, die dadurch Gewinn machen, noch etwas verlangen zu können. »Zum Beispiel erwarten die Croupiers in Spielkasinos großzügige Trinkgelder bei Gewinnen, aber sie möchten keineswegs einen Teil der Verluste tragen.«

Denkt man an die bestmögliche aller Welten, an ein Utopia, dann, so will uns Nozick am Schluß suggerieren, sei der Minimalstaat derjenige, der »am besten die utopischen Sehnsüchte unzähliger Träumer und Visionäre verwirklicht«. Denn Utopia ist ein System von Utopien, die »Umwelt, in der utopische Versuche ausgeführt werden können«. Gleichwohl wirkt dieser Staat wie ein aus Hypothesen-Schaum geborenes menschenfernes Gebilde. Er darf seinen Machtapparat nicht dazu verwenden, Menschen zu animieren, »anderen zu helfen«, auch nicht, »den Menschen um ihres eigenen Wohles oder Schutzes willen etwas zu verbieten«.

Dieses Buch stellt alles wieder in Frage und macht einen neuen Ansatz, von dem aus die ins Ideologische absinkende Diskussion der letzten zehn Jahre wieder in Fluß gebracht werden kann. Natürlich werden sich vor allem die Linken herausgefordert fühlen. Aber auch die »anderen«, die den Staat mästen, um ihn dann melken zu können, sollten sich nicht weniger verunsichert fühlen durch diese neue politische Philosophie: »Wenn ein Staat wirtschaftlichen Interessen unberechtigt dienstbar gemacht wird, so liegt es daran, daß er vorher eine unberechtigte Macht besaß, einige Menschen auf Kosten anderer zu bereichern.« (1977)

Aber selbst Nozick dachte, in jenen Jahren, noch an die, wenn auch nur temporäre, Alternative eines Sozialismus, wenn er schreibt: »Die Einführung des Sozialismus als Strafe für unsere Sünden würde zwar zu weit gehen, doch die früheren Ungerechtigkeiten könnten so groß sein, daß auf begrenzte Zeit ein weitergehender Staat zu ihrer Berichtigung notwendig wäre«.[1]

»Was denjenigen«, fand Voltaire, »welche sich mit der Geschichte abgeben, gemeiniglich fehlt, ist der philosophische Geist. Die meisten, welche mit Männern die Taten beurteilen sollten, machen Märchen für Kinder.« Genug, wie man sah, deutet darauf hin, daß der philosophische Geist heutzutage selbst manchenorts als Märchenerzähler auftritt, es mit der Wahrheit nicht mehr so genau nimmt, den schönen Schein vorzieht. Text ist Text, heißt es von Paris bis Yale. Die Philosophie aber, in der freien Übersetzung von »grundsätzlichem Denken«, zeigt sich dem Beobachter am Ende dieses Jahrtausends gleichsam wie in ihren eigenen Netzen verstrickt und in ihren übermenschlichen Anstrengungen als das stehende Zittern einer »Götterspeise«. (»Ich glaube, daß die analytische Philosophie in Quine, dem späten Wittgenstein, Wilfred Sellers und Davidson gipfelt – was heißt, daß sie sich selbst transzendiert und durchstreicht«, bemerkt Rorty.) Weniger dem Nüsseknacken, als dem Zwiebelschälen ähnelt das Philosophieren dieser Zeit: Schale auf Schale wird abgezogen, aber nirgends kommt ein Kern.

Doch eben jetzt kommt aus einer Ecke, aus der man es wohl am wenigsten erwartete, die Ankündigung von einem »Umbruch im zeitgenössischen philosophischen Denken«, einem »Wandel, der so tief reicht, daß wir seinen Vollzug womöglich gar nicht erkennen«. In einem Essay von nur 23 Druckseiten deutet kein Geringerer als Donald Davidson einen bevorstehenden Bruch mit dem »Mythos des Subjekti-

[1] Anarchie, Staat, Utopia. München 1976.

ven« an. Das Subjektive, etwa die Sinneserfahrung, verdanke seine Rolle als Grundlage objektiver Erkenntnis nämlich einem empirischen Zufall. Die kausale Beziehung zwischen Gedanken und Dingen in der Welt hätte auch ganz anders hergestellt werden können. Die entstandene Dichotomie von begrifflichem oder sprachlichem Schema hier und dem Inhalt dort, den Gegenständen oder Sinnesdaten, oder der Dualismus von Subjektivem oder Objektivem, wird aufgelöst. Subjektivität als Erkenntnisgrundlage schwindet damit dahin, aber die Autorität der ersten Person werde dadurch nicht beschädigt. Schließlich führe die »Umwälzung« durch den »neuen ›Antisubjektivismus‹« dazu, daß »der Blick auf das Auftauchen einer radikal umgemodelten Auffassung der Beziehung zwischen Geist und Welt« bevorstehe. (...) Dazu zählt, wie Davidson »in meiner kurzatmigen Erzählweise« noch feststellt – die der Beobachter noch einmal raffen mußte –, daß Gedanken zur gemeinsamen öffentlichen Welt gehören. Hat nicht damit der Alltagsverstand eigentlich immer sein Auskommen gefunden? Hoffentlich verspüren wir Zuschauer diesmal auch etwas wenigstens vom Rumoren der angekündigten großen geistigen Wandlung.

Das wirft zum Schluß die Frage auf, wie durchsichtig, wie weltzugewandt, wie demokratisch Philosophie heute sein kann, sein muß. Oder ob immer eigenbrötlerischere, hermetischere, selbstbezüglichere Philosophiespiele die letzte Weise sind, in der Philosophie sich über die Zeiten zu behaupten vermag; als das Endspiel, das endlose.

Quellen

Wie Hegel die Zeit-Geisterseher ermutigt. Für diesen Band verfaßter Text.

1 Philosophietransfer. Stellungnehmende Bemerkung. In: Odo Marquard (Hrsg.), Einheit und Vielheit. XIV. Deutscher Kongreß für Philosophie. Gießen 21.–26. September 1987. Hamburg 1990.

2 Über den Gemeinspruch: Das mag in der Praxis nichts taugen, ist aber als Idee gut. In: Kurt Salamun (Hrsg.), Sozialphilosophie als Aufklärung. Festschrift für Ernst Topitsch. Tübingen 1979.

3 Vom Existentialismus zur Analytischen Philosophie. In: Hilmar Hofmann u. Heinrich Klotz (Hrsg.), Die Kultur unseres Jahrhunderts, 1945–1960. Düsseldorf 1991.

4 Ist die Philosophie am Ende? Ein Gespräch mit Karl Jaspers über die Zukunft der Philosophie. In: Hans Saner (Hrsg.), Provokationen. München 1969.

5 Martin Heideggers langer Marsch durch die »verkehrte Welt«. In: Merkur 341 (1976), Heft 10.

6 Postumer Dialog. Adorno und Heidegger, von Hermann Mörchen zusammengedacht. In: Merkur 36 (1982), Heft 4.

7 Zur Rezeptionsgeschichte des Wiener Kreises und seiner Nachfolge in der Bundesrepublik. In: Paul Kruntorad, Rudolf Haller und Willy Hochkeppel, Jour fixe der Vernunft. Der Wiener Kreis und die Folgen. Wien 1991.

8 Im Kampf gegen sinnlose Sätze. Rudolf Carnap zum 100. Geburtstag. In: Süddeutsche Zeitung Nr. 14 vom 18./19./20. 5. 1991.

9 Andere Seiten der Philosophie. Aus einem Gespräch mit Rudolf Carnap. In: Gerhard Szczesny (Hrsg.), Club Voltaire. Jahrbuch für kritische Aufklärung II. München 1967.

10 Besichtigung eines Schlachtfeldes. In: Süddeutsche Zeitung Nr. 241 vom 8. 10. 1969.

11 Karl Popper und die Politik. In: Merkur 32 (1978), Heft 12.

12 Dialektik als Mystik. In: Gerd-Klaus Kaltenbrunner (Hrsg.), Hegel und die Folgen. Freiburg i. Br. 1970.

13 Reflexion und Engagement: Jürgen Habermas. In: Neues Forum 16 (1969), Heft 191/1 unter dem Titel ›Der doppelte Habermas‹.

14 Paul K. Feyerabend und die Wahrheit. In: Hans Peter Duerr (Hrsg.), Versuchungen. Aufsätze zur Philosophie Paul Feyerabends. Frankfurt a. Main 1981.

15 »In mir gärt alles«. Briefe Ludwig Wittgensteins. In: Merkur 34 (1980), Heft 10.

16 Transformation der Kunst und die Ästhetik der analytischen Philosophie. In: Kunstforum International, Bd. 100, Köln 1989.

17 Nietzsche – unzeitgemäßer denn je. In: Die Zeit Nr. 38 vom 11. 9. 1981.

18 Pathologie der Moderne. Jürgen Habermas versucht, die Dialektik der Aufklärung fortzuführen. In: Die Zeit Nr. 12 vom 14. 3. 1986.

19 Die Philosophie ist tot – es lebe die Philosophie. Richard Rorty hinter den Spiegeln. In: Merkur 37 (1983), Heft 4.

20 Der freischwebende Allzweck-Philosoph. Selbsterschaffung als Ziel: Richard Rortys »liberale Utopie«. In: Süddeutsche Zeitung Nr. 28 vom 2./3. 2. 1991.

21 Nebelwerfer als Aufklärer. Anderes Denken, beispielsweise nach Art des Fritjof Capra. In: Merkur 39 (1985), Heft 9/10.

22 Mit dem atheistischen Rasiermesser. Abschließendes zur Sache mit Gott von John L. Mackie. In: Merkur 40 (1986), Heft 11.

23 Wider das Staatsdenken. In: Die Zeit Nr. 32 vom 29. 7. 1977 unter dem Titel ›Im Schaum von Hypothesen‹.

Christopher Robert Hallpike: Die Grundlagen primitiven Denkens	Ernst R. Sandvoss: Geschichte der Philosophie **Band 2:** Mittelalter Neuzeit Gegenwart	Rolf Wiggershaus: Die Frankfurter Schule Geschichte Theoretische Entwicklung Politische Bedeutung
dtv/Klett-Cotta	dtv wissenschaft	dtv wissenschaft

Geschichte
der
Philosophie

Wolfgang Bauer:
China und die
Hoffnung auf Glück
Paradiese, Utopien,
Idealvorstellungen in
der Geistesgeschichte
Chinas
dtv 4547

Christopher Robert
Hallpike:
Die Grundlagen
primitiven Denkens
dtv 4534

Willy Hochkeppel:
War Epikur ein
Epikureer?
Aktuelle Weisheits-
lehren der Antike
dtv 10360

Klassiker des philo-
sophischen Denkens
Herausgegeben von
Norbert Hoerster
2 Bände
dtv 4386/4387

Klassische Texte der
Staatsphilosophie
Herausgegeben von
Norbert Hoerster
dtv 4455

Panajotis Kondylis:
Die Aufklärung im
Rahmen des neuzeit-
lichen Rationalismus
dtv/Klett-Cotta 4450

Ernst R. Sandvoss:
Geschichte der
Philosophie
Band 1: Indien, China,
Griechenland, Rom
dtv 4440
Band 2: Mittelalter,
Neuzeit, Gegenwart
dtv 4441

Texte zur Ethik
Herausgegeben von
Dieter Birnbacher und
Norbert Hoerster
dtv 4456

Der Traum vom
besten Staat
Texte aus Utopien
von Platon bis Morris
Herausgegeben von
Helmut Swoboda
dtv 2955

Rolf Wiggershaus:
Die Frankfurter Schule
Geschichte. Theore-
tische Entwicklung.
Politische Bedeutung
dtv 4484

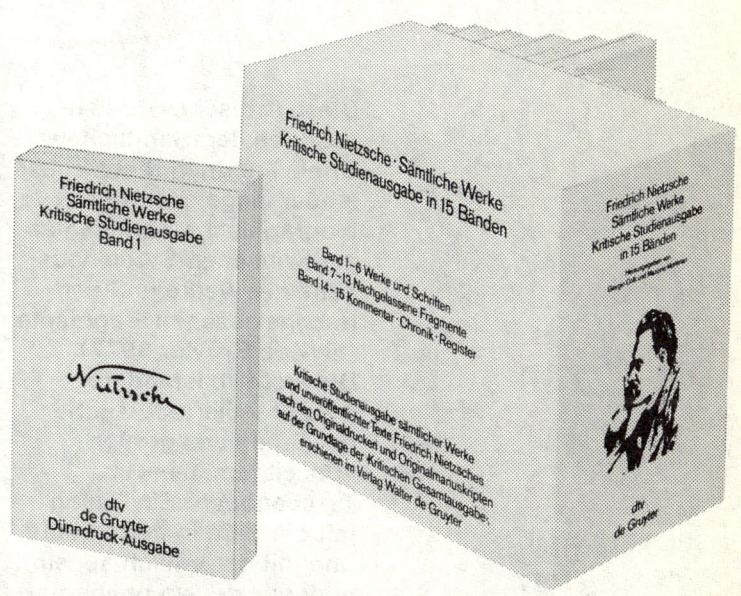